I.,

s
aarbrücken
r Friedrichs,
von Saarbrücken
um 1135

n

Konrad III.
1093 (1094?) - 1152
reg. 1138 - 1152

Gertrud
1116 - 1146
Hochz. vor 1134

Heinrich
deutscher König
um 1136 - 1150
designiert 1146

Konrad
Herzog von Rothenburg,
Herzog von Schwaben
um 1170 - 1196 ermord.
reg. in S. 1191 - 1196

Otto
Pfalzgraf
in Burgund
um 1166 - 1200
Pfalzgraf 1184

Philipp
Herzog von Schwaben,
deutscher König
um 1180 - 1208 ermord.
reg. 1198 - 1208, Krönung 1205

olante (Isabella)
ochter Johanns v. Brienne,
önigs von Jerusalem
est. 1227
ochz. 1225

Elisabeth
Hochzeit 1246

n (Konrad)
n Schwaben
8 hinger.

Ernst W. Wies

Kaiser Friedrich Barbarossa

Ernst W. Wies

Kaiser Friedrich Barbarossa

Mythos und Wirklichkeit

Biographie

Bechtle

2. Auflage 1998

Schutzumschlagentwurf: Christel Aumann, München
Satz: IBV Satz- und Datentechnik GmbH, Berlin
Gesetzt aus: 10/12 Palatino, Linotron 202
Druck: Jos. C. Huber KG, Dießen
Binden: R. Oldenbourg, München
Printed in Germany
ISBN 3-7628-0494-X

Für Marielene

Inhalt

Das Reich der Staufer

Statt eines Vorworts

Am 22. Juni 1941, morgens um 3.14 Uhr, hielt das Schicksal den Atem an. Als der Zeiger der Uhr auf 3.15 Uhr sprang, entfesselte sich die Hölle.
Aus Zehntausenden von Geschützrohren traten Abertausende Granaten ihre apokalyptische Reise an.
Die Luft erzitterte vom Rauschen der Granaten, vom dröhnenden Donner der Kampfflugzeuge, die in ihren Bombenschächten tausendfachen Tod nach Rußlands Erde trugen.
Der morgengraue Horizont war durchzuckt von den sengenden Blitzen der Detonationen.
Die Erde erbebte.
Gleichzeitig sprangen Tausende Panzermotoren an. Sie trieben ihre Geschwader zur tödlichen Fahrt in die Weite des russischen Landes.
Und in dieser einzigen Minute erhoben sich auf 2000 Kilometern, vom Eismeer bis zum Schwarzen Meer, der längsten Angriffsfront der Weltgeschichte, drei Millionen Soldaten mit aufgepflanzten Bajonetten aus ihren Gräben; eine Offensivwelle aus Eisen, Stahl und menschlichen Leibern, die erst in den Tiefen Rußlands, ausgeblutet, verebbte.
Die Bilanz dieses infernalischen Geschehens waren hüben wie drüben Millionen Tote, für immer Verkrüppelte. Leben, die sich nie erfüllten, Lieben, die nie geliebt, Träume und Gedanken, die nie mehr gedacht werden konnten.
Dazu zerstörte Dörfer und Städte als Heimat von Menschen, aber auch entlarvte, blasphemische Lügen und schließlich: »der Untergang des Deutschen Reiches«.
Der Initiator dieses apokalyptischen Infernos gab dem blutigen Geschehen den Namen: »Unternehmen Barbarossa«.

»Unternehmen Barbarossa«?

An welchen Barbarossa wird Hitler gedacht haben, als er den Namen des Kaisers seiner hybriden Unternehmung verlieh?

An jenen steinharten Mann, der ungerührt in den Flammennächten von Crema neben seinen Belagerungstürmen aushielt? Auf seinen Befehl hin waren Einwohner der belagerten Stadt, die in seine Hände gefallen waren, an die Türme gefesselt worden, sich selbst als Zielscheibe beleuchtend mit brennenden Fackeln, die man in ihre gebundenen Hände gezwungen hatte. Und während sich die Belagerungstürme Zoll um Zoll nach vorne schoben, die Steinschleudern der Belagerten die Türme beschossen und ihre an die Türme geschlagenen Verwandten, Söhne, Brüder, Vettern, zerschmetterten, stand dieser Barbarossa hart und steinern in der Nacht. Das Schreien und Weinen, das Krachen der zerschmetternden Knochen, es rührte ihn nicht. Ihm ging es um die Gerechtsame des Reiches, um die Ehre des Kaisers.

Oder dachte der große Zerstörer an den Barbarossa, der, im Vorfeld des belagerten Mailands, kleine, verzweifelte Menschen aufgreifen ließ, die vor den Toren der Stadt Holz und Reisig sammelten, um ein wenig Wärme in ihre Öfen und Häuser zu bringen, denen der unerbittliche Kaiser die rechte Hand abhacken ließ, zur Strafe und Abschreckung?

Dies muß der Barbarossa sein, an den Hitler dachte, als er den Überfall auf Rußland »Unternehmen Barbarossa« nannte.

An den strahlenden Barbarossa, der auf dem Hoffest in Mainz im Jahre 1184 bei der Schwertleite seiner Söhne das Rittertum in Deutschland begründete, umgeben von Dichtern und Sängern, an der Seite seiner Frau, der feingebildeten burgundischen Beatrice, der selber noch sein Roß im ritterlichen Turnier tummelte, an diesen Barbarossa kann er doch nicht gedacht haben; an jenen Barbarossa, der Gerechtigkeit schaffen wollte, den Fürsten, der sich selbst überwand und einen aussichtslosen, achtzehnjährigen Kampf zwischen Kirche und Reich beendete. Der im Frieden von Venedig des Jahres 1177 dem Papst die Füße küßte, um den neuen Bund zu besiegeln, der die Juden unter seinen Schutz stellte, damit sich die Judenverfolgungen des ersten und zweiten Kreuzzuges nicht wiederholen konnten, der schließlich selbst das Kreuz nahm, um als der erste Fürst und Anführer der abendländischen Ritterschaft gen Jerusalem zu ziehen, das Heilige Grab zu befreien.

Es kann auch nicht der Barbarossa der Humanisten gewesen sein und auch nicht der Barbarossa der Romantiker, die in einem Deutschland, das in 300 Staaten zerrissen war, von ihm die lange erwartete Einheit des Reiches erträumten.

Aber vielleicht hat der »Führer in den Untergang des Deutschen Reiches« all dies nicht bedacht, sondern hat sich nur an den Mythos des Heldenkaisers geklammert, den er gebrauchte und mißbrauchte, so wie er den ganzen deutschen Idealismus mißbraucht hat.

Versuchen wir also den Mythos des Kaisers zu erforschen, um darin den Menschen zu entdecken, an dem sich die Phantasie der Jahrhunderte in immer wechselnden Bildern entzündete.

»Nicht die politischen Erfolge und Niederlagen der Hohenstaufen waren das Größte, was sie den Deutschen bereiteten. Der beste Segen jedes großen Herrscherlebens ist, daß es Glanz und Wärme in Millionen Herzen sendet... Dieser Segen eines starken Lebens wirkt noch dann einen Kulturfortschritt des Volkes, wenn sich als Irrtum erweist, was den Herrschenden selbst für das höchste Ziel ihrer Kämpfe galt«.[1]

Der Mythos

Auch nach acht Jahrhunderten ist der Glanz nicht erloschen, den die Staufer über ihr Geschlecht, ihre Zeit, über das Reich bis in unsere Tage hin gebreitet haben.

Der Mythos der Staufer ist ungebrochen, wie die Staufer-Ausstellung des Jahres 1977 in Stuttgart erwies. Die großen Museen der Welt aus Belgien, Dänemark, der Deutschen Demokratischen Republik, aus Finnland, Frankreich, Großbritannien, Irland, Italien, den Niederlanden, aus Österreich, Schweden, der Schweiz, Tschechoslowakei, aus Ungarn, der UdSSR, den USA und der Bundesrepublik Deutschland stellten ihre historischen Schätze der Wissenschaft zur Verfügung.

Das Geschlecht der Staufer, erfüllt von hohen Idealen, die es mit Unerbittlichkeit, ja mit Grausamkeit verfolgte, bis an die Grenzen des Erfahrbaren lebend, ist in seinen Niederlagen ebenso groß wie in seinen Siegen.

Aus dem Charme wie aus der Wucht und der Anziehungskraft seiner Persönlichkeiten erwuchs ein deutscher Mythos. Von Epochen und Denkrichtungen aller Art gebraucht und mißbraucht, dauert sein Glanz immer noch an.

Der Beginn des Mythos

Gehen wir davon aus, daß ein Mythos aus Wahrheit und Dichtung, sagen wir besser noch aus »Verdichtung« von Geschehnissen und Menschen, entsteht, so ist der Beginn des Staufermythos klar zu bestimmen, und zwar auf das Frühjahr 1157.
In diesem Frühjahr hatte Bischof Otto von Freising (1111/14–1158) seinem Neffen, Kaiser Friedrich I. (1152–1190), durch Abt Rapato von Weihenstephan und seinen Kaplan Rahewin seine »Historia de duabus civitatibus« überreichen lassen.
Friedrich antwortet dankbar dem bischöflichen Oheim: »Die uns von dir zugesandte Chronik, die deine Weisheit geschaffen hat und in der du in Vergessenheit Geratenes zu lichtvoller Harmonie heraufgeführt hast, haben wir mit außerordentlicher Freude empfangen... Was aber von uns seit Anbeginn unserer Regierung geleistet worden ist, würden wir auf deine Bitte hin gern zusammengefaßt zur Kenntnis bringen, wenn es im Vergleich mit dem früher von hervorragenden Männern Geleisteten nicht eher ›Schatten‹ als ›Taten‹ genannt werden müßte. Da aber deine glänzende Begabung das Niedrige zu erhöhen und über einen unbedeutenden Stoff viel zu sagen versteht, so wollen wir, mehr im Vertrauen auf deine Fähigkeit zu loben als auf unsere Verdienste, das Wenige, das wir während der fünf Jahre im römischen Reich getan haben, kurz aufzeichnen.«[2]
Lassen wir die kaiserlichen Bescheidenheitsformeln beiseite, so bestellt Friedrich bei seinem bischöflichen Onkel seine eigene Geschichte. Hier beginnt der Staufer-, genauer: der Barbarossa-Mythos.
In dem Brief an Otto von Freising gibt Friedrich einen kurzen, aber präzisen Abriß seiner Regierung, von seiner Krönung in Aachen im Jahre 1152 bis zum Reichstag in Regensburg im Oktober 1155. In diesem frischen, knappen Bericht, in dem auch Italienzug und Kaiserkrönung Raum finden, schreibt der Kaiser, frei von falscher Bescheidenheit: »Wir aber gelangten nach Verona, nachdem uns Gott einen so gewaltigen Sieg geschenkt hatte, wie er unseres Wissens niemals vorher mit 1800 Rittern errungen worden ist.«[3]

Schildert die »Kölner Königschronik« die Zeit unter der Herrschaft (1138–1152) des Königs Konrad III. als »ausnehmend traurig«, so ruft Otto von Freising seinem kaiserlichen Neffen zu: »daß aus der Zeit des Weinens« unter seiner Herrschaft »die Zeit des Lachens – aus der Zeit des Krieges die Zeit des Friedens« geworden sei.[4] Darin liegt eines der Geheimnisse von Friedrichs Herrscherleben, daß er seiner Zeit Lebensmut und Lebensfreude vermittelte.

Die Dichter griffen diese neue Grundstimmung auf. Der Zisterzienserabt und Erzieher Konrads, des dritten Sohnes Friedrich Barbarossas, Gunther von Pairis († 1220), rühmte ihn in seinem »Ligurinus«, dem Ruhmesepos auf Friedrichs Taten, als Inbegriff des guten Herrschers, der allgemeines Heil verbürgte (salus publica), indem er eine von Gott vorgegebene Ordnung zu verwirklichen trachtete.[5] Der anonyme Archipoeta (1159–1165) feierte in seinen Hymnen den Kaiser als den Herrn der Welt. Der kaiserliche Pfalzrichter Otto Morena (1111–1174) und sein Sohn Acerbus († 1167) rühmten, daß der Kaiser »gegenüber Freunden und Guten liebenswürdig und gütig, schrecklich aber gegenüber Bösen und unerbittlich: er verehrte die Gerechtigkeit und liebte die Gesetze ... In ihm irrte die Natur der Dinge nicht von ihrem Wesen ab, außer daß sie ihn sterblich geschaffen hatte, und seit weit zurückliegenden Zeiten war ihm kein Kaiser zu vergleichen.«[6]

Aber auch Friedrichs Gegner formten ungewollt mit am Mythos des Staufers, indem sie ihn in ihrer Ablehnung über menschliches Maß heraushoben. Walter von Chatillion (* um 1135) brandmarkte Friedrich als einen Vorläufer des Antichristen. Johannes von Salisbury (* um 1115, † 1180) zeichnete in apokalyptischer Übersteigerung den Kaiser als Tyrannen, Schismatiker, Zerstörer der Einheit der Christen, der aus all diesen Gründen die Würde des Kaisertums verloren habe. Der vom eigenen Klerus als zwielichtig angesehene Arnulf von Lisieux (1141–1184) stimmte mit in diesen Chorus ein.

Der papstfeindliche und kaiserfreundliche Dante Alighieri (1265–1321) aber stellte Friedrich in seiner »Göttlichen Komödie« als den »guten Barbarossa« vor. Dann ruhte das Geschichtsbild des Kaisers.

Es kam zu neuer Geltung in den schismatischen Kämpfen des frühen 15. Jahrhunderts. Jetzt erinnerte man sich der Einheits- und Friedenspolitik Kaiser Friedrichs, wie sie sich im Frieden von Venedig von 1177 zwischen Kaiser und Papst darstellte. Dies vertrat auch Dietrich von Nieheim (* um 1340, † 1418), der erste Rektor der »Anima«, des deutschen Hospiz in Rom. Über die Bannflüche der Päpste gegen das Staufergeschlecht sagte er, »daß Friedrich in Venedig im Jahre 1177 die volle Eintracht (plena concordia) hergestellt habe. Dadurch habe der Kaiser die Fähigkeit erworben, das Kreuz zu nehmen und so dem universalen Kaiserauftrag gerecht zu werden. Gelebt habe er und gestorben sei er weder als hinterlistige Schlange (Schlangenbrut der Staufer), sondern als rechtgläubiger, tief christlich denkender und handelnder Mensch.«[7]

Erst die deutschen Humanisten des 16. Jahrhunderts griffen das Barbarossathema wieder mit Vehemenz auf. Der Schlettstädter Humanist Jakob Wimpfeling (1450–1528), der im Ruhm eines »praeceptor Germaniae« lebte, widmete ihm, dem großen Barbarossa, in seiner 1505 in Straßburg erscheinenden »Epithoma rerum Germanicarum usque ad nostra tempora« ein ganzes Kapitel. Gleichzeitig fand das Werk Ottos von Freising neue Beachtung, so daß Friedrich Barbarossa zur Idealfigur deutscher Humanisten wurde.

Jakob Wimpfeling rief der deutschen Jugend zu, nicht nur römische Klassiker und christliche Geschichtsschreiber zu lesen, sondern auch die erlauchten Taten der Deutschen, die Otto von Freising überliefert habe.[8]

Auch Philipp Melanchthon (1497–1560) beteiligte sich 1536 in seiner »Declamatio de Friderico Barbarossa« mit diesem Thema. Für ihn war Friedrich der »tewre Held«, der»heroicus et fortissimus vir«.

Das humanistische Jahrhundert griff weiter in die Stauferzeit zurück. Im Jahre 1515 ging die Chronik des staufertreuen schwäbischen Propstes Burchard von Ursberg (1177–1231) in Augsburg in Druck. Wenige Jahre vorher entdeckte der Nürnberger Humanist Conrad Celtis (1459–1508) im oberfränkischen Kloster Ebrach die zehn geschriebenen Bücher des »Ligurinus« über die Taten Friedrichs. Der Autor des »Ligurinus«, Gunther von Pairis, wurde bereits vorgestellt.

Der Ingolstädter Theologe Dr. Johannes Eck (1486–1543) brachte im Jahre 1515 eine »Vita des ruhmwürdigen schwäbischen Kaisers Friedrich mit dem Beinamen Barbarossa« heraus. Wenn auch diese Barbarossa-Biographie noch immer ungedruckt ist, so ist dieses Manuskript allein schon ein Dokument für das Interesse an den Staufern. Der handschriftliche Text befindet sich, wie Johannes Metzler mitteilt, in der Ratsbibliothek in Leipzig und wartet immer noch auf seinen Verleger.

Im Jahre 1519 erschien von einem Unbekannten das sogenannte »Volksbuch von Friedrich Barbarossa«, dessen vollständiger Titel lautet: »Ein wahrhafftige history von dem keyser Friderich, der erst seines Namens, mit einem langen roten Bart, den die Walhen (Welschen) nenten Barbarossa, derselb gewann Jerusalem. Und durch den Babst Alexander den tritten verkundschaft war dem Soldanischen (sultanischen) Konig, der ihn gefenklich hielt etlich zeyt. Und wie den Pundtschuh auff ist khomen in Bairn«. (Friedrich hat weder Jerusalem erobert, noch war er in türkischer Gefangenschaft.) Die Friedrich-Darstellung des »Volksbuches« hat den Barbarossa-Mythos entscheidend umgeformt. Unbekümmert schrieb der anonyme Autor, Friedrich habe nicht nur unter dem Zeichen der Reichsfahne im Jahre 1160 Jerusalem erobert, sondern auch unter dem Banner des Bundschuhs. Dann sei der Kaiser durch heimtückischen Verrat des Papstes Alexander III. in die Gefangenschaft des Sultans geraten. Endlich befreit, habe der Kaiser einen Feldzug gegen Venedig geführt, wohin der verräterische Papst geflohen war. Ingrimmig habe der Kaiser geschworen, aus dem Markus-Dom einen Roßstall zu machen und den Markusplatz umzupflügen und mit Korn einsäen zu lassen. All dies sei Wirklichkeit geworden, versichert das Volksbuch. Auch habe der Kaiser durchgesetzt, daß zum Zeichen seines Sieges auf dem Portal der Markuskirche vier eherne Rosse in natürlicher Größe aufgestellt wurden. Um seiner Seele Seligkeit habe dann der großmütige Kaiser mit dem Papst Alexander Frieden geschlossen und dessen Füße geküßt. Der hochmütige Kirchenfürst habe dafür den Kaiser noch auf den Hals getreten. Und nun kam der Anonymus zur entscheidenden Umformung der Kaisergeschichte. War es bis dahin der Barbarossa-Enkel Kaiser Friedrich II., der als Hoffnungsträger in einem Berge seiner Weltenstunde entgegenschlief, so übertrug der unbekannte Autor dieses Faktum auf Friedrich Barbarossa. Wahrscheinlich paßte Friedrich II., der seine entscheidenden Prägungen in Sizilien erhalten hatte und in den Augen vieler Deutscher ein Welscher war, nicht in germanisch-deutsche Denkschablonen. So übertrug unser Autor kühn die Rolle des die Weltprobleme lösenden Endkaisers von dem sizilianischen Friedrich auf den der deutschen Vorstellungswelt entsprechenden Großvater, Kaiser Friedrich Barbarossa. Und so sah der Kunstgriff aus. Der Kaiser sei in den Fluten des Saleph nicht für alle Zeiten gestorben, sondern »zuletzt verlorn worden«, um zu gegebener Zeit wiederzukehren. Bauern und Schwarzkünstler würden sagen, »er sey noch lebendig yn einem hollen Perg, sol noch herwider khomen, und die Gaistlichkeit straffen und sein schiltt noch an den durren paum hencken«.[11]

Der Schaffhausener Stadtarzt und Humanist Johannes Adelphus veröffentlichte im Jahre 1520 eine Barbarossa-Biographie, die sich im wesentlichen auf das »Volksbuch« stützte und somit seine Fehler übernahm unter dem Titel: »Barbarossa. Ein warhafftige beschreibung des lebens und der geschichten keiser Fridrichs des ersten genant: ›Barbarossa‹.«[12] Die Barbarossa-Biographie des Johannes Adelphus wurde nach unseren heutigen Begriffen ein Bestseller. Sie erlebte zwischen 1520 und 1629 acht Auflagen, ein Beweis, von welcher Aktualität das Stauferthema im 16. Jahrhundert war. Gutgläubig hatte Johannes Adelphus alle Verformungen und falschen Bilder des »Volksbuches« übernommen. Für ihn war Barbarossa ein würdiger Nachfahre der Merowinger und Karolinger. Ein wahrer »vatter des vatterlandes«, der zum Heil der Menschheit in Deutschland, im Orient und in Europa Ruhe und Ordnung wiederherstellte. Von Barbarossa könnten alle Fürsten lernen, »ein rumreich loblich regiment zu füren, ritterlich kriegen, friden machen, die hoffertigen demütigen, der armen schonen, den weisen folgen.«[13]

Das Friedrich-Bild des frommen Philipp Melanchthon kündet uns: »was diser Keyser Fridrich vor ein furtrefflicher Mann gewesen ist – was er vor ein standhafftig Gemüth gehabt, wie treuwlich er sein vatterland und das gantze Reich regierte«. Ausländische Geschichtsschreiber, wußte Melanchthon, sind mitunter schnell bei

der Hand, »unsere Teutsche Keyser grobe und ungebildete Barbaren zu nennen, die ire Sachen und Hendel mehr auß einem tollen und thumbkünen gemüt denn durch vernunfft und weißheit handeln und ausführen«.[14]
Der 18jährige Kampf des Kaisers gegen den Papst machte Barbarossa zu einem Helden der Reformation. Martin Luther selbst befaßte sich in seiner 1545 erschienenen Schrift mit der »Papsttreu die Papst Hadriani IV. und Alexander III. gegen Friedrich Barbarossa geübt«. Hier werden Barbarossas orientalische Gefangenschaft, die er durch den Verrat des Papstes erlitt, ebenso wie der Fußkuß des Kaisers und der Fußtritt des Papstes im Venedig des Jahres 1177 vorgestellt, um den unchristlichen Grundcharakter des römischen Papsttums zu demonstrieren.[15]
Eine protestantische Flugschrift des Jahres 1545 lautete: »Historia von Babst Alexander III. wie er den Keyser Friedrichen Barbarossa dem Tuercken verrathen hat. Ist ein fein Exempel der nachvolger Petri« (gedruckt von Josef Klug in Wittenberg). Der Holzschnitt des Titelblattes zeigt den mit der Tiara geschmückten Papst, der anläßlich des Friedens von Venedig dem auf dem Boden liegenden Kaiser den Fuß in den Nacken setzt. Die Absicht von Schrift und Bild ist offensichtlich. Hier soll der Papst als Zerrbild der Überheblichkeit dargestellt werden, was auch der begleitende Text ausweist:

> »Hier zeigt der Babst mit der that frey,
> Das er Gottes und der menschen feind sey.
> Was Gott schafft und wil geehrt han,
> Mit füssen tritt der heilige man.«[16]

Gemessen an der Wirklichkeit erweist sich diese Darstellung als Pamphlet. Denn Papst Alexander III. war zwar erfüllt vom Bewußtsein seiner päpstlichen Sendung, dabei aber ein friedliebender Mann von weiser Mäßigung.
In den Schrecken des Dreißigjährigen Krieges ruhte der Barbarossa-Mythos. Aber an der Wende vom 18. zum 19. Jahrhundert blühte er wieder auf. Namentlich unter napoleonischer Bedrükkung wurde er zum Symbol nationaler Macht und Größe. Aber auch kritische Stimmen meldeten sich. Im Winter 1807/08 erinnerte

Johann Gottlieb Fichte in seinen »Reden an die Deutsche Nation« daran, daß die großen deutschen Reichsstädte des Mittelalters und ihre Freiheiten die Ziele seien, zu denen die Deutschen zurückfinden sollten. In der »Stunde der höchsten Bedrängnis« sollte nicht unzeitgemäße Kaiserromantik, sondern die Rückschau auf die Bürgerfreiheiten Mut und Hoffnung bringen.[17]
Theodor Fontane schrieb an seinen Freund Friedrich Witte am 19. März 1851: »Ich wollte ein Epos ›Barbarossa‹ in solchen Strophen schreiben, bin aber von dem Stoff ganz zurückgenommen. Es ist mir durchaus nicht möglich, mich für den alten Rotbart zu begeistern. Alle meine Sympathien sind auf der Seite seiner Gegner. Er war ein Stück Haynau[18] und verfuhr mit Mailand wie dieser mit Brescia. Die lombardischen Städte hatten damals soviel recht, wie sie noch heute recht haben. Für Barbarossa mit Wärme eintreten hieße die gegenwärtige österreichische Politik mittelbar billigen oder gar verherrlichen. Es ist aber ein schöner Zug der Neuzeit, daß man von dem Papierrecht nicht mehr viel wissen will.«[19]
Aber was soll eine Kritik gegen die Urkraft von Balladen, wie Friedrich Rückert (1788–1866) sie schrieb:

»Barbarossa

Der alte Barbarossa
Der Kaiser Friederich,
In unterirdischem Schlosse
Hält er verzaubert sich.

Er ist niemals gestorben,
Er lebt darin noch jetzt;
Er hat im Schloß verborgen
Zum Schlaf sich hingesetzt.

Er hat hinabgenommen
Des Reiches Herrlichkeit
Und wird einst wiederkommen
Mit ihr, zu seiner Zeit.

Der Stuhl ist elfenbeinern,
Darauf der Kaiser sitzt:

Der Tisch ist marmelsteinern,
Worauf sein Haupt sich stützt.

Sein Bart ist nicht von Flachse,
Er ist von Feuersglut.
Ist durch den Tisch gewachsen,
Worauf sein Kinn ausruht.

Er nickt als wie im Traume,
Sein Aug' halboffen zwinkt;
Und je nach langem Raume
Er einem Knaben winkt.

Er spricht im Schlaf zum Knaben:
»Geh hin vors Schloß, oh Zwerg,
Und sieh, ob noch die Raben
Herfliegen um den Berg.

Und wenn die alten Raben
Noch fliegen immerdar,
So muß ich auch noch schlafen
Verzaubert hundert Jahr.«

Gegen die anrührende Symbolik solcher Sprache mußten die Stimmen der Kritik verblassen. Die poesievollen Staufersagen der Gebrüder Grimm (1785–1863 bzw. 1786–1859) erwiesen sich ebenfalls stärker als das rationale Urteil.
Als Friedrich von Raumer (1781–1873) in den Jahren 1823–25 seine sechsbändige Geschichte der »Hohenstaufen und ihre Zeit« vorlegte, gab er, trotz romantischer Betrachtung des großen Staufergeschlechts, dem Staufermythos die historisch-wissenschaftliche Grundlage und eine bis heute nicht erreichte Detailfülle.
Georg Friedrich Hegel (1770–1831), Vollender des deutschen Idealismus, ermahnte die Deutschen, sich der »Helden unseres Vaterlandes«, sich an »Karl den Großen und Friedrich Barbarossa« zu erinnern, und nicht nur der »Helden der Bibel, David oder Salomon«.[20]
Als sich nach der Schlacht bei Sedan (2. 9. 1870) die Reichs-

träume vieler Deutscher erfüllten, dichtete der Geschichtsprofessor Johann Nepomuk Sepp zu Rückerts Ballade eine weitere Strophe:

»Erfüllt ist jetzt die Sage,
Gekommen ist zugleich,
Gott segne diese Tage!
Der Kaiser und sein Reich.«[21]

In Bismarck, dem Reichsgründer, flossen die nationalromantischen Zeitvorstellungen zusammen. Für seine Anhänger war der Eiserne Kanzler sowohl der »rechte Friedrich wie der rechte Siegfried und der rechte Arminius«.

Alles, was die Geschichte der letzten Jahrhunderte den Deutschen versagt hatte, den Glanz nationaler Größe und eine machtvolle Einheit, statt dessen war das Reich in Hunderte, teils unwürdige Kleinstaaten zerrissen, transponierten die Deutschen in den Barbarossa-Mythos.

Die Deutschen, »die verspätete Nation« (Helmuth Plessner), traten 1871 in ihren Nationalstaat ein, den sie so lange schmerzhaft vermißt hatten. Sie waren ungeübte Nationalisten und aus ihrer Unsicherheit heraus laut und anmaßend, aber auch von sehnsuchtsvoller Inbrunst. Der bereits zitierte Johann Nepomuk Sepp war ein Mann der Paulskirche, von Vaterlandsliebe erfüllt. In seinem im Jahre 1863 erschienenen Reisebericht sagte er im Angesicht der Ruinen der Kathedrale von Tyrus: »Empfange meine Huldigung großer Kaiser, du teuerster und streitbarster Held der Christenheit, großer Barbarossa. Ich, ein Sohn Germaniens, der die Kreuzzüge noch im Geist mitgemacht, knie hier auf dem alten Tempelpflaster und spanne meine Arme verlangend über den Boden eines der ältesten und stattlichsten Dome der Christenheit aus, der dir zur Grabesstätte dienen sollte. Oh, daß ich deine Asche unter den Steinplatten erheben und dem fernen Vaterlande zurückgeben könnte. Oh, daß ich von deinem Grabe, großer König, noch die Hoffnung auf die Wiedererhöhung unseres Volkes zu alter Macht und Herrlichkeit und auf die baldige Befreiung der Wiege der Kirche mit mir nehmen könnte!«[22]

Die Enttäuschung, die Überreste des zum Nationalsymbol erhobenen Barbarossa nicht gefunden zu haben, kompensiert Johann Nepomuk Sepp so:

»Mich dünkt als ob er auferstand
Der Rotbart im Kyffhäuser,
Mit Fürst und Völkern Hand in Hand
Siegreich die Rabenschlacht bestand:
Hoch lebe Deutschlands Kaiser.«[23]

Für ihn war jetzt Kaiser Wilhelm I. der neue Barbarossa geworden. Aus Barbarossa wurde Barbablanca, Kaiser Wilhelm I. im Silberhaar.
Der Direktor des Lehrerseminars von Metz, Karl Hoeber (1867–1942), im wiedergewonnenen Elsaß-Lothringen zu besonderer Reichstreue verpflichtet, schrieb über das Werden des zweiten Deutschen Reiches:
»Und nicht eher ruhte das Verlangen des deutschen Volkes, bis in der Kaiserkrone die Einheit wieder errungen war, und bis der bergentrückte Hohenstaufe als Vertreter des mittelalterlichen Kaisertums dem Hohenzollern im Siegerkranz als dem Träger neuen Kaiserreiches das sorgsam gehütete Zepter der deutschen Herrschermacht übergeben hatte und so symbolisch der alte Kaisergedanke in neuer Form wieder Wirklichkeit geworden war.«[24]
Selbst der Kölner Erzbischof, Kardinal Anton Fischer (1903–1912), soll in einer Predigt im Oktober des Jahres 1905 den Brückenschlag zwischen Hohenzollern und Hohenstaufen geführt haben:
»In den Gliedern des erhabenen Hauses der Hohenzollern ist der alte Barbarossa wieder erwacht. Das neue Reich sei anders als das alte, aber ein der neuen Zeit entsprechendes Kaisertum, alle müßten ihm zujubeln, die ein Herz für Deutschlands Größe und Herrlichkeit hätten – auch die deutschen Katholiken.«[25]
Der Hohenstaufen-Mythos durchdrang das ganze Land. Christian Dietrich Grabbe (1801–1836) schrieb 1829 ein Hohenstaufen-Drama, das am 2. September 1881 am Stuttgarter Hoftheater anläßlich der Sedanfeier aufgeführt wurde. Er ließ den Kaiser sagen:

»Die Stunde ist da! Die Fesseln fallen!
Erlösung wird auch mir zuteil!

In lautem Jubel hör' ich's schallen:
Heil! Heil! Dem Deutschen Kaiser Heil!

So ist der Bann von mir genommen,
Der Ritter löst den langen Schmerz,
Er ist in König Wilhelm kommen,
Die Wunderblume ist sein Herz.

Das trübe Leid ist nun entschwunden,
Die Krone, die der Welt geraubt,
Sie hat die rechte Statt gefunden,
Auf König Wilhelms würd'gem Haupt.

Das Deutsche Reich erschuf auf's neue,
Ein großes Reich der Einigkeit,
Der Hohenzollern deutsche Treue
Und König Wilhelms Tapferkeit.«[26]

Vor der Kaiserpfalz in Goslar wurden zwei Reiterstandbilder aufgestellt, Friedrich Barbarossa und Kaiser Wilhelm I., und in der Empfangshalle des Straßburger Bahnhofs prangten die Bilder der beiden Kaiser. Im Elsaß ließ Kaiser Wilhelm II. unter hohen persönlichen Kosten in den Jahren von 1899–1908 die Hohkönigsburg wieder aufbauen, als Wahrzeichen der Staufer- und der Hohenzollern-Macht. Das in den Jahren 1890–96 errichtete Kaiser-Wilhelm-National-Denkmal ist gegründet auf staufischen Traditionen. Das zweite Deutsche Kaiserreich, das von 1871–1918 währte, war mit dem Staufer- und Barbarossa-Mythos zu einer unauflöslichen Symbiose verschmolzen.

Im letzten deutschen Kaiser, Wilhelm II., fanden Kaiser- und Barbarossa-Mythos einen fast vollendeten Darsteller. Der forsche Mann mit dem Adlerhelm, dem martialischen Schnurrbart und den leuchtenden Augen war auch Produzent pangermanischer, nationalistischer Werbesprüche. Wenn er von seinem Heer sprach, so wurde daraus »die schimmernde Wehr«, die Zukunft Deutschlands lag für ihn »auf dem Wasser«, womit die Gegnerschaft Englands programmiert war.

Wilhelm II. spielte seine Kaiserrolle in den Augen der Zeitgenossen vorbildlich. Es ist nicht ohne anrührende menschliche Tragik, wenn der Mann, der sich seiner Zeit nur in heldischer Pose zeigte, ein Treppchen benutzen mußte, um sein Pferd zu besteigen, da sein verkrüppelter rechter Arm es ihm nicht gestattete, in allgemein üblicher Reitermanier aufzusitzen.

Der Barbarossa-Mythos von des Reiches Herrlichkeit, aber auch von der unerschütterlichen Treue des deutsch-germanischen Menschen, wurde im zweiten Kaiserreich vertieft und entwickelt. In Hymnen und Gesängen, Dramen, Festspielen und Reden jeglicher Art, von Universitätsprofessoren, Schriftstellern, Veteranen- und Turnvereins-Vorsitzenden bis hin zum Stammtischpotentaten wurde eine Gefühlslage erzeugt, die erst im Zusammenbruch des Dritten Reiches zerbarst.

Die gänzliche Verflechtung der deutschen Gefühlswelt wird aufgezeigt bei Klaus Schreiner, auf dessen Arbeit ich mich stütze.[27]

Der Barbarossa-Mythos in der Weimarer Republik und im Dritten Reich

Was der Nationalökonom Werner Sombart 1915 geschrieben hatte, war auch in den Tagen der Republik von Weimar von Gültigkeit: »Deutsch sein heißt Held sein, nicht Demokrat, der für die Händlerideale Freiheit, Gleichheit, Brüderlichkeit eintritt.«[28]

Gustav Roethe polemisierte gegen Sozialdemokratie und Gewerkschaften und gegen ihre nichtswürdige materialistische Agitation. Er idealisierte den Treuebegriff, »dieser setze eine Verfassung voraus, in der ein König den Gegenstand der Sehnsucht, der Ergebenheit und Treue bildet. Weder ein demokratisch gewählter Reichspräsident noch die reiche Schar – der Scheide- und Stresemänner, der Hilferdinge und Severinge, der Wirthe und Marxe –, die der neue Freistaat dem deutschen Volke so überreich beschert habe, seien fähig, echte Treueverhältnisse zu begründen, geschweige denn Ehrfurcht und liebende Hingabe zu erwecken. Das Volk aber brauche den sittlich erhebenden Aufblick nach oben und verkommt, wenn ihm Möglichkeit und Recht der Ehrfurcht geraubt ist.«[29] Und der das sagte, war nicht irgendwer. Es war der Rektor der Berliner Universität. Er verkündete:

»Und aus dem schier hoffnungslosen Elend, dem wir verfallen sind, wird unser politisch durch und durch unreifes Volk endgültig wieder der Einzelne retten. Ob dieser rettende Genius ein König, ein Feldherr, Staatsmann, Dichter oder ein Mann des wirtschaftlichen Lebens sein wird, wer will's sagen? Aber kommen wird er gerade als der große Einzelne, die echte Geburt deutscher Sehnsucht und Eigenart.«[30]

Dies war mehr als ein professorales Zitat, es war die Prophetie künftigen Unheils. Und die Stimmen, die vom großen einzelnen träumen, sie enden nicht. »Es schläft einer irgendwo, der Held und Retter unseres Landes, verwunschen und verborgen, der erweckt werden muß. Es sitzt einer irgendwo und sammelt ein Heer auserlesener Krieger für einen künftigen Tag.«[31]

Hermann Jordan, Professor an der Universität Erlangen, rief im Jahre 1920 den Deutschen zu, »sie seien das große Hoffnungsvolk der Erde, das Volk der großen Sehnsucht wie in den Tagen der Hohenstaufen.«[32]

Im Jahre 1924 wußte Gustav Roethe zu sagen:

»Daß der große Kaiser einst auferstehen wird, sein Volk zu retten, eine zeitlose Schöpfung der Treue... Die aber von Barbarossa personifizierte Treue war wesenhaft eine aristokratische Tugend, die in Männern wie Bismarck, dem getreuesten Ekkehard des deutschen Volkes, oder Hindenburg, dem alten Helden, ihre wunderbare Frucht getragen habe.«[33]

Vor allem aber kam es zu einer Deformation des Treuegedankens. War im germanischen Rechtsverständnis die Treue eine Wechselbeziehung zwischen Herrn und Gefolgsmann, so bastardisierte man jetzt den Treuegedanken in den ungermanischen Wechselbalg des unbedingten Gehorsams.

Die Formel des germanischen Treuegedankens lautete: »consilium atque auxilium«, »Rat und Beistand«. Erst die Einholung des Rates durch den Herrn bei dem Gefolgsmann beinhaltete dessen Beistandspflicht. Es war die entartete Formel vom unbedingten Gehorsam, mit der Marschall Paulus sich und 100 000 seiner Soldaten in Tod und Gefangenschaft führte. Aus dem Weltherrschaftsgedanken der Stauferzeit, der tatsächlich in der Umgebung der Staufer auftauchte, sich aber nicht formulierte, geschweige denn in konkrete Politik umsetzte, versuchte ein überzogenes Denken den deutschen Weltherrschaftsanspruch für sich in Geltung zu bringen.

Friedrich Barbarossa gehört zu jenen Großen der Geschichte, deren Wirkung nicht mit ihrem Tode endet. Immer wieder haben spätere Jahrhunderte sich seines Mythos bemächtigt, um durch ihn ihre eigene Zeit zu beherrschen. Die Humanisten bedienten sich seiner noch in der redlichsten Form, die Reformation machte ihn zur Speerspitze gegen das Papsttum. In der Zeit deutscher Zerrissenheit wurde er zum Hoffnungssymbol auf künftige Einheit. Unter napoleonischer Unterdrückung wuchs er zum Hoffnungsträger künftiger Macht und Größe. Dem zweiten Kaiserreich gab er in seiner Person die innere Bestätigung und die Translation staufischen Glanzes.

In der von den Deutschen nicht angenommenen, ungeliebten Republik von Weimar war er der heimliche Kaiser des ersehnten Traumreiches.

Das Dritte Reich formte den Barbarossa-Mythos um nach seinen Zwecken. Alfred Rosenberg deutete die Staufer und ihre Zeit: »Friedrich I. mußte die Reichsidee als bildende Kraft für die Zukunft verteidigen..., während Heinrich der Löwe die Ausweitung des deutschen Lebensraumes nach Osten in verstärktem Maße einleitete.[34]

Othmar Spann verkündete 1938 eine neue Ottonen- und Stauferzeit, weil nämlich im mitteleuropäischen Raum nur Deutschland, die größte, leistungsfähigste festländische Macht, in der Lage ist, auf Dauer Ordnung zu schaffen.[35]

Peter Richard Rohden wurde schließlich konkret, als er sagte: »So muß sich der neue Reichsgedanke mit Waffengewalt durchsetzen; denn zu einem dauerhaften Frieden kann die Welt nur gelangen, wenn der Universitalitätsanspruch des Angelsachsentums in seine Schranken gewiesen wird.«[36]

Die Staufer in unserer Zeit

Nach dem Zusammenbruch des Dritten Reiches, nach millionenfachem Blutzoll, nach Verheerung und Vernichtung von Dörfern, Städten, ja ganzer Landschaften, mußte man glauben, der mißbrauchte Staufermythos, der Zauberglanz der Staufer seien mit untergegangen im Zerbrechen der deutschen Welt. Die Staufer und kein Ende? fragt Arno Borst in seinem Epilog »Reden über die Staufer«.
700000 Menschen besuchten im Jahre 1977 die Stauferausstellung in Stuttgart. Dieses Phänomen wird verständlich, wenn man sich der Geschichte der letzten Jahrzehnte erinnert. Nach dem Zusammenbruch des Dritten Reiches, nach tiefster Hoffnungslosigkeit ermöglichte die Währungsreform und die Hilfe der Alliierten den Deutschen der neugebildeten Bundesrepublik – ein rechtschaffenes, aber prosaisches Staatsgebilde – einen neuen Anfang. Arbeiten hieß die Lebensparole, arbeiten zur Befriedigung der Grundbedürfnisse. So rollte die Freßwelle über das Land, die Kleiderwelle, die Möbelwelle. Dann folgte die Autowelle, das heißt Beendigung der Immobilität, der Blick über die Grenzen und all das, was sich heute in der Reisewelle darstellt.
Als all dies geschafft und erlebt war, als die Wohnverhältnisse sich stabilisiert hatten, gleichgültig ob in der Drei-Zimmer-Wohnung oder im Eigenheim, kam die uralte Frage, der der Mensch nicht entfliehen kann, die Frage nach dem Sinn des Lebens. Viele suchten die Antwort darauf bei den Kirchen, andere, die in den Umwälzungen der Zeit den Glauben verloren hatten, in einer rational-pluralistischen Welt, wieder andere schauten zurück. Sie wollten sich sicher nicht an einen neuen Staufer-Mythos verlieren, um aus ihm Kraft und Hoffnung für ein neues Reich zu finden. Sie suchten keine heile Welt, die es nie gab. Die Menschen der Jetztzeit wissen sehr wohl, was ein vereiterter Zahn oder Blinddarm im Mittelalter an Qualen bedeutete. Keiner will das Gestern ins Heute tragen. Aber vielleicht kann das Gestern erklären, auf welchen Wegen und mit welchen Irrtümern wir ins Heute gelangt sind.
In diesen Tagen berichteten die Medien über ein Phänomen: In Norwegen gibt es eine Anzahl von Kindern deutscher Besatzungs-

soldaten und norwegischer Mütter. Das Besondere ist, daß diese Kinder heute, nach über 40 Jahren, ihre deutschen Väter suchen. Sie sagen nicht: »Ich will von diesem verdammten Deutschen, der mich gezeugt und meine schwangere Mutter hat sitzenlassen, nichts wissen.« Sie sagen dies erstaunlicherweise nicht. Sie suchen ihre Väter. Sie wollen wissen, von wem sie abstammen. Ist Geschichte vielleicht nicht die Suche nach den verlorenen Vätern? Und wenn man zurückschaut, schaut man dann nicht lieber auf die glänzenden Epochen der Geschichte, so, wie sich auch das Individuum lieber an eigene Erfolge als an Niederlagen erinnert? Dann fällt das suchende Auge auf die Stauferzeit. Der Glanz, ihr Zauber ziehen es an. Eine Zeit, in der ein ritterlicher Kaiser der erste Fürst Europas war. Ein Staatsmann, der aussichtlose Kriege beenden und Frieden schließen konnte. Eine Zeit, die ihre Zerrissenheit durch den Glauben an das Kreuz zu heilen vermochte. Eine Zeit, in der der Kaiser im Glauben eben dieses Kreuzes den Tod fand.

Beginnen wir unsere Spurensuche nach diesem Kaiser, so, wie die Quellen ihn uns überliefern. *Dabei sind weite Felder der geschichtlichen Wirklichkeit der Epoche, ihre Soziologie, die Phänomene ihrer Kunst nur schlaglichtartig zu beleuchten, damit wir dem Hauptziel näherkommen: das zu erfassen, was wir den »Barbarossa-Mythos« nennen.* Seinem Glanz und Zauber wollen wir uns stellen, ohne ihm zu erliegen.

Das Geschlecht der Staufer

Wie steigt man auf zu Königswürden? Wie zeichnet man sich aus unter all den Herren, Edelfreien, Grafen und Herzögen, die von der Elbe bis zur Maas, von der Nordsee bis zu den Alpen ihre Herrschaft ausüben, bemüht, das Wohl von König und Reich zu mehren, mehr aber noch die eigene Macht? Wie steigt man auf aus dem Dunkel der Namenlosigkeit in den stählernen Glanz der Macht, in das Licht der Geschichte?

Es gehört zur liebevollen Sicht deutscher Geschichtsschreibung, die ersten Staufer als kleinen, niedrigen Adel, mitunter nur als unfreie schwäbische Ministeriale zu sehen, die sich mit Ausdauer, Mut, Verstand und unerschütterlicher Treue den Weg zum Thron bahnten. Praktisch eine mittelalterliche Version des amerikanischen Traums: vom Zeitungsjungen zum Millionär – umgesetzt – von der Ritterburg zum Kaiserthron. Nein, so war es nicht. Die Staufer waren schon immer große Herren im Reich.

Die neuere Genealogie hat einen Grafen Friedrich, datiert um 960–1027 gefunden. In ihm vermutet man, orientiert am Leitnamen Friedrich, einen noch früheren Stammherrn des Geschlechts.[1]

Auf ihn folgt Friedrich (um 997–1070), Riesgraf und Pfalzgraf in Schwaben.

Das Ries ist eine Beckenlandschaft, gelegen zwischen Schwäbischer und Fränkischer Alp; ein riesiger, kreisrunder Kessel von 20 bis 24 Kilometer Durchmesser. Er ist entstanden im Miozän, vor 15 Millionen Jahren, durch einen Meteoriteneinschlag. Die Wörnitz und ihre Nebenflüsse Eger und Schwalb durchfließen den mit Löß überlagerten Boden des Beckengrunds. Das Ries ist seit vorgeschichtlichen Zeiten menschliches Siedlungsgebiet und der waldfreie Lößboden fruchtbares Ackerland. Aus diesem Kratergrund brachen die Staufer auf und weiteten den Kreis ihrer Herrschaft über Deutschland, Burgund, Italien bis hin nach Sizilien aus. Auf ihren Häuptern trugen sie die Kronen von Deutschland, Italien, Burgund, von Sizilien und Jerusalem.

Ein weiterer Hinweis für die Adelsqualität des staufischen Hauses ist, daß die Schwester des Riesgrafen Friedrich, Berta (um 970–1000), den Grafen Berthold, Stammvater des zum Hochadel zählenden Zähringer-Geschlechts, heiratete. Angesichts dieser Verbindung läßt sich die These vom kleinen Landadel der Staufer nicht glaubhaft vertreten.

Schließlich ist auch die Ehe Friedrichs von Büren († 1053) mit der Gräfin Hildegard von Egisheim (um 1028–1094), ein Beweis staufischer Nobilität. Der Onkel der Hildegard gar ist Papst Leo IX. (1049–1054), geborener Graf Bruno von Egisheim-Dagsburg. Hildegard entstammte einem lothringischen Herzogsgeschlecht. Ihre Mutter war Nichte und Adoptivtochter der adelsstolzen Kaiserin Gisela (um 990–1043), der Gattin Kaiser Konrads II. (1024–1039). Das Erbe Hildegards erstreckte sich vom französischen Jura bis zur Champgne. Ihre elsässischen Güter bauten die Stellung der Staufer im deutschen Südwesten aus und machten das Elsaß zum Stauferland. Eine solch hochrangige und reiche Prinzessin wäre keinem schwäbischen Landedelmann oder gar einem unfreien Ministerialen verbunden worden, wie uns schwäbische Kunde erzählt. Nein, die Staufer waren eine erste Adresse im Reich.

Hildegard stiftete in Schlettstadt um 1087–1094 das Kloster St. Fides, die älteste Staufergrablege im Elsaß. Hier fand auch sie ihr Grab, und der Zufall, einer der großen Regisseure der Geschichte, hat uns ihr Abbild überliefert. Bei ihrer Bestattung, sie muß wohl an einer epidemischen Krankheit gestorben sein, wurde sie anstatt mit Ätzkalk, wie im Mittelalter üblich, mit einem Kalkmörtelgemisch überschüttet. Bei Arbeiten an den Fundamenten der Kirche stieß man im Jahre 1894 auf Hildegards Grab. Als man es öffnete, war das Kalkmörtelgemisch zu einer Naturtotenmaske erstarrt. So ist uns das Bildnis dieser Stammutter des staufischen Geschlechts überkommen. Die Totenmaske der Hildegard ist das einzig naturgetreue und authentische Abbild eines mittelalterlichen Menschen, dessen Name uns bekannt ist. Ein stilles, in sich gekehrtes, feingezeichnetes Gesicht schaut uns über ein Jahrtausend hinweg an. Ein Antlitz, dem geistigen Kreis des Bamberger Reiters zugehörig. Es strömt eine stille Autorität aus, die sich nicht auf Macht, sondern auf Würde gründet.

Elsässer Heimathistoriker berichten, daß im Jahre 1089 Graf Hugo von Egisheim in seinem Bett meuchlings ermordet wurde. (Die Bluttat ist historisch faßbar.) Der nächtliche Meuchelmord soll von Leuten ausgeführt worden sein, die Herzog Friedrich I. von Schwaben (1079–1105) nahestanden und die ein zweites, mit den Staufern konkurrierendes südwestdeutsches Adelsgeschlecht aus dem Wege räumen wollten. Die um diese Blutschuld wissende Mutter Herzog Friedrichs I., Hildegard, unternahm daraufhin eine Sühnewallfahrt nach Santiago de Compostella. Sicher führte sie ihr Weg über Conques, im Südwesten Frankreichs. Hat sie dort, in der berühmten Benediktinerabtei St. Foy (St. Fides) das Gelübde getan, Kloster und Kirche St. Fides auf ihren Besitzungen in Schlettstadt zu gründen, um ihr Haus von der Blutschuld zu befreien?

Tatsache ist, daß die Benediktinermönche von Conques nach Schlettstadt kamen und dort auf dem Besitz der Hildegard das Priorat St. Fides gründeten.

Verfolgen wir weiter den Weg der Staufer zu Krone und Reich.

Wie wird man eigentlich König?

Auf diese naive Frage gibt es eine einfache Antwort: »Durch Einheirat in die Königsfamilie«. Dieses ist das gängige Grundmuster für alle deutschen Königsgeschlechter bis zu den Staufern, mit Ausnahme der Karolinger, die ja Thronräuber waren.

Die Ottonen

Zunächst verheiratete der sächsische Stammvater Liudolf († 866) seine Tochter Liudgard mit dem karolingischen Ostfrankenkönig Ludwig dem Jüngeren († 882). Dann heiratete im Gegenzug sein Sohn, Otto der Erlauchte († 912), eine Angehörige namens Hadwig des ostfränkisch-karolingischen Königshauses. Ihrer beider Sohn, Heinrich I. (919–936), wählten die ostfränkischen Herzöge im Jahre 919 zu ihrem König.

Man mußte nicht nur tapfer sein, man mußte nicht nur reich und von pragmatischer Klugheit sein wie Heinrich, man mußte auch einen Tropfen königlichen Blutes in sich tragen, um der Krone würdig zu sein.

Die Salier

Beim nächsten Herrschergeschlecht, »den Saliern«, beginnt die Ansippung an das Königsgeschlecht sehr früh. Konrad der Rote († 955), Herzog von Lothringen und Held der Lechfeldschlacht, heiratete Luidgard († 953), die Tochter Kaiser Ottos des Großen (936–973) und ihr Urenkel, Konrad II., eröffnete die Reihe der salischen Kaiser und Könige.

Zurück zu den Staufern

Nun schließt sich der Kreis. Wir sind wieder bei Herzog Friedrich I., dem Sohn des Friedrich von Büren und der Hildegard. Er wurde im Jahre 1079 mit dem Herzogtum Schwaben belehnt und gleichzeitig mit Anna von Waiblingen (1072–1143), der Tochter Kaiser Heinrichs IV., vermählt. Freilich wurde die Ehe mit der damals Siebenjährigen erst im Jahre 1087/88 vollzogen.
Die Staufer standen nunmehr ganz vorne in der Reihe der Reichsfürsten. Friedrich von Staufen war in den Wirren des Investiturkampfes ein unerschütterlicher Getreuer seines Kaisers gewesen. Er hatte mit ihm die eiskalten Nächte von Canossa durchgestanden, hatte die unerhörte Demütigung eines Kaisers miterlebt, die aber doch den Papst, den Eiferer Gregor VII. (1073–1085), zwang, den ausgestoßenen Kaiser wieder in die Gemeinschaft der Christen aufzunehmen. So ist es nicht verwunderlich, wenn Otto von Freising Kaiser Heinrich IV. zu Friedrich von Staufen sagen läßt: »Bester der Männer, den ich unter allen im Frieden als den Treuesten und im Kriege als den Tapfersten erkannt habe, sieh wie sich das römische Reich, von Finsternis eingehüllt, der Treue bar, sich zu den niedrigsten Anschlägen und verabscheuungswürdigen Taten verleiten läßt; nicht den Eltern wird Ehrfurcht, nicht den Herren wird der schuldige Gehorsam gezollt... Keine Achtung wird den Gesetzen, keine Achtung den göttlichen Geboten gezollt. Denn da alle Obrigkeit von Gott stammt, widersteht Gottes Verordnung, wer der Obrigkeit widersteht. So erhebe du dich wider diese schreckliche Seuche und gürte mannhaft dein Schwert zur

Niederwerfung der Feinde des Reichs. Denn ich bin deiner bisherigen Verdienste nicht uneingedenk und ich werde deiner künftigen nicht uneingedenk sein. Ich werde dir also meine einzige Tochter Agnes zur Ehefrau geben und dir das Herzogtum Schwaben, das Berthold an sich gerissen hat, übertragen.«[2] Solches geschah zu Ostern des Jahres 1079. Alles in allem, die staufischen Grafen waren schwäbische Herzöge geworden, und Friedrich I. Schwiegersohn des Kaisers. Friedrich I., ältester Sohn von der Kaisertochter Agnes, ebenfalls ein Friedrich, genannt der Einäugige, wurde als Friedrich II. Herzog von Schwaben (1105–1147). Als im Jahre 1125 sein Onkel, der Bruder seiner Mutter, Kaiser Heinrich V., starb, war er Anwärter auf die deutsche Königskrone. Bei der Wahl unterlag er auf Betreiben des Erzbischofs Adalbert I. (1109–1137) von Mainz dem Sachsen Lothar von Supplinburg.

Friedrich II. heiratete um 1119/21 die Welfin Judith. Aus dieser schicksalhaften Ehe entsprang Friedrich Barbarossa. Beim Tode des kinderlosen Kaisers Lothar III. (1125–1137), gelang es Konrad von Staufen, dem jüngeren Bruder Herzog Friedrichs II., am 13. März 1138 als erster Staufer die Königskrone (als Konrad III. 1138–1152) zu erlangen. Aus seiner Ehe mit Gertrud von Sulzbach (1113/16–1146), stammen zwei Söhne. Heinrich Berengar, im Jahre 1147 als Zehnjähriger in Aachen zum Mitkönig gekrönt, starb noch vor seinem Vater im Frühling 1150.

Sein jüngerer Bruder Friedrich, geboren Ende 1144 oder 1146, war beim Tode seines Vaters als sechsjähriges Kind nicht regierungsfähig. König Konrad III. wußte um die Gefahren einer vormundschaftlichen Regierung. In königlicher Größe und in Sorge um das Reich, übertrug er, um seinen baldigen Tod wissend, Krone und Reich nach Ratschluß der Fürsten seinem Neffen Friedrich III., Herzog von Schwaben.

Als Kaiser Friedrich I. Barbarossa vollzog dieser in 38 Regierungsjahren von 1152–1190 das unerhörte und dramatische Schauspiel seines Lebens.

Die verwandelte Welt

Eine Revolution war über Europa hinweggegangen, eine Revolution, die sich hinter dem wenig sagenden Wort »Investiturstreit« verbirgt. Eine Revolution, so tiefgreifend, das Denken der Menschen verändernd wie die 95 Thesen, die Martin Luther am 31. 10. 1517 ans Tor der Schloßkirche von Wittenberg hämmerte. Eine Revolution, so gesellschaftsverändernd, klassenumformend wie die Französische Revolution des Jahres 1789 zu Paris.
Der Investiturstreit war nicht nur ein geistiges Ereignis, nicht nur eine Machtverschiebung zwischen Kirche und Staat. Er war eine Umformung des Bewußtseins der europäischen Staatenwelt.
Der Papst suchte in seinem Kampf mit dem Kaiser Bundesgenossen. Er verhandelte mit den normannischen Herrschern in England und Sizilien, im Norden mit Dänemark und im Osten mit Ungarn und Kroatien. Ja, die päpstliche Diplomatie spann ihre Fäden bis nach Rußland.
Hatte bisher das Reich dominierend die Mitte Europas beherrscht, so wurden durch die päpstliche Bündnissuche die Grenzstaaten Europas aufgewertet und sich ihrer Rolle im Spiel der europäischen Mächte bewußt.
England war durch den Machtantritt des Hauses Anjou-Plantagenet unter Heinrich II. (1154–1189) Kontinentalmacht geworden und dehnte sich über die Normandie und die Bretagne bis tief in den Südwesten Frankreichs aus. Frankreich gehörte unter seinem Herrscher König Ludwig VII. (1137–1180) nicht zu den aggressiven Mächten Europas. Doch war es stark genug, den Päpsten Zuflucht zu bieten. Die militärische Kraft Frankreichs erschöpfte sich darin, seinem englischen Großvasallen den notwendigen Widerstand entgegenzusetzen. Aber auf geistigem Gebiet stellte sich Frankreich als Großmacht dar. Die Universität zu Paris war die führende Schule Europas. Abaelard (1079–1142), Wilhelm von Champeaux (1070–1122), aber auch Bernhard von Clairvaux (1093–1153) und die großen Klöster von Cluny und Citeaux gaben Frankreich eine

geistige Vormachtstellung. Männer wie Rainald von Dassel und Otto von Freising hatten von hier ihre Bildung bezogen.

Die Unfähigkeit der Kirche, auch der Reformkirche, ihren hohen Idealen zu leben, bewirkte die großen Häresien dieser in Bewegung geratenen Zeit. Weder die oberitalienische Pataria, die ihren Namen von einem mailändischen Trödelplatz ableitete, noch die französischen Katharer waren Bewegungen, die weg von der Kirche wollten. Vielmehr versuchten sie, die christliche Armutsidee nicht nur für sich, sondern für die ganze Kirche zu fordern. Darin lag ihr Scheitern. Als die Katharer (die Reinen) Eid und Treueid ablehnten, fielen sie auch politisch aus der Lehensordnung des Mittelalters.

Die philosophisch-religiöse Unüberbrückbarkeit der Zeit begegnet uns in zwei Männern, in Abaelard, der verkündet: »Man vermag nicht zu glauben, was man nicht versteht« und in Bernhard von Clairvaux, der ihm entgegenschleudert: »Das Dogma will nicht begriffen, es will gelebt werden.«

In dieses Zeitalter der Widersprüche, der politischen Machtverschiebungen, der Umformung von Denk- und Glaubenswelten, wird Friedrich Barbarossa hineingeboren. Diese verwandelte Welt, deren gesellschaftliches Phänomen ein neuer Stand, die Ritterschaft, ist, die der Frau erstmalig einen neuen, hohen Rang zuweist, ist das Wirkungsfeld Kaiser Friedrichs I. Barbarossa.

Die Anfänge Kaiser Friedrichs I.

König Konrad III. starb am 15. Februar 1152. Trotz der Schwäche seiner Regierung hat er das zweifelsfreie Verdienst, dem Geschlecht der Staufer den Weg zum Thron gebahnt zu haben. Dazu mußte er seinen sechsjährigen Sohn, Friedrich, von der Thronfolge ausschließen, damit das Reich nicht unter die Regentschaft des stauferfeindlichen Erzbischofs Heinrich von Mainz (1142–1153) fiel. Zu wach war die Erinnerung, daß gerade die Jugend König Heinrichs IV. zur Verschleuderung der Reichsgüter und zur Schwächung des Königtums geführt hatte. So überwand der sterbende Mann seinen Vaterstolz und designierte seinen Neffen, den 30jährigen Herzog Friedrich von Schwaben, zum deutschen König.

Wenige Wochen später wurde Friedrich am 4. März 1152 in Frankfurt von den deutschen Fürsten zum König gewählt. Der Versuch Erzbischof Heinrichs I. von Mainz, den sechsjährigen Königssohn Friedrich ins Spiel zu bringen, scheiterte. Herzog Friedrich wurde einstimmig gewählt, lediglich der Mainzer Erzbischof hat ihm die Stimme verweigert.

Der Propst Gislebert von Mons († 1223/25) hat in seiner »Chronik Hanoniesis« das Gerücht aufgebracht, Friedrich habe seine Wahl durch Hinterlist erschlichen. Wahr ist, daß Friedrich, wie es nun einmal in der rauhen Welt ist, den wichtigsten Fürsten unter seinen Wählern Zugeständnisse machen mußte.

Die Welfen wurden großzügig bedacht. Dem jungen Heinrich dem Löwen (1129–1195) wird er die Zurückgabe Baierns zugesagt haben, seinem Onkel Welf VI. die Markgrafschaft Tuszien, das Herzogtum Spoleto und das Fürstentum Sardinien. Der Zähringer Berthold, sowohl mit den Staufern wie den Welfen verwandt, wurde Rektor im burgundischen Regnum, einschließlich der Provence. Die diplomatische Begabung Friedrichs wird deutlich sichtbar. Seine Wahlzusagen enthielten bereits die Fundamente seines künftigen Regierungsauftrages, der, von Sachzwängen geleitet, lauten mußte:

»Durchsetzung der Königsherrschaft im Reich.
Beilegung des welfisch/staufischen Gegensatzes,
und die Erlangung der Kaiserkrone.«

Noch rascher als seine Wahl vollzog sich Friedrichs Krönung am 9. März in Aachen auf dem Stuhl Karls des Großen durch Erzbischof Arnold von Köln.
Schnelligkeit und Tatkraft sind die Kennzeichen des neuen Herrn. Ein frischer Wind weht selbst durch die staubigsten Winkel des Reiches. Abt Wibald von Corvey (1098–1158), einflußreichster Berater König Konrads III., schilderte dem ihm persönlich gut bekannten Papst Eugen III. (1145–1153) seinen neuen Herrn so:
»Unser König ist noch keine dreißig Jahre. Er zeigte sich bisher scharfen Geistes, rasch von Entschluß, glücklich im Kampf und begierig nach Ruhm und Gefahr. Nimmermehr duldet er Unbill, ist leutselig, freigebig und von glänzender Beredsamkeit in seiner Muttersprache.«[1]
Die Charakterisierung des ehrwürdigen Prälaten ist treffend. Die Wahlanzeige Friedrich I. an Papst Eugen III. ist ein Meisterwerk diplomatischer Geschmeidigkeit und das Verhalten des Papstes darauf eine politische Delikatesse. Die von Wibald formulierte Wahlanzeige sei in Auszügen wiedergegeben:
»Da es nun dem schrecklichen Gott, der den Geist der Fürsten hinwegnimmt... gefallen hatte, unseren Oheim und Erzieher seligen Andenkens, den glorreichen römischen König Konrad aus diesem Leben abzuberufen, versammelten sich die Fürsten des ganzen Reiches... in der Stadt Frankfurt... Und noch am selben Tage, ohne jede Verzögerung, wählten diese Fürsten mit gewaltiger, von Gott geschenkter Einmütigkeit unter Zustimmung und lautem Jubel des Volkes mich an die Spitze des Reiches. Und fünf Tage darauf... salbten mich unter gleicher Einmütigkeit und beifälligem Jubel des Volkes die hochheiligen Hände Eures ergebenen Sohnes, des Metropolitans Arnold von Köln und anderer ehrwürdiger Bischöfe in der Stadt Aachen nach dem Ritus, und sie beriefen mich mit ihrem Segen auf den Thron des Reiches.«
Der König bestätigte gegenüber dem Papst seine Schutzpflicht und gab dem Papst, seinem teuersten Vater, die feste Zusicherung:

»Wie wir das Erbe von Konrads Thron angetreten haben, so folgen wir ihm in seiner ganz besonderen Liebe zu Euch und in seinem Amte als Schirmherr der heiligen Mutter, der Römischen Kirche, voll Ergebenheit und Bereitwilligkeit nach.«[2]
Prompt erfolgte die Antwort des Papstes, der dem König das erteilte, wonach dieser gar nicht verlangt hatte: »die Kraft apostolischer Gnade des Papstes gewährte Approbation der Wahl der deutschen Fürsten«.
Dieser Vorfall wirft ein Brennlicht auf das Verhältnis zwischen Kaiser und Papst. Der Papst erteilte sein »nicht erwünschtes Approbationsrecht«, der König aber hatte sichtbar gemacht, daß sein Königtum auf der Gnade Gottes, der Wahl der Fürsten und dem Zuspruch des Volkes beruhte und nicht auf der Genehmigung des Papstes. Auf die Romfahrt verzichtete Friedrich zunächst auf Rat der Fürsten. Es galt erst die Probleme in Deutschland zu lösen.
Neben seinen Charaktereigenschaften war Friedrich durch Geburt dazu berufen wie kein anderer. Als Enkel der Kaisertochter Agnes von Waiblingen konnte er sich auf salische Kaisertradition berufen, durch seine welfische Mutter Judith und seinen Vater, Friedrich II. von Schwaben, trug er zur Hälfte staufisches wie welfisches Blut in sich. So konnte Otto von Freising mit Recht sagen, »daß er, der beiden Familien angehörte, gewissermaßen als Eckstein, die Feindschaft der beiden Häuser überwinden könnte; in der Erwartung, daß es für das Reich außerordentlich nützlich sein würde, wenn die schwere und langwierige Rivalität unter den höchststehenden Männern des Reiches um privater Vorteile willen nun endlich mit Gottes Hilfe bei dieser Gelegenheit beseitigt würde.«[3]
Friedrich, der Eckstein zweier Geschlechter, der Staufer und der Welfen. Diesen Versöhnungsauftrag, den seine Wahl beinhaltete, hat Friedrich sehr ernst genommen. Er hat ihn über Jahrzehnte erfüllt. Immer wieder hat er sich vor seinen harten und herrschsüchtigen Vetter, Heinrich den Löwen, gestellt, ihn vor den eigenen Fürsten in Schutz genommen. Daß der staufisch/welfische Bund dennoch zerbrach, es war nicht Friedrichs Schuld.
Bevor wir uns mit Friedrich und den ihn begleitenden Fürsten, darunter auch Heinrich der Löwe, auf seinen ersten Königsritt begeben, sei hier in aller Ausführlichkeit auf das Reichsfriedensgesetz

Friedrichs aus dem Jahre 1152 hingeweisen. Warum in aller Ausführlichkeit? Weil dieses Gesetz wie ein Spiegel die inneren Verhältnisse im Reich darstellt und Einblick in mittelalterliches Denken und Wertbegriffe gibt. Außerdem gehört es zur Autonomie des Lesers und zu seiner Urteilsbildung, in wichtige Dokumente Einblick nehmen zu können.

Erlaß Kaiser Friedrichs I. über den Reichsfrieden von 1152

»Friedrich, von Gottes Gnaden Kaiser der Römer und immer Augustus, entbietet den Bischöfen, Herzögen, Grafen, Markgrafen und Richtern, welche diesen seinen Brief zu Gesicht bekommen, den Gruß seiner Gnade und seinen Frieden und seine Liebe . . .:

1. Wenn jemand während des verordneten Friedens einen anderen Menschen tötet, muß er die Todesstrafe auf sich nehmen. Es sei denn, er könne durch Zweikampf beweisen, daß er jenen anderen bei Verteidigung des eigenen Lebens erschlagen habe. Wenn es aber allen deutlich ist, daß er nicht unter dem Druck der Not, sondern vorsätzlich jenen getötet hat, dann gebe es für ihn weder den Zweikampf noch eine andere Entschuldigung, sondern er werde zum Tode verurteilt.

2. Wenn ein Friedensbrecher das Antlitz des Richters flieht, dann soll der Richter beschlagnahmen, was er an beweglichem Eigentum hat, und in Verwaltung nehmen. Seine Erben aber sollen die Erbschaft, die der Täter noch in Besitz hatte, antreten unter der Bedingung, daß sie sich durch Eid verpflichten, jenem Friedensstörer niemals mit ihrem Willen und Wissen einen Vorteil zukommen zu lassen. Sollten aber die Erben dieses Gesetz brechen und jenem die Erbschaft aushändigen, dann soll der Richter die Erbschaft dem König überweisen, und vom König werden sie dann die Erbschaft zum Lehen erhalten.

3. Wenn jemand während des verordneten Friedens einen anderen Menschen verwundet, dann werde ihm, falls er nicht im Zweikampf beweisen kann, daß er dies bei der Verteidigung des eigenen Lebens getan hat, die rechte Hand abgeschlagen . . .

4. Wenn jemand einen anderen Menschen der Freiheit beraubt und ihn, ohne dabei Blut zu vergießen, mit den Fäusten schlägt oder ihm Haare oder den Bart ausrauft, dann soll er an den Verletzten eine Buße von 10 Pfund zahlen und bei dem Richter 20 Pfund hinterlegen. Wenn er den fremden Menschen aber gelinder angegriffen hat, ohne ihn zu schlagen, so, wie der Volksmund sagt, nur mit der flachen Hand, und wenn er ihn nur mit solchen Schlägen und Schimpfworten übel traktiert hat, dann soll er für ein solches Vergehen 5 Pfund zahlen.
5. Wer seinem Richter für irgendein Vergehen 20 Pfund schuldet, soll dem Richter seinen Besitz als Pfand übergeben und innerhalb von 4 Wochen die verpfändete Summe einlösen. Wenn er es verabsäumt, innerhalb von 4 Wochen seinen Besitz einzulösen, dann sollen die Erbberechtigten, falls sie es wollen, das Erbe antreten und dem Richter innerhalb 6 Wochen 20 Pfund auszahlen. Wenn aber der Richter den Besitz der Gewalt des Königs übereignet, dann soll er dem Kläger den Schaden ersetzen und das Gut vom König als Lehen empfangen.
6. Wenn ein Kleriker wegen Friedensbruches verklagt ist oder deshalb, weil er einen Friedensbrecher versteckt hält, und wenn er in Gegenwart seines Bischofs durch hinreichendes Zeugnis dessen überführt wird, dann soll er dem Grafen, in dessen Grafschaft der Kleriker sein Verbrechen begangen hat, 20 Pfund zahlen und sich vor seinem Bischof für ein solches Vergehen den kanonischen Gesetzen nach verantworten. Wenn sich aber dieser selbe Priester halsstarrig zeigt, dann soll er nicht nur Amt und kirchliche Lehen verlieren, sondern auch geächtet werden.
7. Sollte ein Richter einen Friedensbrecher vor der erregten Volksmenge auf die Burg eines Herrn geführt haben, dann soll der Herr, um dessen Burg es sich handelt, den Mann zur Gerichtsverhandlung stellen. Wenn er nicht unschuldig ist und sich fürchtet, vor dem Richter zu erscheinen, dann soll der Herr, falls der Mann ein Zimmer in der Burg bewohnt hat, alle seine bewegliche Habe dem Richter mit einem Eide übergeben und ihn, weil er als geächtet gilt, in seinem Hause nicht mehr aufnehmen. Wenn er aber in der Burg kein Zimmer bewohnt hat, dann soll der Herr ihn in Sicherheit vor Gericht stellen. Der Richter aber soll

nicht ablassen, ihn mit dem Volke als Friedensbrecher zu verfolgen.

8. Wenn sich zwei Männer um dasselbe Lehen bewerben und einer von ihnen den Herrn des Lehens als Zeuge benennen kann, dann soll der Graf, falls der Lehnsherr anerkennt, die Gebühr für die Investitur erhalten zu haben, sein Zeugnis an erster Stelle anerkennen; und wenn derselbe Mann durch einwandfreie Zeugen beweisen kann, daß er das Lehen ohne Gewalt besitzt, dann soll der Rechtshandel abgewiesen werden und er das Lehen weiterhin behalten. Wird er aber vor dem Richter der Gewalttat überführt, dann soll er den doppelten Wert seines Gewinns bezahlen und das Lehen einbüßen, falls er es nicht nach Recht und Richterspruch späterhin zurückgewinnen kann.

9. Soll der Fall eintreten, daß drei oder gar noch mehr Männer im Streit liegen und sich dabei auf verschiedene Lehnsherren berufen, dann soll der zuständige Richter, vor welchem der Fall verhandelt wird, feststellen, wer von den Parteien im rechtsgültigen Besitz des Lehens ist, indem er zwei Männer, die aus der Gegend des Streitenden stammen, und sich eines guten Rufs erfreuen, einen Zeugeneid schwören läßt. Wenn durch diesen Zeugeneid die Wahrheit gefunden ist, dann soll der Inhaber des Lehens in aller Ruhe das Lehen besitzen, es sei denn, daß ein anderer durch Recht und Spruch des Richters imstande ist, es ihm aus der Hand zu nehmen.

10. Wenn ein Bauer schwört, er habe einen Krieger wegen Friedensbruches mit der flachen Hand geschlagen, er habe das aber nicht vorsätzlich, sondern nur aus Notwehr getan, dann soll sich der Krieger vom Verdachte reinigen mit drei Eideshelfern. Wenn umgekehrt ein Krieger schwört, er habe einen Bauer mit der flachen Hand geschlagen, er habe das aber nicht vorsätzlich, sondern nur aus Notwehr getan, dann soll der Bauer die Wahl zwischen zwei Möglichkeiten haben: Entweder legt er nach menschlichem und göttlichem Recht seine Unschuld dar, oder er reinigt sich vom Verdachte mit Hilfe von sieben Eideshelfern, die der Richter bestimmt. Wenn ein Krieger gegen einen anderen Krieger wegen Friedensbruches oder wegen einer anderen Kapitalsache Entscheidung durch gerichtlichen Zweikampf verlangt, dann darf dem nur

unter der Bedingung stattgegeben werden, daß er und seine Eltern schon von jeher echte Ritter gewesen sind.

11. Nach dem St. Marientag soll jeder Graf sieben Männer auswählen, die sich eines guten Leumundes erfreuen, und diese Männer soll er geschickt in alle Teile seines Amtsbereichs verteilen und vorherbestimmen, zu welchem Preise das Getreide entsprechend der Zeit verkauft werden soll. Wenn jemand diesem Beschlusse zuwider im Laufe des Jahres höhere Preise nehmen und teuerer verkaufen möchte, dann soll er als Friedensbrecher gelten und dem Graf 20 Pfund für jedes Maß Getreide bezahlen, das er zu teuer verkauft hat.

12. Wenn ein Bauer Panzer, Lanze oder Schwert trägt, dann soll der zuständige Richter entweder die Waffen beschlagnahmen oder ihn mit 20 Schillingen büßen.

13. Ein Kaufmann soll auf einer Geschäftsreise sein Schwert am Sattel oder auf seinem Fahrzeug befestigen, auf daß er nicht einen Unschuldigen verletze, sich selber aber gegen Räuber verteidigen könne.

...

16. Menschen, die entweder als Räuber überführt oder allgemein als solche bekannt sind, sollen nach altem Strafrecht verurteilt werden (zweifellos zum Tode).

17. Wenn ein Mann seine Vogtei oder ein anderes Amt schlecht verwaltet und auf Mahnungen seines Herrn hin sich nicht zusammennimmt, sondern in seiner Ungebühr verharrt, dann soll er durch Richterspruch von seiner Vogtei oder seinem Lehen abberufen werden; sollte er danach den verbrecherischen Versuch machen, seine Vogtei oder sein Amt gewaltsam wiederzugewinnen, dann gelte er als Friedensbrecher.

18. Wer einen Gegenstand im Werte von 5 Schillingen oder mehr stiehlt, soll am Strick aufgehenkt werden; wenn der Wert geringer ist, werde der Dieb mit Ruten gestrichen, mit Zangen gepeinigt und kahl geschoren.

...

20. Wer auf der Reise über Land sein Pferd füttern will, darf ungestraft dem Tiere geben, was er, unmittelbar am Wege stehend, mit den Armen erreichen kann, um ihm Nahrung und Erholung zu

verschaffen. Soweit das ohne Verwüstung und Schaden geschieht, darf er auch Kräuter und Grünzeug im Walde zu seiner Bequemlichkeit und zu seinem Bedarf verwenden.«[4]

Der Erlaß war eine Reaktion auf die Rechtsunsicherheit im Lande, wie sie unter Konrad III. und seinen Vorgängern geherrscht hat. Innere Sicherheit und Ordnung, so zeigte sich, waren identisch mit der Durchsetzung der Königsherrschaft im Reich.

Schon in Art. 1 begegnet uns eine fast revolutionäre Neuerung. Beim Verbrechen des Totschlags gibt es keinen Unterschied mehr zwischen Freien und Unfreien wie in früheren Friedensgesetzen. Zwar ist bis zur Gleichheit aller vor dem Gesetz noch ein weiter Weg, aber es wird doch ein Anfang sichtbar. Auch in Art. 3, bei Verwundung eines anderen Menschen, ist das Strafmaß, »Verlust der rechten Hand«, zwischen Freien und Unfreien gleich. Art. 6 ist bedeutsam. Hier wird zum erstenmal der Kleriker, der Landfriedensbruch begeht, aus seinem Sonderstatus herausgehoben und nicht nur der kanonischen Bestrafung durch seinen Bischof unterstellt, sondern auch der weltlichen Gerichtsbarkeit des Grafen, in dessen Amtsbezirk er gefehlt hat. Der Art. 11 gegen Getreidewucher ist inspiriert von der Hungersnot des Jahres 1151. Die ganze Friedensgesetzgebung atmet den Willen nach größerer Sicherheit, aber auch nach mehr Gerechtigkeit, die den König auszeichnet und sich bei seiner Krönung so ausdrückt: Einer seiner Ministerialen, dem der König wegen schwerer Verfehlungen seine Huld entzogen hatte, fiel in der Kirche vor ihm in die Knie, hoffend, daß Friedrich anläßlich der Krönung sein Urteil revidiere. Otto von Freising meldet uns: »Er aber verharrte bei seiner früheren Strenge, er blieb fest und gab uns allen ein Beispiel seiner nicht geringen Stetigkeit, wobei er erklärte, er habe jenen nicht aus Haß, sondern aus Gerechtigkeit aus seiner Gunst ausgeschlossen. Auch dies erregte bei den meisten Verwunderung, daß dieser junge Mann sich gewissermaßen die Gesinnung des Alters angeeignet hatte, so daß ihn seine glorreiche Erhöhung nicht erweichen und zur Vergebung veranlassen konnte.«[5]

Ist aus diesem, in der Deutschen Geschichte oftmals zitierten Vorgang der Mythos entstanden, allein die strenge Anwendung der Gesetze, ohne Ansehen der Person, verbürge schon Gerechtigkeit?

Der Königsumritt

Der Königsumritt stammt aus germanischer Zeit. Er ist der Huldigungsritt, mit dem der König sein Reich in Besitz nimmt. An Friedrichs Seite ist Heinrich der Löwe, das sichtbare Zeichen, daß der »Eckstein Friedrich« beide Geschlechter in die Sorge um das Wohl des Reiches eingebunden hatte.

Aber es war nicht nur ein Huldigungsritt, sondern das mühselige Unterfangen, Hader und Streitigkeiten der Vergangenheit durch Königswort und Urteil aufzulösen. Von dem Krönungsort Aachen ging es nach Utrecht. Dort hatten die Bürger dem von König Konrad investierten Bischof Hermann die Anerkennung versagt. Friedrich belegte die Stadt mit einer Geldbuße und erzwang die Anerkennung des Bischofs. Hier handelte Friedrich noch in Übereinstimmung mit Papst Eugen III., der ebenfalls zugunsten Hermanns entschieden hatte. Dann zog der König wieder rheinaufwärts nach Köln und feierte dort am 20. März 1152 das Osterfest.

Viele Große des Reiches waren dort erschienen. Aber alle diese Herren führte nicht die Liebe zum König nach Köln. Ein Gewirr von Lehnsstreitigkeiten war zu ordnen, Privilegien und Gunstbezeigungen für die erfolgte Wahl zu verleihen, aber auch Recht zu sprechen.

Die Gestalt des Erzbischofs Arnold von Köln bekommt in diesen Tagen besondere Bedeutung, denn er ist in dieser Zeit wohl der bedeutendste Ratgeber des Königs. So übertrug Friedrich ihm hier die Durchsetzung der Friedensordnung in Niederlothringen.

Der König selbst ordnete die Verhältnisse in Burgund in einem nicht genau zu datierenden Vertrag mit dem Herzog Berthold von Zähringen. Er versprach darin, mit Herzog Berthold nach Burgund zu ziehen und es zu unterwerfen »in guter Treue nach dem Rat der an dieser Heerfahrt teilnehmenden Fürsten«. Solange der König in jenen Landen (Burgund) weilte, übte er Herrschaft und Regierung aus; nach seinem Weggang sollte diese an den Herzog von Zähringen übergehen, ausgenommen die reichsunmittelbaren Erzbistümer und Bistümer. Auch über den Teil des Landes, welchen der Graf Wilhelm von Macon als Vormund seiner Nichte Beatrix in Besitz hatte, behielt sich Friedrich die Entscheidung vor, indem er versprach, nach dem Rat der Fürsten dem Zähringer Herzog Gerechtigkeit widerfahren zu lassen. Berthold von Zähringen verpflichtete sich, dem König zur Romfahrt 500 Panzerreiter und 50 Armbrustschützen zu stellen.[6]

Mit diesem Vertrag war ein weiteres Land deutscher Herrschaft unterstellt. Es umfaßte das Gebiet zwischen dem Südfuß der Vogesen im Norden, der Saône und Rhone mit Einschluß des Lyonnais im Westen, von der westlichen Rhonemündung bis Nizza und von den Gipfeln der See- und penninischen Alpen, einschließlich des Bistums Aosta, die Walliser Alpen aufwärts bis zum St. Gotthard und von da aareabwärts über Brienzer- und Thuner See an Basel vorbei bis Montbeliard zu den Vogesen.[7]

So konnte Friedrich jetzt zu seinem ersten Reichstag ins sächsische Merseburg reiten, den er für den 18. Mai 1152 einberufen hatte. Folgende Fragen standen an: 1. der dänische Thronstreit, 2. die Belehnung Heinrichs des Löwen mit Baiern, 3. der Streit um den Magdeburger Erzstuhl.

Schon im Jahre 1151 hatten sich die dänischen Thronprätendenten Sven, Sohn des 1137 ermordeten Königs Erich III. (1134–1137), und Knut, Sohn des 1134 getöteten Königs Magnus, an König Konrad III. um Schiedsspruch gewandt. Sven hoffte durch die Unterstützung des deutschen Königs sein Recht auf die Krone zu bekommen, aber auch Knut glaubte, seine verlorenen Ansprüche wiederzugewinnen. Der Tod König Konrads hatte ihn des Schiedsspruchs enthoben, so daß die dänische Frage in das Problemerbe Friedrichs überging. Beide Prätendenten kamen in glänzendem Aufzug zum Reichstag nach Merseburg. Hatte König Konrad III. sich schon mehr Sven zugeneigt, so war dies bei Friedrich um so natürlicher; berichtet uns doch eine dänische Quelle[8], daß der dänische Prinz Sven um 1138/41 mit dem jungen Friedrich I. eine gemeinsame Jugendzeit am Hofe König Konrads verlebt hatte. So entschied sich Friedrich nach Rat mit den Fürsten für den Jugendfreund Sven. Otto von Freising sagt dazu: »Knut behielt einige Provinzen, darunter Seeland, entsagte dem königlichen Namen, indem er sein Schwert übergab, Sven hingegen empfing aus der Hand des Herrschers die Königsherrschaft und verpflichtete sich durch Treueversprechen und Mannschaftsleistung.«[9]

Wie in Burgund im Süden, war auch hier im Norden die Hoheit des Reiches sichtbar gemacht. Die Anerkennung Friedrichs durch den Dänenkönig wiederum war auch wichtig, um Friedrichs Kaiseranspruch zu untermauern. Denn nach dem Verständnis der Zeit war derjenige Kaiser, der über Könige herrschte.

Die Ansprüche Heinrichs des Löwen auf Baiern konnte König Friedrich nicht durchsetzen. Dies blieb späteren Reichstagen vorbehalten.

Beim Streit um den Magdeburger Erzstuhl machte Friedrich seinen großen Eröffnungszug im Spiel um die Macht zwischen Kaiser und Papst.

Otto von Freising trägt die Sicht des deutschen Hofes vor: »Um dieselbe Zeit schickte sich die Magdeburger Kirche, die Metropole von Sachsen, die ihren Hirten verloren hatte – Erzbischof Friedrich war Mitte Januar 1152 gestorben –, zur Wahl an. Da die Wähler uneins waren, in dem die einen den Propst dieser Kirche, Gerhard, die anderen ihren Dekan Hazzo wählten, beschlossen sie, sich an den König zu wenden. Dieser bemühte sich zunächst mit allen Mitteln, Einigkeit und Frieden unter ihnen herzustellen; da ihm das aber nicht gelang, überredete er die Partei, nämlich den Dekan und seine Anhänger, den noch jugendlichen, aber vornehmen Bischof Wichmann von Zeitz, verwandt an den Markgraf von Meißen, zu wählen; dann berief er diesen an den Hof und verlieh ihm die Regalien dieser Kirche auf dem Reichstag zu Merseburg. Der Hof vertrat nämlich die Ansicht, es sei unter Heinrich V. im Streit zwischen königlicher und priesterlicher Gewalt um die Investitur der Bischöfe ein Abkommen geschlossen worden, daß nach dem Tode von Bischöfen bei zwiespältiger Wahl, es in der Entscheidung des Königs liege, nach Beratung mit seinen Fürsten einen Bischof einzusetzen, den er wolle, und daß kein Erwählter geweiht werden dürfe, bevor er aus seiner Hand die Regalien durch das Zepter empfangen habe.«[10]

Friedrichs Verhalten war ein Donnerschlag, der dem Papst in Rom die Ohren dröhnen lassen mußte.

Das Wormser Konkordat besagte, daß der König bei zwiespältiger Wahl gemäß dem Rat und Urteil des zuständigen Metropoliten und seiner Suffraganbischöfe dem im Recht befindlichen Teil (»sanior pars«) seine Zustimmung geben solle.

Friedrich war weit über das Wormser Konkordat hinausgegangen. Er hatte eine Neuwahl angeordnet. Bischof Wichmann gelang es, einige Anhänger des Propsts Gerhard zu sich herüberzuziehen, ja man zieh ihn simonistischer Mittel, und erreichte so eine Mehrheit. Ein weiterer Verstoß lag in Wichmanns Wahl selbst. Der Übergang (Translation) eines Bischofs von seinem Bischofsamt in ein anderes war nach kanonischem Recht nicht statthaft. Über all das hatte sich Friedrich hinweggesetzt. Er hatte den neuen Bischof sofort mit den Regalien ausgestattet und Rom weit hinter das Wormser Konkordat zurückgedrängt.

Wie würde Rom, wie würde der Papst, nein, wie mußte er reagieren?

Friedrich setzte seinen Königsumritt fort. In Regensburg, damals Baierns bedeutendste Stadt, hielt er Ende Juni / Anfang Juli einen Reichstag ab. Er nahm nach einer Festkrönung die Huldigung der baierischen Großen entgegen, die bei seiner Wahl nicht erschienen waren. Dann startete er ein diplomatisches Glanzstück Richtung Rom. Elf deutsche Kirchenfürsten stellten sich demonstrativ vor ihren König und vertraten vor dem Papst die Einsetzung Wichmanns auf den Magdeburger Erzstuhl. Der Versuch, innerhalb des deutschen Episkopats eine Fronde gegen den König aufzubauen, wie das zur Zeit Heinrichs IV. den Päpsten so trefflich gelungen war, scheiterte gänzlich.

Die Erbitterung des Papstes wird in einem Schreiben sichtbar, das er am 17. August 1152 an die elf deutschen Kirchenfürsten sandte, deren Namen uns daher überliefert sind:

»Bischof Eugen, Knecht der Knechte Gottes, seinen ehrwürdigen Brüdern, den Erzbischöfen Eberhard von Salzburg, Hartvich von Bremen und Hillin von Trier, den Bischöfen Eberhard von Bamberg, Hermann von Konstanz, Heinrich von Regensburg, Otto von Freising, Konrad von Passau, Daniel von Prag, Anselm von Havelberg und Burchard von Eichstätt Gruß und apostolischen Segen. Den Brief, den uns eure Klugheit in der Angelegenheit der Magdeburger Kirche geschickt hat, haben wir mit dem schuldigen Wohlwollen aufgenommen. Aber bei der Lektüre und Kenntnisnahme des Inhalts erfüllte uns in höchstem Maße Erstaunen und Verwunderung... Ihr habt, um euch nicht zu den weltlichen Fürsten in Widerspruch zu setzen, einer Sache eure Billigung gegeben, der ganz gewiß die Autorität der kirchlichen Satzung und auch der göttliche Wille entgegenstehen. Versetzungen von Bischöfen läßt das göttliche Gesetz nur zu, wenn sie eindeutig nützlich und notwendig sind; ferner muß ihr auch eine viel größere Einigkeit des Klerus und des Volkes vorangehen als bei anderen Wahlen. Bei der beabsichtigten Versetzung unseres ehrwürdigen Bruders, des Bischofs Wichmann von Zeitz, liegt aber nichts von all dem vor, man sieht nur auf die Gunst des Königs, und ihr behauptet, ohne den Nutzen dieser Kirche zu erwägen und die Eignung der Person zu prüfen, er müsse an die Magdeburger Kirche versetzt werden, obgleich der Klerus ihn ablehnt, ja sogar, wie es heißt, zum größten Teil Einspruch erhebt...«[10]

Obwohl der Konkordatsverstoß bei Friedrich lag, blieb der Papst, trotz allem Ärgernis, verhandlungsbereit. Er entsandte an den deutschen Hof den Kardinal Bernhard und den Kardinalpriester Gregor von S. Angelo. Sie hatten den Auftrag, einige deutsche Bischöfe abzusetzen. Als der König Pfingsten 1153 in Worms feierte, ließ er durch die beiden päpstlichen Legaten den ihm unliebsamen Erzbischof von Mainz absetzen, angeblich wegen Verschleuderung von Kirchengut. Mag dies so sein. Wir aber erinnern uns, daß der Erzbischof Heinrich von Mainz die Wahl Friedrichs zu hintertreiben versucht hatte und Feind des staufischen Hauses war. Hierzu, die dämmerige Szene erhellend, die Tatsache, daß Friedrich seinen Kanzler, Arnold von Selenhofen, auf den Mainzer Erzstuhl erheben ließ. Dann wurde außerdem nach dem Willen des Königs der altersschwache Bischof Burchard von Eichstätt abgesetzt, obwohl er zu den Unterzeichnern des Briefes an den Papst gehörte und die königliche Politik in der Magdeburger Frage unterstützt hatte.

Als aber die beiden päpstlichen Kardinäle die Besetzung des Magdeburger Erzbistums aufgreifen und dann noch Urteil über einige, dem König genehme Bischöfe sprechen wollten, wurden sie von diesem schlicht nach Hause geschickt.[11]

Bevor aber die Kirchenfragen einem nicht mehr zu korrigierenden Höhepunkt zutrieben, griff, zum Glück des Königs, das Schicksal ein: Am 8. Juli 1153 starb Papst Eugen III. Sicherlich ein moralisch integrer Mann. Aber auch ihm war es nicht gelungen, die römische Kurie auf die moralischen Positionen der Reformer zu bringen. Als Kronzeuge der schlimmen Zustände in Rom sei Johannes von Salisbury, der spätere Bischof von Chartres und zeitweilige Sekretär Papst Eugens III. genannt, dessen Zeugnis für viele steht. Johannes von Salisbury schreibt:

»Die römische Kirche benimmt sich gegen die anderen Kirchen nicht wie eine Mutter, sondern wie eine Stiefmutter. Es sitzen in ihr Zöllner und Pharisäer; sie laden den Leuten untragbare Lasten auf, die sie selbst mit keinem Finger anrühren... Kostbaren Hausrat häufen sie an, beladen ihre Tafel mit Gold und Silbergeschirr und machen sich kein Gewissen aus ihrer Habsucht, denn selten oder nie wird ein Armer vorgelassen, und wenn einmal, so ist es nicht Christus, sondern die Eitelkeit, die ihm Zutritt verschafft... Denn heute ist alles feil, aber auch morgen wird man nichts umsonst bekommen.« So spreche das Volk, hat Johannes Papst Eugen versichert. Als der die Frage stellte, wie er denn darüber denke, wich Johannes aus und führte die Äußerung eines Kardinals im Rate des Papstes an. »Die römische Kurie sei von Grund aus unehrlich und nähre die Habsucht, die das Haupt und die Wurzel aller Übel sei.«[12]

Diese Kritik, besser noch Selbstkritik, kommt nicht von einem häretischen Außenseiter, sondern von einem Manne, der zu Bischofswürden innerhalb der Kirche aufsteigen sollte. Es gab in ganz Europa, vor allem in Deutschland, eine antirömische Stimmung, die sich nicht gegen den Papst, sondern die unersättliche römische Kurie richtete. Wenn Friedrich in der Magdeburger Frage so hart aufspielen konnte, dann nur, weil ihm die Stimmung im Reich zugute kam.

Der Nachfolger Papst Eugens III. war Papst Anastasius IV. (1153–1154), ein alter und abgekämpfter Mann, erfahren in den Verwaltungsfragen der römischen Kurie, aber ohne die Kraft, einem 31jährigen Mann wie Friedrich auf Dauer widerstehen zu können. Er entsandte im Februar 1154 den Kardinallegaten Ger-

hard nach Deutschland, um die Frage des Magdeburger Erzbistums im Sinne Papst Eugens III. zu lösen, der dazu verkündet hatte: »wir dürfen und wir wollen nicht«.
Der König gab dem unerwünschten Legaten den schroffen Befehl, Deutschland unverzüglich zu verlassen. Dann ergriff er die Initiative. Er sandte seinen Kanzler nach Rom, dem dann Erzbischof Wichmann folgte, um vom Papst, man möchte sagen, das Pallium zu fordern.
Eine Chronik berichtet, und der Bericht paßt in das Charakterbild des Papstes Anastasius, er habe das Pallium auf den Altar der Peterskirche gelegt und Wichmann aufgefordert, sich von dieser heiligen Stelle das Pallium zu holen, wenn er sich kanonisch rechtens gewählt fühle. Nach kurzem Zögern soll Wichmann das begehrte Pallium vom Altar geholt haben.[13]
Gleichwohl, in Deutschland empfand man das Ergebnis als Triumph. Der König hatte seinen Machtanspruch durchgesetzt, die Schatten von Canossa verblaßten.
Aber nicht nur durch die Magdeburger Entscheidung hatte der König wieder die Führung innerhalb seiner Reichskirche übernommen. Als im Frühjahr 1156 Bischof Hermann von Utrecht starb, ließ der König den Nachfolger in seiner Gegenwart wählen. Bei zwiespältiger Wahl in Köln, nach Arnold von Wieds Tod Mitte September 1156, entschied er sich nach dem Rat der Fürsten für Friedrich von Berg, dessen Wahl durch seinen Einfluß zustande kam. Im Jahre 1157 nahm er Klerus und Ministeriale von Mainz in die Pflicht, beim Tode ihres Bischofs Neuwahlen nur in seiner Anwesenheit durchzuführen.
Sich als Schirmvogt der römischen Kirche betrachtend, delegierte er das Königsrecht der Investitur an seinen Vetter, Heinrich den Löwen, der daraufhin die Bischöfe von Oldenburg, Mecklenburg und Ratzeburg einsetzte.
Trotz dieser Schwierigkeiten der päpstlich-kaiserlichen Beziehungen war es beiden Seiten gelungen, die Gräben zu überbrücken und aus dem Zwang beiderseitiger Notwendigkeiten das Vertragswerk von Konstanz zu schaffen.
Der Papst suchte den Schutz des Königs vor dem Wankelmut und den Intrigen der Römer. Er benötigte ebenso einen Schwertarm ge-

gen die Aggressionen der sizilianischen Normannen wie gegen den byzantinischen Kaiser Manuel I. (1143–1180), der den Verlust Süditaliens nicht hinnehmen wollte. Der deutsche König aber brauchte die Kaiserkrone, und die konnte ihm nur der Papst geben. Diese politischen Zwänge wurden zur Grundlage des Konstanzer Vertrages, dem wir uns später zuwenden werden.

Kehren wir jetzt noch einmal zurück auf den Reichstag zu Regensburg. Hier stand in diesen Junitagen des Jahres 1152 die Lösung der baierischen Frage an. Hatte Friedrich Heinrich dem Löwen die Rückgabe des baierischen Herzogtums zugesagt, so galt es jetzt diese Zusage zu realisieren. Dies war nicht nur eine Frage der Macht, sondern vor allem ein Streit unter nahen Verwandten. Otto von Freising, der Onkel König Friedrichs und Heinrichs des Löwen, zugleich Bruder des amtierenden Herzogs in Baiern, Heinrich Jasomirgotts (1143–1177), führt uns in die Problematik der Sache ein:

»Während im Reich alles glücklich vonstatten ging, bereitete es dem erlauchten Fürsten schwere Sorge, wie der Streit zwischen seinem Fleisch und Blut, den beiden Herzögen Heinrich, seinem Oheim (Herzog Heinrich Jasomirgott) und dem Sohn seines Mutterbruders, Heinrich dem Löwen, um das Herzogtum Baiern ohne Blutvergießen beendet werden könne. Es war nämlich dieser Heinrich der Sohn des ehemaligen Herzogs von Baiern (des Welfen Heinrich X. der Stolze), den, wie anderswo berichtet, König Konrad III. aus Baiern vertrieben und in Sachsen zu bleiben gezwungen hatte; sein Herzogtum hatte er zuerst Leopold, dem Sohn des Markgrafen Leopold, und dann, bei dessen Tode, seinem Bruder Heinrich Jasomirgott verliehen.«

Leichter wurde die Sache auch dadurch nicht, daß Heinrichs des Löwen Mutter Gertrud, die Kaisertochter, nach dem Tode ihres Mannes, Heinrichs X. des Stolzen, den neuen Herzog von Baiern, Heinrich Jasomirgott, heiratete, der damit nicht nur Oheim, sondern auch noch Stiefvater Heinrichs des Löwen wurde. Diese verwandtschaftlichen Querverbindungen wurden aufgezeigt, um den Untergrund von Verstrickungen, widerstreitender Gefühle, Haß, Neid, Besitzgier, aber auch gekränkter Sohnesliebe, die dem Oheim die Mutter nicht gönnte, offenzulegen. »Um diesen Streit durch Urteil und Ratschlag der Fürsten zu schlichten, setzte Friedrich für beide einen Reichstag im Herbst, im Monat Oktober, in Würzburg fest.«[14]

Wie konnte der König den Babenberger Baiernherzog Heinrich Jasomirgott bewegen, friedlich das Herzogtum Baiern Heinrich dem Löwen zu übergeben?

Friedrich warb auf dem Reichstag zu Regensburg bei den versammelten Fürsten, einen Feldzug gegen die Ungarn zu führen. Deren König Geisa II. (1141–1161) hatte im Jahre 1146 dem Baiernherzog Heinrich Jasomirgott eine schimpfliche Niederlage bereitet. Konnte ein solcher Rachefeldzug, der zugleich Ungarn wieder unter die Lehnshoheit des Reiches gebracht hätte, den Baiernherzog versöhnlicher zu Friedrichs Plänen stimmen?

Aber die Fürsten brachten des Königs Feldzugsplan zu Fall. Studiert man die Liste der zu Regensburg versammelten Herren, so stellt man fest, daß von 14 Erzbischöfen und Bischöfen zehn aus Süddeutschland stammten. Bei den weltlichen Herren war das Verhältnis noch drastischer. Hier waren von 17 Fürsten 14 aus dem Süden.[15]

Wenn auch Otto von Freising davon spricht, daß die Fürsten aus unbekannten Gründen ihre Zustimmung zum Ungarnzug versagten, so lassen sich die Motive der süddeutschen Herren doch leicht erkennen. Heinrich der Löwe und sein Regiment in Sachsen waren als streng und unbarmherzig bekannt. Warum sollten die süddeutschen Großen, denen der Babenberger Heinrich Jasomirgott sowohl als Landesherr wie als Nachbar angenehmer war, ihre Kräfte in einem ungewissen Ungarnzug verschleißen, die sie vielleicht in einem innerbaierischen Machtkampf besser einsetzen konnten?

Wenn Otto von Freising schreibt, »daß im Reich alles glücklich vonstatten ging«, so stimmt das nur sehr bedingt. Denn der Wellenschlag von Aufruhr, Rebellion, Landfriedensbruch und anderen Gewalttaten verebbte nur sehr langsam. Abt Wibald von Corvey und Stablo schrieb in dieser Zeit an Papst Eugen: »Wenn nur das Reich ein wenig von seinen inneren und höchst gefährlichen Unruhen befreit werden könnte, würde Friedrich zweifelsohne der heiligen Mutter, der Römischen Kirche, ihren alten Glanz verleihen...«, das heißt doch wohl, den Romzug unternehmen.[16]

Der Reichstag zu Würzburg 1152

Vom 13. bis zum 24. Oktober hielt Friedrich seinen Reichstag zu Würzburg. Zwei Erzbischöfe, acht Bischöfe und viele weltliche Fürsten waren erschienen, darunter Heinrich der Löwe, der auf die Zuweisung des Herzogtums Baiern wartete. Sein Gegenspieler, der Babenberger Baiernherzog Heinrich Jasomirgott fehlte. Warum sollte der Babenberger auch erscheinen? Hatte sein Bruder, Leopold IV. (1139–1141), nicht rechtmäßig von König Konrad das Herzogtum Baiern zugesprochen bekommen; und war es nicht beim Tode des kinderlosen Bruders ebenso rechtmäßig im Erbgang auf ihn gekommen? Ja, hatte man unter König Konrad III. nicht entschieden, daß der Besitz von zwei Herzogtümern unzulässig sei? Aus welchem Grunde sollte er sein Herzogtum Baiern an den jungen und machthungrigen Neffen Heinrich den Löwen abtreten? So hatte Herzog Heinrich Jasomirgott entschieden, daß Fernbleiben vom Reichstag für ihn der bessere Teil der Verhandlung sei.

Wurden auch hier keine Erfolge erzielt, so konnte der König doch die Fürsten dazu bewegen, den Romzug zur Erlangung der Kaiserwürde zu beschwören und ihn innerhalb zweier Jahre durchzuführen, also spätestens bis Oktober 1154.

Aus Rom kamen bedenkliche Nachrichten. Die Anhänger Arnolds von Brescia hatten den Plan gefaßt, am 1. November desselben Jahres einen Rat von 100 Senatoren und zwei Konsuln zu wählen. Der eine Konsul sollte für die Stadt Rom, der andere für die außerhalb der Stadt gelegenen Gebiete verantwortlich sein. Damit nicht genug, wollten die Römer einen eigenen Kaiser wählen. Eine gefährliche Entwicklung.

Ein deutscher Anhänger Arnolds von Brescia, namens Wezel, machte Friedrich Vorwürfe, »daß er sich durch die Kleriker und Mönche, diese falschen Propheten und Verdreher aller Satzungen, zu sehr beeinflussen und durch diese, wie seine Vorgänger, sich zum Kaisertum berufen lasse, statt daß er sich an die Stadt Rom, ›die Herrin der Welt, die Mutter aller Kaiser‹, um Bestätigung gewendet habe«.[17]

Für Friedrich waren diese Vorschläge indiskutabel. Er war kein Re-

volutionär. Er wollte sein Kaisertum durch die alten, gewachsenen Kräfte der Ordnung und des Rechts, so wie sein Vorbild, Karl der Große.
So wuchs die Interessengleichheit zwischen Papst und König, den Romzug so schnell wie möglich durchzuführen.
Aber auch ganz andere Stimmen meldeten sich in Würzburg. Abgesandte aus Apulien, von König Roger II. von Sizilien (1130–1154) aus ihrer Heimat vertrieben, erbaten den Schutz des Königs, in dem sie den rechtmäßigen Anwärter auf die Kaiserkrone erblickten.
Auch aus Oberitalien kamen Bittsteller. Der mächtige Graf von Biandrate, verwandt mit dem König, erbat die Bestätigung seiner Rechte, die er auf Kosten Novaras erworben hatte. Der Bischof Uguccio von Vercelli erschien in Würzburg, um sich die Privilegien seiner Kirche bestätigen zu lassen. Inwieweit diese oberitalienischen Anrufungen des Königs durch die dominierende Machtstellung Mailands bewirkt wurden, läßt sich nicht feststellen. Jedenfalls waren sie Merkzeichen für den König, die Romfahrt so schnell als möglich anzutreten.

Der Konstanzer Vertrag vom 23. März 1153

König Friedrich brauchte die Kaiserkrone – der Papst die Schutzmacht des Königs. Um diese beiden Bedürfnisse in Einklang zu bringen, entsandte Friedrich Ende des Jahres eine Gesandtschaft an den Papst: Bischof Anselm von Havelberg, Graf Ulrich von Lenzburg und Graf Guido von Biandrate. Die Teilnahme Rainalds von Dassel wird aus einer Urkunde Papst Eugens III. gefolgert.[18]
Die päpstliche Seite wurde vertreten durch die Kardinäle Gregor von S. Maria in Trastevere, Hubald von S. Prassede, Bernhard von S. Clemente, Octavian von S. Cecilia, Roland von S. Marco, Gregor von S. Angelo, Wido von S. Maria in Porticu und dem Abt von Chiaravalle.
Am 23. März 1153 wurde in Konstanz der Vertrag zwischen Kaiser und Papst beschworen. In diesem bilateralen Vertrag sind die Verpflichtungen von Kaiser und Papst scheinbar ausgewogen verteilt.

Der König wird bereits als Kaiser genannt. Er verpflichtete sich, keinen Frieden zwischen Römern und Normannen zu schließen ohne Zustimmung des Papstes, alsdann nach den Kräften des Reiches die Römer zu unterwerfen und den Zustand der Römischen Kirche, wie er vor 100 Jahren bestanden hatte, wiederherzustellen. Ferner sagte der König zu, den »honor papatus« und die Regalien des römischen Stuhles gegen jedermann zu verteidigen und dem »König der Griechen« (dem byzantinischen Kaiser) keine territorialen Zugeständnisse zu machen. Der Papst hingegen versprach Friedrich die Kaiserkrönung, sobald er nach Italien käme, und gegen alle diejenigen vorzugehen, die den »honor imperii« verletzen, sprich dem König der Griechen territoriale Zugeständnisse in Italien machen würden.

Dieser Vertrag ist unterschiedlich gedeutet worden. Die einen sehen in ihm einen Sieg des Papstes, die anderen ein Meisterwerk staufischer Diplomatie.

Hermann Heimpel sieht im »honor imperii«, der vom Papst garantierten Ehre des Reiches, die Geltung des Reichsrechtes über ganz Italien, einschließlich des Königreiches Sizilien, dessen Lehnsabhängigkeit gegenüber der römischen Kirche damit stillschweigend in Frage gestellt wird.[19]

In dem Satz »Der Kaiser wird dem Papst Rom unterwerfen nach den Kräften des Reiches« sieht Heimpel eine Zurücknahme, zumindest eine Einschränkung des Eroberungsgebots der Stadt Rom. Soll das den päpstlichen Diplomaten entgangen sein, als sie den Vertrag konzipierten? Wie aber paßt eine solche Einschränkung, ein solch intellektueller Hinterhalt in das Charakterbild Friedrichs, dessen Gerechtigkeitsliebe und offener Sinn uns in den Quellen so anschaulich geschildert werden?

In der Verpflichtung, die Römer zu unterwerfen und den Zustand der Römischen Kirche, wie er vor 100 Jahren bestanden hatte, wiederherzustellen, sah man einen Triumph Friedrichs. Denn vor 100 Jahren herrschte Kaiser Heinrich III. Zwar hatten die Kirche und Papst Leo IX. eine hohe Zeit, aber es war doch der Kaiser, der die Päpste einsetzte. Hatte Friedrich damit seinen Herrschaftsanspruch festgeschrieben? Man sollte sich nicht in solchen Hintergrunddeutungen verlieren. Der Vertrag bot offensichtlich für beide Seiten handfeste Vorteile, so daß es dieser Spekulationen nicht bedarf. Ferner erwuchsen Friedrich aus dem Vertrag Vorteile, die nicht niedergelegt, sondern stillschweigend gewährt wurden. So wurde im März in Konstanz eine Synode einberufen, auf welcher Bischof Hermann von Konstanz unter Beipflichtung der päpstlichen Legaten und des deutschen Klerus die Scheidung Friedrichs von seiner Frau Adele von Vohburg aussprach. Ein weiteres Ergebnis des Vertrages drückt sich in der von Friedrich gewünschten Reinigung der deutschen Kirche aus, wie sie in der Absetzung einer Reihe von deutschen Bischöfen sichtbar wurde.

In Konstanz waren am 4. März zwei Männer aus Lodi erschienen, ein Magister Homobonus und ein Albernardus Alamanus. Sie warfen sich, zwei schwere Kreuze tragend, zu des Königs Füßen nieder und klagten das Leid von Lodi. Der kaiserliche Hofrichter Otto Morena, selbst Lodeser, verleiht ihnen Stimme: »Heiligster Herr König! Wir armen Bürger von Lodi führen vor Gott, vor Euch und Eurem gesamten Hof Klage über die Mailänder, die uns und alle Bürger von Lodi, die wir die Euren waren, einst zu Unrecht aus der Stadt Lodi vertrieben, alle unsere Großen, Männer wie Frauen, der Habe beraubten, viele von ihnen töteten, unsere Stadt völlig zerstörten (23. Mai 1111) und die Bürger von Lodi zu schwören zwangen, nicht mehr in der Stadt und ihren Vorstädten zu wohnen«.[20]

Aber die Mailänder begnügten sich nicht damit, Lodi zerstört zuhaben. Als die Lodeser an dem Ort, der sich »Placentinischer Flekken« nannte, eine neue Kommune und zugleich einen florierenden Markt errichteten, waren sie wieder den Drangsalen der Mailänder ausgeliefert, die darauf abzielten, den neuen Markt von Lodi zu zerstören.

Friedrich erkannte, daß die Klage der Lodeser ein Hebel gegen das rebellische Mailand war. Er sandte einen Boten namens Sicher in die oberitalienische Metropole, mit strikten Anweisungen, das Unrecht von Lodi zu beheben. Als der Königsbote Sicher in Lodi eintraf, um den Lodeser Konsuln den Königsauftrag zu erklären, war man dort zu Tode erschrocken. Man fürchtete den Zorn Mailands, denn der König war fern und Mailand nah. Man bat ihn eindringlich, nicht nach Mailand zu gehen. Der Bote aber fühlte sich an seinen Auftrag gebunden und brachte den Brief nach Mailand. Als die dortigen Konsuln das Schreiben gelesen hatten, warfen sie voll Zorn den Brief zu Boden, zertrampelten ihn und das königliche Siegel vor den Augen des Königsboten. Der reiste über Lodi zurück zu seinem König und berichtete über Mailands Grimm. Von diesem Augenblick an war der Konflikt mit Mailand unausweichlich.

Der König schaffte jetzt das schwerste Hindernis für den Romzug aus dem Wege. Er regelte die baierische Frage. Nachdem Herzog Heinrich Jasomirgott auf dem Reichstag zu Worms Pfingsten 1153 die Rechtmäßigkeit seiner Ladung bestritten hatte, erklärte er sich auch gegen die Rechtmäßigkeit einer Ladung zu einem neuen Hoftag nach Speyer. Nun war Friedrich zum Handeln gezwungen. Er berief den Baiernherzog erneut auf einen Reichstag nach Goslar im Juni 1154. Wiederum leistete der Babenberger Baiernherzog der Ladung nicht Folge. Heinrich der Löwe, der ein Herzogtum zu gewinnen hoffte, war selbstverständlich zur Stelle. Nun trat der Rat der Fürsten zusammen und fällte sein Urteil. Heinrich des Löwen Erbrecht auf Baiern wurde anerkannt. Aber es dauerte noch bis zum Jahre 1156, bis Heinrich der Löwe das baierische Herzogtum in Besitz nehmen konnte. Außerordentliche diplomatische Leistungen und staatsrechtliche Konstruktionen mußten von Friedrich erbracht werden, bis der Löwe als einziger Fürst Deutschlands wieder im Besitz zweier Herzogtümer war. Hier in Goslar war es auch, wo Friedrich die Stellung seines Vetters Heinrich nochmals in besonderer Weise auszeichnete. Er übertrug ihm, sehr zum Mißfallen des Erzbischofs von Bremen/Hamburg, das Königsrecht der Bischofsinvestitur für die Bistümer Oldenburg, Ratzeburg, Mecklenburg und für etwa neuzugründende Bistümer im heidnischen Osten.

Friedrich gelang es, für diese außerordentliche Lösung einen breiten Konsensus zu schaffen. Als Unterzeichner dieses wichtigen Rechtsgeschehens finden wir: Erzbischof Wichmann von Magdeburg, Bischof Bruno von Hildesheim, Hermann von Verden, Wigger von Brandenburg, Berthold, erwählten Bischof von Zeitz, den Abt Wibald von Corvey, Markgraf Konrad, Albrecht den Bären, Pfalzgraf Friedrich von Sommerschenburg und den Landgraf Ludwig von Thüringen. Verständlicherweise war der betroffene Rivale

Heinrichs des Löwen, der Erzbischof Hartvich von Bremen/Hamburg, zu dieser Schmälerung seiner Macht nicht erschienen.
Friedrich konnte mit den ersten zwei Jahren seiner Regierung zufrieden sein. Durch die Anerkennung der Erbfolge Heinrichs des Löwen in Baiern und die Überlassung der Bischofsinvestitur in Sachsen, durch die Übertragung der Markgrafschaft Tuszien, des Herzogtums Spoleto und der umfangreichen Mathildischen Güter an seinen Onkel Welf VI. konnte er den welfisch-staufischen Gegensatz, wenn auch zu einem hohen Preis, als ausgeräumt betrachten. Die zeitweilige Verbitterung seines anderen Onkels, des Babenbergers Heinrich Jasomirgott, mußte er hinnehmen in der Hoffnung, sie durch Diplomatie und besondere Privilegien ausgleichen zu können.
Der Landfrieden war über das Reich ausgebreitet, zwar flackerten immer noch Brandherde dynastischer Kämpfe auf, aber im Gegensatz zur Zeit seines Vorgängers, König Konrads, war eine sichtliche Beruhigung eingetreten.
Im Norden hatten die Dänen die Hoheit des Reiches anerkannt, und durch das Rektorat Bertholds von Zähringen über Burgund waren auch dort die Verhältnisse im Sinne des Reiches stabilisiert.

Heiratsdiplomatie

Der alte Reichsdiplomat Abt Wibald von Corvey schrieb an den ihm persönlich bekannten Kaiser Manuel von Byzanz über sein unablässiges Bemühen um ein inniges, durch Familienbande noch enger zu knüpfendes Freundschaftsbündnis zwischen Manuel und Friedrich.[21]
Ein solches Bündnis war nicht ohne Beispiel. Hatte doch König Konrad III. seinem Freund, dem Kaiser Manuel, die Schwester seiner Gemahlin, Berta von Sulzbach verheiratet, die als Kaiserin Irene bekannt ist.
Die Heiratsverhandlungen gingen von byzantinischer Seite aus. Kaiser Manuel war, wohl durch den Konstanzer Vertrag beunruhigt, der ja ein Schutz- und Trutzbündnis zwischen Papst und König war, in dem Friedrich sich festgelegt hatte, dem byzantinischen

Herrscher kein Gebiet diesseits des Meeres zuzugestehen und, sollte derselbe einen Einfall wagen, sich nach Kräften zu bemühen, ihn möglichst rasch zu vertreiben.[22]

Kaiser Manuel erhoffte von Friedrich ein Bündnis gegen Sizilien, wie es zu Zeiten König Konrads bestanden hatte. Freudig konnte Friedrich dem zustimmen, denn ein Bündnis gegen das normannische Sizilien mußte ihm wichtig erscheinen. So stellte er sich als Vollstrecker des politischen Willens seines Onkels Konrad dar und wollte den Bund zwischen Byzanz und dem Reich so fest knüpfen, »daß beiden Staaten Freund und Feind gemeinsam sei«.[23]

Die Byzantiner hatten bereits eine Nichte des Kaisers, Maria, die Tochter des Sebastokrators Isaak, auserwählt.

Außerdem hätte eine byzantinische Ehefrau bei den künftigen Verhandlungen mit Herzog Heinrich Jasomirgott, der ja Baiern zugunsten Heinrichs des Löwen räumen mußte, für Friedrich sehr hilfreich sein können. Denn Heinrich Jasomirgott war mit der byzantinischen Prinzessin Theodora verheiratet, und vielleicht hätten die beiden byzantinischen Ehefrauen eine Einigung erleichtert.

Aber alle Ehepläne zerbrachen an den politischen Gegebenheiten. Kaiser Manuel wollte und konnte aus seiner Sicht nicht seine Ansprüche auf Italien aufgeben. Friedrich aber war dem Papst verpflichtet, alle byzantinischen Ansprüche abzuwehren. Ja, es konnte auch nicht im Sinne des deutschen Königs und künftigen Kaisers sein, daß sich Byzanz wiederum in Italien festsetzte und auf dem Boden des römischen Reiches ein zweiter Kaiser sein Hoheitsgebiet errichtete.

Das Selbstbewußtsein des deutschen Königs, aber auch das der deutschen Kirche, war gewachsen. Der Ruf des Papstes, die deutschen Bischöfe sollten sich wie eine Mauer vor das Haus des Herrn stellen, war verhallt. Vielmehr stellten sich die Bischöfe vor ihren König. Das Wort von der Freiheit der Kirche, das ja in Wirklichkeit hieß: »Freiheit von der Krone«, hatte sich ins hybride Gegenteil verkehrt und wollte sich zur Herrschaft über die Krone aufwerfen. Aber auch allgemein hatte die Vorrangstellung Roms ihre Anziehungskraft verloren.

Die deutschen Bischöfe hatten nach dem Tode Heinrichs V. erfahren, daß ein schwacher König nur schwachen Schutz gewähren kann. Man war der Willkür der Laien, der Grafen und Herzöge, ausgeliefert. Und auch die Herrschaft des Papstes war nicht ohne Druck. Im Anfang hatte man nur die Vorteile päpstlicher Macht gesehen, nun hatte man ihre Nachteile erlebt.

Die Mühe und Kosten der Romfahrten, Geschenke und Bestechungsgelder, Beherbergung päpstlicher Legaten, vor allem aber der Eingriff der römischen Kurie in die Belange der deutschen Einzelkirchen waren schwere Belastungen.

Aus all diesen Erfahrungen hatte die deutsche Kirche zur Staatsfreundlichkeit zurückgefunden. Ein kluger, maßvoller Herrscher, der diese Wende der Empfindungen zu fördern verstand, konnte seine Zeit neu gestalten. Dazu hatte das Schicksal die die Vergangenheit beherrschenden Personen hinweggenommen. Im Jahre 1151 war der Abt Suger von St. Denis, der heimliche Herrscher Frankreichs, gestorben. Ihm folgte der deutsche König Konrad im Jahre 1152; im Juli 1153 starb Papst Eugen III., der den Konstanzer Vertrag geschlossen hatte. Sein Nachfolger Anastasius IV. fand im Dezember 1154 sein Grab. Im Februar 1154 starb König Roger von Sizilien und im gleichen Jahr König Stephan von England. Im August 1154 erlosch Bernhard von Clairvaux, der bestimmende Geist des Zeitalters. Die Bühne der Geschichte war frei für neue Männer, für neue Ideen, für eine neue Gestaltung der Welt.

Der erste Romzug und die Erlangung der Kaiserkrone

Friedrichs Vorbild, Karl der Große, war viermal über die Alpen nach Italien gezogen. Er selbst mußte sechsmal nach Italien eilen, um die Macht des Kaisers durch seine Gegenwart zu präsentieren.

Als Friedrich Barbarossa im Oktober 1154 sein Heer auf der Schicksalserde des Lechfeldes versammelte, muß er enttäuscht gewesen sein, denn es zählte nur 1800 Ritter. Mit Bogenschützen und Kriegsknechten erreichte es vielleicht eine Zahl von 5000 bis 6000 Kriegern. Das war nicht viel, um Italien und eine Kaiserkrone zu erobern.

Herzog Heinrich Jasomirgott, Albrecht der Bär wie Erzbischof Hartvich von Bremen/Hamburg und der Bischof von Halberstadt leisteten keine Heeresfolge. Sie alle waren Geschädigte von Friedrichs welfenfreundlicher Politik, deren Symbolfigur Heinrich der Löwe war.

Um diese Dinge wissend und um seinem Vetter Friedrich den Preis für Treue zu den Welfen nicht zu teuer erscheinen zu lassen, war der Löwe mit einem großen Aufgebot sächsischer Ritter erschienen. Er stellte das größte Kontingent im Heeresaufgebot; einige Chronisten melden, es habe die Hälfte der Ritterschaft ausgemacht.

Als Friedrich über den Brenner Italien erreichte, war das mehr als das Erscheinen eines Eroberers. Es war der Zusammenprall zweier Welten, der feudalen Lehnsgesellschaft mit der neuen oberitalienischen Stadtkultur. Freimütig schildert Otto von Freising sein Erstaunen über diese neue städtische Welt, obgleich ihm als Hocharistokraten das Verstehen der bürgerlichen Kommunen und ihre Rechtsordnungen verschlossen blieb. Er sah einen Teil dieser Gesellschaftsordnung in der Vermischung römischer Gedankenschärfe mit germanisch-langobardischer Lebenskraft, aber auch in einem größeren Pragmatismus und in der Offenheit dieses germanischen Stammes; denn schon seit dem 7. Jahrhundert nahmen die

Langobarden Kaufleute mit entsprechendem Vermögen als Panzerreiter in ihr Heer auf.[1]
So schreibt Otto von Freising:
»Schließlich lieben sie die Freiheit so stark, daß sie sich bei jedem Übergriff der Gewalt entziehen und lieber von Konsuln als von Herrschern regiert werden. Da es bekanntlich bei ihnen drei Stände gibt, nämlich Kapitäne, Valvassoren und Bürger, werden, um keinen Hochmut aufkommen zu lassen, diese Konsuln nicht aus einem, sondern aus allen Ständen gewählt, und damit sie sich nicht zur Herrschsucht verleiten lassen, werden sie fast jedes Jahr ausgetauscht. So kommt es, daß das Land fast vollständig unter Stadtstaaten aufgeteilt ist, und daß jeder derselben die Bewohner seines Gebietes mit ihnen zusammenzuleben zwingt, daß man ferner kaum einen Edlen und Großen von noch so großem Ehrgeiz findet, der sich nicht trotzdem der Herrschaft seines Staates beugte. Damit sie nicht der Mittel entraten, auch die Nachbarn zu unterdrücken, halten sie es nicht für unter ihrer Würde, junge Leute der unteren Stände und auch Handwerker, die irgendein verachtetes mechanisches Gewerbe betreiben, zum Rittergürtel und zu höheren Würden zuzulassen, während die übrigen Völker solche wie die Pest von den ehrenvolleren und freieren Beschäftigungen ausschließen.«[2]
Man sieht, die oberitalienischen Städte hatten sich die Offenheit ihrer langobardischen Vorfahren und Eroberer erhalten, und es rührt an und zeigt, wie tief die Wurzeln der Geschichte reichen, wenn Giuseppe Lepori 1966 in seinem Tessinbuch schreibt:
»Gegen Ende des Jahrhunderts hatte das Tessin, zweifelsohne im 19. Jahrhundert ein Teil der Lombardei, die demokratischste Verfassung der Erde, denn sie gewährte den Bürgern das Recht der konstitutionellen und legislativen Initiative, das Recht des Volksentscheids, die Wahl aller Obrigkeiten im Verhältniswahlrecht und das Recht, die Regierung abzusetzen«.[3]
Folgen wir der Betrachtung Ottos von Freising über die oberitalienischen Städte, die die gesamte Kluft zwischen feudalem und städtischem Lebensgefühl offenbart:
»So kommt es, daß sie an Reichtum und Macht die übrigen Städte der Welt übertreffen. Förderlich war ihnen dabei nicht nur, wie ge-

sagt, ihr tatkräftiger Charakter, sondern auch die Abwesenheit der Herrscher, die sich angewöhnt hatten, im transalpinen Gebiet zu bleiben. Darin bewahren sie, uneingedenk der antiken adeligen Haltung, einen Rest barbarischen Bodensatzes, daß sie den Gesetzen nicht gehorchen, obwohl sie sich rühmen, nach ihren Gesetzen zu leben. Denn ihrem Fürsten, dem sie freiwillig ehrfürchtigen Gehorsam schuldeten, begegnen sie kaum jemals mit Ehrfurcht, noch anerkennen sie gehorsam, was er nach gültigem Gesetz anordnet, es sei denn, daß sie, unter dem Zwang eines starken militärischen Aufgebots, die Autorität zu spüren bekommen.«[4]

Klarer kann der Gegensatz zwischen Friedrich und den lombardischen Städten nicht aufgezeigt werden. Die Städte waren wegen ihrer liberalen Verfassung aufgeblüht, hatten vom florierenden Orienthandel profitiert, jahrzehntelang die Abgaben an das Reich nicht gezahlt, sondern für sich und ihre Entwicklung verwenden können, da die deutschen Könige und Kaiser nicht in der Lage waren, ihren Machtanspruch durchzusetzen.

So ist es verständlich, wenn die italienischen Städte das Nahen des Königs mit Sorge betrachteten. Mancherlei Rechte und Reichsgüter hatten sie an sich gerissen und ihre ehemaligen Herren, ob geistlich oder adelig, verdrängt. Ganz Italien und große Teile des Mittelmeerraumes waren in Alarmzustand. Die Lombarden-Städte standen im Mittelpunkt vieler Überlegungen. Der byzantinische Kaiser suchte bei ihnen Hilfe für seine Westpolitik. Mit Ancona hatte er sich wieder einen festen Platz auf der italienischen Halbinsel geschaffen. Ancona wiederum erwartete von Byzanz Hilfe gegen Venedig, das den Herrschaftsanspruch über das adriatische Meer erstrebte. Der König von Sizilien suchte Bündnis mit den Städten, um Barbarossa schon im oberitalienischen Vorfeld den Weg nach Süditalien zu verlegen.

Auch der Papst sah den kommenden Dingen mit nicht unberechtigtem Mißtrauen entgegen. Papst Anastasius IV. war am 4. Dezember 1154 gestorben. Jetzt saß ein neuer, tatkräftiger Herr auf dem römischen Stuhl. Nicholaus Breakspeare, Papst Hadrian IV. (1154–1159), als der erste und einzige Engländer in päpstlichen Würden, war unter Eugen III. Kardinalbischof von Ostia gewesen und hatte als päpstlicher Legat die nordischen Kirchen fester an

Rom gebunden. Sittenstreng und willensstark, versuchte er die Festigung und den geistlich-weltlichen Ausbau der päpstlichen Stellung.
Diese war in Rom noch immer von den Normannen bedroht. Zwar war es dem Papst gelungen, Arnold von Brescia aus Rom zu verweisen, aber die konkurrierende Macht des stadtrömischen Patriziats war ungebrochen. Zwar war der Konstanzer Vertrag zwischen König und Papst von Hadrian erneuert worden, doch war das, was als Ziel genannt wurde, überhaupt durchführbar? Die Frage war, konnte es Friedrich gelingen, den Konstanzer Vertrag zu erfüllen und als Äquivalent für die Kaiserkrone Byzantiner und Normannen von italienischem Boden fernzuhalten? Bedeutete dies nicht einen Dauerkrieg mit allen europäischen Mittelmeervölkern sowie den lombardischen und mittelitalienischen Städten?
Aber um seine vertraglichen Ziele zu erreichen, brauchte Friedrich das Geld der italienischen Städte. Nur ein starker, sendungsbewußter, ganz in sich ruhender Charakter konnte sich an diese Aufgabe wagen.

Der Königsschild von Roncaglia

Als Friedrich im Dezember 1154 mit seinem Heer die Ronkalischen Felder in der Nähe von Piacenza erreichte, ließ er seinen Königsschild aufpflanzen. Otto von Freising beschreibt den historischen Vorgang so:
»Es ist aber Brauch bei den fränkischen oder deutschen Königen, daß wenn sie mit Heeresmacht zum Empfang der Kaiserkrone über die Alpen ziehen, auf den roncalischen Gefilden Aufenthalt zu nehmen. Dort wird ein Pfahl errichtet und daran ein Schild aufgehängt, und alle Ritter, welche Lehen haben, werden durch einen Herold des Hofes aufgeboten, in der nächsten Nacht bei dem König Wache zu halten ... Diesem Beispiel folgen die Fürsten in seiner Begleitung und fordern gleichfalls durch Herolde ihre einzelnen Lehensmänner zu demselben Dienste auf. Wer aber am folgenden Tag als fehlend ermittelt wird, der wird nochmals vor den König und die anderen Fürsten gefordert, und wer ohne Einwilli-

gung seines Lehnsherrn zu Hause geblieben ist, der wird seines Lehens verlustig erklärt. Diesem Brauch folgte auch der König, und es wurden nicht nur Laien ihre Lehen abgesprochen, sondern auch einigen Bischöfen, nämlich dem Erzbischof Hartvich von Bremen und dem Bischof Ulrich von Halberstadt.«[5]

Der Regalienentzug durch Friedrich war nichts Außerordentliches, sondern entsprach dem Recht der Zeit. Versäumnis der Heeresfolge und der Hoffahrtspflicht hatte den Lehensverlust zur Folge.

Die wichtigste Leistung des ronkalischen Reichstages war die Verkündigung eines neuen Lehnsgesetzes. Das ist verständlich, denn die Lehnsgesetzgebung war ja die Grundlage der königlichen Macht. Wurde die Lehnskette zerrissen oder von fremden Kräften usurpiert, waren auch die Rechte des Reichs und des Königs beschädigt. So dekretierte Friedrich am 5. Dezember 1154:

1. daß ein Vasall, oder sein Erbe, sein Lehen einbüßen solle, wenn er nach dem Tode des Lehnsherrn Jahr und Tag verstreichen ließe, ohne dem Herrn oder Erben des Herrn den Treuschwur zu leisten und ohne um die Investitur zu bitten...
2. daß es dem Herrn erlaubt sein solle, alle vorgefallenen Entfremdungen von Lehnsgut zu widerrufen, da einem solchen Verfahren keine Bestimmung im Wege stehe.
3. daß Ähnliches für die Feldzugsbeiträge gelte. Feldzugsbeiträge nannte man die Steuer, die von den Vasallen an die mit dem Könige nach Rom ziehenden Herren abzuführen waren.
4. daß wenn ein Kleriker, ein Bischof oder ein Abt ein Lehen verliert, das er nicht nur für seine eigene Person, sondern für die Kirche vom König bekommen hat, und das durch seine persönliche Schuld, dann soll dieses Lehen, solange er lebt und im Besitz seiner kirchlichen Ehren ist, dem König anheimfallen, nach seinem Tode aber an seinen Nachfolger wieder ausgegeben werden.[6]

Diese Gesetze waren das Ergebnis von Klagen geistlicher und weltlicher Herren Italiens, welche durch die Nichtbeachtung der Lehnspflichten seitens ihrer Vasallen nicht im Stande gewesen waren, ihre Verpflichtungen zu erfüllen. So hatte der König diese Gesetze sowohl im Sinne seiner Großvasallen wie in seinem eigenen Interesse erlassen.

Der mächtige Markgraf Wilhelm von Montferrat und der Bischof von Asti erhoben Klage gegen die Bürger von Asti und die Einwohner von Chieri. Es muß sich wohl um die Verletzung von Vasallenpflichten gehandelt haben, denn Friedrich gab der Klage des Bischofs und des Markgrafen statt.

Wie kompliziert die Lage der lombardischen Städte untereinander war, zeigt uns Otto Morena. Auf dem Reichstag zu Roncaglia war zur Sprache gekommen, wie Mailand die Städte Lodi und Como unterjocht hatte. Der König sandte einen seiner Kapläne nach Lodi, um von den Lodesen den Treueid zu fordern. Doch folgen wir dem Bericht Otto Morenas:

»Als der Kaplan nach Lodi kam und von den Lodesen den Treueid forderte, antworteten sie mit den Worten, sie wagten dies nicht ohne den Rat und das Beispiel der Mailänder zu tun, in deren Macht und Gewalt sie stünden; nachdem ihnen ein Termin gesetzt worden war, gingen die Lodesen zu den Mailänder Konsuln und erzählten ihnen ordnungsgemäß, daß der König einen Boten zu ihnen nach Lodi gesandt habe, der einen Treueid von ihnen forderte, und erklärten, sie alle hätten dem Boten geantwortet, sie würden diesen Treueid ohne Rat und Willen der Mailänder auf keinen Fall leisten. Die Mailänder aber... gaben den Lodesen zur Antwort und machten ihnen den Vorschlag, sie sollten dem König bereitwillig Treueid leisten...«[7]

Hieran wird deutlich, wie sehr die im Grund reichstreue Stadt Lodi in Furcht vor den Mailändern lebte und wie wenig sie der Waffengewalt des Königs vertraute.

Vollends mußte den König erzürnen, daß die Mailänder es wagten, ihm 4000 Mark Silber für den Kauf der Regalien – der Reichsrechte – von Lodi und Como zu bieten. Für Friedrichs Vorstellungswelt ein unbegreifliches Verlangen, fast eine Majestätsbeleidigung. Der König konnte verleihen (zu Lehen geben), verschenken, gewähren; aber Reichsrechte zu verkaufen wie schnöde Handelsware, das lag nicht im Verständnis des im lehnsrechtlichen Denken erzogenen schwäbischen Aristokraten Friedrich.

Als er am 6. Dezember 1154 die Ronkalischen Felder verließ, um die Städte Chieri und Asti zu strafen, die sich seinem Urteilsspruch nicht gebeugt hatten, und Mailänder Führer ihn in Gebiete leiteten, die vom mailändisch-pavesischen Krieg des Vorjahres noch so verwüstet waren, daß weder Mensch noch Tier dort Nahrung fanden, wuchs die Erbitterung gegen die große, listenreiche und in ihrem kaufmännischen Denken für Friedrich unbegreifliche Stadt. Da er mit seinem kleinen Heer nicht stark genug war, Mailand wirkungsvoll zu belagern, zerstörte er einige feste Plätze und Burgen im Mailänder Umland. Es brannten Rosate, die Kastelle Torre di Momo, Trecate und Galliate.

Der König feierte Weihnachten in freudiger Stimmung. Zwar war Mailand ungebrochen, aber die Königsmacht hatte sich auf den Ronkalischen Feldern eindrucksvoll dargestellt. Verträge mit Venedig, Pavia, Genua und Pisa waren erneuert, und der Weg nach Rom schien offen.

Des Königs Zug ging im Januar nach Chieri. Die Einwohner hatten angstvoll ihre Stadt verlassen und waren geflohen. So fiel die reich verproviantierte Stadt in die Hände des königlichen Heeres. Friedrich zerstörte zahlreiche Türme und ließ die Stadt in Brand stecken. Dann unterstellte er Chieri, das in eine offene Landgemeinde umgewandelt wurde, dem Bischof von Turin.

Ähnlich erging es Asti, der damals mächtigsten Stadt Piemonts, die am 1. Februar 1154 eingeäschert und dem Markgrafen von Montferrat überantwortet wurde. Der zerstörte die Festungsanlagen und machte dann seinen Frieden mit den Bewohnern.

Im Lager von Asti erließ Friedrich ein Gesetz, sicher aufgrund entsprechender Ereignisse, das von hoch und niedrig innerhalb des Heeres beschworen werden mußte: »... niemand solle innerhalb des Lagers das Schwert zu irgendwelcher Schädigung eines Waffenbruders zu ziehen wagen«, und er fügte als Strafe hinzu, »wer diesen Lagerfrieden verletze und einen seiner Gefährten verwunde, dem solle eine Hand, oder gar der Kopf abgeschlagen werden...«[8]

Belagerung und Einnahme von Tortona

Vorbei an den rauchenden Trümmern von Asti und Chieri zog der König mit seinem Heer nach Tortona. Tortona, eine fast unbezwingbare Bergfeste am Fuße des Apennin, war im Bündnis mit Mailand und damit naturgegebener Feind Pavias. Die Pavesen, reichstreu und mit dem König im Bündnis, hatten bei Friedrich Klage gegen Tortona erhoben, und Friedrich hatte für Pavia entschieden. Otto Morena stellt das so dar:
»Außerdem kamen die Pavesen zum König und beklagten sich heftig über Tortona: sie sagten, sie hätten ihnen sehr großes Unrecht zugefügt und ihre Burgen überfallen, und sie erbaten von ihm, er möge jene veranlassen, ihnen ihr Recht zu geben. Als der König dies vernahm, lud er durch seine Boten die von Tortona insgesamt vor, um den Pavesen Gerechtigkeit zu verschaffen, und sagte ihnen mahnend, sie sollten sich ihm und seinem Hofe unterwerfen und den Pavesen ihr Recht geben. Die Tortonesen wiesen dies zurück, teils weil sie den König für die Pavesen geneigt hielten... Und zum Teil..., weil sie der Macht und der Tüchtigkeit der Mailänder, die ihnen energisch Unterstützung gaben, vertrauten, wiesen sie es von sich, diesem Richter ihren Nacken zu beugen.«[9]
Der König, nunmehr ganz in die oberitalienischen Stadthändel verstrickt, mußte Tortona unter sein Recht zwingen. So schloß er, begleitet von Heinrich dem Löwen und seiner Ritterschaft, am 13. Februar 1155 Tortona, unterstützt von den Truppen Pavias, ein. An seiner Seite sein Halbbruder, Konrad, Pfalzgraf bei Rhein, Berthold von Zähringen, der Rektor von Burgund, und sein getreuer Otto von Wittelsbach, der Bannerträger des Königs.
Den Mailändern war es noch gelungen, 100 Ritter und 200 Bogenschützen als Verstärkung nach Tortona einzuschleusen. Trotzdem eroberten Heinrich der Löwe und seine sächsischen Ritter rasch Tortonas Vorstadt. Die Einwohner flüchteten in die Stadtburg, die auf einem Bergkegel mit abfallenden Felsmauern lag, uneinnehmbare Festung und Gefängnis zugleich.
Ein stählerner Ring schloß sich um die Stadt. Heinrich der Löwe hatte die Unterstadt am Südhang besetzt, Pavias Streitkräfte standen im Nordwesten in der Ebene nach Mailand und Pavia hin, und

der König schloß den Kreis nach Westen. Schweres Kriegsgerät wurde in Stellung gebracht. Belagerungsmaschinen, Wurfmaschinen, Schleuder- und Bogenschützen bedrängten die Stadt. Zentnerschwere Gesteinsbrocken wurden gegen ihre Mauern geschleudert. Die Pfeile der mailändischen Bogenschützen ergossen sich zusammen mit kochenden Pechströmen über die Belagerer.
Mit äußerster Erbitterung wurde gekämpft. Die Eingeschlossenen, die wußten, daß ihr Schicksal Sieg oder Tod hieß, wehrten sich mit dem Mut der Verzweiflung. Der König und sein Heer waren ebenfalls zum Sieg verdammt, denn sie durften vor Tortonas Mauern nicht scheitern.
Die Belagerten wagten blutige Ausfälle. Wer gefangen wurde, den ließ der König an den Galgen knüpfen, ein drohendes Menetekel des künftigen Schicksals der Stadt.
Die Schwachstelle dieser scheinbar uneinnehmbaren Stadt lag in der Wasserversorgung. Sie lag vor den Toren Tortonas, im Norden, wo Pavias Truppenkontingente standen. Hier waren die Ausfälle der Belagerten besonders heftig, galt es doch, dort bis zum einzigen Brunnen vorzudringen, um das lebensnotwendige Wasser zu erreichen. Der König verstärkte die Pavesen an dieser heißumkämpften Front durch Streitkräfte des Markgrafen von Montferrat und anderer italienischer Barone. Der Galgenwald um Tortona mit seinen schrecklichen Trophäen wuchs.
Der König ließ Minen treiben gegen den roten Turm, den Tarquinius Superbus, der siebte und letzte römische König im 6. Jahrhundert vor Christus, erbaut hatte und der als einziger nicht auf gewachsenem Fels stand.
Das Unternehmen scheiterte. Die Tortonesen trieben Gegenminen, die deutschen Mineure wurden verschüttet und starben qualvoll. Die tollkühne Tat eines deutschen Reitknechts, die sowohl bei Otto Morena wie bei Otto von Freising geschildert wird, sei hier berichtet:
»Der langen Belagerung überdrüssig, wollte er den anderen zeigen, wie man die Burg ersteigen könne, und nur mit Schwert und Schild ausgerüstet, wie es diese Leute am Sattel tragen, ging er den dem roten Turm vorgelagerten Wall an, indem er sich mit seinem Beil einen Weg bahnte, auf dem sein Fuß einen Halt finden konnte,

stieg er den Berg empor (Er schlug sich eine Treppe in den Fels). Ihn konnten nicht die zahlreichen Steine einschüchtern, die mit der ganzen Kraft der Geschütze von den Maschinen des Königs gegen den Turm geschleudert wurden, nicht die wie ein Regenguß ununterbrochen von der Burg aus heranprasselnden Wurfspieße und Felsbrocken zurückhalten; er stieg bis zum schon halbzerstörten Turm empor, streckte dort im mannhaften Kampf einen ebenfalls bewaffneten Ritter durch einen Streich zu Boden und konnte trotz der vielen schweren Gefahren unversehrt ins Lager zurückkehren. Der König ließ ihn zu sich rufen und wollte ihn wegen seiner ruhmvollen Tat durch die Verleihung des Rittergürtels ehren. Doch als jener erklärte, er sei ein Mann niedrigen Standes und wolle in diesem bleiben, er sei mit diesem Los zufrieden, beschenkte er ihn reich und ließ ihn zu seinen Zeltgenossen zurückkehren.«[10]

Hier wirft sich zu Rittertum und Ritterschaft eine Frage auf. War der Ritterstand, der ja ursprünglich sowohl aus Adeligen wie aus Ministerialen, also auch aus unfreien Dienstmannen, gespeist wurde, eine bereits so abgeschlossene Schicht, daß auch der, der durch königlichen Ritterschlag erhoben wurde, keine Heimat in ihm fand? Oder handelt es sich hier um einen einzelnen, grobschlächtigen, aber tapferen Mann, der sich nicht zutraute, in einer höheren Schicht leben zu können? Die spätere Gesetzgebung Friedrichs zur Ritterschaft führte ja zur Abschließung dieser Kaste; obwohl durch besondere Tapferkeit, besondere Treue, durch Lied und Minnesang immer wieder der Aufstieg in den ritterlichen Kreis möglich war.

Kehren wir zurück vor die Mauern und zu den Leiden von Tortona. Als Minen, das Bombardement der gewaltigen Steinschleudern und die Rammstöße der Sturmböcke versagten, griffen die Belagerer zu einem wenig ritterlichen Mittel. Sie vergifteten mit Pech und verwesenden Leichen das Wasser.

Während der Ostertage, von Gründonnerstag bis zum Montag, ließ der König den Sturm auf Tortona ruhen. In diesen Tagen zogen die Mönche und Kleriker von Tortona aus der Stadt und erflehten die Gnade des Königs. Otto von Freising ließ ihre Klage mit den Worten enden:

»Wir haben nichts begangen, um fremder Schuld willen werden wir bestraft. Uns möge, so bitten wir, des Königs Barmherzigkeit verschonen, und wenn er der unglücklichen Stadt nicht verzeihen will, so erlaube er wenigstens uns Waffenlosen, die wir schon infolge des Pestgestankes krank und dem Tode nahe sind, diesen schrecklichen Kerker zu verlassen!... Als der König dies erfuhr, fühlte er zwar im Innern sein Herz zum Mitleid geneigt, aber um den Verdacht der Schwäche zu vermeiden, beharrte er nach außen hin standhaft auf seiner bisherigen Strenge und befahl jenen, wieder in die Burg zurückzukehren.«[11]

Aber Tortona widerstand noch immer. In den vier Tagen der Waffenruhe hatten die Tortonesen ein neues Geschütz gebaut, mit dem es ihnen gelang, Belagerungsmaschinen des Königs zu zerstören.

Was alle Belagerungskunst und Gewalt nicht vermochte, das schafften schließlich der Durst und das vergiftete Wasser. Tortona ergab sich. In der dritten Woche im April wurde die Stadt zur Plünderung freigegeben und dann in Brand gesteckt. Die unglücklichen Bewohner erhielten das Leben geschenkt, von ihrer Habe durften sie mitnehmen, was sie tragen konnten. Alles andere verfiel dem König und seinem Heer.

Der König blieb bis zum 20. April in Tortona, dann feierte er in Pavia unter dem Jubel des Heeres und der Pavesen den Sieg mit einer Festkrönung.

Der Sieg des Königs über Tortona war eindrucksvoll, aber die vorhandenen Probleme löste er nicht.

Der Lodeser Hofrichter und Konsul Otto Morena, gewiß ein königstreuer Mann, berichtet, daß direkt nach Abzug des Königs die Mailänder Tortona wieder besetzten und Mauern und Türme neu errichteten. Sofort sandte Pavia ein Heer gegen Tortona. Es kam zu wechselnden Kämpfen, in denen beide Parteien sich Niederlagen und Siege teilten. »Am 28. Mai 1155 zogen sich die Pavesen von Tortona zurück und kehrten unter großem Jubel heim nach Pavia.«[12]

Der Weg nach Rom

Friedrich marschierte nun über Piacenza nach Bologna. Dort feierte er am 15. Mai 1155 Pfingsten und gönnte seinen Truppen einige Tage der Ruhe. Hier entstand der erste Kontakt mit den Rechtsgelehrten Martinus und Bulgarus in Bologna, der 1119 gegründeten, ältesten Universität Europas.

Diese Begegnung fand ihren Niederschlag in den Gesetzen, die Barbarossa im Jahre 1158, wiederum auf einem Reichstag in Roncaglia, zum Schutz der Professoren und Studenten erließ, die zu den Ursprungsquellen der akademischen Freiheit gehören und deren fortzeugende Wirkung über die Jahrhunderte bis in unsere Tage reicht.

Es ist verständlich, daß für Friedrich, jetzt auf dem Wege zum Kaisertum, die Begegnung mit den Bologneser Rechtsgelehrten von großer Bedeutung war. Das römische Recht war ja die Quelle, die seiner künftigen Stellung als Cäsar den notwendigen Rechtsgrund geben sollte.

Wenn wir die Bologneser Professoren der Rechte zwei Jahre später auf dem Reichstag von Roncaglia wiedertreffen, wo wir ihre Ausführungen über kaiserliche Rechtspositionen vernehmen, so wird ersichtlich, daß in dieser Zusammenkunft im Jahr 1155 in Bologna der Anfangspunkt zu sehen ist.

Hadrian – Friedrich. Zwei Männer – zwei Welten

Friedrich rückte zügig auf Rom vor. Papst Hadrian, der doch so auf Friedrichs Ankunft gewartet hatte, schien besorgt. Berichtet uns doch sein Biograph, der Kardinal Boso, »Friedrich sei nach der Einnahme Tortonas mit solcher Eile auf Rom losgezogen, daß man mit Recht hätte glauben können, er käme eher als Feind denn als Schutzherr.«[13]

Diese Bemerkung drückt das Unbehagen des Papstes mit seiner Situation aus, von der er damals seinem Jugendfreund Johannes von Salisbury sagte, »er wünschte, niemals zu seinem hohen Amt gelangt zu sein, das so voller Stacheln und Dornen sei.«

Mit großer Mühe war es dem Papst gelungen, Arnold von Brescia aus Rom zu verweisen. Er hatte dazu seine schärfste Waffe einsetzen müssen und über Rom das Interdikt, den Bann, gelegt. Die Waffe war um so schärfer, als man sich am Beginn der Karwoche befand. Interdikt, das bedeutete: kein Gottesdienst in Rom, kein Läuten der Glocken, keine Messen, kein Sakrament außer Taufe und Sterbekommunion. Kein Toter wurde in geweihter Erde bestattet, und die Ehen wurden auf dem Friedhof eingesegnet.[14] Interdikt, das bedeutete für die Stadt und die Menschen dieser Zeit eine Art geistlicher Hungersnot. Das entsetzte Volk zwang den Senat von Rom, vom Papst die Aufhebung des Bannes zu erbitten, unter der festen Zusicherung, Arnold von Brescia aus Rom zu vertreiben. Unter dem Jubel der Bevölkerung zog dann der Papst am Gründonnerstag, dem 24. März 1155, in die Stadt ein und befreite sie aus ihren geistlichen Nöten.

Auch von Süden her drohten Schwierigkeiten. Hadrian hatte dem normannisch-sizilianischen König Wilhelm die Anerkennung als König verweigert. Sein Legat hatte dem stolzen Normannen ein päpstliches Schreiben überreicht, in welchem er nur als »Herr Siziliens« angeredet wurde. Darauf empfing Wilhelm den päpstlichen Gesandten nicht. Ergebnis: auf beiden Seiten »Verärgerung«.

König Wilhelm zog in Apulien Truppen zusammen, um sich gegen den erwarteten Einmarsch Friedrich Barbarossas zu wehren, aber auch, um in den Kirchenstaat einzufallen. Der sizilianische Angriff auf den Kirchenstaat begann Ende Mai, Anfang Juni 1155.

Der aus Rom vertriebene Arnold von Brescia war nach Norden gezogen. Befürchtete der unsicher gewordene und bedrängte Papst ein Bündnis Friedrichs mit Arnold und dem ihm nahestehenden Stadtpatriziat? Etwa Friedrichs Annahme der Kaiserkrone durch die Römer? Solche Gedanken waren ja schließlich laut geworden! Dies aber wäre eine Fehleinschätzung des Charakters ebenso wie der politischen Grundüberzeugungen Friedrichs. Sich mit einem Rebellen zu verbünden, dieser Gedanke war ihm fremd.

Eine Kaiserkrone aus den Händen der Römer, eine Krone, an der, wie Jahrhunderte später ein preußischer König sagen sollte, »der Ludergeruch der Revolution« hing, war in seiner Gedankenwelt nicht vorstellbar. Friedrich verhandelte immer mit den etablierten

Mächten. Waren sie ihm feindlich, dann konnte man sie bekämpfen oder durch Verhandlungen Gemeinsamkeit finden.
Er wollte die Kaiserkrone aus den Händen des Papstes, der einzigen Stelle, die für ihn, aber auch für das christliche Abendland, dafür die Kompetenz besaß.
Der Papst hatte sich inzwischen nach Sutri begeben und dem König von dort eine Gesandtschaft entgegengeschickt. Diese verlangte von Friedrich, Arnold von Brescia auszuliefern, und, sei er nicht in königlicher Gewalt, alles daranzusetzen, seiner habhaft zu werden. Als Arnold bald darauf durch Zufall in Friedrichs Gewalt kam, lieferte er ihn, wie versprochen, aus.
Hinsichtlich eines von ihm geforderten Eides verhielt er sich zurückhaltender. Er hatte, genau wie der Papst an ihn, an diesen eine Gesandtschaft geschickt. Dies waren die Erzbischöfe Arnold von Köln und der neuerwählte Anselm von Ravenna, vormals Bischof Havelberg.
Doch das gegenseitige Mißtrauen Friedrichs und Hadrians verstellte den Weg. Friedrich wollte, genau wie der Papst, die Rückkehr seiner Gesandten abwarten, bis er sich zu weiteren Schritten entschlösse.
Auf dem Rückweg begegneten sich die beiden Delegationen. Die deutschen Gesandten vermochten die päpstlichen Unterhändler zur Umkehr zum König zu bewegen, der inzwischen bis Viterbo vorgerückt war.
Ein Gewinn war, daß sich unter der päpstlichen Delegation der Kardinal Octavian von S. Caecilia (der spätere Gegenpapst Victor IV.) befand, der bei der Erneuerung des Konstanzer Vertrages mitgewirkt hatte und der beim König in hoher Gunst stand. So wurden die Gräben des Mißtrauens überwunden.
Friedrich ließ einen seiner vornehmsten Ritter einen Eid ablegen, »daß Friedrich den Papst und die Kardinäle weder an Leib, Leben und Freiheit schädigen oder schädigen lassen werde. Vielmehr wolle er jedem derartigen Beginnen entgegentreten und etwa zugefügtes Unrecht nach Kräften zu sühnen sich bemühen, im übrigen aber den früher abgeschlossenen und vor kurzem (im Januar 1155) erneuerten Konstanzer Vertrag unverbrüchlich halten.«[15]
Der Weg schien frei.

Zeit und Ort der Kaiserkrönung wurden nun bestimmt. Friedrich schlug bei Grassano, nahe Sutri, sein Lager auf. Der Papst begab sich von Civita Castellana nach Nepi. Von dort aus zog er am 9. Juni, umgeben von einem Schwarm von Kardinälen und Bischöfen, zum Lager des Königs. Froh und freudig wurde er von Erzbischof Arnold von Köln und den deutschen Fürsten empfangen.

Der Zwischenfall von Sutri

Sie taten sich schwer miteinander, die beiden Oberhäupter der Christenheit. Kaum standen sie sich gegenüber, da brachen die Gräben des Mißtrauens, der gegenseitigen Unsicherheit wieder auf.

Als der Papst in Friedrichs Lager einritt, erwartete er, daß Friedrich ihm den Stratordienst leiste, das heißt, daß er das Pferd des Papstes ein Stück weit am Zügel führe und ihm beim Absteigen den Steigbügel halte. Dazu war Friedrich nicht bereit. Er sah darin eine Unterwerfungsgeste, aus der die Kurie später rechtliche Konsequenzen ableiten konnte. Ein Teil der päpstlichen Kardinäle war über diesen teutonischen »Affront« so entsetzt, daß sie das königliche Lager verließen und in das sichere Civita Castellana flüchteten. Zum Glück hatte Papst Hadrian bessere Nerven. Er stieg von seinem Zelter und nahm auf einem Thronsessel Platz. Friedrich eilte herbei und küßte ihm den Fuß. Dies schien ihm mit seiner Würde vereinbar. Nunmehr erwartete er vom Papst den Friedenskuß. Der Papst verweigerte dies und erklärte, Friedrich diesen nicht erteilen zu können, bis dieser ihm den von allen früheren Kaisern geleisteten Ehrendienst vollzogen habe.

Der folgende Tag, es war der 10. Juni 1155, verging mit hitzigen Diskussionen. Friedrich blieb hartnäckig bei seiner Verweigerung, obwohl seine eigenen Kardinäle die päpstliche Berechtigung anerkannten. Ein Teil der weltlichen Fürsten vertrat Friedrichs Position. Endlich gelang es älteren Fürsten, die Verhärtung des Königs aufzuweichen, namentlich unter Hinweis auf historische Vorbilder.

Tatsächlich berichtet das »Constituum Constantinum«, unabhängig von der Frage seiner Echtheit, daß Kaiser Konstantin (306–337) dem Papst Silvester (314–335) das Pferd am Zügel geführt, den Stallknechtsdienst geleistet habe.[16] In der »Vita Stephani II.« steht, daß Pippin im Jahre 754 Papst Stephan in der Pfalz von Ponthion den Stratordienst erwiesen habe. In der Vita »Nicolei I.« ist verzeichnet, daß Kaiser Ludwig II. (850–875) Papst Nicolaus I. (858–867) den Marschallsdienst über Pfeilschußweite erbracht habe. Auch König Konrad (1087–1101), der Sohn Heinrichs IV., hat Papst Urban II. (1088–1099) den Stallknechtsdienst geleistet, wie die Chronik Bernolds bestätigt. Beim Besuch Papst Innocenz II. (1130–1143) in Lüttich hat Kaiser Lothar III. (1125–1137) im Beisein von 32 Erzbischöfen und Bischöfen, 53 Äbten und zahlreichen Fürsten des Reiches dem Papst den Steigbügel gehalten und ihn auf seinem weißen Pferd durch die Stadt geführt.

Und nun kommen wir zum Punkt von Friedrichs Widerstand. Papst Innocenz hatte damals, begeistert über den Empfang und die kaiserliche Ehrung, im Lateranpalast zu Rom ein Freskogemälde anbringen lassen, Papst und Kaiser zeigend, und darunter die Inschrift:

> »Der König kommt vor die Tore,
> beschwört zunächst die Rechte der Stadt,
> wird dann des Papstes Mann,
> von ihm erhält er die Krone.«

Als Friedrich sich schließlich auf Rat der Fürsten bereit erklärt, den Stratordienst zu erbringen, tat er es nicht ohne Gegenleistung. Der Papst versprach, das Bild mit der anstößigen Unterschrift »Der Kaiser als Lehnsmann des Papstes« zu entfernen. Daß Friedrichs Empfindlichkeit berechtigt war, wird sich im Jahre 1158 auf dem Reichstag zu Besançon erweisen. Verstanden es doch die klugen Diplomaten der päpstlichen Kurie, aus nicht ausdrücklich beanstandeten Formulierungen dauerhafte Rechtsansprüche zu konstruieren.

All das zeigt, wie Papst und Kaiser, die sich bald bei der Krönung zu einer mystischen Einheit verbinden sollten, den Weg zu eben dieser Einheit nicht finden konnten. Die Harmonie, die Otto von

Freising zwischen den beiden Männern beschwört, war weltenfern.

Nunmehr, als alle Hindernisse ausgeräumt schienen und der König mit seinem Heer von Sutri nach Rom aufgebrochen war, erreichte ihn eine Gesandtschaft der Römer. Es war dies ein erneuter Versuch, die Vergabe der Kaiserkrone den Händen des Papstes zu entwinden und wieder zurückzuführen auf den Senat und das Volk von Rom, so wie in klassischen Zeiten. Damit nicht genug, verlangten sie 5000 Pfund Silber, nach Helmolds Slawenchronik sogar 15000 Pfund. Außerdem forderte der Senat als Stadtherr von Rom einen Sicherheitseid, wie er sonst nur vom Kaiser dem Papst geschworen wurde, dazu die Bestätigung der Rechte und Privilegien des römischen Volkes.

Hätte Friedrich dies angenommen, so wären all die mühseligen Verhandlungen mit dem Papst nichtig gewesen. Im übrigen wollte Friedrich die Krone nicht aus den Händen des römischen Volkes. Er wollte die Krone aus der Gnade Gottes, geheiligt durch den Segen des Papstes.

Otto von Freising legt Friedrich eine Antwort auf das römische Ansinnen in den Mund, die dieser sicher so nicht gegeben hat, die aber durchdrungen ist von staufisch-kaiserlichem Herrschaftsgefühl. Schauen wir in Ottos Text hinein:

»Du führst uns den alten Adel deiner Stadt vor Augen, du erhebst den alten Zustand deiner göttlichen Republik bis zu den Sternen. Zugegeben, zugegeben, um die Worte eines deiner alten Geschichtsschreiber (Cicero) zu gebrauchen, es gab, ja es gab einst in dieser Republik Tugend. Einst, sage ich ... Auf uns ist dies alles zugleich mit der Kaiserherrschaft übergegangen. Nicht nackt ist das Kaisertum uns zugefallen. Mit seiner Kraft bekleidet kam es, seine Zierden brachte es mit. Bei uns sind deine Konsuln. Bei uns dein Senat. Bei uns dein Heer! ...«[17]

Die Römer hatten durch ihre Forderung König und Papst endlich in eine gemeinsame Front gebracht, die wenigstens bis zur Krönung hielt.

Krone und Kampf

Der König unterrichtete den Papst vom Ansinnen der Römer. Man folgerte aus deren Verhalten, daß man bei der bevorstehenden Krönung mit Störmaßnahmen rechnen mußte. So schickte der König unter Führung des Kardinals Octavian 1000 auserlesene Ritter in der Nacht durch ein kleines Tor nach St. Peter in Rom. Sie besetzten überraschend den Petersdom. Als der König dann am Morgen die Stufen des Petersdoms emporschritt, wurde er vom Papst und einem großen Gefolge von Kardinälen und Bischöfen empfangen und zur Confessio[18] geleitet. Der Papst selbst zelebrierte eine feierliche Messe, dann empfing der König, umgeben von seinem Heer, die Kaiserkrone.

Wir besitzen einen Augenzeugen der Krönung, den Zeugen überhaupt, Friedrich selbst, der in einem Brief an Otto von Freising die Krönung beschreibt. Es ist bedeutsam, wie Friedrich die Translation des Kaisertums und den Vorgang der Krönung empfand:

»Am nächsten Morgen zog der Herr Papst mit der gesamten Geistlichkeit vor uns zur Basilika des Hl. Petrus und geleitete uns in großer Prozession zu den Stufen; nach der Messe goß er am Altar der Apostel Petrus und Paulus, weil Samstag war, in reichem Maße den Segen der Krone des römischen Reiches auf unser Haupt aus.«[19]

Das ist eine bedeutsame Aussage. Friedrich sagt nicht: »der Papst hat mich zum Kaiser gekrönt«, auch nicht: »er hat mich zum Kaiser erhoben«, nein, er sagt: »er goß in reichem Maße den Segen der Krone des römischen Reiches auf unser Haupt aus«. Er hat das Tun des Papstes mit feinem Gespür als reine Sakralfunktion dargestellt und nicht als einen staatsrechtlichen Vorgang.

Der Krönungsakt, den Friedrich zur reinen Poesie umformte, war in Wirklichkeit umfangreicher und zeremonieller. Den ausführlichsten Bericht bringt der Papstbiograph Kardinal Boso:

»Zunächst legte Friedrich Rüstung und Waffen ab und wurde mit den Krönungsgewändern bekleidet. Der Papst erwartete ihn am Altar der an der Treppe des Petersdomes gelegenen Kirche S. Maria in Turri. Hier leistete Friedrich dem Papst den Krönungseid, in dem er sich als Beschützer und Verteidiger der heiligen Römischen

Kirche verpflichtete. Dann leistete Friedrich persönlich den Sicherheitseid, den einer seiner Ritter vor Sutri für ihn geschworen hatte.

Nunmehr schritt der Papst zum Altar des Petersdomes. Der König und die Seinen folgten in feierlicher Prozession. Dann trat der Kardinalbischof von Albano in Aktion. An der silbernen Pforte der Kirche sprach er das erste Gebet über Friedrich und erflehte die göttliche Erleuchtung des künftigen Kaisers. Im Innern der Kirche bei der Rota rief der Kardinalbischof von Porto in einem zweiten Gebet den Schutz des Himmels für Friedrich, sein Heer und seine Regierung herab. Am Grabe des Apostelfürsten warf sich Friedrich zur Erde, um die Litanei anzuhören. Hier salbte ihm der Kardinalbischof von Ostia den Schwertarm und den Nacken. In seinem Gebet bat er um ein glückliches Kaisertum, damit der Kaiser in Gottesfurcht und Gerechtigkeit seines Amtes über die heilige Kirche und das ihm anvertraute Volk walten könne.« Jetzt kam die große Schlußapotheose: »Die heilige Messe begann, die Epistel wurde verlesen. Das Graduale klang auf; nun trat der Papst zum König und reichte ihm die kaiserlichen Insignien: Schwert, Zepter und schließlich die Kaiserkrone, die ihm der Papst aufs Haupt setzte mit dem Segenswunsche, daß er Recht und Gerechtigkeit lieben und gnadenreich leben möge, so daß er dereinst auch die Krone des ewigen Lebens erlangen werde.« Kardinal Boso vermerkt hier ausdrücklich: »Da erbrauste so starker Jubel der freudig zurufenden Deutschen, daß es wie Donner hallte.«[20]

Diese Darstellung unterscheidet sich gravierend von des Kaisers Bericht, der fast wie eine Verdrängung des zeremoniellen Vorgangs anmutet.

Friedrich hatte sein Hauptziel erreicht. Nach 27 Monaten Regierungszeit war dem 33jährigen Fürsten die Erneuerung der römisch-deutschen Kaiserwürde gelungen. Die Krone Karls des Großen, die Krone Roms und der Welt, er sollte sie immer wieder kämpfend neu erwerben. Das war das Schicksal seines Kaisertums, und der hohe Tag seiner Krönung sollte ein Zeichen dafür sein.

Kaum war man zum Heerlager auf den neronischen Feldern zurückgekehrt, kaum hatte sich der Papst in den Vatikan begeben, brauste der Aufruhr durch die Stadt. Eine ingrimmige Volksmenge voll blinden Zorns darüber, daß die Kaiserkrönung sich ohne Volk und Senat von Rom vollzogen hatte, wälzte sich über die Tiberbrücken hin zur Leostadt und zum Petersdom.

Deutsche Kriegsknechte wurden erschlagen, Kardinäle mißhandelt und ausgeraubt. Der Kriegslärm schallte bis zu den neronischen Feldern. Der Kaiser und sein Heer eilten zu Hilfe, in Sorge um den Papst, den man schon in römischer Gefangenschaft wähnte. Ein heißer Kampf entbrannte. Für die Deutschen darum bedenklich, weil die Empörer immer neuen Zuzug aus der Stadt erhielten.

Heinrich der Löwe mit seinen sächsischen Rittern brachte die Wende. Bei einem Flankenangriff und in einem Kampf, der bis in die Nacht andauerte, wurden die Römer geworfen. Wohl an die 1000 Mann schlug man im Kampfe nieder, teils ertranken sie im Tiberfluß, teils gerieten sie in Gefangenschaft. Die deutschen Verluste waren gering. Helmold von Bosau hebt in seiner Slawenchronik die Tapferkeit seines Herzogs, Heinrichs des Löwen, voller Stolz hervor:

»So gab es an jenem Tage (18. Juni 1155) einen harten Strauß; da kämpfte unser Herzog tapfer an der Spitze, und die Römer erlitten eine große Niederlage. Als der Sieg errungen war, rühmte man den Namen des Herzogs vor allen anderen im Heere.«[21]

Der Papst setzte sich für die Gefangenen ein. Er wollte väterliche Milde gegenüber seinen römischen Untertanen erweisen. Der Kaiser erfüllte seinen Wunsch und überstellte die Gefangenen dem römischen Stadtpräfekten Petrus. Ob ihr Schicksal dadurch glücklicher wurde, ist ungewiß. Denn dieser Stadtpräfekt Petrus ist der Mann, der für den grausamen Tod Arnolds von Brescia verantwortlich ist. Wann Arnold getötet wurde, ist nicht sicher, aber wie, das meldet uns Otto von Freising:

»Schließlich wurde er vom Stadtpräfekten erhängt, sein Leichnam aber auf dem Scheiterhaufen zu Staub verbrannt und dieser wurde in den Tiber gestreut, damit sein Leib nicht bei dem törichten Volk ein Gegenstand der Verehrung würde.«[22]

Der Kaiser war gekrönt. Nun war es an der Zeit, die Zusagen des Konstanzer Vertrages einzulösen. Die endgültige Unterwerfung

Roms zu erreichen, die Vertreibung der Normannen aus Süditalien zu erzwingen und den Angriff auf Sizilien zu unternehmen.
Es muß für den Papst eine herbe Enttäuschung gewesen sein, als der Kaiser mit seinem Heer fortzog, ohne die Unterwerfung Roms überhaupt versucht zu haben. Wie sehr sich die Römer behaupteten, zeigt sich daran, daß sich der Papst dem kaiserlichen Heer anschließen mußte, und mit ihm nach Tivoli zog, da er es nicht wagen konnte, sich in Rom aufzuhalten. Papst und Kaiser trennten sich Mitte Juli 1155, nachdem es offensichtlich geworden war, daß die deutschen Fürsten nicht gegen die Normannen nach Süditalien ziehen wollten. Die deutschen Bischöfe, allen voran Erzbischof Arnold von Köln, waren zum Kriegszug bereit, allein die weltlichen Fürsten drängten zum Rückmarsch nach Deutschland.
Wenn Otto von Freising davon spricht, daß das deutsche Heer durch Klima und Seuchen so angegriffen war, daß für einen Zug nach Süden die Kräfte nicht reichten, so ist man erstaunt, denn am 27. Juli war Friedrich in der Lage, die unbotmäßige Stadt Spoleto anzugreifen. Die Spoletaner hatten das Fodrum, die Heersteuer, mit falschem Geld bezahlt und so den Kaiser betrogen. Die 800 Pfund Silber, die ihnen auferlegt waren, zahlten sie in Messing statt in Gold und in Blei statt in Silber. Was aber beim Kaiser noch schwerer wog, war, daß sie es gewagt hatten, seinen von Apulien zurückkehrenden Gesandten, den Grafen Guido Guerra, gefangenzusetzen. Als sie gar der Aufforderung des Kaisers trotzten, den Grafen unverzüglich in Freiheit zu setzen, gab Friedrich den Angriffsbefehl. Die Rache der Deutschen war fürchterlich. Der Chronist meldet:
»Nach der Vernichtung Spoletos blieb der Kaiser als Sieger noch eine Nacht dort. Am folgenden Tage, dem 28. Juli 1155, führte er das Heer in die Nachbarschaft, denn durch die Verbrennung der Leichen war die ganze Luft in der Gegend verpestet, und es entstand ein unerträglicher Gestank.«[23]

Das unerfüllte Versprechen von Konstanz

Die rauchenden Trümmer Spoletos im Rücken, zog der Kaiser zu den erholsameren – und seinen deutschen Rittern bekömmlicheren – Küsten des adriatischen Meeres. In Ancona schlug er sein Lager auf. Hier zeichnete sich nochmals die Möglichkeit eines Feldzuges gegen das normannische Sizilien ab. Dort begegnete Friedrich einer byzantinischen Gesandtschaft und schildert das Ereignis so:

»Als wir von dort in Richtung Ancona zogen, begegneten uns der hochedle griechische Fürst Paläologus und sein Gefährte Johannes Dukas mit den übrigen Gesandten des Kaisers von Konstantinopel. Sie boten uns eine unermeßliche Summe Geldes an, wenn wir nach Apulien ziehen und Wilhelm (König Wilhelm von Sizilien), den Feind beider Reiche, mit unserer Heeresmacht niederwerfen wollten. Da aber unser Heer, durch die vielen Strapazen und Kämpfe allzusehr erschöpft war, wollten die Fürsten lieber heimkehren, als nach Apulien ziehen.«[24]

Es muß Friedrich hart angekommen sein, den Feldzug nach Süden zu unterlassen. Sicher hat er darunter gelitten, seine im Konstanzer Vertrag gemachten Versprechen nicht eingelöst zu haben. Und dann jetzt noch einmal diese Möglichkeit. Geld war durch das griechische Angebot reichlich vorhanden. Die Flotten der Griechen und der Pisaner standen bereit. Apulien selbst rebellierte gegen König Wilhelm. Das Haupt des apulischen Aufstandes, Robert von Bassavilla, Graf von Lorotello, wartete nur auf das Wort des Kaisers. Eine Konstellation, die vielleicht nie wiederkehrte.

Man hat viel über das »Nein« der Fürsten zu diesem Feldzug gerätselt. Konnte man darin ihre prinzipielle Ablehnung zu einer weitgespannten, bis nach Süditalien und Sizilien ausgreifenden staufischen Politik erblicken?

Widerstände in Deutschland

Aus Deutschland kamen schlechte Nachrichten. Am Rhein waren blutige Fehden ausgebrochen. In Sachsen hatten sich die Gegner Heinrichs des Löwen formiert. Erzbischof Hartvich von Bremen/ Hamburg ließ seine Kastelle Stade, Bremervörde, Harburg und Freiburg befestigen und verstärken. Helmold von Bosau informiert:

»Zugleich vereinbarten die ostsächsischen und einige bairische Fürsten einen Tag, angeblich wegen einer Verschwörung, und der mitgeladene Erzbischof eilte zu ihnen in den Böhmerwald.«[25]

Der Erzbischof wurde auf dem Heimweg von Männern Heinrichs des Löwen aufgegriffen und gefangengesetzt.

Auch Graf Adolf von Holstein, dem Heinrich der Löwe in rüder Machtpolitik die aufblühende Handels- und Hafenstadt Lübeck genommen hatte, versuchte seine Machtpositionen in Abwesenheit des Herzogs zu verstärken.

Wir erinnern uns: Herzog Heinrich stellte im Italienheer des Kaisers das stärkste Ritterkontigent. Bei Tortona kämpfte er und entschied den Fall der Stadt. Bei der Kaiserkrönung in Rom waren er und seine sächsischen Ritter die Helden des Tages. Er hatte sich um das Reich verdient gemacht. Jetzt aber wollte er zurück nach Sachsen, zum Ursprung seiner Macht. Diesem Begehren konnte sich Friedrich nicht widersetzen. Es galt nun seinerseits dem Getreuen Loyalität zu erweisen. Das waren also die Verhältnisse in Deutschland, die das Heer zur Umkehr zwangen.

Der Kaiser sandte seinen bewährten Abt Wibald nach Byzanz, um die Schwierigkeiten seiner Situation zu erklären und vielleicht bei dieser Gelegenheit das staufisch-byzantische Heiratsprojekt zu besprechen.

Wie begründet die Heimkehr des Heeres nach Deutschland auch sein mochte, von diesem Tage an war das Verhältnis zwischen Kaiser und Papst für Jahrzehnte vergiftet.

Der Papst sah sich betrogen: Rom nicht unterworfen, Sizilien und Süditalien nicht erobert, vielmehr der heilige Stuhl mehr denn je dem aggressiven Druck der Normannen ausgesetzt, schließlich Byzantiner in Italien, Truppen anwerbend, um in Apulien einzufallen.

Das kommende Unheil nahm von diesem Zeitpunkt an seinen Weg!
Friedrich wollte nicht gegen den Papst regieren, er wollte die alte Kaisermacht wieder herstellen, der Zwei-Schwerter-Theorie wieder Geltung verschaffen, wonach der Papst das geistliche, der Kaiser aber das weltliche Schwert führte. Allerdings wollte er den Anspruch Papst Gregors VII. zurückdrängen, wonach dem geistlichen Schwert die oberste Gewalt in der Christenheit zukomme. Ohne den Rückzug der Deutschen aus Rom und Italien hätte eine solche Politik eine Chance gehabt. So aber sah sich der Papst, der sein Versprechen der Kaiserkrönung erfüllt hatte, als Betrogener.

Rückzug nach Deutschland

Der Kaiser entließ das Heer. Ein Teil bestieg sofort in Ancona die Schiffe, andere zogen über den großen St. Bernhard, und wieder andere suchten den Weg über das Tal von Maurienne. Der Kaiser zog über den Apennin, überschritt den Po und war Anfang September in Verona.
Bei Verona hielt Friedrich einen feierlichen Hoftag ab. Um ihn waren Erzbischof Arnold von Köln, die Bischöfe Hermann von Konstanz, Ortlieb von Basel, Konrad von Worms, Markward von Fulda, Herzog Heinrich der Löwe, Herzog Berthold von Zähringen, Pfalzgraf Otto von Wittelsbach, Graf Ulrich von Lenzburg und Goswin von Falkenberg.
Der Kaiser und die versammelten Fürsten sprachen hier nochmals die Acht über das stolze, unbeugsame Mailand, das sich benahm, als sei der Kaiser niemals in Italien gewesen. Das Urteil des Hoftages sprach den Mailändern alle Regalien wie Münze, Zoll, Gerichtsbarkeit ab.
Das Münzrecht, das den Mailändern genommen wurde, ging an das kaisertreue Cremona. Boten verständigten Mantua, Brescia und Bergamo, keine Mailänder Münze anzunehmen, sondern zurückzuweisen. Hätte diese Maßnahme gegriffen, so wäre das die wirtschaftliche Abschnürung Mailands von den oberitalienischen Märkten gewesen. Aber damals wie heute erwiesen sich Boykott-

maßnahmen zur Bekämpfung eines Gegners als Mittel von zweifelhaftem Wert.
Der Veroneser Hoftag erinnert an eine Abschiedsvorstellung mit verhaltenem Theaterdonner. Keiner wußte besser als Friedrich, daß er seine hochgesteckten Ziele in Italien nicht erreicht hatte. Und noch in den letzten Tagen des Italienaufenthalts zeigte das Land eine entschlossene Ablehnung deutscher Vorherrschaft.

Die Falle von Verona und der Tag des Otto von Wittelsbach

Kurz hinter Verona geriet der Kaiser mit den Resten seines Heeres in eine tödliche Falle. Nur sein Mut und seine Entschlossenheit retteten ihn und das Heer. Sein Bannerträger Otto von Wittelsbach erwuchs hier zur Heldengestalt. Die gefährlichen Hinterhalte, in die das Heer geriet, sind gut bezeugt. Helmold von Bosau wie Otto von Freising berichten darüber. Erleben wir die gefahrvollen Stunden gemeinsam mit Otto in seiner Schilderung:
»Nun ist es ein alter Brauch der Veronesen, daß die römischen Fürsten, wenn sie nach Rom ziehen und von dort zurückkehren, nicht durch Verona marschieren, um sie nicht der Plünderung auszusetzen, sondern, etwas oberhalb der Stadt, die Etsch auf einer von ihnen errichteten Schiffsbrücke überschreiten. Diesem Brauch entsprechend hatten die Veroneser eine Schiffsbrücke gebaut, aber sie hatten sie heimtückischer Weise mit so schwachen Haltetauen befestigt, daß man sie eher eine Mausefalle als eine Brücke nennen konnte. Auch noch eine andere verderbendrohende List hatten sie angewendet. Am Oberlauf des Flusses hatten sie starke Balken zu mehreren Bündeln zusammengebunden, um dadurch die Truppen zu überlisten; wenn ein Teil des Heeres hinübergezogen war, während der andere zurückblieb, weil die Brücke durch diesen teuflischen Anschlag zerstört war, wollten sie sich selbst auf die Letzten stürzen. Doch auf den Wink Gottes ... zogen die Truppen zwar unter Gefahr, doch ohne Verlust hinüber, die erwähnten Holzstöße schwammen heran, zerstörten die Brücke und schnitten so die Feinde ab, die dem Heer nachgesetzt waren und auf demsel-

ben Wege, den sie gekommen, zurückkehren wollten. Sie wurden alsbald alle als Verräter niedergehauen. In dieser Nacht lagerte das Heer, von den Anstrengungen erschöpft, in der Umgegend.
In bedrohlicher Nähe war ein Engpaß – die Klause von Volargha, und eine gewaltige Felsenburg hütete, fast am Absturz eines Felsens, den unzugänglichen Weg. Darunter mußte das Heer vorbeiziehen.
Folgendermaßen ist die Örtlichkeit: Auf der einen Seite strömt undurchschreitbar die Etsch, auf der anderen beengen jähe Vorsprünge des Berges den Weg und geben kaum einen schmalen Pfad frei. In dieser Burg hatte sich auf Anstiften eines gewissen Alberichs, eines vornehmen Veroneser Ritters, eine Schar von Straßenräubern zusammengefunden, um Beute zu machen. Als das Heer nun heranrückte, wurde einigen von denen, die an dem Tage, da man über die Etsch ging, weiterzuziehen wünschten, von den Räubern... erlaubt, den Engpaß zu durchschreiten. Als am folgenden Tage die anderen kamen, liefen die Räuber zu dem Felsmassiv und verhinderten den Durchzug. Dem Kaiser konnte das nicht verborgen bleiben. Noch befanden sich in seinem Gefolge zwei erlauchte Ritter aus der veronesischen Bürgerschaft, die ihn bis nach Rom begleitet hatten und ihm von dort bis an diese Stelle gefolgt waren, Garzaban und Isaak. Sie glaubte der Kaiser zu den Räubern abordnen zu sollen in der Erwartung, jene würden auf den Rat ihrer Mitbürger hin eher von ihrem schlimmen Vorhaben absehen. Doch die hörten sie gar nicht an, sondern vertrieben sie durch Steinwürfe. Der Kaiser schickte noch einmal andere Boten und befahl ihnen, von ihrem Beginnen abzulassen. Doch jene beharrten auf ihrer hartnäckigen Widersetzlichkeit und äußerten, der Kaiser werde hier niemals vorbeikommen, wenn sie nicht von jedem Ritter einen Harnisch (wohl einen Kettenpanzer) und ein Roß und obendrein vom Kaiser eine große Geldsumme erhielten. Als der Kaiser das erfuhr... wandte er sich zu den gewohnten Taten seiner Tapferkeit. Er befahl allen, sich zu wappnen. Darauf beschied er Garzaban und Isaak zu sich und suchte sich durch Fragen genau über die Geländeverhältnisse zu unterrichten... Jene antworteten: ›Siehst du den Felsen dort, der die Burg überragt, von erschreckender Höhe, wegen der Klüfte und schroffen Felsblöcke

scheinbar unzugänglich. Wenn du diesen besetzen kannst, wirst du dein Ziel erreichen.‹

Unverzüglich wurden zweihundert Krieger unter dem Bannerträger Otto von Wittelsbach abgeschickt. Auf Abwegen über Wälder und Berge, über Klippen und Klüfte der Alpen irrend, erreichten sie schließlich unter schweren Anstrengungen den Felsen. Da dieser aber wie mit dem Schwerte abgeschnitten dem Kriegsvolk keine Aufstiegsmöglichkeit bot, bückte sich der eine, um den Genossen auf den Rücken zu nehmen, der andere bot seinen Kameraden die Schultern, um ihn höher zu heben. Dann fertigten sie aus Lanzen eine Leiter, und so gelangten alle auf den Gipfel des Felsens.

Nun richtete Otto das kaiserliche Banner auf, das er bisher verborgen getragen hatte. Da dieses Banner den Sieg gewissermaßen vorausverkündete, erhob sich Geschrei und Gesang, und das im Tal verbliebene Heer eilte zum Angriff. Die Räuber machten sich zunächst noch keine Sorge – glaubten sie doch, jener Felsen sei für alle Menschen unzugänglich und nur für Vögel erreichbar –, als sie nun sahen, daß sie von unten und oben angegriffen wurden, erfaßte sie Verzweiflung und sie sannen auf Flucht, aber für Flucht war kein Raum.

Denn wenn einer sich dem Schutz des Felsabsturzes anvertraute, wurde er bald hier, bald da durch stürzende Felsbrocken zerschmettert und Glied für Glied zerfetzt... Kurz, nur ein einziger soll dem Tode entronnen sein, der sich in einer Höhle verbarg und unentdeckt blieb, alle übrigen wurden niedergehauen, zwölf wurden mit Alberich gefangengenommen und für die Hinrichtung aufgespart. Fast alle Gefangenen, die in Haft gehalten wurden, gehörten dem Ritterstand an.«[26]

Bei dieser plastischen Schilderung eines Dramas in der Einsamkeit der Bergtäler stellt Otto von Freising die Übeltäter als Räuber dar. Gleichwohl erwähnt er, daß ihre Anführer zwölf Veroneser Ritter waren. Otto stellt seinem kaiserlichen Neffen zuliebe den Hinterhalt in der Veroneser Klause als Attentat einer Räuberbande dar, und nicht, wie die Anführerschaft der zwölf Veroneser Ritter ausweist, als eine Unternehmung der Stadt Verona im Solde Mailands. Helmold von Bosau und Otto Morena hingegen sprechen beide nicht von einer Räuberbande, sondern von den »Verone-

sern«. Otto versuchte zu kaschieren, daß auch die Stadt Verona kaiser- und reichsfeindlich war.
Der Held des Hinterhalts war zweifelsfrei Pfalzgraf Otto von Wittelsbach. In seiner unerschütterlichen Treue erinnert er an Friedrich I. von Staufen, der mit der Hand einer Kaisertochter und dem Herzogtum Schwaben belohnt worden war. Auch Otto von Wittelsbach wurde für seine Treue vom Kaiser später, im Jahre 1180, mit einem Herzogtum belehnt. Von diesem Tage an haben die Wittelsbacher 738 Jahre lang Baiern regiert.
Otto von Wittelsbach war geboren um 1120, der Sohn des baierischen Pfalzgrafen Otto († 1155). Ursprünglich trug die Familie den Namen der Grafen von Scheyern. Durch den Bau einer Burg Wittelsbach nahm das Geschlecht diesen Namen an.
Acerbus Morena, Sohn des Otto Morena, damals Podestà von Lodi, der alle handelnden Personen der Zeit kannte, schildert den Pfalzgrafen so:
»Graf Otto von Wittelsbach, auch Pfalzgraf genannt, war von großer Statur, besaß ansehnliche und kräftige Glieder, er war streng, weise und vorsichtig im Rat und sehr tapfer im Kampf, er hatte lange, fast schwarze Haare, große Augen, ein längliches, fast rotes Gesicht, dem Kaiser und dem Kaisertum war er getreu, er wurde vom Kaiser sehr geliebt und war dessen Verwandter.«
Tatsächlich sehen wir den baierischen Pfalzgrafen immer an der Seite des Kaisers, als Kämpfer, aber auch als kaiserlicher Gesandter. Auf dem Reichstag von Besançon im Jahre 1157 trat er dem päpstlichen Legaten, dem Kardinal und Kanzler der römischen Kurie, Roland, mit dem Schwert entgegen, als dieser die Lehensunabhängigkeit des Kaisers vom Papste anzuzweifeln wagte.
Mit Rainald von Dassel gehörte er zu den treuesten Paladinen des Reiches und war immer um die Würde und Ehre seines Kaisers bemüht.

Der Kaiser in Deutschland

Der Kaiser zog über den Brenner nach Deutschland. Hier erwartete ihn nach den Mühsalen des Italienzuges nicht Ruhe und Erholung, sondern deutscher Unfrieden. Otto von Freising berichtet, daß während der Abwesenheit des Herrschers das ganze Reich durch Aufstände erschüttert und durch blutige Kämpfe zerrüttet wurde. Die ordnende Hand eines Friedensstifters und Richters wurde gebraucht. Die Aureole der Kaiserkrone konnte hierbei nur hilfreich sein.

Erste Gespräche im Raum Regensburg mit Heinrich Jasomirgott zur Abtretung seines baierischen Herzogtums an Heinrich den Löwen blieben ergebnislos. Was sollte auch den amtierenden Herzog bewegen, sein Herzogtum an den jüngeren Neffen, Heinrich den Löwen, abzugeben, der ja schon im Besitz des sächsischen Herzogtums war?

Der Kaiser hatte für Mitte Oktober einen Reichstag nach Regensburg einberufen, um die großen Reichsfragen zu lösen. Erschienen waren der Erzbischof Arnold von Mainz und der Pfalzgraf bei Rhein, Hermann von Stahleck, die sich in des Kaisers Abwesenheit mit blutiger Fehde überzogen hatten. Das Delikt des schweren Landfriedensbruches war hier gegeben. Der Kaiser hörte sich die beiderseitigen Klagen an und behielt sich den Urteilsspruch für einen späteren Reichstag vor. Erst wollte er den gesamten Umfang des Rechtsbruchs und des entstandenen Schadens sichten. Der Grund der Fehde lag darin, daß der Erzbischof mit Energie versuchte, die von seinem Vorgänger, Erzbischof Heinrich, verschleuderten Lehen wieder in die Gewalt des Erzstiftes zu bringen. Dem trat der Pfalzgraf Hermann von Stahleck im Verein mit seinem Stiefbruder, Graf Heinrich von Katzenellenbogen, mit Graf Emich von Leiningen, Gottfried von Spanheim, Konrad von Kirchberg, Heinrich von Dietz und anderen Herren entgegen. Raubend und brandschatzend brachen sie in das Erzstift ein, plünderten Kirchen und Klöster und führten die Bevölkerung als Gefangene

mit sich fort. Der Erzbischof versuchte auf dem Rechtswege Schadenersatz und Wiederherstellung seiner Rechte zu erlangen, aber der oberste Richter, der König, war in Italien. So beschritt der Erzbischof ebenfalls den Weg der Gewalt. Da das Erzbistum durch die Mißwirtschaft von Arnolds Vorgänger verarmt war, scheute er nicht den Rückgriff auf eine kostbare Reliquie, die einst Erzbischof Willigis (975–1011) dem Kloster des hl. Martin gestiftet hatte. Das sogenannte Bennakreuz, aus Zypressenholz gefertigt, war mit kostbaren Juwelen geschmückt. Der Korpus des Erlösers war aus reinem Gold gestaltet und soll eine Gegenwert von 600 Pfund Gold gehabt haben. Der zweite Vorgänger Arnolds, Erzbischof Markulf (1141–1142), hatte bereits ein Bein der goldenen Christusfigur abgelöst, um damit sein Pallium in Rom zu bezahlen. In seiner Not, den Widerstand gegen die rebellischen Grafen zu finanzieren, griff Arnold zum zweiten Bein des Herrn und machte es zu Geld.[1]
Der nächste Fall war ein Übergriff in die Rechte des Königs. Am 10. Mai 1155 war der Bischof von Regensburg, Heinrich von Diessem, gestorben. Ordnungsgemäß war nach kanonischer Weise durch Klerus und Laien ein Nachfolger, Hartwich, aus dem Hause der Grafen von Spanheim-Lavant, gewählt worden. Sein Metropolit, der Erzbischof Eberhard von Salzburg (1147–1164) hatte ihn geweiht, noch ehe er, wie es das Wormser Konkordat vorschreibt, vom Kaiser mit den Regalien belehnt worden war. Noch schlimmer, der neue Bischof hatte, obwohl vom Kaiser nicht belehnt, an seine Ministerialen bereits weitere Lehen vergeben. Friedrich war hier, wo es um einen Eingriff in seine eigenen Rechte ging, von besonderer Empfindlichkeit. Er mußte es auch sein. Denn betrachtet man die Geschichte, so war die ganze Lehnsgesellschaft, die auf ›Treue‹ aufgebaut war, in permanenter Bemühung, ihre Rechte und Vorrechte auf Kosten des Lehnsherrn, in diesem Falle des Königs, auszudehnen und zu erweitern. Der Bischof, der sich schuldig bekannte, wurde zwar nicht seines Amtes entsetzt, denn es fand eine Nachbelehnung statt, aber er mußte eine Strafe von 100 Pfund Silber zahlen; die ihm nachgeordneten Ministerialen wurden zur Zahlung von zehn Pfund an die königliche Kasse verurteilt.
Ein weiterer wichtiger Vorgang vollzog sich in Regensburg. Hier erschien eine Gesandtschaft unter der Leitung des Bischofs Tebal-

dus (1137–1157) von Verona, begleitet von den beiden Veroneser Rittern Garzaban und Isaak, die wir anläßlich des Hinterhalts von Verona kennengelernt haben. Der Bischof entschuldigte sich für den Vorfall von Verona:
»Glaube also Herr, was wir sagen! Dein Volk von Verona ist das Volk, das dir zu Eigen gehört, dir als Herrn und Kaiser in Treue ergeben und in Ergebenheit treu.«[2]
Zwar stellte Bischof Tebaldus, der Diktion Ottos von Freising folgend, den Überfall als die Tat von Räubern und Wegelagerern dar. Wäre es aber die Tat von Räubern gewesen, wie uns beide Bischöfe, der von Verona und der von Freising, glauben machen wollen, hätte die Stadt Verona dann, von eigener Unschuld überzeugt, eine Delegation unter Führung des Bischofs zum Kaiser entsenden müssen? Der Kaiser handelte pragmatisch. Verona wurde wieder in Gnaden aufgenommen. Es zahlte eine hohe Geldbuße und verpflichtete sich durch Eidesleistung, zum nächsten Feldzug gegen Mailand ein großes Truppenkontingent zu stellen.
Hatte der Kaiser in Regensburg auch nicht die Zustimmung seines Onkels, des Herzogs Friedrich Jasomirgott, zur Übergabe des Herzogtums Baiern an Heinrich den Löwen bekommen, so setzte er sich darüber hinweg. Er verlieh Heinrich dem Löwen in öffentlicher Sitzung in Anerkennung seiner Erbrechte und zum Dank für die in Italien erwiesene Hilfe und Treue das Herzogtum Baiern zum Lehen. Die baierischen Großen leisteten in Regensburg Heinrich dem Löwen Huldigungs- und Lehnseid. Aber die Bürger von Regensburg durften sich nicht mit Schwüren begnügen, sondern mußten dem neuen Herrn Geiseln stellen. Ein deutlicher Hinweis, wo die Sympathien der Regensburger waren. Heinrich der Löwe hatte sein Ziel erreicht. Er war Herr zweier Herzogtümer und, nach dem König, der mächtigste Fürst im Reich. Der Staufer hatte dem Welfen einen hohen Freundschaftspreis gezahlt, vielleicht einen zu hohen?
Sollte aus der Beilegung des staufisch-welfischen Gegensatzes ein staufisch-babenbergischer Zwist entstehen?
So mußte es das nächste Ziel Friedrichs sein, den empörten Onkel, den Babenberger Heinrich Jasomirgott, zu versöhnen.

Der Sattel ist der Thron des Reiches

Der Erzstuhl des Reiches, der Thron Karls des Großen, steht zwar in Aachen. Der deutsche König und Kaiser aber regierte sein Reich vom Sattel aus. Die Jahre 1155/56 zeigen die ganze Mühsal des hohen Amtes.

Nach Regensburg urkundete der Kaiser am 29. Oktober in Würzburg. Er regelte die Freiheit der Mainschiffahrt und verbot die ungerechtfertigten Zölle, die den Verkehr einschnürten und einer Ausplünderung der Kaufleute gleichkamen. Eine weitere Maßnahme, die der Freiheit des Verkehrs und des Handels diente, war, daß der Kaiser den Erzbischof von Mainz veranlaßte, die Zölle des Mainzer Hafens für die Kaufleute von Duisburg zu senken, die durch den Streit zwischen Heinrich V. und Erzbischof Adalbert von Mainz drastisch und widerrechtlich erhöht worden waren.

Man sieht, der Sinn des Kaisers für Freiheit des Handels und der Verkehrswege war durch seinen Italienaufenthalt geschärft worden, hatte er doch dort erlebt, zu welchem Reichtum ein freies Kaufmannstum führt. Natürlich dachte er an eine Freiheit unter dem Gesetz des Kaisers und nicht unter den Gesetzen sich verselbständigender Städte.

Der Würzburger Hoftag bot ein Beispiel für die komplizierte Verflochtenheit mittelalterlicher Lehnsverhältnisse. Ein Ministeriale des Bischofs von Würzburg namens Bodo vermählte sich mit der Tochter des kaiserlichen Marschalls von Pappenheim. Diese Tochter war wiederum Ministeriale des jungen Herzogs Friedrich von Schwaben. Da die Kinder rechtlich der Mutter folgten, bestand die Gefahr, daß Bodos Kinder die reichen Lehen der Würzburger Kirche verlieren. Der Kaiser entschied, daß, sollte Bodo mehrere Kinder bekommen, die eine Hälfte Ministerialen der Würzburger Kirche, die andere Herzog Friedrichs von Schwaben werden sollte. Bekäme Bodo nur ein Kind, sollte dieses Ministeriale der Würzburger Kirche werden.[3]

Am 27. November finden wir den Kaiser in Konstanz. Hier bestätigte er Bischof Hermann von Konstanz in Anerkennung seiner Verdienste um Kaiser und Reich, wahrscheinlich auch um die

1153 durchgeführte Scheidung des Kaisers von Adele von Vohburg, alle seine Besitzungen.

Auf dem Wege nach Worms besuchte der Kaiser die Reichsfeste Trifels, den Aufbewahrungsort der Reichskleinodien. Das Weihnachtsfest feierte der Kaiser in Worms. Der Wormser Hoftag erhielt besonderes Gewicht, da der Kaiser hier seinen Spruch im Streit des Erzbischofs von Mainz mit den Pfalzgrafen bei Rhein und dessen Anhängern verkündete. Er erkannte beide Seiten des Landfriedensbruches für schuldig. Nach fränkisch-schwäbischem Brauch wurden sie zu schändlichem Hundetragen verurteilt. Der Pfalzgraf und zehn seiner gräflichen Friedensbrecher mußten mitten im Winter bei harter Kälte barfuß eine deutsche Meile weit, von einer Grafschaft zu anderen, im Angesicht der gesamten Versammlung einen Hund am Hals tragen. Der Erzbischof wurde mit der gleichen Strafe belegt, aber aus Ehrfurcht vor seiner Würde und seinem Alter von der Ausführung der Strafe befreit.

Der Eindruck im Reich war gewaltig. Daß zwei so hohe Reichsfürsten so drakonischen und schändlichen Strafen unterworfen wurden, beeindruckte die Zeitgenossen tief und demonstrierte die Macht des Kaisers. Ganz allgemein trat dieser entschlossen gegen Rechtsbrecher auf, zerstörte ihre Burgen, und diejenigen, deren er habhaft werden konnte, bestrafte er mit dem Tode. »So schaffte er Ruhe und Frieden im Reiche mit starker Hand.«[4]

Am 25. Januar 1156 weilte der Kaiser in Straßburg. In seiner Umgebung finden wir den Erzbischof von Besançon, aber auch Herzog Matthäus von Oberlothringen (1139–1176), den Oheim der burgundischen Prinzessin Beatrix, die ja sehr bald Friedrichs Frau und damit Kaiserin wird. Hier dürften die entscheidenden Vereinbarungen getroffen worden sein.

Anfang April 1156 leitete Friedrich die Bischofswahl in Utrecht, da Bischof Hermann im März gestorben war. Die Autorität des Kaisers ließ keine zwiespältige Wahl aufkommen. Der Nachfolger im Bischofsamt war der Domprobst Gottfried von Rhenen.

Das darauffolgende Osterfest feierte der Kaiser in Münster. Hier nahm er, durch die Vermittlung des immer auf Ausgleich bedachten Bischofs Eberhard von Bamberg, den Bischof Ulrich von Halberstadt wieder in seine Gnade auf, der wegen Nichtteilnahme am

Romzug seine Regalien verloren hatte, und vom Papst, auf Betreiben Friedrichs, vom Amt suspendiert worden war.
Der Kaiser, so notierte Otto von Freising, kehrte jetzt nach Baiern zurück und verlebte das Pfingstfest auf einer Burg – wahrscheinlich Kehlheim – seines getreuen Otto von Wittelsbach. Anfang Juni 1156 fand dann bei Regensburg eine Unterredung zwischen Friedrich und seinem Onkel Heinrich Jasomirgott über die friedliche Übergabe des Herzogtums Baiern an Heinrich den Löwen statt. Friedrich betrachtete es als eine seiner größten Leistungen, dieses schwierige Unternehmen ohne Blutvergießen zwischen den ihm so nahe verwandten Fürsten friedlich beendet zu haben.

Die Ehe mit der schönen Burgunderin Beatrix

Bevor wir uns auf den glanzvollen Hoftag zu Würzburg, in der Woche zwischen dem 10. und 16. Juni 1156, begeben, ist ein Blick auf Friedrichs erste Ehe mit Adele von Vohburg, Tochter des Markgrafen Diepold III. von der Oberpfalz, nötig. Friedrich heiratete Adele im Jahre 1147. Schon 1153 wurde die Ehe geschieden. Auffallend ist, daß Adele nicht an der Königskrönung im Jahre 1152 in Aachen teilnahm und im eigentlichen nicht Königin, sondern nur Frau eines Königs war. Daß die Ehe schon im Krönungsjahr 1152 so beschädigt war, daß Friedrich Adele von der Krönung ausschloß, ist anzunehmen.
Die Quellen gehen bei diesem Eheproblem verschiedene Wege. Der um 1210 schreibende, staufisch gesinnte Otto von St. Blasien, ebenso die ›Chronica Montis Sereni‹ des Kustos Martin sprechen vom Ehebruch der Adele. Auch die um 1170 geschriebenen Pöhlder Annalen sprechen von Ehebruch. Otto von Freising und Gunther von Pairis geben als Scheidungsgrund zu nahe Verwandtschaft an. Beide Quellen, so hat R. Holzmann nachgewiesen, gehen auf eine verlorene, offiziöse, knappe Darstellung, die unter Rainald von Dassel über die ersten Regierungsjahre Friedrichs entstanden ist, zurück. Darin konnte natürlich der Ehebruch einer Königin keinen Raum haben, genausowenig wie ein König als betrogener Ehemann. Dazu kam, daß Ehebruch kein ausreichender

Scheidungsgrund war, selbst bei einer Königin nicht. Dies hätte nach dem Kirchenrecht lediglich zu einer Trennung gereicht. So gab die Kanzlei unter Leitung des Rainald den einzig möglichen Scheidungsgrund an, ›zu nahe Verwandtschaft‹.

Ein Jahr zuvor war in Frankreich König Ludwig VII. von seiner Gemahlin Eleonore von Aquitanien mit der gleichen Begründung geschieden worden.

Die Vermutung des wirklichen Scheidungsgrundes, nämlich Ehebruch der Königin, stützt sich auf folgendes Indiz. Die hochgeborene Fürstin Adele von Vohburg heiratete in zweiter Ehe einen Ministerialen, einen Dienstmann, was von je die Verwunderung der Historiker erregte. Aber warum sollten bei einer hochgeborenen Frau nicht Liebe und Leidenschaft die Standeschranken zerbrechen? Schon Raumer bemerkte, daß jene zweite Heirat Adeles »an die Beschuldigungen erinnernde Bedenken erregt habe«. Die Ehe mit Friedrich war kinderlos geblieben. Die Ehe mit dem Ministerialen Dieto von Ravensburg jedoch, dem Ahnherrn der Kämmerer von Ravensburg, war mit Kindern gesegnet.

In jedem Fall ist Friedrichs Großherzigkeit zu bewundern. Normalerweise wäre eine Frau mit dem Schicksal der Adele im Schweigen eines Klosters versunken. Friedrich jedoch gestattete ihr eine zweite Ehe und damit ein Lebensglück.

Die neue Ehe Friedrichs mit Beatrix war eine der wenigen glücklichen Fürstenehen, die allerdings, wegen der Jugend der 13jährigen Braut und der erst im Jahre 1164 erfolgten Geburt ihres ersten Sohnes, Friedrich von Schwaben, auf einen späteren Vollzug schließen läßt. Dann folgen in den Jahren 1165, 1166, 1170 und 1180 die weiteren Geburten ihrer insgesamt fünf Söhne, die sie dem Kaiser schenkte.

Acerbus Morena hat uns ein Bild der Beatrix von Burgund entworfen:

»Beatrix, die Gemahlin des Kaisers aber, aus Burgund und ebenfalls aus edlem Geschlecht, war von mittlerer Gestalt, hatte glänzendes und goldenes Haar, ein sehr schönes Antlitz, weiße und schöngebildete Zähne; sie ging aufrecht, hatte einen kleinen Mund, züchtigen Blick, leuchtende Augen, war zurückhaltend bei freundlichen und verführerischen Reden, besaß sehr schöne

Hände und einen schlanken Körper; ihrem Manne war sie völlig ergeben, fürchtete ihn als Herrn und liebte ihn in jeder Weise als ihren Mann, sie war gebildet und verehrte Gott, und so, wie sie die Glückselige (Beatrix) genannt wurde, so war sie in der Tat vollkommen glückselig.«[5]

Die Liebe der Beatrix wird Balsam auf Friedrichs Seele gewesen sein nach dem Desaster mit Adele von Vohburg. Friedrich dankte ihr diese Liebe. Er nahm bei politischen und militärischen Unternehmungen Rücksicht auf die Schwangerschaften seiner Frau und wartete ihre Niederkunft ab, ehe er in neue Kämpfe zog.

Ein damals nicht übliches Verhalten in einer harten, ichbezogenen Männerwelt. So sahen die Spötter in ihm einen Pantoffelhelden und Weiberknecht, obwohl das Wort »vir uxorius«, das man ihm gab, vieldeutig ist und auch einen Mann bezeichnen kann, der den Frauen herzlich gewogen ist. Eine männliche Haltung, die auch heute nicht in jedem Fall verstanden wird.

Andere Beschreibungen der Beatrix bleiben im Formelwerk des Fürstenlobes stecken. Ein anonymer Verfasser des Gedichts über Friedrichs Taten in Italien schreibt: »daß sie Venus an Schöneit, Minerva an Verstand und Juno an Macht übertroffen habe, daß niemand ihr gleichgekommen sei, außer der Gottesmutter Maria, welcher Beatrix gerne den Vorrang gelassen habe.« Der einzige deutsche Geschichtsschreiber rühmt: »sie sei gewissermaßen eine göttliche Erscheinung gewesen, so sehr habe sie an Schönheit ihre Mitmenschen übertroffen.« Giesebrecht schreibt weiter, allerdings ohne Quellenangabe, in seiner ›Geschichte der deutschen Kaiserzeit‹: »es sei an ihr gelobt worden, daß sie, obgleich in Staatsgeschäften bewandert, sich doch nie in schädlicher Weise eingemischt habe.«[6]

Lassen wir höfisches Lob und für uns nicht mehr verständliche Übertreibung beiseite, so haben wir es mit einer jungen und schönen Frau mittlerer Größe, zierlichen Körperbaus und mit leuchtend blonden Haaren zu tun, die sich durch feine Manieren auszeichnete, redegewandt war, sich nie in den Vordergrund drängte, vor den Augen dritter sich nicht in Staatsgeschäfte mischte, obwohl der Kaiser ihren Rat zu schätzen wußte. Sie konnte reiten und, wenn es sein mußte, auch fechten. Sie sprach Französisch,

Deutsch, Lateinisch und Italienisch und verstand es, aufgrund ihrer burgundischen Herkunft den deutschen Hof sowohl mit provenzalischen Minnesängern wie mit französischer Bildung und Lebensart zu verbinden. Sie erschien als Mäzenin von Dichtern und Sängern und war die ideale Gattin eines Mannes, der nicht nur Kaiser, sondern auch der erste Ritter seiner Zeit war.

Der reale Machtzuwachs, den Friedrich die burgundische Hochzeit brachte, war bedeutsam. Er wird am augenscheinlichsten, wenn wir uns erinnern, daß Friedrich auf seinem ersten Italienzug ein Aufgebot von 1800 Rittern hatte, seine Gattin Beatrix ihm aber ein Kontingent von 5000 burgundischen Rittern stellen konnte.

Der genaue Umfang des burgundischen Heiratsgutes ist heute kaum zu bestimmen. Darum folge ich Simonsfeld, der von folgendem ausgeht:

»Es scheint, daß vor allem das nördliche Burgund bis zur Isère als Grafschaft zu fassen ist, mit Vienne und Besançon. Nach Osten bildete der Jura seit 1127 die Grenze und weiter südlich Savoyen, während im Westen sich die Herrschaft über die Saône hinaus erstreckte. Friedrich erhob aber auch Anspruch auf die weiter südlich gelegenen Teile des burgundischen Reiches, auf Arelat und Provence, die er als zum Erbe seiner Gemahlin gehörig betrachtete. Dies betont namentlich Otto von Freising.«[7]

Neben der Tatsache, daß ein alter Teil des Reiches wieder unter die Krone gebracht wurde, hatte die Rückführung Burgunds auch bedeutende strategische Vorteile. Der Brennerpaß lag unter der Kontrolle Heinrichs des Löwen in seiner Eigenschaft als baierischer Herzog. Der St. Gotthardpaß existierte damals noch nicht. Auch der Zugang nach Süden über Tirol war nicht unproblematisch. Mit Burgund verfügte der Kaiser jetzt über eine Einfallspforte nach Italien, die ihm niemand wehren konnte, da er sich dort auf eigenem Boden befand. Zieht man die Nähe der staufischen Besitzung am Oberrhein in Betracht, so wurde mit Burgund nicht nur ein alter Reichsteil integriert, sondern die schwäbisch staufische Macht zu einem dominierenden Faktor im Herzen Europas. So finden wir den Kaiser künftig öfter in Burgund als in Italien, was auch die kulturelle Bindung nach Westen verfestigte.

Der Herzog Berthold von Zähringen, als Rektor von Burgund,

wurde für seinen Macht- und Herrschaftsverlust abgefunden durch die Reichsvogtei und die Regalien der Bistümer Lausanne, Genf und Sitten. Dies war sicherlich kein angemessener Ausgleich. Die Erbitterung des Herzogs von Zähringen kommt darin zum Ausdruck, daß er nicht zu den Hochzeitsfeierlichkeiten in Würzburg erschien.

Eine Woche vor der Hochzeit in Würzburg wurde Beatrix zu Worms am 9. Oktober durch den Erzbischof von Trier zur deutschen Königin gekrönt. Außer den Großen des Reiches, die an den glanzvollen Würzburger Tagen teilnahmen, wird die Bedeutung deutschen Kaisertums auch daraus ersichtlich, daß König Heinrich II. von England durch eine Gesandtschaft wertvolle Geschenke überbringen ließ.

Der Kaiser stand im Licht seiner Erfolge, er hatte das Reich gemehrt und das persönliche Glück in einer liebevollen Ehe gefunden.

Das Bildnis des Kaisers

Wie sahen die Zeitgenossen den Mann, der in so kurzer Zeit das Reich befriedet, die Kaiserkrone errungen und Macht und Ansehen des Reiches so gemehrt hatte, daß Rahewin, der Fortsetzer der Chronik Ottos von Freising, ihn gar einen Familienvater des Reiches nannte?

Otto Morena gibt uns dieses literarische Porträt:

»Der Kaiser entstammte einem sehr vornehmen Geschlecht; er war mittelgroß, von schöner Gestalt und besaß wohlgestaltete Glieder, sein helles Angesicht war von rötlicher Farbe, sein Haar fast blond und gekräuselt; sein Antlitz war heiter, und immer schien er lächeln zu wollen; seine Zähne waren weiß, seine Hände sehr schön, sein Mund anmutig, äußerst kriegerisch, zögernd im Zorn, kühn und unerschrocken, geschwind und beredt; freigiebig, aber nicht verschwenderisch, behutsam und vorausschauend im Rat, von schneller Auffassungsgabe und sehr weise; gegenüber Freunden und Guten sehr liebenswürdig und gütig, schrecklich aber gegenüber Bösen und unerbittlich; er verehrte die Gerechtigkeit und liebte die Gesetze, fürchtete Gott und war bereit zu Almosen; vom Glück außerordentlich begünstigt, in ihm irrte die Natur der Dinge nicht von ihrem Wesen ab, außer, daß sie ihn sterblich geschaffen hatte, und seit weitzurückliegenden Zeiten war ihm kein Kaiser zu vergleichen.«[8]

Rahewins Schilderung Friedrichs stimmt im Grundsätzlichen mit der Morenas überein, allerdings ist Rahewins Kaiserbild ausführlicher, opulenter. Wichtig ist: Beide Chronisten waren Zeitgenossen des Kaisers und haben ihn von Auge zu Auge gesehen. Folgen wir Rahewins Darstellung:

»Seine [des Kaisers] leibliche Gestalt ist wohlgebaut, von Statur ist er kleiner als die Größten und größer als die Mittelgroßen, sein Haar ist blond und oben an der Stirn etwas gekräuselt, die Ohren werden kaum durch die darüber fallenden Haare verdeckt, da der Barbier aus Rücksicht auf die Würde des Reiches das Haupthaar und den Backenbart durch dauerndes Nachschneiden kürzt. Seine Augen sind scharf und durchdringend, die Nase ist schön, der Bart rötlich, die Lippen sind schmal und nicht durch breite Mundwinkel erweitert, und das ganze Aussehen ist fröhlich und heiter. Die in schöner Ordnung stehende Reihe der Zähne zeigt schneeige Weiße. An der Kehle und am nicht fetten Halse ist die Haut manchmal mit jugendlicher Röte übergossen; diese Färbung aber ruft meist nicht der Zorn hervor, sondern das Schamgefühl. Die Schultern sind etwas hochstehend, in den kurzen Weichen liegt Kraft, die Schenkel ruhen auf starken Waden, sind ansehnlich und durchaus männlich.

Durch diese Leibesgestalt gewinnt er sowohl im Stehen wie im Sitzen höchste Würde und Autorität.«[9]

Wenn Rahewin auch ganze Passagen von Einhards Karlsbeschreibung und anderen Autoren wie Sallust übernimmt, so ist die Übereinstimmung mit Morenas Schilderung doch erkennbar.

In voller Kenntnis, daß es in dieser Zeit noch nicht die porträthafte Übereinstimmung in Skulptur und Gemälde gab, drängen sich, bei Verinnerlichung der beiden Friedrichsschilderungen, starke Ähnlichkeiten zum Cappenberger Kopfreliquiar Friedrichs auf.

Hier haben wir das gekräuselte, um der Würde des Reiches willen sorgsam gepflegte Haupthaar, die pfleglich gestutzten Bartpartien, die leuchtenden Augen, den kleinen anmutigen Mund, der nicht durch breite Mundwinkel erweitert ist; hier finden wir das in Freundlichkeit erstarrte Antlitz, voller Würde, gewappnet gegen die Anfälligkeiten täglichen Geschehens, erfüllt vom Bewußtsein kaiserlicher Würde.

Augsburger Stadtrechte und die Kölner Doppelwahl

Nach den glücklichen Tagen von Würzburg zog der Kaiser nach Nürnberg. Ein verfassungsrechtlicher Markstein der Nürnberger Tage war, daß er hier das Augsburger Stadtrecht verkündete. Schon bei seinem ersten Besuch der Stadt am 15. Juni 1152 hatte er die Klagen des Augsburger Bischofs Konrad, aber auch die der gesamten Bürgerschaft über die Gewalttätigkeit der Vögte und die dadurch in der Stadt herrschende Rechtsunsicherheit entgegengenommen. Der König hatte damals dem Klerus und der Bürgerschaft Befehl erteilt, gemeinsame Grundsätze zu erarbeiten, nach welchen Stadt und Kirche regiert werden sollten.
An der Spitze des Stadtrechts, das er am 21. Juni 1156 hier verkündete, stellte er die Strafbestimmungen gegen Friedensbrecher. Immer wieder bezeugte der Kaiser in seinen Gesetzgebungswerken, daß Sicherung und Erhaltung des Friedens seine vornehmste Aufgabe sei. Ferner ist festgelegt, daß der Bischof, unter Berücksichtigung der Wünsche der Ministerialen, der Bürger und des ganzen Stadtvolkes, den Burggrafen und den Münzer einsetzt. Geldwechsel, der zu den Rechten des Münzers gehörte, bis zur Höhe von zehn Mark war nur den Kaufleuten erlaubt, die mit der Stadt Köln Handel trieben. Dies ist ein Zeugnis für die Ausdehnung augsburgischen Handels, für die Bedeutung des Handelsplatzes Köln und der kölnischen Silbermark, aber auch dafür, wie sich der Sinn des Kaisers in Oberitalien für Städtewesen und Handel geöffnet hatte. Der König setzte den Bischof als Stadt- und obersten Gerichtsherrn, als Bewahrer des Stadt- und des Marktfriedens ein. Er war sowohl oberster Grundherr als auch oberster Münzer und Inhaber der öffentlichen Gewalt. Ihm war der Burggraf unterstellt. Die Bürger hatte es in diesem Rechtssystem bereits zu einer selbständige-

ren Stellung und zum Besitz wichtiger Rechte gebracht, als da sind: das Grundeigentum und die persönliche Freiheit. Das waren die Keimzellen der Rechtsgrundlagen, aus denen sich im Jahre 1276 die freie Reichsstadt Augsburg bilden wird.
In Nürnberg wurde dem Kaiser auch das Dilemma der Kölner Doppelwahl vorgetragen. Die Pröbste und Äbte hatten den Probst Gerhard von Bonn erwählt, die Domherren der Bischofskirche aber (das Domkapitel) den Probst Friedrich, Sohn des Grafen Adolf von Berg, dem wir schon als erwählten Bischof von Utrecht begegnet sind, und der auf Friedrichs Urteilsspruch hin dem von König Konrad eingesetzten Bischof Hermann weichen mußte. Der Kaiser beschied die streitenden Parteien auf seinen Reichstag zu Regensburg.

Die Erhebung Österreichs zum Herzogtum und das Privilegium minus

Anfang September 1156 war der Kaiser in Regensburg, wo er seiner Aufgabe als Eckstein der Geschlechter zwischen Welfen, Staufern und Babenbergern nachkam. Er hat diesen Auftrag sehr ernst genommen, war er doch gleichsam ein innerer Regierungsauftrag, Grundlage des inneren Friedens in Deutschland.
Den bevorstehenden Staatsereignissen angemessen, waren geistliche und weltliche Herren in großer Zahl erschienen. Da es sich primär um eine süddeutsche Frage handelte, waren es in erster Linie die Fürsten des deutschen Südens. Natürlich waren die Hauptpersonen anwesend: Herzog Heinrich der Löwe und Herzog Heinrich Jasomirgott. Der Kaiser hatte es letzterem taktvoll erspart, in seine ehemalige Hauptstadt Regensburg zu kommen. Er lagerte einige Meilen davon entfernt auf den sogenannten Barbinger Wiesen.
Gefolgt von den übrigen Fürsten begab sich der Kaiser in das Lager seines Onkels. Hier spielte sich der lehnsrechtliche Vorgang ab, den Otto von Freising so beschreibt:
»Heinrich der Ältere (Jasomirgott) gab die Herzogsgewalt in Baiern durch sieben Fahnen zurück. Sie wurde dem jüngeren Heinrich, (dem Löwen) übergeben, und dieser gab durch zwei Fahnen die

Ostmark mit den seit altersher dazugehörigen Grafschaften zurück. Dann bildete er (der Kaiser) aus dieser Mark und den Grafschaften, die man die drei nennt, auf Grund eines Beschlusses der Fürsten ein Herzogtum und übertrug es mit zwei Fahnen, nicht nur ihm persönlich, sondern auch seiner Gemahlin (der Byzantinerin Theodora) und bestätigte ihm durch Privileg, das in Zukunft von keinem seiner Nachfolger geändert oder aufgehoben werden könne. Das geschah im fünften Jahr seines Königstum, im zweiten seiner Kaiserherrschaft.«[10]

Die Rechtsgrundlage des Herzogtums Österreich ist im ›Privilegium minus‹ niedergelegt. Dieses Dokument ist für Deutschland ein geschichtliches Ereignis ersten Ranges. Es ist nicht nur die Erhebung einer Markgrafschaft zum Herzogtum, sondern der Beginn landesherrlicher Territorien im Reich. Darum sei der Text dieses wichigen Geschichtsvorgangs hier niedergelegt: »Im Namen der heiligen und unteilbaren Dreifaltigkeit. Friedrich, durch Gottes gnädige Vorsehung Kaiser und Augustus der Römer.

1. Wenn auch die Veränderlichkeit der Dinge aus ihrer irdischen Beschaffenheit hervorgeht und das, was nach Gesetz geschieht, durch keine Anfechtung erschüttert werden vermag, so muß doch die kaiserliche Majestät eingreifen, damit kein Zweifel eintrete an der Rechtlichkeit des Geschehenen.

2. So mögen dann alle Getreuen Christi und unseres Reiches in der Gegenwart und in der Zukunft wie wir mit Hilfe dessen, durch den vom Himmel auf die Erde den Menschen der Frieden kommt, auf dem zu Regensburg auf dem Tage der heiligen Maria mit aller Feierlichkeit begangenen allgemeinen Reichstag vor zahlreichen frommen und katholischen Fürsten den Streit und Gegensatz geschlichtet haben, der zwischen unserem Onkel, dem Herrn Herzog Heinrich von Österreich, und unserem geliebten Vetter Heinrich, dem Herzog von Sachsen, um das Herzogtum Baiern tobte. Zu unseren Gunsten verzichtete der Herzog von Österreich auf das Herzogtum Baiern, das wir dann sofort dem Herzog von Sachsen zu Lehen gaben.

3. Der Herzog von Baiern verzichtete zu unseren Gunsten auf die Markgrafschaft Österreich, alle Rechte und Lehen, wie sie früher der Markgraf Leopold als Lehen von Baiern besessen hatte.

4. Auf das nun aber hierdurch nicht Ehre und Ruhm unseres geliebten Onkels gemindert erscheine, haben wir auf Rat und Urteil der Fürsten, wie es Herzog Wladislaw von Böhmen unter der Zustimmung aller Fürsten vortrug, die Markgrafschaft Österreich zum Herzogtum erhoben und dieses Herzogtum mit allen Rechten unserem geliebten Onkel Heinrich und seiner erhabenen Gattin Theodora zum Lehen gegeben, und durch ewiges Gesetz haben wir festgelegt, daß sie selbst, und nach ihnen ihre Kinder, und zwar Söhne wie Töchter, das genannte Herzogtum Österreich durch Erbrecht vom König besitzen und behalten sollen.

5. Sollten aber der genannte Herzog von Österreich und seine Gemahlin ohne Kinder sterben, dann sollen sie die Freiheit haben, ihr Herzogtum jedem zu vermachen, dem sie es hinterlassen möchten.

6. Wir verbieten auch, daß irgend jemand, er stehe hoch oder niedrig, ohne Einwilligung oder Erlaubnis des Herzogs, irgendwelche richterliche Tätigkeit ausübe.

7. Der Herzog von Österreich soll dem Reiche keine anderen Dienste schulden, als daß er zu den Reichstagen, die der Kaiser in Baiern ansetzt, auf Einladung erscheint; er soll auch zu keinen militärischen Leistungen verpflichtet sein, wenn nicht vielleicht der Kaiser einen Feldzug in Staaten oder Länder, die an Österreich grenzen, anordnen sollte.

Auf daß nun dieser unser kaiserlicher Wille in alle Ewigkeit unerschütterliche Geltung behalte, haben wir befohlen, diese Urkunde auszufertigen und durch Beidrückung unseres Siegels zu siegeln in Gegenwart vertrauenswürdiger Zeugen...

Zeichen des Herrn Friedrich, des unbesiegbaren Kaisers der Römer.

Ich, Rainald, habe an Stelle des Erzbischofs und Erzkanzlers Arnold von Mainz gegengezeichnet.«[11]

Das ›Privilegium minus‹ war ein echter Kompromiß, ein gegenseitiges Geben und Nehmen. Denn der Hauptgewinner, Heinrich der Löwe, nunmehr unangefochtener Herr zweier Herzogtümer, mußte auf die Markgrafschaft Österreich verzichten, die ja ein Lehen der baierischen Herzöge gewesen war. Durch den späteren

Verlust von Kärnten verlor Baiern seine Landbrücke zur Adria und wurde reiner Binnenstaat. Der große Verlierer, Herzog Heinrich Jasomirgott, verlor zwar sein Herzogtum Baiern und der Kreis seiner Herrschaft wurde um zwei Drittel reduziert, aber der verbleibende Teil wurde mit Vorrechten ausgestattet, die bislang im Deutschen Reich einmalig waren. Heinrich Jasomirgott wurde praktisch unumschränkter Landesherr, fast königgleich. Sein Herzogtum wurde erblich, und auch die Gattin des Herzogs wurde in die Erbfolge einbezogen. Dies war nach Simonsfeld »das erste und älteste Beispiel einer Gesamtbelehnung mit einer Verbriefung der weiblichen Erbfolge«.

Der Weg zum selbständigen deutschen Territorialfürstentum war eingeschlagen. Verständlich, daß von nun alle deutschen Fürsten auf die österreichische Lösung schauten, die sie auf Kosten des Reiches im Laufe der Zeit auch erreichen sollten. Wir sehen, der Preis, den der König zahlte, war hoch. Aber, hatte er denn überhaupt eine Wahl?

Er hatte zwar Reichsrechte aufgegeben, aber dafür Frieden in Deutschland erreicht. Hätte er dieses Einigungswerk nicht zustande gebracht, so wäre ein deutscher Bürgerkrieg zwischen Welfen und Babenbergern unvermeidlich gewesen, und auch die Staufer hätten im Strudel dieser Kämpfe untergehen können.

Auf diesem Reichstag entschied Friedrich auch in der Frage der Besetzung des Kölner Erzstuhles, da sich beide Parteien nicht zu einigen vermochten. So belehnte der Kaiser den Sohn des Grafen von Berg, Friedrich, mit den Regalien. Der Belehnte zog nach Rom, um von Papst Hadrian das Pallium zu erwerben. Otto von Freising sieht nach dem Regensburger Reichstag die Lage im Reich so:

»Von diesem Tage bis zur Gegenwart lächelte dem ganzen transalpinischen Reich so heiterer Friede, daß man Friedrich nicht nur Kaiser und Augustus, sondern mit Recht Vater des Vaterlandes nennt.«[12]

Aber da war ja noch Mailand, da waren noch die lombardischen Städte, da war ja noch Italien zu erringen. Alle großen Pläne Friedrichs wären im Blutbad eines deutschen Bürgerkrieges versunken. Der Kaiser brauchte den Frieden in Deutschland, denn nur der Frieden konnte die Kräfte freisetzen, »die alte Kaiserherrlichkeit« wiederherzustellen.

Der Papst und Italien – Normannen und Griechen

»Es waren nicht sorglose Tage, in denen der Kaiser seine zweite Gemahlin gewann«, schreibt Giesebrecht in seiner Geschichte der Kaiserzeit.

Der Erfolg der Byzantiner in Süditalien war – nach der Genesung König Wilhelms von Sizilien – zusammengebrochen. Der Papst befand sich in einer schwierigen, ja fatalen Lage, Rom war noch immer nicht unterworfen und die Macht des normannischen Siziliens in Süditialien immer aggressiver geworden. Seine Widersacher, Robert von Bassaville und Andreas von Rupecanina, waren zu Papst Hadrian nach Benevent geflohen. Der rebellische Robert von Capua war in die Hände König Wilhelms gefallen, und die normannische Macht in Süditalien wiederhergestellt. Nun marschierte König Wilhelm auf Benevent zu. Zwei Kilometer vor dieser letzten päpstlichen Zuflucht hielt der König mit seinem Heere an. Kaiser Friedrich war weit, der Normanne Wilhelm nah und stand vor der Stadt. Da begab sich der Papst auf die Flucht nach vorn und verbündete sich am 18. Juni 1156 im Vertrag von Benevent mit dem ehemaligen Feind.

In diesem Vertragswerk bekannte sich König Wilhelm als Lehnsmann des Papstes. Er empfing für sich und seine Erben das Königreich Sizilien, das Herzogtum Apulien, das Fürstentum Capua, ferner Salerno, Neapel, Amalfi und das Marserland zu Lehen. Im Gegenzug schwor der König dem Papst die Treue und den Lehnseid und wurde vom päpstlichen Bann gelöst. Dafür wurde andererseits der Einfluß der Kurie im normannischen Sizilien gemindert. Direkte Apellationen an die römische Kirche sollten nur den Geistlichen in Apulien und Kalabrien erlaubt sein. Ferner durfte die römische Kurie nur Legationen nach Apulien entsenden, nicht aber nach Sizilien. Das bedeutete, daß die Kirchen Siziliens fest in der Hand des Königs blieben.

Die tiefere Bedeutung des Vertrages von Benevent war, daß er das päpstliche Kardinalskollegium in zwei Lager spaltete. Der kleinere, reichsfreundliche Teil sah darin einen Verrat des Konstanzer Vertrages und am Reich. Der größere Teil befürwortete den Vertrag von Benevent und sah darin die notwendige Abwendung des Papstes von seinem ehemaligen kaiserlichen Bündnispartner. Der Zwiespalt des Kardinalskollegiums ist der Ausgangspunkt für kommende schismatische Papstwahlen.

Die Empörung am deutschen Hof war groß, als man die Vertragsinhalte von Benevent erfuhr. Aber war die Empörung berechtigt, oder wurde sie nur hochgespielt in Hinsicht auf Künftiges? Der Beneventer Vertrag war kein Bruch des Konstanzer Vertrages, wie von deutscher Seite behauptet wurde. Der Papst hatte sich in Konstanz nicht verpflichtet, kein Bündnis mit dem normannischen Sizilien einzugehen, wohl aber war der deutsche König diese einseitige Bindung eingegangen. Man kann hier von einer Niederlage der staufischen Diplomatie sprechen, die in der Vertragsgestaltung versagte. In späteren Jahren wäre dem Kaiser schwerlich ein solch diplomatischer Kunstfehler unterlaufen, durch den der Vertrag von Benevent kein Bruch von päpstlicher Seite, sondern bestenfalls ein Verstoß gegen den Geist von Konstanz war.

Dem Papst muß man eine Zwangslage zubilligen. Für ihn hatte der Kaiser den Vertrag von Konstanz in keinem Punkte erfüllt. Hingegen hatte der Papst sein Hauptversprechen gehalten und den deutschen König zum Kaiser gekrönt.

Für die deutsche Empörung war nicht viel Raum. Es ging, wie oftmals in der Politik, nicht nur um Fakten, sondern um Grundströmungen. Dies kommt in den Personen um den Kaiser zum Ausdruck. Der maßvolle und ausgleichende Bischof Eberhard von Bamberg war zwar nicht von der Seite des Kaisers verdrängt, aber in den Hintergrund getreten. Der kurienfreundliche Abt Wibald von Stablo und Corvey fand nur noch in Missionen nach Byzanz Verwendung. Ein anderer Mann stand nunmehr an der Seite des Kaisers, ein Mann, mit dem wir uns ausführlich befassen müssen: Rainald von Dassel!

Der Feldzug nach Polen 1157

Der Feldzug nach Polen hat in der Geschichte nicht die Wertung gefunden, die ihm gebührt.
Kein geringerer als Leopold von Ranke sieht in ihm eine für die deutsche Entwicklung wichtige Tat.
Anlaß war der Polenkönig Boleslaw IV. (1148–1173), genannt der Krauskopf, der sich aus der Oberherrschaft des deutschen Reiches herausgeschlichen und jahrelang keinen Tribut gezahlt hatte. Friedrich wollte schon im Jahre 1156 nach Polen ziehen, um das Land wieder zur Anerkennung deutscher Oberhoheit zu zwingen. Aber erst im August 1157 konnte er, gemeinsam mit Heinrich dem Löwen, ein sächsisch-thüringisches Aufgebot bilden, um diesen Kriegszug zu führen. An seiner Seite waren noch der getreue Pfalzgraf Otto von Wittelsbach und der Herzog von Böhmen, Wladislaw, den Friedrich ein Jahr später durch Verleihung der persönlichen Königswürde noch enger ans Reich band.
Polen war ein schwer zugängliches Land, eine Naturfestung, Sumpf, undurchdringliche Wälder, die durch Baumverhaue noch unzugänglicher waren. Das kaiserliche Heer durchbrach Sperren und Hindernisse und überwand am 22. August 1157 die Oder. Die Polen flohen, entsetzt über die Gewalt des Angriffs. Ihre Festungen Glogau und Beuthen gingen in Flammen auf, um dem kaiserlichen Heere keine Stützpunkte zu überlassen. Der Kaiser stieß über Breslau bis nach Posen vor. Der Kriegsführung der Zeit entsprechend, verwüstete das Heer (daher das Wort verheerend) das Land mit Feuer und Schwert.
Der polnische König sah seine Politik gescheitert und unterwarf sich bei Kryszkowo, unweit von Posen. Hier trat Boleslaw, barfuß, das bloße Schwert vor sich tragend, vor den Kaiser. Er wußte bekennen, sich gegen die kaiserliche Majestät vergangen zu haben. Zur Strafe bereit, schwor er für sich und alle Polen, daß sein Bruder, den er aus Polen vertrieben hatte, und der mit einer Nichte Königs Konrads verheiratet war, nicht zur Verhöhnung des römischen Reichs verjagt worden war. Dann versprach er eidlich, dem Kaiser 2000 Mark zu zahlen, den Fürsten 1000 und der Kaiserin 20 Mark in Gold und dem Hof 200 Mark in Silber. Er schwor, sich mit

300 Reitern am bevorstehenden italienischen Feldzug zu beteiligen und auf dem nächsten Reichstag zu Magdeburg zu erscheinen. Um seinen Eiden Gewicht zu verleihen, mußte er Geiseln stellen. Der polnische König beschwor alles und hielt nichts. Er entzog sich der Teilnahme am Italienzug und kam auch nicht zum Magdeburger Reichstag.
Trotzdem hatte der polnische Feldzug weitreichende Folgen. Im Jahre 1168 erzwang Barbarossa, daß die Söhne des vertriebenen und inzwischen verstorbenen Wladislaw als Herzöge in die beiden schlesischen Herzogtümer Breslau und Ratibor einzusetzen seien. Diese beiden Söhne, am deutschen Königshof aufgewachsen, lösten Schlesien aus Polen heraus und wandten sich dem Reiche zu. So hat schließlich dieser erste Ostfeldzug Barbarossas dem Reich Schlesien eingebracht.

Der Kaiser in der Sonne

Nach beendetem Polenzug hielt der Kaiser am 28. September 1157 einen Hoftag in Würzburg ab. Hier wurde sichtbar, wie sehr das Ansehen des Kaisers in Europa gestiegen war. Gesandtschaften aus Burgund, Italien, Byzanz, Ungarn und England waren erschienen, um dem siegreichen Kaiser Reverenz zu erweisen.
König Heinrich II. Plantagenet von England übersandte ein kostbares Lederzelt von solcher Größe, daß es nur mit Hebemaschinen aufgerichtet werden konnte. Bezeichnender als das wertvolle Zelt ist das begleitende Schreiben des englischen Königs an Friedrich:
»Seinem herzlich geliebten Freund Friedrich, dem durch Gottes Gnade unbesiegten römischen Kaiser, sendet Heinrich, König von England, Herzog der Normandie und Aquitanien, Graf von Anjou, Gruß und Eintracht in echter Liebe.
Eurer Majestät bester unter allen Herrschern danken wir von ganzem Herzen dafür, daß ihr geruht habt, uns durch eure Gesandten aufsuchen zu lassen, uns mit einem Brief zu grüßen, uns mit Geschenken zuvorzukommen und, was wir noch höher schätzen, Bündnisse vorzuschlagen... Unser Reich und alles, was immer unserer Herrschaft untersteht, stellen wir euch zur Verfügung und

vertrauen es eurer Macht an, damit alles nach eurem Willen geordnet werde und in allem der Wille eurer Herrschaft geschehe. Es möge also zwischen uns und unseren Völkern eine unlösbare Gemeinschaft der Liebe und der Freundschaft bestehen, sicherer Handelsverkehr, [von Heinrich II. erhielten kölnische Kaufleute 1157 ein erstes Handelsprivileg] so jedoch, daß euch, dem an Würde Höherstehenden, die Befehlsgewalt zufällt; uns wird es nicht an dem Willen zu gehorchen fehlen... Was die Hand des heiligen Jacobus betrifft, über die ihr uns geschrieben habt, so haben wir unsere Antwort in den Mund des Magister Heribert und unseres Klerikers Wilhelm gelegt. Beglaubigt zu Nordhampton durch den Kanzler Thomas.«[13]

Über diesen Brief, der wie das Schreiben eines Vasallen an seinen Lehnsherrn klingt, ist viel gerätselt worden. Eine Deutung liegt in der erwähnten Jacobsreliquie. Die Engländerin Mathilde, Witwe des deutschen Kaisers Heinrich V., hatte bei ihrer Rückkehr nach England diese Jacobsreliquie aus dem deutschen Kronschatz mitgenommen. Belegt ist, daß Friedrich die wertvolle Reliquie des Jacobus, der ja als erster Apostel dem Herrn im Martyrium gefolgt war, zurückgefordert hatte. Nun war die Jacobsreliquie ein wertvoller Schatz, ob aber König Heinrich, der sein ganzes Königreich zum Lehen anbot, die Herausgabe der Reliquie verweigert hätte, ist doch sehr zweifelhaft. Zweifelsfrei ist, daß dieser devote Brief in seiner Gesamtheit nicht ernst gemeint war. Er stellte eine Reverenz an den mächtigsten Herrscher des Kontinents dar und verbarg vielleicht weitreichende Absichten im politischen Spiel der Zeit. Nur so sind die ausufernden Formulierungen Heinrichs von England zu verstehen. Denn aus geringeren Texten als diesen waren schon Herrschaftsanprüche abgeleitet oder konstruiert worden.

Der einzig verständliche Grund zu diesem Schreiben muß in der Kluft zwischen dem französischen und dem englischen König gesucht werden. König Heinrich war in seiner Eigenschaft als Herzog der Normandie und von Aquitanien und als Graf von Anjou Vasall des französischen Königs. Ein Vasall aber, dessen Macht weitaus größer war als die des französischen Lehnsherrn.

Diese Disharmonie der Machtverhältnisse war ein dauernder Quell der Streitigkeit zwischen beiden Königreichen. So kann man

in dem Huldigungsbrief Heinrichs nur den Versuch erblicken, im deutschen König und römischen Kaiser einen Bundesgenossen gegen Frankreich zu finden. Den Versuch, der Jahrhunderte andauern sollte, einen kontinentalen Festlandsdegen zu finden, der Englands Interessen auf dem europäischen Festland durchsetzte.
Natürlich wurde der englische Brief am kaiserlichen Hofe mit Wohlgefallen aufgenommen.
Auch der Ungarnkönig Geisa II. (1141–1161) ersuchte um das Wohlwollen des Kaisers und versprach Hilfe beim bevorstehenden Italienzug.
Eine byzantinische Delegation hingegen wurde kalt behandelt. Zu offensichtlich war das Streben Kaiser Manuels I., das oströmische und das weströmische Kaisertum in seiner Person zu vereinigen.

Das Jahrzehnt des Rainald von Dassel

Im Jahre 1156 war neben den Kaiser die beherrschende Gestalt des Rainald von Dassel getreten. Wahrscheinlich war dieser hochbegabte Mann auch der Regisseur des Friedens von Regensburg zwischen Welfen, Babenbergern und Staufern. Es war schon ein politisches Meisterstück, dem Babenberger Heinrich Jasomirgott den Verlust Baierns, das waren zwei Drittel seines Machtbereichs, dadurch annehmbar zu machen, daß man dem verbleibenden Drittel, der Mark Österreich, die Qualität eines selbständigen, erbberechtigten Herzogtums verlieh.

Der Bruder des Rainald von Dassel, Adolph der Kühne, war ein tapferer, aber ein harter Mann. Im Jahre 1128 war er mit dem Stift Nordheim wegen einer Vogtei in Streit geraten. Er überfiel das Stift und brannte es nieder. 15 Domherren verloren dabei das Leben. Dieser gewalttätige Mann war in damaliger Zeit keine Ausnahme. Es soll damit nur gezeigt werden, daß die Herren von Dassel ein kampffreudiges Geschlecht waren.[1]

Auch der erzbischöfliche, jüngere Bruder war ein Mann von ungestümem Kampfgeist. Wenn Daniel Rops über den heiligen Bernhard von Clairvaux sagt, »daß er bei aller Demut unter der Kutte den schimmernden Panzer des Ritters trug«[2], so darf man von Rainald sagen, daß er den Panzer über dem Bischofshabit trug.

Mit Rainalds Erscheinen an der Seite Friedrichs änderte sich die kaiserliche Politik. Auch Friedrich wollte den Primat der Kaiserherrlichkeit über das Papsttum und ein Vordringen der kaiserlichen Position über das Wormser Konkordat hinaus, ein Vordringen in energischen, aber wohlerwogenen und zu korrigierenden Schüben. Nun aber bekam die kaiserliche Politik eine elementare Wucht, eine unbeirrbare Stoßrichtung. Sehen wir, was die Quellen über den Mann, der neben dem Kaiser die Reichspolitik für ein Jahrzehnt gestaltete, berichten. Acerbus Morena, der den Kanzler mehrfach erlebt hat, schildert ihn so:

»Rainald, der erwählte Erzbischof von Köln, der zuerst Kanzler genannt wurde, dann aber Erzkanzler für Italien gewesen ist, war von mittlerer Größe und kräftig; er hatte ein schönes Angesicht von frischer Farbe; seine Glieder waren wohlgestaltet und von angemessener Länge, sein Haar war dicht und fast blond, er war beredt und bestens gebildet, wortgewandt, vorsichtig und sehr scharfsinnig; äußerst begierig, die Ehre des Kaisers zu erhöhen, und zwar so sehr, daß der Kaiser auf niemandens Rat mehr gab als auf seinen; ebenso war er freigiebig, heiter, leutselig, hochherzig, ertrug sehr geduldig Strapazen, und durch seinen Scharfsinn und sein Werk ist die Herrlichkeit des Kaisertums außerordentlich erhöht worden.«[3]

Über Rainalds Leben, bevor er in den Kreis des Kaisers eintrat, ist wenig überliefert.

Seine erste Ausbildung hatte er an der Stiftsschule zu Hildesheim erhalten, die zu den vornehmsten und besten Schulen Sachsens zählte. Er hatte, wie viele vornehme adlige Kleriker der Zeit, die hohe Schule zu Paris besucht. Lateinische und griechische Klassiker waren ihm wohlbekannt, wie uns ein Briefwechsel mit Abt Wibald von Corvey und Stablo berichtet. Erstaunlich ist, daß der kurienfreundliche Abt Wibald ihn, der so harte Positionen gegenüber Rom bezog, dem Kaiser empfahl. Ebenso stand Rainald in der Gunst des kaiserlichen Oheims Bischof Otto von Freising. Gegen 1130 war Rainald in das Domkapitel von Hildesheim eingetreten, ab 1149 erschien er dort als Probst und behielt diese Würde bis zu seiner Erhebung zum Kölner Erzbischof. Rainald sprengte in vielen Bezügen die Normen der Zeit. Er hatte, obwohl dies unüblich war, an vier Kirchen die Würde des Probstes inne. Das läßt auf hohe administrative Begabung schließen, war doch der Probst derjenige, der die weltlichen Dinge der Kirche regelte. Obwohl ihm seine Verwaltungsfähigkeiten den Weg zur Kanzlerschaft eröffneten, wäre es falsch, ihn nur als Administrator zu sehen. Sein erbittertster Feind, Johannes von Salisbury, attestiert ihm, »daß sein Streben nicht gegen den Glauben, sondern nur gegen die Kirchenverfassung gerichtet sei.« Wir haben es also nicht nur mit einem glänzenden, begabten Politiker zu tun, sondern auch mit einem ernsthaften Mann des Glaubens.

Julius Fickers These, Rainald habe versucht, die deutsche Kirche von Rom loszureißen und einen deutschen Papst, Erzbischof Hillin von Trier (1152–1169), zu inthronisieren, hat Beifall und Widerspruch gefunden. Bemerkenswert ist, daß man ihm diese Tat zutraute.

In Rainalds Person kristallisierte sich der Widerspruch gegen den päpstlichen Primat. Er ist der bedenkenlose Vorkämpfer kaiserlicher Vorherrschaft. Papst Hadrian erblickte in ihm seinen härtesten Gegner. Für seine Feinde war er der Bannerträger der Schismatiker.

Doch wurde auch seine Enthaltsamkeit gerühmt in einer Zeit, in der ausschweifendes Leben bei weltlichen wie bei kirchlichen Größen keine Seltenheit war, wie zum Beispiel das Leben des Erzbischofs Christian von Mainz (1160–1183) beweist.

Selbst Rainalds Feinde, die ihn als Schismatiker erbittert bekämpften, wagten es nicht, seine persönliche Integrität anzugreifen.

Rainald war im wahrsten Sinne Friedrichs »alter ego«, sein anderes Ich in Übersteigerung. Wo Friedrich Eisen war, war Rainald Stahl. Kannte Friedrich den Kompromiß, das geduldige Aushandeln von Positionen, so war Rainald der Mann, der die Dinge wissentlich auf die Spitze trieb, für den Konfrontation die Möglichkeit war, die Verhältnisse von Grund auf zu ändern. Begleiten wir ihn zur ersten Galavorstellung seiner politisch-dramatischen Kunst.

Der Reichstag von Besançon oder die erste Emser Depesche

Die Erfolge des Würzburger Hoftages in sich tragend, zog der Kaiser nach Burgund, genauer nach Besançon. Hier erwarteten ihn Ordnungsaufgaben die sich durch die Einfügung Burgunds ins Reich ergaben.

Vor allem erwartete den Kaiser eine päpstliche Gesandtschaft, bestehend aus dem Kardinalpriester Bernhard von S. Clemente und Kardinalpriester Roland von S. Marco, aber hauptsächlich der Kanzler der heiligen Römischen Kirche und spätere Papst Alexander III. (1159–1181). Durch den päpstlich-sizilianischen Vertrag von Benevent hatte sich das Verhältnis zwischen Papst und Kaiser merklich verschlechtert. Das gegenseitige Mißtrauen hatte sich derart vertieft, daß jede Handlung des einen vom anderen in seiner negativsten Ausdeutung gesehen und empfunden wurde. Mit Bestürzung hatte der Kaiser erfahren, daß der Papst den um die nordische Mission verdienten Erzbischof von Lund zum Primas über die skandinavischen Kirchen ernannt hatte. Damit waren nicht nur die Ansprüche des Erzbistums Hamburg-Bremen, sondern auch die des Reiches geschmälert. Vor allem düpierte die Tatsache, daß der Papst die Erhebung Eskils zum Primas und Legaten des Nordens vorgenommen hatte, ohne den Kaiser und den Erzbischof von Hamburg-Bremen zu konsultieren. Die Absicht Hadrians war offenbar, die nordische Kirche dem Einfluß Deutschlands, der auf Ludwig den Frommen (781–840) und seinen Erzbischof, den heiligen Ansgar (801–865), zurückgeht, zu entziehen. Erzbischof Eskil, der in Rom das Pallium für die Kirche des Nordens empfangen hatte, wurde auf seiner Rückreise in Burgund von Kräften gefangengenommen, die wahrscheinlich mit stillschweigender Duldung des kaiserlichen Hofes handelten. Der Kaiser empfing die päpstliche Gesandtschaft in einer Kapelle. Die Sache lief von Anfang an nicht gut. Denn die Kardinäle begrüßten den Kaiser mit folgender Anrede: »Es grüßt euch unser heiligster Vater, Papst Hadrian, und die Gesamtheit der Kardinäle der heiligen Römischen Kirche, jener als euer Vater, diese als eure Brüder.«[4]

Diese Anrede allein, so durchgeführt, war eine schwere Provokation des Kaisers. Denn als »Bruder der Kardinäle« war er gewissermaßen dem Papst unterstellt. Aber es kam noch besser. Die Kardinäle übergaben das päpstliche Schreiben, und der Kanzler, Rainald von Dassel, erhielt den Auftrag, den lateinischen Text zu übersetzen und dem Kaiser und den Fürsten vorzulesen:

»Bischof Hadrian, Knecht der Knechte Gottes, seinem geliebten Sohn Friedrich, dem erlauchten Kaiser der Römer, Gruß und apostolischen Segen.

Wir erinnern uns daran, vor wenigen Tagen an eure kaiserliche Majestät ein Schreiben gerichtet zu haben, in dem wir jene schreckliche, fluchwürdige Tat, jenes sühneheischende Verbrechen, das in unserer Zeit geschehen, in Deutschland aber, so glauben wir, noch niemals begangen worden ist, deiner Hoheit ins Gedächtnis

zurückgerufen haben, und wir sind äußerst erstaunt darüber, daß du ein so schändliches und furchtbares Verbrechen bisher ohne die verdiente Strafe hast hingehen lassen. Denn daß unser ehrwürdiger Bruder, der Erzbischof Eskil von Lund, auf der Heimkehr vom apostolischen Stuhl (1156) von einigen ruchlosen, schurkischen Männern – wir sagen das mit tiefstem Herzeleid – in jenem Lande gefangengenommen wurde und bis heute in Haft gehalten wird ... Zur Sühne dieser besonders schlimmen Gewalttat hättest du dich als ein Mann, dem, wie wir glauben, das Gute gefällt, das Böse aber mißfällt, energischer aufraffen und das Schwert, das dir zur Bestrafung der Übeltäter und zum Schutz der Guten durch göttliche Fürsorge verliehen ist, gegen den Nacken der Gottlosen zücken und die frechen Schurken aufs strengste bestrafen müssen ... Du mußt dir nämlich, ruhmreichster Sohn, vor Augen führen, wie gern und freudig in einem früheren Jahr deine Mutter, die heilige Römische Kirche, dich aufgenommen, mit welch herzlicher Liebe sie dich behandelt hat, wie sie dir die ganze Fülle der Würde und Ehre hat zuteil werden lassen, und wie sie sich, indem sie dir bereitwilligst die Insignie der Kaiserkrone verlieh, bemüht hat, in ihrem allgütigen Schoß deine Größe und Erhabenheit zu pflegen, indem sie alles vermied, was auch nur im geringsten dem königlichen Willen zuwiderlief. Wir bereuen es jedoch nicht, die Wünsche deines Herzens in allen Teilen erfüllt zu haben, sondern, wenn deine Hoheit noch größere Beneficien aus unserer Hand empfangen hätte, wenn das möglich wäre, würden wir uns mit Recht darüber freuen in dem Gedanken daran, welch großen Nutzen und welch große Vorteile der Kirche Gottes uns durch dich zuteil werden können.
Jetzt aber, da du ein so ungeheuerliches Verbrechen, das ganz offenbar zur Schande der ganzen Kirche und auch deines Reiches begangen worden ist, nachlässig zu übersehen scheinst, so argwöhnen und fürchten wir allerdings, du seist zu dieser Nachlässigkeit und Gleichgültigkeit dadurch veranlaßt worden, daß du dich durch die Einflüsterung eines bösen Menschen, der Unkraut sät, gegen deine gnädigste Mutter, die hochheilige Römische Kirche, und uns selbst zur Mißachtung – was Gott verhüte – oder Groll hast verleiten lassen.«[5]

Der päpstliche Zorn ging noch weiter, aber der verhängnisvolle

Satz, der einen zwanzigjährigen Kampf zwischen Kaiser und Papst einläutete, war gefallen:
»Wenn deine Hoheit auch noch größere Beneficien aus unserer Hand empfangen hätte…«
Der Eklat war da. Der Kaiser ein Lehnsmann des Papstes, das Reich ein päpstliches Lehen? Ein unvorstellbarer Gedanke. Tumult brach in der Kapelle aus, in der so ungeheuerliche Worte dem Kaiser ins Gesicht gesagt wurden. »Beneficium« kann Wohltat wie Lehen bedeuten. Das eigentliche lateinische Wort für Lehen war »Feudum«. Rainald hatte mit »Lehen« übersetzt. Er hatte damit nicht nur Öl ins Feuer geschüttet, sondern eine Grundhaltung sichtbar gemacht. Hatten nicht die päpstlichen Legaten eingangs den Kaiser als »Bruder der Kardinäle« begrüßt und ihn somit unter die päpstliche Hierarchie gestellt? Und in die tumultuarische Szene hinein rief einer der beiden Kardinäle, wahrscheinlich der Kardinal und Kanzler Roland, wie zur Bestätigung der Rainaldschen Interpretation: »Nun, von wem hat er dann das Kaisertum, wenn nicht vom Herrn Papst.«[6]
Der Zorn des Kaisers und seiner Fürsten schwoll an. Pfalzgraf Otto von Wittelsbach, der Held von Verona und ein Mann der ungestümen Tat, bedrohte mit gezücktem Schwert den Nacken des Legaten. Der Kaiser mußte sich mit seiner Autorität dazwischen werfen, damit hier kein »deutscher Mord im Dom« geschah und kein antikaiserlicher Märtyrer geschaffen wurde. Der Kaiser ließ die beiden Legaten in ihre Herberge abführen und befahl ihnen sofortige Rückreise, »ohne nach links oder rechts abzubiegen.«
Der alte gregorianische Gegensatz war wieder aufgebrochen, der jahrzehntelang das Abendland erschüttert hatte: der Papst als Herr der Welt und ihm nachgeordnet der Kaiser, ein Mächtiger zweiten Ranges.
Manche Indizien mußten die päpstliche Politik so erscheinen lassen. Da ist Papst Eugen III., der Friedrichs Wahlanzeige so beantwortet, als habe dieser um Bestätigung nachgesucht, was gar nicht der Fall gewesen war. Da ist dieses Fresko im Lateranpalast, das Kaiser Lothar III. (1125–1137) und Papst Innocenz II. (1130–1143) darstellt und darunter der Spruch:

»Der König kommt vor die Tore, beschwört
zunächst die Rechte der Stadt,
wird dann des Papstes Mann,
von ihm erhält er die Krone.«[7]

Da ist ferner die Anrede des Kaisers als »Bruder der Kardinäle« und schließlich das doppeldeutige Wort »beneficium«. Sollte die päpstliche Kurie nicht um den Doppelsinn des Wortes gewußt haben? Da ist der Kardinal und Kanzler Roland, ein hochgebildeter Mann, ehemals Lehrer an der berühmten Schule von Bologna, Verfasser theologisch-geschichtlicher Sentenzen; ein solcher Mann sollte nicht um die Doppelbedeutung gewußt haben? Das Selbstbewußtsein des Kaisers war in Rom bekannt und der Disput um den Stratordienst noch in guter Erinnerung. Wollte man in Rom erproben, wie hoch die Reizschwelle des Kaisers lag?
Bedenkt man dies alles, so kann man den Vorfall von Besançon nicht verniedlichen. Jedenfalls hat Rainald durch seine Übersetzung – wie mit einem operativen Schnitt – das Übel bloßgelegt.
Die päpstliche Seite hatte ihn ganz klar als Gegenspieler, als Widersacher, erkannt. Wie schrieb doch der Papst an den Kaiser: »... daß du dich durch die Einflüsterung eines bösen Menschen, der Unkraut sät, gegen deine gnädigste Mutter, die hochheilige Römische Kirche, und uns selbst zur Mißachtung – was Gott verhüte – oder Groll hast verleiten lassen...«

Die Antwort des Kaisers

Der Vorfall von Besançon war gleichsam eine Kriegserklärung zwischen Kaiser Friedrich und Papst Hadrian. Jetzt kam es darauf an, die Meinung der Öffentlichkeit, die sich in den weltlichen und geistlichen Fürsten darstellte, für sich zu gewinnen. Würde der Papst es wagen, wie damals Gregor VII. bei Heinrich IV., über Friedrich den Bann auszusprechen? Würde es ihm gelingen, den deutschen Episkopat zu sich herüberzuziehen, zumindest ihn zu spalten?
Der Kaiser war sich dieser Gefahren bewußt. So schickte er ein

Sendschreiben durch das ganze Reich, gerichtet an die geistlichen und weltlichen Großen. Da heißt es nach den entsprechenden Einleitungen:

»Als wir neulich auf dem Reichstag zu Besançon waren und mit gebührender Gewissenhaftigkeit über die Ehre des Reiches und das Wohl der Kirchen berieten, erschienen Legaten des Papstes und behaupteten, sie überbrächten unserer Majestät eine Botschaft, durch welche die Ehre des Reiches keine geringe Steigerung erfahren solle. Nachdem wir am ersten Tag ihrer Ankunft sie ehrenvoll empfangen und uns am zweiten, wie es Sitte ist, zur Anhörung ihrer Botschaft mit unseren Fürsten versammelt hatten, überreichten sie uns, wie vom Teufel der Bosheit besessen, aufgeblasen von maßloser Überheblichkeit, von Arroganz und Hochmut, von fluchwürdiger Hoffahrt des Herzens geschwollen, die in dem päpstlichen Brief enthaltene Botschaft; diese lautete dahin, wir müßten ständig vor den Augen unseres Geistes haben, daß der Herr Papst die Auszeichnung der Kaiserkrone verliehen habe, daß er es nicht bereuen würde, wenn unsere Hoheit noch größere Lehen von ihm erhalten hätte... Erklärlicherweise erfaßte bei dieser ruchlosen Behauptung nicht nur die kaiserliche Majestät berechtigte Empörung, sondern auch alle anwesenden Fürsten wurden von solcher Wut und solchem Zorn gepackt, daß sie zweifellos jene beiden gottlosen Priester zum Tode verurteilt hätten, wenn unsere Gegenwart es nicht verhindert hätte!

Da wir Königtum und Kaisertum durch Wahl der Fürsten allein von Gott empfangen haben... so befindet sich jeder, der behauptet, wir hätten die kaiserliche Krone als ein Lehen des Papstes empfangen, im Widerspruch mit der Lehre des Petrus und ist der Lüge schuldig... Daher bitten wir euch jetzt insgesamt, mit uns und dem Reich über die große Schmach Schmerz zu empfinden, und wir hoffen, eure ungeteilte Treue werde nicht zulassen, daß die Ehre des Reiches, die seit der Gründung der Stadt (Rom) und seit der Aufrichtung der christlichen Religion bis auf eure Zeit glorreich und ungeschmälert bestanden hat, durch so eine unerhörte Neuerung, durch eine so vermessene Überheblichkeit beeinträchtigt werde, und ich weiß ohne allen

Zweifel, daß wir uns eher in Todesgefahr stürzen wollen, als zu unseren Zeiten den Schimpf einer solchen Verwirrung zu tragen.«[8]

Wenn Albert Hauck und andere Historiker, die ihre Prägungen im 19. Jahrhundert empfangen haben, die Tendenz dieses Briefes zurückhaltend nennen, so können wir dem nach unserer heutigen Sicht kaum zustimmen.[9]

In diesem Brief wird unter anderem vom Samen des Bösen, dem Gift einer verderblichen Seuche, von der Bosheit des Teufels, von maßloser Überheblichkeit, von Arroganz und fluchwürdiger Hoffahrt gesprochen und werden die beiden Kardinäle zu »gottlosen Priestern« abgestempelt. Das ist schon eine harte Sprache und ein noch härteres Urteil über die päpstliche Politik.

Es ist ein diplomatisches Meisterwerk, aus dem Rainalds Sprache und sein Einfluß sichtbar werden, wenn Friedrich schreibt, daß er »Königtum und Kaisertum durch Wahl der Fürsten allein von Gott empfangen« habe. Er bezieht die Fürsten mit ein in das Mysterium des Königtums. Er lenkt den Angriff des Papstes zwar nicht von sich ab, aber der gegen ihn gerichtete Stoß trifft auch die Fürsten.

Die Antwort des Papstes folgte bald als Sendschreiben an die deutschen Bischöfe: »In unserer Zeit aber hat, was wir mit tiefer Trauer aussprechen, unser teuerster Sohn, der römische Kaiser Friedrich, etwas getan, wovon wir nicht gelesen haben, daß es zur Zeit unserer Vorgänger jemals geschehen sei. Als wir nämlich zwei unserer fähigsten Brüder, Kardinalpriester Bernhard und unseren Kanzler Roland zu ihm gesandt hatten und sie zur Audienz vor ihm erschienen... nahm er Anstoß an einem Wort, das der Brief enthielt, nämlich: Wir haben dir die hohe Auszeichnung der Krone als beneficium verliehen, und geriet darüber in so heftige Erregung, daß es eine Schmach ist, die Schimpfworte, die er gegen uns und unsere Legaten geschleudert haben soll... zu hören und davon zu berichten. Als sie (die Legaten) ihn (den Kaiser) verlassen hatten, erließ er ein Edikt, daß niemand aus seinem Reich an den apostolischen Stuhl gehen dürfe, er soll an allen Grenzen seines Reichen Wachposten aufgestellt haben, welche diejenigen, die zum apostolischen Stuhl gehen wollten, mit Gewalt daran hindern sollten... Da es sich nun hierbei nicht nur um unsere, sondern auch um eure und eurer Kirchen Sachen handelt, mahnen und ermahnen wir im Herrn euch, liebe Brüder, stellt euch als Schutzmauer vor das Haus des Herrn und bemüht euch, unseren vorgenannten Sohn rasch wieder auf den rechten Weg zurückzuführen und wendet ferner die allergrößte Mühe daran, daß er seinen Kanzler Rainald und den Pfalzgrafen (Otto von Wittelsbach), die sich erdreistet haben, gegen unsere Gesandten und eure Mutter, die hochheilige Römische Kirche, schwere Schmähungen auszustoßen, eine so schwere und augenfällige Genugtuung leisten lasse, daß, wie die Schärfe ihrer Worte die Ohren vieler verletzt hat, so auch ihre Genugtuung viele auf den rechten Weg zurückführe.«[10]

Seltsam, vom Schicksal des Erzbischofs Eskil ist in diesem Papstschreiben nicht mehr die Rede. Der Papst fordert Genugtuung und Strafe für die gekränkte päpstliche Ehre und Bestrafung seiner Widersacher Rainald von Dassel und Otto von Wittelsbach.

Wirklichen Anstoß aber nimmt der Papst an der Sperrung der Reichsgrenzen. Zwar scheint es sich nicht um ein grundsätzliches Reiseverbot für Rompilger gehandelt zu haben, sondern nur für Bittsteller beim Heiligen Stuhl. Damit war die Anrufung des Papstes als obersten geistlichen Richter ausgeschaltet. Dies lief auf eine Verselbständigung der deutschen Kirche hinaus.[11]

Der tiefere Sinn des päpstlichen Schreibens war, den deutschen Episkopat gegen den Kaiser zu stellen, zumindest in zwei Lager zu trennen. Das mißlang gründlich.

Das unglückselige Wort vom »Kaiser als Lehnsmann des Papstes« hatte ja nicht nur den Kaiser getroffen, sondern die gesamte Reichsfürstenschaft. Wurde der Kaiser zum Lehnsmann des Papstes, so rutschten sie alle auf der Lehnspyramide eine Stufe tiefer. Und auch die deutschen Bischöfe standen – als Inhaber der Reichsregalien – im Lehnsverhältnis zum deutschen König und Kaiser. Für sie traf das Gleiche zu wie für die weltlichen Fürsten.

Vor allem hatte sich der Papst in der Einschätzung der Gregorianer unter den deutschen Bischöfen getäuscht. Ihnen ging es um die notwendigen Reformen in der Kirche und nicht um neue Händel zwischen Kaiser und Papst. Kein deutscher Bischof, ob kaiserlich oder päpstlich gesinnt, konnte über den Vorfall von Besançon erfreut sein. Und so geschah das, womit der Papst nicht gerechnet hatte. Seiner Aufforderung, »sich wie eine Schutzmauer um das Haus des Herrn zu stellen«, wurde nicht entsprochen, vielmehr stellten sich die deutschen Bischöfe vor ihren König und Kaiser. Sie schrieben in voller Einmütigkeit an den Papst und der Teil des Briefes, in dem die Bischöfe den Kaiser zitieren, entstammt wohl der Diktion Rainalds von Dassel. Die Sätze haben den Klang von Hammerschlägen, die den Kern der Wahrheit aus Verhüllung und Umhüllung brechen. Hier der Brief der Bischöfe:

»Obwohl wir wissen und gewiß sind, daß die auf festem Fels gegründete Kirche Gottes weder Winde noch Gewitterstürme zu Boden werfen können, so werden doch wir Schwachen und Kleinmütigen von Furcht und Zittern ergriffen, wenn sich einmal solche Stürme ereignen. Daher sind wir in Wahrheit schwer verwirrt und erschreckt über das, was zwischen eurer Heiligkeit und eurem ergebensten Sohn, dem Kaiser, unserem Herrn, Anlaß zu schwerem Unheil zu geben scheint, wenn Gott es nicht verhütet. (Die Bischöfe zitieren den Kaiser als ihren Herrn)

In der Tat ist durch die Worte, die in eurem Brief enthalten waren, den ihr durch eure klugen und ehrenwerten Gesandten, die verehrungswürdigen Kardinalpriester, Herrn Bernhard und Herrn Kanzler Roland, übermittelt habt, die gesamte Öffentlichkeit unseres Reiches in Aufregung versetzt worden; die Ohren der kaiserlichen Majestät konnten sie nicht geduldig anhören, die Ohren der Fürsten sie nicht ertragen, sie alle verschlossen ihre Ohren so, daß wir – das sei mit Verlaub eurer Heiligkeit gesagt – sie wegen ihrer verhängnisvollen Zweideutigkeit in Schutz nehmen oder durch Zustimmung in Schutz nehmen oder durch Zustimmung zu billigen weder wagen noch können, denn sie waren bis heute ungewohnt und unerhört.

(Die Kritik der Bischöfe am päpstlichen Verhalten ist offensichtlich.)

Den Brief aber, den ihr uns geschickt habt, haben wir mit der schuldigen Ehrfurcht empfangen und willkommen geheißen; wir haben, wie ihr befohlen habt, euren Sohn, unseren Herrn Kaiser, ermahnt und von ihm, Gott sei Dank, eine solche Antwort erhalten, wie sie sich für einen katholischen Fürsten geziemt, nämlich folgende: Es gibt zwei Gesichtspunkte, nach denen unser Reich regiert werden muß, die heiligen Gesetze der Kaiser und das löbliche Herkommen unserer Vorgänger und Väter. Diese Schranken der Kirche gegenüber können und wollen wir nicht überschreiten; was mit ihnen nicht in Einklang steht, nehmen wir nicht an. Die schuldige Ehrfurcht erweisen wir gerne unserem Vater, aber die freie Krone unseres Reiches schreiben wir allein göttlicher Verleihung zu; die erste Stimme bei der Wahl erkennen wir dem Mainzer Erzbischof zu, die übrigen den anderen Fürsten nach ihrem Rang, die königliche Salbung dem Kölner, die letzte aber, die Kaiserkrönung dem Papst; was darüber hinausgeht, ist überflüssig und von Übel. Die Kardinäle haben wir nicht aus Mißachtung unseres geliebten und verehrten Vaters, der uns geweiht hat, gezwungen, unser Land zu verlassen, wir wollten vielmehr nicht dulden, daß sie mit dem und für das, was sie als ausgefertigte und ungefertigte Schreiben bei sich hatten, zur Schmach und Ärgernis unseres Reiches noch weiter zögen. Den Weg nach und von Italien haben wir weder durch ein Edikt gesperrt, noch wollen wir ihn irgendwie den Pilgern und denen verschließen, die mit Erlaubnis ihrer Bischöfe und Prälaten aus vernünftigen Gründen den Römischen Stuhl aufsuchen; aber wir sind willens, den Mißbräuchen entgegenzutreten, durch die alle Kirchen unseres Reiches belastet und geschädigt werden und fast alle klösterliche Zucht abgetötet und begraben ist.

In der Hauptstadt des Erdkreises hat Gott die Kirche durch das Kaisertum erhöht, in der Hauptstadt der Welt wird jetzt, nicht durch Gott, so glauben wir, das Kaisertum zerstört.

Mit einem Bilde fing sie an, vom Bilde schritt sie weiter zur Schrift, von der Schrift will sie nun zur Tat schreiten. (Bezug auf das Laterangemälde, auf dem der Kaiser als Lehnsmann des Papstes erscheint.)

Das werden wir nicht dulden, nicht ertragen, eher werden wir die Krone niederlegen als zulassen, daß des Reiches Krone zugleich mit uns herabgesetzt werde. Die Bilder müssen zerstört, die Schriften widerrufen werden, damit sie nicht als ewige Denkmale der Feindschaft zwischen Königtum und Priestertum bleiben.‹

Dies und anderes… was wir nicht ausdrücklich wiederzugeben wagen, haben wir aus dem Munde unsres Herrn, des Kaisers, gehört... Im übrigen beschwören wir eure Heiligkeit, unsere Schwachheit zu schonen, euren großherzigen Sohn wie ein guter Hirt durch ein Schreiben zu beschwichtigen, indem ihr euren früheren Brief durch freundliche Milde versüßt, damit die Kirche Gottes sich ungestörter Ergebenheit erfreue und das Reich in seiner Erhabenheit erstrahle, unter dem Beistand und der Hilfe dessen, der als Mittler zwischen Gott und den Menschen Mensch geworden ist, Jesus Christus.«[12]

Dieser Brief der Bischöfe an den Papst ist ein Dokument der Einmütigkeit zwischen dem Kaiser und seiner Kirche. Keinen Zoll wichen sie zurück und forderten den Papst auf, sich bei ihrem Herrn, dem Kaiser, zu entschuldigen. Der Teil des Briefes, in dem der Kaiser zitiert wird, deklariert zum ersten Mal im Mittelalter den Anspruch, daß die deutsche Königswahl konstitutiver Teil der Kaisererhebung ist.

Die Kaisererhebung wird als Weiheakt dargestellt und die Rolle des Papstes als »consecrator« (die Weihe Vornehmender) definiert.

Und es war der kurienfreundliche Bischof Eberhard von Bamberg, der dieses sensationelle Papier nach Rom überbrachte, das praktisch das Wormser Konkordat an den Rand drängte und die Theorie, der Papst sei dem Kaiser übergeordnet, in den Raum der Illusion verwies.

Ein sichtbares Zeichen kaiserlichen Selbstgefühls ist es, daß die staufische Kanzlei seit Besançon in ihren Dokumenten die Bezeichnung »sacrum imperium« im Gegensatz zu »sacra ecclesia« übernahm.

Der Papst brauchte Monate, um eine Antwort zu finden. Schließlich stellte er in einem Schreiben, das den Kaiser im Juni 1158 in Augsburg erreichte, als er sein Heer zum zweiten Italienzug sammelte, entschuldigend fest:

»Wenn nämlich auch das Wort ›beneficium‹ gelegentlich anders gebraucht wird... so war es doch hier in dem Sinne zu verstehen, in dem wir es eingesetzt hatten und wie es ihm auch aus seiner Bildung zukommt. Das Wort ist nämlich aus ›bono‹ und ›facto‹ gebildet und bedeutet bei uns nicht soviel wie ›feudum‹ (Lehen), sondern soviel wie ›bonum‹ (etwas Gutes). In dieser Bedeutung findet

es sich im gesamten Schriftverkehr der heiligen Kirche, denn hierin sagen wir, daß wir selbst durch Gottes ›beneficium‹, also nicht durch das Lehen Gottes, sondern durch seinen Segen und seine Wohltat, gelenkt und erhalten werden.«[13]
Damit war der Papst stillschweigend auf die Position Friedrichs eingegangen.

Vorbereitungen zum Italienzug

Die wichtigsten Vorbereitungen zu dem großen Zuge, der die Rechte des Reiches in Italien endgültig durchsetzen sollte, waren zunächst nicht militärischer Art.
Der Kaiser mußte die vielen kleinen Brandherde im Reich austreten, die Zänkereien und Raufhändel seiner großen und kleinen Herren befrieden.
So sehen wir den Kaiser im Januar 1158 wieder im Sattel, dem eigentlichen Thronsitz des Reiches.
Ein bunter Flickenteppich vielfältiger Aufgaben. Am Neujahrstag 1158 besiegelt Friedrich einen Gütertausch mit seinem Vetter Heinrich dem Löwen. Er übernahm von dem Löwen die Burg Badenweiler mit dem dazugehörigen Umland, dafür erhielt Heinrich Güter im südlichen Harz. Für beide Fürsten eine gewünschte Arrondierung ihres Besitzes. Dann gründete der Kaiser neue Münzstätten in Altenburg und im thüringischen Mühlhausen. Auch Deutschland befand sich auf dem Wege von der Naturalwirtschaft zur monetären Wirtschaftsstruktur.
In Regensburg erhob der Kaiser am 11. Januar 1158 den Böhmenherzog zum König. Der Böhme gelobte tatkräftige Hilfe gegen Mailand und hielt sein Versprechen. Dann galt es erneut Streit zwischen Verwandten beizulegen. Rahewin berichtet:
»Dort (in Regensburg) stellte der Kaiser zwischen seinen beiden Oheimen, Bischof Otto von Freising und Herzog Heinrich Jasomirgott von Österreich, wieder Frieden und brüderliche Eintracht her. Sie waren in Streit geraten, weil der genannte Bischof seinem leiblichen Bruder, der sich widerrechtlich Eigengüter der Kirchen aneignen wollte, heftigen Widerstand leistete.«[14]

Wahrscheinlich handelte es sich bei diesem Streit um die Rechte der Gerichtsbarkeit, die der Herzog aus dem "Privilegium minus" auf Güter des Bischofs ableitete, die in Österreich lagen.
Die ungarischen Thronstreitigkeiten zwischen dem Ungarnkönig Geisa II. und seinem Bruder Stephan entschied Friedrich nicht. Die Rechtslage erschien ihm zu kompliziert, als daß er sich jetzt, kurz vor dem Italienzug, für den einen oder den anderen entscheiden wollte. Vor allem hatte Ungarnkönig Geisa ein starkes Truppenkontingent für den italienischen Feldzug zugesagt, das wollte Friedrich nicht gefährden. So beschied er den jüngeren Königsbruder Stephan, sein Recht beim byzantinischen Kaiser Manuel zu suchen.
Als Friedrich sein Heer schon zum Zug nach Italien auf dem Lechfeld bei Augsburg sammelte, brach erneut Verwandtenstreit aus.

Verwandtenstreit bei Föhring

Die Salztransporte, die von Berchtesgaden nach Augsburg zogen, mußten die Isar bei Föhring überqueren. Dort bildete sich im Laufe der Zeit ein bedeutender Handelsplatz mit Zoll und Münze.
Der neue Baiernherzog Heinrich der Löwe schaute mit Neid auf das gute Geschäft, das sich vor seinen Augen vollzog. Dummerweise gehörte dieses Föhring seinem und des Kaisers Onkel, Bischof Otto von Freising, der den Wert dieses einträglichen Platzes zu schätzen wußte. Heinrich der Löwe beendete die Sache auf seine Weise, das heißt, mit Gewalt.
Eine Wegstunde unterhalb Föhring lag ein Weiler, der dem Herzog gehörte, mit Namen Munichen, vielleicht nach einigen Mönchen benannt, wohl vom Kloster Tegernsee, die dort gesiedelt hatten. Hier ließ der Herzog eine neue Brücke bauen und zog so den Salzverkehr von Föhring ab. Damit nicht genug, griff er zum Schwerte und zerstörte das bischöfliche Föhring. Empört führte der Bischof in Augsburg beim kaiserlichen Neffen Klage gegen den räuberischen Heinrich, der ja ebenfalls sein Neffe war.
Schon im Aufbruch nach Italien, entschied der Kaiser: Der Föhringer Markt auf dem Gebiet des Bischofs von Freising wird mit all sei-

nen Zöllen und Münzrechten aufgehoben. Diese gehen auf den neuen Markt Munichen, der auf dem Gebiet des Herzogs liegt, über, einschließlich des Isarüberganges. Der Herzog muß den Bischof aus den Einkünften des Municher Marktes zu einem Drittel beteiligen. Im Gegenzug soll der Bischof dem Herzog ein Drittel aus den Einkünften der Freisinger Münze zahlen. Was also der Herzog dem Bischof für Munichen (München) zahlte, mußte der Bischof durch die Freisinger Münze an den Herzog zurückzahlen. Friedrich hatte dem welfisch-staufischen Frieden wiederum einen hohen Preis gezahlt auf Kosten der Babenberger.

Zwei Männer erobern Italien

Anfang des Jahres 1158 hatte der Kaiser Rainald von Dassel und Pfalzgraf Otto von Wittelsbach nach Italien entsandt, den Heerzug vorzubereiten. Das hieß die kaisertreuen Städte Italiens zu sammeln und Gefolgschaft zu fordern. Das mächtige Mailand, stolzer denn je, hatte sich, namentlich durch die Zerstörung von Lodi und die Austreibung seiner Einwohner, Ende April 1158, viele Feinde gemacht. Geschickt wußten Rainald und der Pfalzgraf diese Stimmungen zu fördern. Belehrt durch die Erfahrungen des ersten Italienfeldzuges sicherten sie sich den Treueid von Verona. Vor allem erreichten sie die Übergabe der als unüberwindlich geltenden Burg Rivoli, die an der Veroneser Klause das Tal beherrschte.

Bischof und Bürgerschaft von Verona leisteten folgenden Treueid, der auch von den anderen kaisertreuen Städten übernommen wurde:

»Ich schwöre, daß ich fortan meinem Herrn, dem römischen Kaiser Friedrich, treu sein werde gegen jedermann, wie ich es von Rechts wegen meinem Herrn und Kaiser schuldig bin, und ich werde ihm helfen, die Krone des Reiches sowie alle seine Macht in Italien zu erhalten, namentlich und speziell jene Stadt... und alle Rechte, die er in ihr hat, und in aller Aufrichtigkeit werde ich seine Regalien in der Grafschaft... oder dem Bistum... weder hier noch dort von ihm abnehmen, und wenn sie ihm entzogen sein sollten, werde ich ihm getreulich helfen, sie zurückgewinnen und zu behalten. Weder mit Rat noch mit Tat werde ich dazu beitragen, daß er sein Leben oder ein Glied oder seine Ehre verliere oder in schlimmer Gefangenschaft gehalten werde. Jeden Auftrag von ihm, den er mir persönlich oder brieflich durch seine Gesandten zur Wahrung eines Rechtsanspruches erteilt, werde ich getreulich ausführen und mich nicht böswillig weigern, ihn anzuhören, zu übernehmen und zu vollstrecken. Das alles werde ich gewissenhaft ohne Arglist im Auge behalten. So wahr mir Gott helfe und diese vier Evangelien.«[15]

In diese Eidesformel banden Otto und Rainald Mantua, Cremona, Pavia und Modena. Dort hatten sie auch ein Zusammentreffen mit der päpstlichen Gesandtschaft, die dem Kaiser den versöhnenden Brief des Papstes mit der Richtigstellung des Wortes ›beneficium‹ überreichte. Hier erfuhren sie auch von den inneren Spannungen im Kardinalskollegium, die bei Abschluß des Beneventer Vertrages entstanden waren, so daß es – neben den Vertretern der harten kurialen Partei – auch eine kaiserlich gesinnte Gruppe gab. Auch in Rom war die Stellung des Papstes geschwächt, und sein neuer Verbündeter, König Wilhelm von Sizilien, steckte in eigenen Schwierigkeiten. Sein alter Gegner, Graf Andrea von Rupecanina, hatte, unterstützt von griechischen Truppen und griechischem Gold, einen Feldzug gegen das süditalienische Normannenreich unternommen. Zur gleichen Zeit verlor der sizilianische König einen Teil seiner afrikanischen Stützpunkte, allen voran Tripolis.

Kein Wunder, daß Rainald und Otto Botschaft an den Kaiser sandten, den Wünschen des Papstes gegenüber standhaft zu sein. Rainald schrieb an den Kaiser euphorisch:

»Gott hat euch zur Zeit in solchen Stand versetzt, daß ihr, wenn ihr wollt, Rom zerstören und vom Papst wie den Kardinälen alles nach eurem Wunsch haben könnt.«

Rainald und Otto zogen weiter nach Bologna, das Eid und Gefolgschaft leistete. In Ravenna wurden sie vom dortigen Erzbischof, dem Deutschen Anselm von Havelberg, und 14 anderen Bischöfen, mit großer Pracht empfangen. Doch die Bürgerschaft war nicht kaiserlich gesinnt. Der Podestà von Ravenna hatte sich mit dem Adel der Stadt und den Ministerialen nach Ancona begeben. Dort residierte eine Gesandtschaft des Kaisers Manuel unter Führung des Protostrators Alexius, die mit großen Geldmitteln ausgestattet war. Unter dem Vorwand, Söldner gegen König Wilhelm von Sizilien zu werben, hatten sie die Aufgabe, die Seestädte Ravenna und Ancona auf die Seite Byzanz' zu ziehen. Sicher werden auch die jahrhundertelangen Beziehungen zwischen Ravenna, Ancona und Byzanz eine Rolle gespielt haben. Und dann kam es zu einer typischen Szene: Die Ravennaten ritten mit Gold beladen heim nach Ravenna, nachdem sie dem byzantinischen Protostrator den Treueid geleistet hatten.

Dabei trafen sie auf Otto und Rainald. Die beiden, voller Zorn über den Treuebruch der Ravennaten, sprengten mit zehn Rittern, größer war ihre Streitmacht nicht, in deren Truppe hinein, es sollen ihrer 300 gewesen sein, nahmen mit Glück den Podestà Traversarius und dessen Sohn Peter sowie sechs andere Ritter gefangen. Die anderen Ravennaten entkamen mit knapper Not dem Zorn der Deutschen.

Welches Lebensgefühl muß man haben, um mit zehn Rittern eine Reiterkavalkade von 300 Reitern anzugreifen, ihre Anführer gefangenzunehmen und den Rest in die Flucht zu schlagen?

Nun legte Ravenna den Treueid ab, ebenso Rimini und – nach einer militärischen Demonstration – auch Ancona. Die Griechen verließen erfolglos die Stadt.

Dannach gelang es den beiden kaiserlichen Legaten, Piacenza aus dem Bündnis mit Mailand zu sprengen. Die Stadt verpflichtete sich, für die Dauer der Belagerung Mailands 100 Gepanzerte und 100 Bogenschützen zu stellen und für die Dauer eines Monats weitere 400 Bogenschützen. Binnen 14 Tagen nach Eintreffen des Kaisers in der Lombardei sollte Piacenza dem Kaiser 600 und dem kaiserlichen Hof 60 Mark Silber zahlen.

Die Leistungen von Rainald von Dassel und Otto von Wittelsbach, eine Mischung von verwegenem Mut, Bedrohung und Überredung in der Wahrung und Wiederherstellung der Reichsinteressen in Italien, waren ein hoffnungsvoller Anfang für den kommenden Feldzug.

Die Belagerung Mailands

Ende Juni 1158 war das kaiserliche Heer auf dem Lechfeld von Augsburg versammelt. Die Chronisten sprechen von 10000 Rittern, was einer Streitmacht von 40000 bis 50000 Menschen gleichkäme. Nun sind mittelalterliche Zahlenangaben nur mit Vorbehalten zu genießen. Die Versorgung eines solchen Heeres hätte die Wirtschaftskraft der Zeit überfordert. Sicher ist, daß der Kaiser diesmal mit einer imponierenden Heeresmacht nach Italien zog, um Mailand zu bezwingen.

In vorausschauender Truppenführung wurden die einzelnen Heeresgruppen auf die verschiedenen Alpenpässe aufgeteilt, denn ein einzelner Paß hätte die Fülle von Menschen, Pferden und Wagen nicht fassen können.

Der Kaiser und mit ihm der König von Böhmen, Herzog Friedrich von Schwaben, des Kaisers Halbbruder Konrad, inzwischen erhoben zum Pfalzgrafen bei Rhein, die Erzbischöfe Friedrich von Köln, Arnold von Mainz und Hillin von Trier, die Bischöfe Konrad von Eichstätt, Daniel von Prag, Hermann von Verden und Gebhard von Würzburg, die Äbte der Reichsklöster von Fulda und der Reichenau, eine Demonstration der Einheit von Kaiser und Kirche, zogen über den Brenner und befanden sich schon am 6. Juli 1158 in Verona.

Herzog Heinrich Jasomirgott von Österreich, Herzog Heinrich von Kärnten und mit ihnen zusammen das ungarische Aufgebot, 600 auserwählte Bogenschützen, marschierten über die Mark Friaul und die Mark Verona zur Poebene. Den großen St. Bernhard nahm Herzog Berthold von Zähringen mit den Lothringern. Ein großer Teil der Franken, Ripuarier und Schwaben entschied sich für den Weg über Chiavenna und den Comer See.

Das mit Mailand verbündete Brescia wagte zu trotzen. Die Sturmflut des königlich-böhmischen und des kaiserlichen Heeres fegte über die Stadt und zwang sie zur Kapitulation. Sie mußte 60 Geiseln geben, bedeutende Strafgelder zahlen und Mannschaft gegen Mailand stellen. Darüber hinaus wurde die Stadt geplündert und zerstört. Ein Exempel unerbittlicher Härte. Seine Signalwirkung war so groß, daß Mailand um Frieden nachsuchte. Die Forderungen des Kaisers jedoch erschienen den Mailändern zu hoch, so daß man sich zum Kampfe entschloß.

Während der Kaiser auf die Aufgebote der verbündeten italienischen Städte wartete, erließ er nach Beratung mit den Fürsten ein Kriegsgesetz. Neben Kampf, Krieg und Sieg war es ja ein erstrangiges Problem, ein solch vielsprachiges, heterogenes Heer in Zucht und Ordnung zu halten. Dazu wurden drakonische Gesetze verkündet:

Wer jemanden innerhalb des Heeres verwundet, dem soll die Hand abgehackt werden, Totschlag wurde mit dem Tode bestraft. Ein Ritter, der einen Kaufmann ausplündert, soll das Geraubte doppelt erstatten und schwören, er habe nicht gewußt, daß jener ein Kaufmann sei. Ist der Täter ein Knecht, soll er geschoren und gebrandmarkt werden. Wer es wagt, ein Weib in seinem Quartier zu haben, der soll seine ganze Rüstung verlieren, er soll exkommuniziert, dem Weibe die Nase abgeschnitten werden.

Dann legt Rahewin dem Kaiser eine Rede in den Mund, wie sie bis zum heutigen Tage immer wieder gehalten wird, »nicht wir sind schuld«, lautet der Tenor, »sondern die anderen«. Hören wir zu, was Rahewin überliefert:

»Nicht Herrschsucht reizt uns zum Kampfe, sondern die Wildheit des Aufruhrs. Mailand ist es, das euch vom heimischen Herd aufgescheucht, das euch aus den liebevollen Umarmungen eurer Kinder und Gattinnen gerissen hat, das durch seine Unerbietigkeit und Unbesonnenheit all diese Mühe über eure Häupter gebracht hat. Sie haben euch einen berechtigten Grund zum Kriege geliefert, da sie sich als Rebellen gegen die rechtmäßige Herrschaft erweisen... Wir tun nicht Unrecht, sondern wehren es ab. Und da ein Krieg gerecht ist, der auf Befehl einer höheren Gewalt geführt wird, wohlan! Ihr alle, die ihr euch höchsten Kriegsruhm erringen und zu gegebener Zeit den Lohn für Verdienste und Mühen empfangen wollt, seid gehorsam zu Nutzen des Staates und erfüllt nach Kräften, was euch zum allgemeinen Besten empfohlen wird.«[16]

Dann erklärte der Kaiser nochmals die Reichsacht über Mailand.

Man muß sich vergegenwärtigen, welche gewaltige Kriegsmacht der Kaiser aufgeboten hatte, um eine einzige italienische Stadt, allerdings die mächtigste, zu Fall zu bringen. Da stand das Heeresaufgebot der Deutschen, Österreicher, Burgunder, Ungarn, Böhmen und Kärntner und dazu die Aufgebote der mit Mailand verfeindeten italienischen Städte.

Als es dem Böhmenkönig und seinen Leuten gelang, den reißenden Strom der Adda, hinter dem sich die Mailänder geborgen glaubten, zu überqueren, sandte Mailand nochmals ein Friedensangebot, bereit, den Forderungen des Kaisers nunmehr zu entsprechen. Die Fürsten im Rat des Kaisers waren zum Frieden bereit. Aber dem Erzbischof von Ravenna, Anselm von Havelberg, gelang es, den Kaiser und die Fürsten zu überzeugen, daß auf die Schwüre der Mailänder nicht zu bauen wäre. Der Ring um Mailand wurde enger. Am 6. August 1158 war die Einschließung beendet, aber nicht nur das. Man begann die ganze Umgebung Mailands zu verheeren. Ölbäume und Rebstöcke wurden abgehackt, der Fleiß von Generationen zerstört, die gesamte Agrikultur vernichtet.

Vor allem der aufgestaute Haß der von Mailand bedrückten Städte Cremona und Pavia explodierte und stellte dem kaiserlichen Heer gnadenlose Bundesgenossen. Der Chronist schreibt: »Daher wüteten nun die Landsleute nicht wie ein verwandtes Volk, sondern wie gegen auswärtige Feinde und Fremde mit solcher Grausamkeit gegeneinander, wie es sich nicht einmal gegen Barbaren geschickt hätte.«[17]

Und so waren es nicht die Waffen, die Mailand bezwangen, sondern Hunger, Durst, Not und ausbrechende Krankheiten. Dazu kam das schreckliche Bild der Zerstörung des Mailänder Umlandes, das die Bürger von den Mauern der Stadt miterlebten.

Das Glück der Mailänder wollte es, daß der bisherige Verhinderer aller Friedensverhandlungen, der Erzbischof von Ravenna, Anselm von Havelberg, in den letzten Augusttagen vor Mailands Mauern starb.

Auf kaiserlicher Seite setzten sich besonders für den Frieden ein der Patriarch Pilgrim von Aquileja (1132–1161), der immer zum Ausgleich bereite Bischof Eberhard von Bamberg und der Bischof Daniel von Prag. Aber auch den deutschen Fürsten konnte nicht daran gelegen sein, monatelang vor den Mauern der Stadt zu liegen, denn auch in ihren Reihen wütete unter der brütenden Sonne der Poebene der Tod.

So kam folgender Friedensvertrag zustande:

1. Mailand garantiert die Freiheit und Unabhängigkeit von Lodi und Como.
2. Alle Mailänder zwischen 14 und 70 Jahren leisten dem Kaiser den Treueid.
3. Mailand zahlt dem Kaiser, der Kaiserin oder dem Hof eine Buße von 9000 in Silber, Gold oder gleichwertiger Münze in drei Raten und erbaut in der Stadt eine kaiserliche Pfalz.
4. Mailand stellt zur Durchführung und Sicherstellung dieses Vertrages 300 Geiseln, die in Italien in Verwahrung gehalten werden. lediglich 50 Geiseln sollen über die Alpen gebracht werden. Nach Erfüllung aller Bedingungen sollen die Geiseln auf Anforderung Mailands innerhalb von acht Tagen freigegeben werden. Drei deutsche Fürsten verpflichten sich durch Handschlag, daß diejenigen Geiseln, die über die Alpen gebracht werden, dann ebenfalls freigegeben werden.
5. Die Gesandten des Kaisers sollen, wenn sie in Mailand weilen, in der dort zu errichtenden Pfalz wohnen und dort ihre Amtsgeschäfte führen.
6. Die amtierenden Konsuln Mailands sollen bis zum 1. Februar 1159 im Amte bleiben. Danach sollen die Konsuln vom Volke gewählt und vom Kaiser oder seinen Gesandten bestätigt werden.
7. Vor Aufhebung der Belagerung hat Mailand alle seine italienischen Gefangenen aus Pavia, Como, Lodi usw. dem König von Böhmen zu übergeben, der sie nach Friedensschluß dem Kaiser übergibt. Kommt kein Frieden zwischen den lombardischen Städten zustande, werden die Gefangenen wieder zurückgegeben.
8. Mailand übergibt die Regalien, wie Münze, Zoll, Wegerechte und Hafengebühren an den Kaiser zurück.
9. Gegen eine Zahlung von 120 Mark und unter Einhaltung aller Bedingungen wird der Kaiser die Bürger von Mailand und Crema wieder in Gnaden aufnehmen. Nach Übergabe der Geiseln und Gefangenen wird das Heer binnen zwei oder drei Tagen die Belagerung aufheben. Der Kaiser wird die Mailänder und ihr Eigentum gnädig behandeln.

10. Die Bürger Mailands werden die vorstehenden Bedingungen ohne Arglist erfüllen. Die zu zahlenden Strafgelder darf Mailand nur von den Städten erheben, die mit ihm im Bündnis waren.[18]

Und nun vollzog sich das Schauspiel des Siegers. Der Kaiser ließ vor den Toren der Stadt sein großes, vom König von England geschenktes Lederzelt aufbauen und nahm davor, auf einem Thronsessel, das Defileé der Besiegten entgegen. Voran zogen der Klerus der Stadt und der Erzbischof. Sie trugen hölzerne Kreuze, gingen barfuß und im Büßergewand. Der Erzbischof erhielt vom Kaiser, stellvertretend für alle, den Bruderkuß. Dann folgten die zwölf Konsuln von Mailand und die angesehensten Bürger, ohne Obergewand, mit nackten Füßen und die entblößten Schwerter, als Zeichen der Unterwerfung, im Nacken tragend.

Bürgermeister Obertus de Orto sprach zum Kaiser:

»Wir haben gefehlt und Unrecht getan und bitten um Verzeihung. Unsere Häupter, die wir eurer Macht und euren Schwertern ausliefern, sind die aller Mailänder, und mit diesen unseren Schwertern werden alle Waffen Mailands in eurer Hand sein.«

Der Kaiser löste die Stadt aus dem Bann, erteilte den Konsuln den Friedenskuß und so wurde Mailand wieder zur kaiserlichen Stadt.

Und nun wird eine Schwäche kaiserlich-deutscher Heere offenbar. Nachdem das Hauptziel des Italienzuges, die Brechung Mailands, erreicht war, kam bei den Fürsten Heimkehrstimmung auf. Man wollte zurück in die eigenen Herrschaftsbereiche.

So mußte der Kaiser die Heimkehr bewilligen dem tapferen König von Böhmen, aber auch seinem Onkel Herzog Heinrich (Jasomirgott) von Österreich, der auch die ungarischen Truppen zurückführte, dem Erzbischof Arnold von Mainz, dem Herzog Berthold von Zähringen mit seinem Aufgebot und vielen Markgrafen und Grafen.

Man kann sagen, im Augenblick des Sieges reduzierte sich das kaiserliche Heer um die Hälfte.

Der Reichstag von Roncaglia des Jahres 1158

Am 7. September war der Friede mit Mailand unterschrieben, und zum 11. November lud der Kaiser zum Reichstag auf den Ronkalischen Feldern.
War Mailand die Demonstration der Macht, so sollte Roncaglia dem Glanz des Rechtes dienen.
Im dem riesigen Lager, es erstreckte sich beiderseits der Adda, über die man in wenigen Tagen eine Brücke gebaut hatte, sollte ein neuer Anfang gesetzt werden. Die große Anzahl geistlicher Fürsten Deutschlands und Italiens, aber auch die Abordnungen der großen italienischen Städte, sind ein Zeugnis dafür. An Erzbischöfen und Bischöfen sind verzeichnet: Erzbischof Friedrich von Köln, die Bischöfe Eberhard von Bamberg, Konrad von Eichstätt, Daniel von Prag, Gebhard von Würzburg und Heinrich von Verden. Von italienischer Seite nahmen Teil: der Kardinaldiakon Guido von Crema als Legat des apostolischen Stuhles, der Patriarch Pilgrim von Aquileja und Erzbischof Otbert von Mailand, die Bischöfe Karl von Turin, Petrus von Alba, Germanus von Ivrea, Anselm von Asti, Wilhelm von Novara, Uguccio von Vercelli, Obert von Tortona, Heinrich von Pavia, Heinrich vom Como, Alberich von Lodi, Otbert von Cremona, Hugo von Piacenza, Albert von Reggio, Heinrich von Modena, Gerhard von Bologna, Garsidonius von Mantua, Ognibono von Verona, Raimund von Brescia, Gerhard von Bergamo und Gervinius von Concordia.[19]
Die Vollständigkeit der Anwesenheitsliste verdanken wir Rahewin, der an diesem Reichstag teilnahm, um dem Kaiser die Todesnachricht seines Onkels, des Bischofs Otto von Freising, zu überbringen.
Drei Tage ging der Kaiser mit den Kirchenfürsten, dieser repräsentativen Versammlung des oberitalienischen Kirchenadels, in Klausur. Sie wollte er zu seinen Verbündeten machen und ihre Macht, die sie durch den Expansionsdrang der Städte eingebüßt hatten, wiederherstellen. Am vierten Tag der Beratung legte der Kaiser selbst der Versammlung seinen Rechtsstandpunkt dar:
»Dennoch wollen wir, die wir den königlichen Namen tragen, lieber eine gesetzliche Herrschaft ausüben, um jedem seine Freiheit

und sein Recht zu sichern, als durch Schrankenlosigkeit übermütig werden und das Herrschaftsamt in Hoffahrt und Tyrannei verkehren... Mit Gottes Hilfe werden wir unseren Charakter nicht mit dem Glück ändern... Ihr wißt aber, daß durch unsere Fürsorge die bürgerlichen Rechte aufs höchste gefördert, befestigt und der Denkart der Rechtsuchenden angepaßt worden sind und nun genügend Geltung besitzen; dagegen müssen die Reichsgesetze, von denen manches, was früher galt, nachher nicht mehr beachtet und so vergessen wurde, mit kaiserlicher Hilfe und eurer Hilfe wieder ins Recht gerückt werden...«

Der Erzbischof Obert von Mailand, sicherlich in den Kämpfen der Vergangenheit ein vielgeprüfter Mann, antwortete:

»Lasset uns frohlocken... daß uns nach so sturmbewegter Zeit der heitere Tag des Friedens erstrahlt, daß du, unser erlauchter Herr, gewillt bist, deine Herrschaft lieber durch Rechtschaffenheit zu erhalten und zu bewahren, als durch Verbrechen mächtiger zu werden und dich mit dem Blute der Untertanen zu beflecken!«[20]

An Friedrichs Gerechtigkeitswillen, so wie er ihn verstand, darf man gewiß nicht zweifeln. Am folgenden Tage berief er eine Kommission von vier Juristen der berühmten Bologneser Universität: die Doktoren beider Rechte – des kanonischen und des justinianisch-römischen –, Bulgarus, Martinus, Jacobus und Hugo, die um weitere 28 Richter aus den lombardischen Städten erweitert wurde. Dies geschah, um dem Urteil des Gremiums eine breite Solidaritätsbasis zu geben.

So wurden dem Kaiser durch Spruch dieses aus italienischen Juristen gebildeten Kollegiums die Regalien zuerkannt an den Herzogtümern, Markgrafschaften und Grafschaften, den Konsulaten, an Münzen, Zöllen, Steuern, Häfen, Geleiten, Mühlen, Fischteichen, Brücken, alle Nutzung aus den Flußläufen, die Zahlung einer jährlichen Kopfsteuer und außerdem das Fodrum, die Heeressteuer. Die Einkünfte aus diesen Regalien brachten dem Kaiser jährlich 30000 Pfund Silber. Eine wahrhaft astronomische Summe, bedenkt man, daß auf der Reichssteuerliste von 1241 die Stadt Frankfurt mit 280 Mark = 65,62 Kg Silber die höchste Steuer in Deutschland bezahlte.[21]

Nunmehr wurden die Regalien nicht, wie es Brauch war, an die

Lehnsnehmer zurückgegeben, sondern durch kaiserliche Beamte wahrgenommen. Bei Bekanntgabe dieses Beschlusses traf eine Welle der Enttäuschung die italienischen Delegationen in Roncaglia.

Natürlich müssen namentlich die Städte als größte Steuerzahler hart an den ronkalischen Beschlüssen getragen haben, doch der Eroberer, besser noch Rückeroberer, Friedrich versuchte sein Handeln im Recht zu legitimieren.

Ein Trost wird es da gewesen sein, daß der Kaiser den Städten das Recht zugestand, ihre Podestà und Konsuln selber zu wählen, vorbehaltlich der kaiserlichen Zustimmung.

Außerdem verkündete Barbarossa ein neues Lehnsgesetz. Die Lehnsgesetzgebung war mit den Jahren zerfasert und verfilzt, und viele Vasallen hatten sich aus den Lehen herausgeschlichen oder sie usurpiert.

Ansatzpunkt war das Verbot, Lehen und Beneficien ohne Genehmigung des Lehnsherrn zu verpfänden oder zu verkaufen. Wo dieses geschehen war, fiel das Lehen an den Lehnsherrn zurück. Der Notar, der unrechtmäßige Beurkundungen gemacht hatte, verlor sein Amt und dazu die rechte Hand. Ein Lehnsmann von mehr als 14 Jahren, der es versäumte, nach einem Jahr von seinem Lehnsherrn die Investitur zu erbitten, verlor sein Lehen. Ausdrücklich wird die Pflicht des Lehnsmannes, gleich ob in Deutschland oder Italien, zur Heeresfolge angeordnet. Herzogtümer, Markgrafschaften und Grafschaften werden als unteilbar erklärt.

Zudem erließ der Kaiser ein Friedensgesetz mit Bußen für die Friedensbrecher. Das wichtigste aber war das Vorrecht der kaiserlichen Gewalt, allein die Richter einzusetzen.

Dann verkündetet der Kaiser auf den Ronkalischen Feldern ein Gesetz, dessen Kern sich bis auf den heutigen Tag erhalten hat: Das »Privilegium Scholasticum«, das Gesetz, das die akademische Freiheit in Europa begründete und noch heute Fundament der freien Lehre und Forschung ist.:

»Nach eingehender Untersuchung durch unsere Bischöfe usw. ...geben wir allen Schülern, die um ihrer Studien willen reisen, vor allem aber den Lehrern der göttlichen und heiligen Gesetze dieses Beneficium unseres guten Willens, daß sie die Stätten, wo man die Wissenschaft studiert, in Sicherheit aufsuchen sollen, sie und ihre Boten, und dort sicher wohnen dürfen. Wir halten es nämlich für wichtig, daß unsere Anerkennung und unser Schutz denen zuteil werde, die so Verdienstliches tun, deren Weisheit die Welt erleuchtet zum Gehorsam von Gott und vor uns, seinem Diener, und unsere Untertanen erkennen, mit welch besonderer Liebe wir sie vor Unrecht schützen.

Denn wer sollte sich ihrer nicht erbarmen, die durch ihre Liebe zur Wissenschaft gleichsam als Verbannte leben, sich selbst als Arme von allen Reichtümern scheiden, ihr Leben allen erdenklichen Gefahren aussetzen und häufig von den allerverächtlichsten Menschen, was nur sehr schwer zu ertragen ist, selbst körperliche Kränkungen ohne Grund hinnehmen müssen... Wir haben angeordnet, dieses Gesetz unter der Überschrift ›ne filius pro patre etc.‹ unter die kaiserlichen Konstitutionen aufzunehmen... Gegeben zu Roncaglia, im November des Jahres 1158«.[22]

Die anderen Gesetzte, die Friedrich auf den ›Ronkalischen Gefilden‹ erließ, sind untergegangen in einer sich verändernden Welt. Es ist ein tröstlicher Gedanke, daß die Grundideen der akademischen Freiheit sich erhalten haben, erweitert wurden und schließlich zu dem großen Universum wissenschaftlichen Denkens in Europa führten.

Die anderen Gesetze von Roncaglia haben eindeutig restaurativen Charakter, sind der Versuch, die Gegenwart um ein Jahrhundert zurückzuschrauben. Ein Unterfangen, das nicht erfolgreich sein konnte. Die lombardischen Städte waren gewachsen und hatten in der Zeit des Investiturstreites zu ihrer Macht gefunden. Die deutschen Könige und Kaiser waren damals nicht in der Lage gewesen, ihre Rechte wahrzunehmen. In diesen rechtsfreien Raum waren die lombardischen Städte hineingestoßen.

Die italienische Historikerin Gina Fasoli präzisiert die Situation zwischen dem Kaiser und den Städten so:

»Es gibt keinen Zweifel daran, daß der Anspruch auf die kaiserlichen Rechte in ihrer Gesamtheit nicht als logische und praktische Folge von bestimmten abstrakten, rechtlich begründeten Voraussetzungen empfunden wurde, sondern als eine Anmaßung; und eine Anmaßung war dieser Anspruch, denn die Behauptung, eine

Rechtslage wiederherzustellen, die historisch überwunden war, beleidigte Gefühle, Überzeugungen und Interessen, die auf seit Generationen verwurzelten Gewohnheiten beruhten, und das erklärt, warum seit 1158 auch die Städte sich nach und nach von Friedrich abwandten, die aus Tradition Anhänger des Kaisertums waren.«[23]

Die ronkalischen Gesetze waren erlassen und feierlich beschworen. Aber der Frieden war noch immer nicht in Sicht. Genua weigerte sich, den Gesetzen zuzustimmen. Die mächtige Seestadt teilte dem Kaiser mit, durch Handel und Seefahrt, aber auch durch die Wahrnehmung seepolizeilicher Aufgaben leiste sie der Christenheit, aber auch dem Kaiser Dienste, die mit 10000 Pfund Silber nicht aufgewogen seien.

Der Kaiser setzte sein Heer in Marsch. Aber die Bürger von Genua brachten ihre Stadt so schnell in Verteidigungszustand, daß der Kaiser zu einem Kompromiß bereit war. Gegen eine Zahlung von 1200 Pfund Silber blieb Genua im Besitz der Regalien und wurde, wie Venedig, nicht der kaiserlichen Oberhoheit unterstellt.

So war bereits am Anfang das in Roncaglia geschaffene Rechtssystem an zwei wichtigen Stellen durchbrochen. Alle italienischen, namentlich die lombardischen Städte mußten nun danach trachten, den freiheitlichen Status von Venedig und Genua zu erringen.

Der Graben zwischen Kaiser und Papst wird tiefer

Der Sieg über Mailand und die Rechtsetzung auf den Ronkalischen Feldern hatten die Position des Kaisers nicht so verbessert, wie man glauben möchte.

Frankreich fühlte sich durch die kaiserliche Präsenz in Burgund bedrängt und stand schon mit einem Fuß im päpstlichen Lager. Der englische König Heinrich II. hofierte den Kaiser, aber über Geschenke und gefällige Briefe hinaus kam es nicht zu konkreten Bindungen. Der dänische und der ungarische König suchten die Hilfe des Kaisers, waren aber nicht stark genug, wesentliche Un-

terstützung zu geben. Am bedrohlichsten war, daß unter dem Patronat des Papstes die bislang verfeindeten Mittelmeermächte Sizilien und Byzanz einen 30jährigen Frieden schlosssen.
Die Entfremdung zwischen Kirche und Reich trat überall offen zutage. Im Dezember 1158 war der Kölner Erzbischof Friedrich in Italien mit seinem Pferde zu Tode gestürzt. Der Kaiser befahl dem Kölner Domkapitel, seinen Kanzler Rainald von Dassel zum Erzbischof zu wählen, der damit in den Besitz eines der wichtigsten Erzbistümer des Reiches kam. Papst Hadrian aber verweigerte Rainald die Anerkennung. Gleiches geschah in Ravenna. Nach dem verstorbenen Erzbischof Anselm wurde auf kaiserlichen Wunsch Guido, Sohn des kaisertreuen Markgrafen von Biandrate, zum Erzbischof gewählt. Obwohl die Wahl in Gegenwart eines päpstlichen Legaten vollzogen wurde, verweigerte auch hier Papst Hadrian seine Zustimmung.
Als gar kaiserliche Beamte im Kirchenstaat die Regalien einzutreiben versuchten, erhob der Papst geharnischten Protest. Die Reihe der Unerquicklichkeiten wird aufgelistet im Schriftverkehr deutscher Kirchenfürsten. So schreibt der Bischof Eberhard von Bamberg, gleichsam als Berichterstatter an den Erzbischof Eberhard von Salzburg:
»Außerdem scheinen gefährliche Zeiten bevorzustehen, und es ist nahe dran, daß zwischen Königtum und Priestertum Streit ausbricht. Es sind nämlich von den vom Herrn Papst an den Herrn Kaiser abgeordneten Kardinälen...die härtesten Forderungen vorgebracht worden, z. B.: Ohne Wissen des Papstes dürften vom Kaiser keine Boten an die Stadt (Rom) geschickt werden, da die gesamte Obrigkeit samt den Regalien dort dem heiligen Petrus zustehe; von den Gütern des Papstes dürfe das Fodrum nicht eingetrieben werden außer zur Zeit des Krönungszuges; die Bischöfe Italiens dürften dem Herrn Kaiser nur den Treueid ohne Mannschaft leisten, und die Boten des Kaisers dürften nicht in den Palästen der Bischöfe aufgenommen werden; die Besitzrechte und Tribute von Tivoli, Ferrara, Massa, Figheruolo, an den gesamten Ländereien der Gräfin Mathilde, an allem Land zwischen Aquapendente und Rom, dem Herzogtum Spoleto sowie an den Inseln Sardinien und Korsika seien der römischen Kirche zurückzugeben.

Der Herr Kaiser aber bot beharrlich eine Untersuchung der Rechtsfragen hierüber an... sie aber wollten nur Gerechtigkeit nehmen, aber nicht geben, mit der Begründung, daß man den Herrn Papst nicht einem Prozeß unterwerfen und vor Gericht stellen könne.«
Eberhard von Bamberg formuliert den Rechtsstandpunkt des Kaisers so:
»Ich (der Kaiser) verlange von den Bischöfen Italiens keine Mannschaft, wenn sie ihrerseits keines unserer Regalien beanspruchen... Unsere Boten, so erklärt er (der Papst) dürften nicht in den Palästen der Bischöfe aufgenommen werden. Ich bin einverstanden, wenn etwa ein Bischof seine Pfalz auf eigenem Grund und Boden, nicht auf unserem hat... Er behauptet weiter, vom Kaiser dürften keine Gesandten an die Stadt (Rom) geschickt werden, da die gesamte Oberhoheit dort mit sämtlichen Regalien dem seligen Petrus zustehe. Das ist, so gestehe ich, eine wichtige und ernste Frage, die ernster und reiflicher Überlegung bedarf. Denn da ich nach göttlicher Ordnung römischer Kaiser heiße und bin, so stelle ich nur einen Scheinherrscher dar und trage durchaus einen leeren Namen ohne Inhalt, wenn unserer Hand die Herrschaft über die Stadt entrissen würde.«[24]
Sicher ist Friedrichs Argumentation logisch. Der römische Kaiser als Stadtherr von Rom war Inhaber der Regalien. Wie sollte es nach Friedrichs Auffassung auch anders sein?
Nur, und damit stoßen wir auf den entscheidenden Punkt von Friedrichs Italienpolitik, daß diese Rechtsauffassung seit einigen Generationen nicht mehr praktiziert worden war. Das Papsttum, dem Papst Gregor VII. den universalen Anspruch erstritten hatte, konnte sich nicht mehr zurückdrängen lassen auf eine Zeit, in der der Papst die Position eines deutschen Reichsbischofs innehatte. Die Unvereinbarkeit der Standpunkte war offensichtlich. 17 Jahre blutigen Kampfes waren notwendig, damit sich bei beiden Mächten, Kaiser und Papst, die Erkenntnis durchsetzte, daß ihr Schicksal das Miteinander und nicht das Gegeneinander war.
Wie vergiftet das Verhältnis war, zeigt ein päpstliches Schreiben vom 19. März 1159 an die Erzbischöfe von Mainz, Trier und Köln, ein Schreiben bitterster Polemik:
»Dank sei Gott, welcher euch gewiß die Einsicht gibt, zwischen

uns und dem König (dessen Teil außerhalb des Erbes des Herrn ist) könne keine Gemeinschaft sein. Diese von ihm herbeigeführte Spaltung wird jedoch auf seinen Kopf zurückfallen, und er gleicht dem Drachen, welcher mitten durch den Himmel fliegen und den dritten Teil der Sterne am Schwanze nach sich ziehen wollte, aber in den Abgrund stürzte und seinen Nachfolgern nur die Lehre hinterließ: wer sich selbst erhöht, wird erniedrigt werden. So trachtet dieser Fuchs (der auch euer Hammer ist), den Weinberg des Herrn zu zerstören; so vergißt dieser, aus ungerechtem Geschlecht und nichtsnutzigem Samen Entsprossene, dieser verbrecherische Sohn, alle Dankbarkeit und Gottesfurcht. ... Er stellt seine Macht der unseren gleich, als wäre diese auf einen Winkel wie Deutschland beschränkt; auf Deutschland, welches, bis es die Päpste erhoben, für das geringste aller Reiche galt.«[25]

Mit diesen harten, alttestamentarischen Worten war das Band zwischen Kaiser und Papst zerschnitten.

Von jetzt an stärkte der Papst den lombardischen Städten den Rükken und vereinbarte mit Abgesandten von Mailand, Brescia und Piacenza, daß keiner von ihnen ohne Einwilligung des anderen Frieden mit dem Kaiser schließen dürfe.

Also war demnach Krieg!

Im August versprach der Papst sogar, den Kaiser binnen 40 Tagen zu bannen, wenn dieser »seine Ungerechtigkeiten« fortsetze. Doch der Tod enthob den Papst dieses Bannfluches; am 1. September 1159 starb er in Agnani.

In der nun kommenden Papstwahl mußte die Entscheidung fallen. Würden sich im Kardinalskollegium die kaisertreuen oder die feindlichen Kräfte durchsetzen? Eine Entscheidung, die das Schicksal der nächsten Jahrzehnte bestimmen sollte.

Und wiederum: Mailand – der Stein des Anstoßes

War der eine Kontrapunkt der kaiserlichen Italien-Politik der Papst, so war der andere Mailand.

In den ersten Monaten des Jahres 1159 sandte der Kaiser seine bewährten Helfer, Rainald von Dassel und Otto von Wittelsbach, nach Mailand. Dort sollten sie einen Podestà und die Konsuln bestellen. Im Friedensvertrag mit Mailand vom 8. September 1158 war bestimmt, daß die bisherigen Amtsinhaber bis Februar 1159 in ihren Positionen verbleiben, und dann vom Volke neu gewählt und vom Kaiser bestätigt werden sollten. Andererseits sprachen die ronkalischen Verträge, denen die Mailänder Gesandten zugestimmt hatten, davon, daß Podestà und Konsuln vom Kaiser eingesetzt und daß urkundlich erwiesene Privilegien den Städten nicht entzogen werden sollten.

Der Konflikt war offensichtlich. Mailand beharrte auf dem Privileg der freien Wahl der Konsuln, wie im Friedensvertrag gewährt. Der Kaiser forderte für sich die Einsetzung der städtischen Obrigkeit, wie in Roncaglia niedergeschrieben.

Rainald von Dassel und Pfalzgraf Otto beharrten auf den Rechten des Kaisers.

Das milanesische Volk rottete sich zusammen. Drohungen wurden ausgerufen. Steine flogen in die Fenster des Palastes, in denen sich die kaiserlichen Gesandten aufhielten. Mit Mühe wurde das Volk von den Stadtvätern davon abgehalten, den Palast zu stürmen und die Gesandten des Kaiser in ihre Gewalt zu bringen.

Die Konsuln boten den Gesandten große Geldsummen und baten, dem Kaiser diesen schlimmen Vorfall zu verschweigen. Dem Pfalzgrafen Otto und seinen Begleitern, die vor den Toren der Stadt Unterkunft gefunden hatte, gelang noch in der derselben Nacht die Flucht zum Kaiser. Kanzler und Erzbischof Rainald von Dassel, der innerhalb der Stadt im Kloster S. Ambrosio wohnte, blieb allein in der bedrängten und unwürdigen Lage, da Mailands verschlossene Tore jede Flucht verhinderten. Am anderen Morgen entlud sich nochmals im Klosterhof der empörte Zorn des Mailänder Volkes. Nur in Verkleidung gelang es Rainald, einem drohenden und schmählichen Tode zu entgehen. Mailand hatte sich einen Todfeind geschaffen.[26]

Am 16. April 1159 wurde abermals die Reichsacht über Mailand verhängt. Drei Jahre später, am 26. März 1162, wurde das besiegte Mailand gänzlich zerstört. Es war der unerbittliche Rainald von Dassel, der den Kaiser zu dieser Härte bestimmte.

Sturm über Crema – Ein Beispiel mittelalterlichen Belagerungskrieges

Vorerst entlud sich der Zorn des Kaisers über das kleine Crema. Gefördert wurde dieser durch das kaisertreue Cremona, das dem Kaiser 15000 Mark Silber bot, wenn er die Festungswerke des mit Mailand verbündeten Crema zerstöre. Gern gab der Kaiser dazu den Befehl, denn diese Maßnahme richtete sich gegen Mailand und füllte gleichzeitig seinen Kriegsschatz.

Nachdem er die Reichsacht gegen Crema erklärt hatte, forderte er in Deutschland, namentlich bei Heinrich dem Löwen, Truppenverstärkung. Reichte seine Macht auch nicht aus, Mailand einzuschließen, dem kleinerem Crema konnte er entgegentreten, vor allem nachdem seine Gesandten, die den Cremasken den kaiserlichen Befehl überbrachten, ihre Wälle und Türme zu schleifen, zornig davongejagt worden waren.

Am 2. Juli trafen Hilfstruppen von Cremona zur Belagerung Cremas ein und vereinigten sich mit dem kaiserlichen Heer. Am 20. Juli erschien die Kaiserin Beatrix vor Crema, wahrscheinlich führte sie dem Kaiser ein Aufgebot burgundischer Truppen zu. Zur gleichen Zeit traf Herzog Heinrich der Löwe mit sächsischen und baierischen Kontingenten ein, und auch Herzog Welf VI. erschien, wahrscheinlich mit einem tuszischen Aufgebot.

Der Kaiser hatte eine enorme Truppenmacht vor der kleinen Stadt Crema konzentriert, so daß ihr Fall eine Sache von Tagen schien.

Dem Mailänder Bürgermeister Manfred von Dugano wer es gelungen, noch vor Einschließung der Stadt Hilfstruppen einzuschleusen. Die Stadt war gut verproviantiert und mit Waffen und Kriegsgerät wohlversehen. Die Stimmung war voller Zuversicht, und die Frauen tanzten durch die Gassen und sangen übermütige Lieder, in denen es hieß: »Kaiser Friedrich werde ebenso unrühmlich vor Crema abziehen wie vor 27 Jahren Kaiser Lothar«.

Crema lag in einer Ebene. Eine Seite der Stadt war durch Sümpfe gesichert, insgesamt war die Stadt noch mit einem breiten Wassergraben umgeben und durch eine hohe Wallmauer geschützt.

Eine belagerte mittelalterliche Stadt bot ein vielfarbiges, bewegtes Bild. Draußen vor den Mauern das bunte Heer der Belagerer, mit

den prächtigen Zelten der Fürsten und Herren, schließlich das Prunkzelt des Kaisers und um die Zelte der Führer geschart diejenigen der Ritter und Reisigen. Auf den Zelten der Fürsten und Herren flatterten, Schmuck und Erkennungssymbol in einem, bunten Wimpel im Wind. Ein ständiges Kommen und Gehen bewegte die Lagerstadt. Ankommende und abgehende Boten ritten durch die Lagergassen. Pferdegespanne brachten Lebensmittel, Waffen, aber vor allem Holz, um mauerbrechende Waffen zu bauen.
Handwerker waren für Belagerer wie Belagerte wichtige Personen. Die Widder und Sturmböcke, die Mangane, gewaltige Steinschleudern, die zentnerschwere Felsbrocken gegen Wälle und Türme katapultierten, wurden an Ort und Stelle errichtet. Im übrigen ist das Wort »Manga« ein griechisches Lehnswort und verweist auf den Mittelmeerraum, die Heimat dieser gewaltigen Waffen.
Das kaiserliche Heer und seine cremonesischen Verbündeten bauten vor Crema einen Belagerungsturm von 70 Fuß (ca. 24 Meter) Höhe mit sechs Plattformen übereinander. Diese gewaltigen Türme waren an der Frontseite mit Eisen beschlagen und durch Faschinen geschützt.[27] Die Türme wurden von Hunderten Kriegsknechten Meter um Meter, wahrscheinlich Zentimeter um Zentimeter, nach vorne geschoben. Dann mußten die Gräben, vor Crema waren es Wassergräben, überwunden werden. Der Kaiser forderte aus seiner treuen Stadt Lodi 200 Holzfässer an, diese wurden mit Erde gefüllt und in den Graben an die vorher bestimmten Übergangsstellen gerollt. Dazu kamen weitere 2000 Fuhren Holz, Erde, Gestein und Reisigbündel. Belagerung hieß also Schwerstarbeit leisten.
Nach rückwärts war der Belagerungsring durch friesische oder spanische Reiter geschützt, aber auch durch schwerbewaffnete Patrouillen, denn es konnten ja von Mailand, Brescia oder später auch von Piacenza, Ersatztruppen herangeführt werden, um die Belagerer im Rücken anzugreifen.
In der belagerten Stadt ging es erst recht lebhaft zu. Auch dort Klang von Hammerschlag und Axthieb, auch hier wurden riesige Schleudermaschinen gebaut, mühsam auf den Wallkronen installiert, um die unheimlichen, heranrückenden Belagerungstürme zu bekämpfen. Schwarze Rauchfahnen stiegen auf in den blauen

Himmel der Stadt. Die Pechsieder mußten ihre Pechlava kochend halten, um damit durch die Pechnasen der Türme und Wälle die anstürmenden Angreifer zu überschütten. Aus den Schmieden dröhnte Hammerschlag; Helme, Schilde, Spieße, Pfeilspitzen und Schutzplatten für die Schleudermaschinen mußten gefertigt werden.

Der Krieg frißt Eisen und säuft Blut.

Ein Stadttor fliegt auf. Eine Sturmflut eiserner Reiter in Kettenpanzer und Helm bricht hervor. Nur Schnelligkeit gibt den Überraschungseffekt; Schwerterklang und Todesschreie; das Wiehern der Pferde erfüllt die Luft. Aber die Belagerer haben ihre Stellungen gesichert. Spanische Reiter, zuerst aus Speeren, dann aus Balken erstellt, geben Schutz vor überraschendem Angriff. Pferde versinken in Wolfsgruben, die mit Grabensturmpfählen, sogenannten Cäsarenstäbchen, gespickt waren. Die gestürzten Reiter in ihren Kettenpanzern werden Opfer feindlicher Kriegsknechte.

Jetzt: Hörnerklang, Angriffssignale! Die Belagerer haben sich zum Gegenstoß formiert.

Sächsische Panzerreiter sprengen heran, die Lanzen eingelegt. Von den Zinnen der Stadt jubeln die Einwohner ihren Kämpfern zu, schwenken Wimpel und Fahnen. Nun donnern die riesigen Steinschleudern der Belagerer ihre zentnerschweren Steinbrocken gegen das Volk auf den Wällen. Die schwersten Schleudergeschütze schmettern Felsbrocken bis zu 30 Zentner Gewicht gegen die feindlichen Mauern.[28]

Wolken von Armbrustbolzen und Bogenpfeilen fliegen hin und her. Dann, ein gellender Hornstoß von den Mauern. Die Belagerten lösen sich aus dem Kampfgetümmel; einige Gefangene waren schon vorher zu den Stadtmauern getrieben worden, die Stadttore fliegen auf und die cremaskische Reiterschar verschwindet hinter der Sicherheit der Mauern.

Der blutige Kampf kannte weder Sieger noch Besiegte. Die Cremasken hatten einige Gefangene gemacht, die sie als Repressalie verwenden konnten, die Zahl ihrer Toten war weitaus größer als die der kaiserlichen Partei. Aber nicht nur Männer aus Crema, sondern auch aus Mailand und Brescia waren in Gefangenschaft geraten.

Die Belagerung zog sich Monat um Monat hin. Der Kampf wurde auf beiden Seiten erbitterter, grausamer, terroristischer. Vor allem der Kampf der Italiener untereinander, der Cremoneser und Cremasken, steigerte sich ins Unerträgliche. Über die Entmenschlichung des Kampfes berichtet Rahewin:

»Es war aber ein grausamer Anblick, wenn diejenigen, die draußen waren (die Kaiserlichen also), den Toten die Köpfe abschlugen und mit ihnen wie mit Bällen spielten und sie aus der rechten in die linke Hand warfen und damit grausam prahlten und ihren Spott trieben; die Leute in der Stadt aber hielten für ehrenrührig, wenn sie weniger wagten, zerstückelten ohne Erbarmen die Gefangenen unseres Heeres auf den Mauern Glied für Glied und boten damit ein jammervolles Schauspiel.«[29]

Otto Morena schildert gleichlautend mit Rahewin folgende Eskalation im Belagerungskampf um Crema:

»Als aber die Deutschen und die Cremonesen den Belagerungsturm mit Festigkeit näher heranführten und sich bereits dem Graben der Feste genähert hatte, begannen die Cremasken zusammen mit den Mailändern, die in der Feste waren, mit fünf großen Manganen, die sie in der Feste erbaut hatten, und auch mit mehreren Pretherien große Steine von erstaunlichem Ausmaß auf den Belagerungsturm zu schleudern, um ihn völlig zu zerstören. Als der Kaiser dies sah und befürchtete, daß er zerstört würde, befahl er, Geiseln aus Crema und Mailand, die man aus diesen Städten im Kampf gefangengenommen hatte, zu dem Belagerungsturm zu führen und auf diesen und an seiner Vorderseite zur Feste hin zu fesseln; denn der Kaiser glaubte, daß diejenigen, die innerhalb der Feste waren und die Steine nach draußen schleuderten – nachdem sie ihre Söhne und Eltern, ihre Brüder und Verwandten auf dem Belagerungsturm gesehen hätten –, nicht leichten Herzens auf den Belagerungsturm würden treffen können, um nicht die auf dem Belagerungsturm zu töten, und infolgedessen sofort ablassen, Steine zu schleudern. Nachdem die Geiseln an den Belagerungsturm gefesselt worden waren, befahl der Kaiser, den Belagerungsturm mit den Geiseln vorzurücken.«[30]

Rahewin bestätigt diese brutale Tat und ergänzt:

»Die Empörer taten, was selbt bei Barbaren unbekannt und grauenvoll zu sagen, aber unglaublich zu hören ist.: sie beschossen den Turm nicht weniger häufig, und es kümmerte sie weder die natürliche Blutsverwandschaft noch Mitleid mit dem jugendlichen Alter; so kamen einige Knaben, von Steinen getroffen, elendiglich ums Leben, anderen, die noch lebten, erging es noch schlimmer: sie sahen, in Ungewißheit schwebend, einem höchst grausamen Tod und einem schrecklichen Schicksal entgegen. Welche Freveltat!«[31]

Man ist erschrocken über dies schlimme Tun von einem Kaiser, der doch der erste Ritter seiner Zeit sein wollte. Im übrigen brachte das Blutbad, das auch die Nacht über andauerte – man hatte den Geiseln Fackeln in die Hände gezwungen –,keinen Erfolg. Der Kaiser hatte vergessen, daß der Mensch für unerhörte Herausforderungen auch unerhörte Antworten hat. Crema kämpfte über den Leichen seiner zerschmetterten Söhne weiter.

Gibt es Entschuldigungen für die Grausamkeiten des Staufers? Entschuldigungen nicht, aber Erklärungen.

Ist Grausamkeit nicht die Waffe der Verzweifelten, Ausdruck der Ohnmacht der Mächtigen, Erlebnis der eigenen Schwäche?

Ist Grausamkeit nicht ein durchgehender Charakterzug des staufischen Geschlechts?

Denken wir an Barbarossas Sohn, Kaiser Heinrich VI., der seine Weltherrschaftsträume mit äußerster Brutalität durchsetzen wollte. Das Sizilianische Blutgericht hält ihn in schrecklicher Erinnerung, wo er über die gesamte mögliche Opposition ohne Verfahren Urteil sprach. Alle Anhänger des normannisch-sizilianischen Königshauses, gleich ob geistliche oder weltliche Herren, wurden zu langsamem Feuertod verdammt, die Glücklicheren nur im Meer ertränkt. Der königliche Knabe Wilhelm, der ihm in Palermo die sizilianische Krone zu Füßen gelegt hatte, wurde geblendet, nach anderen Berichten entmannt. Denken wir an Heinrichs Sohn Friedrich II., der den rebellischen Sohn, Heinrich VII., zu lebenslanger Kerkerhaft verurteilte, aus der ihn nur der Selbstmord befreite. Wie anders der große Ottone, der dem Sohn, dem Schwiegersohn und dem Bruder nach Unterwerfung immer wieder verzieh. Nicht so Friedrich II. Er verurteilte eine Verschwörergruppe mit bestialischer Härte. Bevor er sie dem Richter überführte, ließ er sie blenden, ihnen die Nasen abschneiden, Hand und Fuß abhauen. dann erst wurde vom Richter das Urteil gefällt. Die einen wurden lebendig verbrannt, andere gehängt, wieder andere mit Pferden zu Tode geschleift oder, mit giftigen Schlangen in Ledersäcke eingenäht, im Meer ertränkt.

Solche Grausamkeiten berichten uns weder die Chronisten der Karolinger noch der Salier noch die der Ottonen. Man muß zurückgreifen auf die verderbte Gesellschaft der Merowingerzeit, um Vergleichbares zu finden.

Hatten die Staufer, durch die Größe und Weite ihrer Ziele, die Dimensionen der Menschlichkeit verloren?

Waren es die Staufer, die neben Ruhm und Glanz den Mythos deutscher Unerbittlichkeit begründeten?

Fast scheint es so!

Sicher waren die Staufer nicht die einzigen Gnadenlosen dieser Zeit, aber ihr Tun ist von exemplarischer Konsequenz.

Da lag dieses Crema, ein lombardisches Städtchen, und versperrte den großen Plänen des Kaisers den Weg. Mailand galt es zu strafen, Rom botmäßig zu machen, die Auseinandersetzung mit dem Papst zu bestehen, die Normannen aus Süditalien, wenn nicht gar aus Sizilien zu vertreiben.

Und hier vor Crema lag der Kaiser fest. Crema, ein Sperriegel gegen die Macht des römischen Kaisers. Aber was nutzte der kaiserliche Zorn, der sich in Unmenschlichkeit ausraste? Schlußendlich mußte er doch zur Vernunft und zu den Regeln der Kriegsführung zurückkehren.

Der Kaiser zog seine Belagerungstürme zurück. Sicherte sie statt mit Menschen mit Eisenverkleidungen, mit doppelten Faschinen, die man mit Filzdecken, Fellen und Wollumhüllungen so elastisch machte, daß sie den Schleudern der Cremasken widerstehen konnten.

Dann wurde dem Kaiser ein Erfolg zuteil, der oftmals unterschätzt wird. Otto Morena erzählt:

»Ein Meister names Marchesius, der geschickter als alle anderen Meister in Crema war und fast alle Manganen, Pretherien, Schirmdächer, Gerüste und sonstigen Verteidigungswerke in Crema in seinem Erfindungsreichtum erbaut hatte, liebte den Kaiser und seine

Partei mehr als die Mailänder und wollte lieber auf der Seite des Kaisers stehen und bleiben, als er denen dienen mochte; er kam inzwischen teils aus Liebe, teils aus Haß gegen die Mailänder und Cremasken, die ihn gegen seinen Willen zurückhielten, teils auch wegen des Geldes, das man ihm versprochen, mit dem Kaiser und den Cremonesen zu einem Abkommen und verließ eines Nachts die Feste Crema über die Mauer nach draußen, ging mitten durch das Wasser, das hoch im Graben der Feste stand, und floh zum Kaiser. Der Kaiser nahm in mit großer Freude auf, bekleidete ihn aufs beste und schenkte ihm einen trefflichen Armreif im Wert von 12 Pfund alter Denare.«[32]

Meister Marchesius baute nun dem Kaiser die Geräte und Geschütze, die zur Erstürmung von Crema beitrugen. Am 21. Januar 1160 befahl der Kaiser einen Generalangriff auf die Stadt. Otto Morena betont ausdrücklich, daß auch der Kaiser auf einem der Angriffstürme in vorderster Linie kämpfte. Mit ihm sein Bruder Konrad und der getreue Otto von Wittelsbach.

Allmählich brach der Widerstand der Stadt, ausgehöhlt von siebenmonatiger Belagerung, in sich zusammen. Die Cremasken wandten sich an den Patriarchen von Aquileja und an Herzog Heinrich den Löwen und baten um Frieden. Der sah nach Rahewin so aus: »daß die Cremasken die Stadt übergaben, ihnen selber aber das Leben zugestanden und die Erlaubnis erteilt werden sollte, mit Frauen und Kindern zu gehen, wohin sie wollten; von seiner Habe sollte jeder mitnehmen dürfen, was er auf einmal auf seinen Schultern hinaustragen könne; die Mailänder und Brescianer aber, die sich zur Verteidigung der Stadt eingefunden hatten, sollten froh sein, daß sie unter Zurücklassung ihrer Waffen und aller ihrer Habe ihr Leben retten könnten. Nachdem am 27. Januar 1160 alle Bedingungen erfüllt waren, und etwa 20000 Menschen beiderlei Geschlechts die Festung verlassen hatten, wurde diese den Flammen überantwortet und den Soldaten zur Plünderung freigegeben.«[33]

Crema hatte sich für Mailand geopfert und seinen Auftrag erfüllt. Sieben Monate hatte es den Armeen des Kaisers und seiner Verbündeten standgehalten. Mailand, das große Mailand, hatte im Schatten von Crema sieben Monate gewonnen, Rüstungen und weitere politische Aktivitäten entfalten können. Der Kaiser zog über Lodi nach Pavia. Bedeutendes war geschehen.

Das Schisma – Papst gegen Papst

Am 1. September 1159 war Papst Hadrian IV. gestorben. Der Mann, der das Papsttum mit Macht vertreten hatte. Aber die Bürde des Amtes hatte ihn immer bedrückt. Zu seinem Vertrauten, Johannes von Salisbury, hatte er gesagt: »Der Stuhl Petri ist mit Stacheln übersät und die päpstliche Krone aus Dornen geflochten.«

Am 7. September 1159 vereinigte sich das Kardinalskollegium im Dom von St. Peter zur Papstwahl. Einig war man sich darin, daß der neue Papst einmütig gewählt werden müsse. Damit aber war die Einmütigkeit auch schon wieder zu Ende.

Ein tiefer Riß trennte die Kardinalsversammlung. Der größere Teil der Kardinäle war kaiserfeindlich. Sie glaubten, die Freiheit der Kirche nur gegen den Kaiser in einem Bündnis mit König Wilhelm von Sizilien und den lombardischen Städten erhalten zu können. Ja selbst ein Bündnis mit Kaiser Manuel von Byzanz war im Kalkül dieser Männer.

Ihr Anführer war der Kanzler und Kardinal Roland, der sich bereits auf dem Reichstag zu Besançon im Jahre 1157 gegen den Kaiser gestellt hatte und der die Debatte, ob das Wort »beneficium« »Wohltat« oder »Lehen« bedeute, durch den Zuruf bereichert hatte: »Ja, von wem hat er denn die Kaiserkrone, wenn nicht vom Herrn Papst.« Otto von Wittelsbach war damals herangestürmt und der Kaiser hatte schützend eingreifen müssen, um den Kardinal vor dem Schwert des Pfalzgrafen zu bewahren.

Und dieser Otto von Wittelsbach befand sich in den Tagen der Papstwahl als Gesandter des Kaisers in Rom und wahrscheinlich während der Papstwahl in den Vorräumen von St. Peter.

Eine Minderheit der Kardinäle sah in Kardinal Octavian den künftigen Papst. Er entstammte aus dem mit den Staufern verwandten Geschlecht der Montecelli. Er hatte bei den verschiedensten Gelegenheiten vermittelnd zugunsten des Kaisers eingegriffen und sein Papstum bedeutete eine reichstreue und kaiserfreundliche Politik.

Der Kaiser hatte seinen Standpunkt so definiert: »Es bedarf eines Papstes, welcher die gesamte Kirche in Ordnung und Frieden erhält, zugleich aber auch das Reich und die Getreuen des Reichs ehrenvoller behandelt als bisher.«[34]

Die Papstwahl entartete zur Posse. Da die Schilderungen widersprüchlich sind und der Hergang nie mehr geklärt werden kann, müssen beide Parteien zu Worte kommen. Kanzler Roland, von nun an Papst Alexander III. genannt, trägt diese Schilderung vor:

»Nach dreitägiger Beratung stimmten 14 Kardinäle für mich und boten mir unter dem Beifall der Geistlichkeit und dem Beifall des Volkes den päpstlichen Mantel, den ich aber im Gefühl meiner Unfähigkeit zurückwies (eine übliche Demutsgeste). Als ihn mir der älteste der Kardinäle dennoch umhing, rief Octavian, durch die Kaiserlichen angetrieben, aus: ›man muß ihn nicht zwingen!‹ und riß mir unter Schmähworten den Mantel von der Schulter. Alle Kardinäle, zwei ausgenommen, mißbilligten sein freventliches Begehen, ja, ein römischer Ratsherr nahm zürnend ihm den Mantel aus den Händen. Ungeschreckt ließ er sich hierauf einen Zweiten bringen und hing ihn um; wobei – eine gerechte Vorbedeutung und lächerliche Strafe seiner irdischen Hast –, das Oberste unten und das Hinterste vorn zu sitzen kam. Als die Kardinäle sahen, daß hier nur Gewalt zu gelten schien, entfernten sie sich, und Octavian, der nach Eröffnung der Kirchentüren viele Verwandte, besoldete Leute und manche Ratsherrn und Edle aufnahm und beschützte, ließ mich erst neun Tage in dieser Kirche, dann drei Tage noch strenger jenseits des Tiber in einer Burg bewachen. Nun aber bekam das unverblendete Volk, von den Frangipani (römisches Adelsgeschlecht, zu diesem Zeitpunkt kaiserfeindlich) angeführt, die Oberhand und befreite mich, und ich war unfern der Stadt in Gegenwart mehrerer Kardinäle, Bischöfe, Edlen und vielen Volkes gesalbt und gekrönt, während Octavian keinen finden konnte, der ihn hätte weihen mögen. Acht Tage Frist setzte ich ihm herauf zur Reue und bannte ihn erst, als er im Vertrauen auf des Kaisers Beistand diese Milde verschmähte.«[35]

Die Anhänger des Kardinals Octavian, von nun an Papst Victor IV. genannt, berichten folgendermaßen:
»Ungeachtet der schriftlichen Übereinkunft, vor einer vollständigen Einigung keine Wahl für gültig zu halten oder kund zu machen, ernannten 14 Kardinäle, die genaue Stimmenzahl konnte nie ermittelt werden, Roland zum Papst und überreichten ihm den Mantel. Die 9 übrigen Kardinäle, (auch Sanior pars = der gesündere Teil) konnten jetzt jener Gewalt ihrerseits auch nur durch eine Wahl entgegentreten; welche um so gültiger ist, da sie Octavian annahm, Roland aber zurückwies. Dreimal wurde das Volk dem Herkommen nach befragt: ›ob es Victor zum Papst wolle?‹, und dreimal antwortete es einstimmig: ›wir wollen ihn‹! Hierauf stimmten die Kardinäle und die Geistlichkeit das: ›Hergott dich loben wir‹, an und bekleideten den Erwählten mit allen päpstlichen Würdenzeichen und führten ihn zum Palast. Zwölf Tage hielt sich Roland still, bediente sich weder des Mantels, noch des weißen Zelters, noch irgendeines Würdenzeichens; ja, er antwortete den Kardinälen und Geistlichen, welche ihn befragten, ob sie Victor gehorsamen sollten?, er sei nie eingekleidet worden, sie möchten jenem folgen. Nach all diesen Ereignissen benutzte Roland wider Erwarten einen Pöbelaufstand, ließ sich an ungebührlicher Stelle bei einem Wasserbehälter des Nero einkleiden und wagte es sogar, Victor, seinen Herrn, vorzuladen und zu bannen.«[36]
Der Ausgang dieses würdelosen Spiels, bei dem es um das heiligste Amt des christlichen Abendlandes ging, wurde dem Kaiser, der vor Crema lag, mitgeteilt. Abgesehen von der Widersprüchlichkeit der Berichte, war eine unentwirrbare Rechtssituation entstanden.
Zweifellos war Alexander von der Mehrheit der Kardinäle gewählt worden. Dennoch hatte die alexandrinische Partei die vorher festgelegte Abmachung der einstimmigen Wahl gebrochen. Daraufhin wählte die kaisertreue Partei ihren Papst Victor. Als Alexander zunächst in demutsvoller Geste die Wahl ablehnte, entriß ihm Victor, oder einer seiner Anhänger, den Mantel und Victor wurde immantiert. An ihm wurde dann die weitere Zeremonie, die Akklamation durch Volk und Klerus von Rom, vollzogen.
Die Victorianer werfen Alexander vor, daß er sich zwölf Tage still verhalten habe, und verschweigen vornehm, daß sie ihn gefangen-

hielten. Das wird erst sichtbar, wenn sie bekennen, daß er durch einen »Pöbelaufstand« befreit wurde. Daß Alexander gesagt habe, die Kardinäle und Geistlichen sollten Victor gehorsam sein, da er selbst nie eingekleidet worden sei, ist lediglich eine Behauptung der Victorianer.

Die Frage, wer nun der Papst sei, konnte Friedrich schwerlich beantworten, mußte er doch sogar von der Partei Alexanders folgenden Vorwurf hinnehmen:

»Außerdem möge eure erhabene Gnade zur Kenntnis nehmen, daß der Pfalzgraf Otto gelegentlich der gewaltsamen Einsetzung Octavians unserem obengenannten Herrn (Papst Alexander) und uns allen sehr feindselig entgegengetreten ist und sich bemüht hat, die Kirche Gottes zu spalten und ohne vernünftigen Grund in ihr Verwirrung zu stiften.«[37]

Der Kaiser beschloß, ein Konzil nach Pavia für den Januar 1160 einzuberufen, das aber wegen der noch andauernden Kämpfe um Crema auf den 5. Februar vertagt werden mußte. In der Einberufung des Konzils durch den Kaiser lag bereits eine neue Schwierigkeit. Friedrich berief sich auf die alten Kaiser, Karl und Otto, die dieses Recht der Einberufung für sich wahrgenommen hatten. Dies aber waren Traditionen, die die Kirche seit der Reform als überwunden ansah.

Der Kaiser sandte seine Einladung zum Konzil an Papst Alexander durch die beiden Bischöfe Daniel von Prag und Hermann von Verden. Aber Alexander, ehemaliger Rechtslehrer an der Hohen Schule zu Bologna, antwortete, daß er als Papst von keinem Gericht der Welt zu richten sei. Diese Auffassung wahr wohl begründet in einem Urteil, das eine Versammlung italienischer Bischöfe auf Veranlassung Theoderichs des Großen (493–526) über den Papst Symmachus (498–514) gefällt hatte. Der Spruch des Konzils endete in der Erkenntnis, »das Urteil über den Papst sei Gott anheimzustellen«. Symmachus habe als frei von Schuld zu gelten und sei in seinen Würden und Rechten anzuerkennen. Auch Karl der Große war diesem Grundsatz gefolgt und hatte die Anklagen gegen Papst Leo III. (795–816) nicht weiter verfolgt. Hinter den Schutzwall dieser traditionsreichen Rechtsposition zog sich Papst Alexander III. zurück.

An alle Bischöfe in Deutschland, Italien und Burgund ergingen Einladungen, aber auch an die Könige und ihre Kirchen in Frankreich, England, Spanien und Ungarn.

Am 5. Februar 1160 eröffnete Friedrich das Konzil von Pavia, das die unlösbare Aufgabe hatte, den wahren Papst zu finden. In seiner Ansprache an das Konzil streute Friedrich nochmals Salz in die Wunden der alexandrinischen Partei, indem er auf sein Recht verwies, Kirchenversammlungen einzuberufen.

»Zwar weiß ich, sagte er den versammelten Bischöfen, daß wir Kraft des Amtes und der Würde des Kaisertums die Befugnisse haben, Konzile einzuberufen, besonders in so gefährlicher Lage der Kirche – denn es ist überliefert, daß Konstantin und Theodosius sowie Justinian und in neuerer Zeit Karl der Große und Otto das getan haben –, aber dennoch übertrage ich eurer Klugheit und in eure Gewalt die Vollmacht, in dieser höchst wichtigen bedeutungsvollen Angelegenheit die Entscheidung zu treffen... Nach diesen Worten entfernte er sich vom Konzil und überließ die ganze Untersuchung der Kirche und unzähligen anwesenden kirchlichen Personen.«[38]

Es waren etwa 50 Bischöfe versammelt, darunter die Erzbischöfe von Mainz, Köln, Magdeburg, Bremen und Aquileja. Der wichtige Erzbischof Eberhard von Salzburg, ein Bruder Heinrich Jasomirgotts, war nicht verteten. Eine stille Rache des babenbergischen Hauses, das so viele Minderungen hatte hinnehmen müssen auf dem Altar der welfisch-staufischen Freundschaft? Erzbischof Hillin von Trier ließ sich durch einen Legaten vertreten. Die ersten Risse im deutschen Episkopat wurden sichtbar. Auch die burgundischen Erzbischöfe und der Erzbischof von Ravenna waren nur durch Gesandte vertreten. In dem anwesenden Kardinal Wilhelm von St. Peter ad Vincula konnte man bestenfalls einen neutralen Beobachter erblicken. Die Könige von England, Frankreich, Böhmen, Ungarn und Dänemark sowie der Herzog von Polen waren durch Gesandte vertreten. Der Klerus der Kirchen dieser Länder fehlte gänzlich.

Und hier wird das eigentliche Problem der Zeit sichtbar. Die Besetzung des römischen Stuhles war keine Angelegenheit des römisch-deutschen Reiches mehr, sondern eine europäische Frage geworden. Die zu nationalem Bewußtsein erwachten Mächte, namentlich England und Frankreich, wollten keinen Papst, der ausschließlich den Vorstellungen und Interessen des römisch-deutschen Reiches entsprach. Was sie verlangten und verlangen konnten, war ein Papst, der über nationalen Gruppierungen stand. Im Nichterkennen dieser Tatsache und in der Unfähikeit zu begreifen, daß in den lombardischen Städten eine wirtschaftliche und soziale Lebensordnung gewachsen war, der die Zukunft gehörte, liegt die Tragik von Friedrichs Kampf. Zunächst wurde dem Willen des Kaisers entsprochen, denn es gab ja auch gute Gründe, Papst Victor anzuerkennen. War er doch, im Gegensatz zu Alexander, in Pavia erschienen und hatte damit dem Konzil seine Achtung bezeugt. Zwar gab es im Konzil Stimmen von Seiten der wenigen italienischen Bischöfe, die Kirchenversammlung zu vertagen. Die Deutschen hingegen drängten, wegen der Wichtigkeit des zu lösenden Problems, auf Entscheidung.

In mehrtägigen Untersuchungen bildete sich im Konzil die Auffassung, Alexander sei zwar mit Mehrheit gewählt, aber habe die Annahme der Wahl nach eigener Aussage verweigert. Daraufhin war Victor inthronisiert und zur päpstlichen Würde erhoben worden. Nicht die Mehrheit der Wähler gebe den Ausschlag, sondern daß Victor als erster inthronisiert worden sei. Auch Papst Innocenz II. (1130–1143) war von einer Minderheit erwählt, aber als erster inthronisiert worden und hatte als der echte Papst gegolten. Damals betrug die Zeitdifferenz zwischen den Thronsetzungen von Innocenz II. und Anaklet II. (1130–1138) nur wenige Stunden, aber Victor war elf Tage vor Alexander erhoben. Vor allem bestätigten die Kanoniker von St. Peter in Rom, daß Victor und nicht Alexander vom Klerus und dem Volk von Rom akklamiert worden war, und diese Akklamation war Teil der päpstlichen Inthronisation.

Die Bischöfe um Rainald von Dassel und Erzbischof Arnold von Mainz, die sogenannten Männer des Reichsrechts, sahen in den Wählern Alexanders Verschwörer, die mit den Reichsfeinden Sizilien und den lombardischen Städten paktierten, darüber hinaus in der Tatsache, daß Alexander trotz dreimaliger Aufforderung dem Konzil ferngeblieben war, Gründe für die Aberkennung der Papstwürde.

Aber zu diesen Reichsinteressen standen Interessen europäischer Länder im Gegensatz. Dies mußte auf Dauer den Ausschlag geben. Vor allem stand in der Person von Papst Alexander ein hochgebildeter, unerschütterlicher Mann zur Verfügung, der außer seinen hohen Gaben die Gnade hatte, vier Gegenpäpste zu überleben. Mit großem Scharfsinn und diplomatischer Kunst verstand er es, die Interessen der anderen europäischen Staaten für die Ziele des Papsttums einzusetzen. So wurde er zum großen, kongenialen Gegenspieler Kaiser Friedrichs.
Zunächst aber war es die Stunde von Papst Victor. Man holte ihn aus einem nahen Kloster und bekleidete ihn mit den Zeichen der päpstlichen Würde. Dann ritt er auf einem weißen Zelter zum Dom, wobei ihm der Kaiser den Marschalldienst erwies. Im Dom von Pavia wurde ein feierliches Hochamt gehalten. Papst Victor bannte seinen Gegner Alexander und dessen Kardinäle. In einer Kerzenzeremonie wurde der Bannfluch ausgesprochen, die Kerzen zu Boden geworfen, wo sie verlöschten.

Diplomatische Aktionen

Auf Bann folgte Gegenbann. Am 24. März 1161 ließ Alexander den Bannfluch über den Kaiser, seinen Papst Victor und den getreuen Otto von Wittelsbach aussprechen. Dies geschah bezeichnenderweise in Mailand.
Aber Papst Alexander mußte erkennen, daß seine Bannflüche nicht mehr die Wirkung hatten wie die des Papstes Gregor VII. gegen Kaiser Heinrich IV. Diese Waffe war stumpf geworden. Vor allem war er kein unangefochtener Papst, sondern stand im Zwielicht von Schisma und Usurpation.
Propst Gerhoch von Reichersberg, angesehener Theologe seiner Zeit, schwankte lange, für welchen Papst er sich entscheiden sollte. Die Hauptgründe gegen Alexander waren für ihn, daß dieser sich mit König Wilhelm von Sizilien gegen den Kaiser verschworen hatte. Ferner das Gelöbnis Alexanders und seiner Wähler, nur einen antikaiserlichen Papst zu küren. Dies war nach Gerhoch eine unzulässige Präjudizierung, ja ein Mißbrauch der Papstwahl wider das

kanonische Recht.[39] Nur unter Gewissensbissen entschied sich Gerhoch für Papst Alxander III.
Trotz aller Schwierigkeiten erreichte es die Diplomatie Alexanders auf einem Konzil in Toulouse im Herbst 1160, das mit 100 Bischöfen und Äbten beschickt war, in Anwesenheit der Könige von Frankreich und England, in Gegenwart der Legaten beider Päpste, den Gesandten des Kaisers und des Königs von Spanien, die Anerkennung zu erlangen.
Damit hatte sich der größte Teil der Kirche, nämlich England, Frankreich, Spanien und, was am meisten beeindruckte, die Patriarchen von Jerusalem und Antiochien, hinter Alexander gestellt.
Besonders schmerzlich war es für den Kaiser, daß der hochgeschätzte Erzbischof Eberhard von Salzburg sich zu Alexander bekannte. Dem Einfluß Eberhards gelang es, das Königreich Ungarn auf die alexandrinische Seite zu ziehen. So wundern einen die vielen Briefe nicht, die im Sinne kaiserlicher Politik nach Salzburg gingen. Da schreibt der gemäßigte Bischof Eberhard von Bamberg an den Salzburger Metropoliten:
»... Schließlich aber drang die Partei des Herrn Victor durch, die durch das Verhalten der anderen Partei in vielfältiger Weise gerechtfertigt worden war: weil die Verschwörung gegen das Reich jener Tat vorangegangen und die Immantation des Herrn Victor früher erfolgt war als die andere, durch welchen Umstand allein Innocenz das Übergewicht gegen Anaklet erlangt hat, obwohl Anaklet mehr, kenntnisreichere und angesehenere Wähler hatte; ferner weil sich jene Partei den Feinden des Reiches angeschlossen und dem Sizilier, den Mailändern, Brescianern und Piacentinern eidlich verpflichtet hatte, was offensichtlich der gesunden Vernunft widerspricht; denn es entbindet die Untertanen vom Eide der schuldigen Treue und hindert alle daran, dem Kaiser zu dienen, und bahnt so, was das Schlimmste ist, den Weg zum Abfall.«[40]
Dieser und andere Briefe nutzten nichts. Der Salzburger Erzbischof bleib auf seiten Alexanders. Was ihn, außer seinen babenbergischen Vorbehalten, dazu bewog, ist nicht erkennbar, denn die Wahl beider Päpste gab Anlaß zu berechtigten Zweifeln. Möglich wäre es, daß er sein Handeln ordnungspolitischen Gründen unter-

warf, wie auch Gerhoch von Reichersberg nach großen Gewissensqualen. Der Tatsache nämlich, daß sich mit England, Frankreich, Spanien, Ungarn, den lateinischen Patriarchen von Jerusalem und Antiochien und schließlich, unter dem Einfluß des staufereindlichen Erzbischofs Eskil von Lund, mit Dänemark der größte Teil der Christenheit zum Papsttum Alexanders bekannte. Hätte sich, so die Überlegung, das Reich ebenfalls zu Alexander hingewandt, so wäre das Schisma überwunden gewesen. Als welche Last die Menschen damals das Schisma, das Zerbrechen der Einheit der Christenheit, empfanden, können wir nicht mehr nachvollziehen.

Es lag nicht am mangelnden Werben des Kaisers für seine Papstvorstellung, daß die anderen europäischen Mächte sich zu Alexander bekannten. Die Synode von Pavia hatte unter der Regie Rainalds von Dassel an alle Höfe und Bischöfe Europas Sendschreiben geschickt, in denen die Urteilsfindung der Synode ausführlich dargestellt worden war. Erstaunlich war, daß der Konzilsbericht nicht nur von den tatsächlich vorhandenen 50 Erzbischöfen und Bischöfen unterzeichnet war, sondern von 153 Bischöfen. Auch teilte Rainald von Dassel der staunenden Welt mit, alle auswärtigen Könige seien mit Victors Wahl einverstanden gewesen.

Doch innerhalb des Reichsgebietes versagten sich die europäischen Völker dem Papst von kaiserlicher Gunst.

Johannes von Salisbury (1115–1180) faßte in einem Schreiben an den Magister Randulfus des Serris die Empfindungen des übrigen Europa über die Papstwahl des Jahres 1159 in folgende Worte: »Wer hat denn die Deutschen zu Richtern über die Nationen bestellt? Wer hat diesen plumpen und wilden Menschen das Recht gegeben, nach Willkür einen Herrn über die Häupter der Menschenkinder zu setzen?«

Mailand, Kern des Widerstandes

Mailand hatte die kaiserliche Politik mit einem Angriff auf Lodi beantwortet. In diesen Frühjahrstagen des Jahres 1160 war dem Kaiser klargeworden, daß Mailand nie zu einer reichsfreundlichen Politik finden würde. Eine erneute Niederwerfung der rebellischen Stadt aber war eine so große militärische Aktion, daß sie seinen abgekämpften Truppen nicht mehr zugemutet werden konnte. Vor allem war die Pflicht seiner Vasallen zur Heeresfolge zeitlich begrenzt. Denn diese konnten sich ja nicht beliebig lange von ihren Herrschaftsgebieten entfernt halten. Im Mittelalter bedeutete Regieren die persönliche Präsenz der Herrschenden. Macht, gleich auf welcher Ebene sie ausgeübt wird, duldet kein Vakuum. Das galt für den Herzog, den Grafen wie für den einfachen Panzerreiter, der sein Lehnsgütchen visitieren und in Ordnung halten mußte, denn nur dessen Erträge ermöglichten ihm die kostspielige Pflicht der Heeresfolge. Geschweige denn für so große Herren wie Heinrich den Löwen, dessen ausgreifende Ostpolitik, aber auch die Auseinandersetzung mit seinem sächsischen Adel seine Gegenwart zwingend erforderte.

So lag es im wohlverstandenen Eigeninteresse des Königs und Kaisers, seinen Vasallen Urlaub zu geben, damit in der Heimat nicht die Fundamente gemeinsamer Macht beschädigt würden.

Es muß ein reger Verkehr in diesen Jahren an den Alpenpässen gewesen sein von heimkehrenden Vasallen, aber auch von kleineren Verstärkungen, die unterwegs zum kaiserlichen Heere waren. Auch Boten in wechselnder Richtung, Trosse an Waffen, Gerät und Proviant zogen lärmend durch die stille Alpenwelt.

Daher bedeutet aktive kaiserliche Politik in Italien seit den karolingischen Kaisern Sicherung der Alpenübergänge. Heinz Kochems hat uns hierzu ein interessantes Detail ermittelt:

Die Karolinger hatten zu diesem Zwecke Mitglieder ihrer Königsfamilie, darunter verstand man auch die Dienstmannen, aus dem Raum Cochem, die Cochemser, eingesetzt. In einer latinisierten Wortverstümmelung wurde daraus »Montcuco«, Leute aus dem Gebiet des Mont Cochem.

Der Zeitgenosse, der heute durch die italienischen Alpen wandert, findet Weiler, Flecken oder einzelne Gehöfte in Dorfrandlagen, die den Namen der Cochemser Paßwächter, eben »Montcuco«, tragen.[41]

Der Kaiser entließ sein Heer. Rahewin berichtet darüber:

»Im Begriffe nun, das Heer zu entlassen, berief er die Fürsten und Großen zu sich und sagte zu ihnen, er sei ihnen sehr dankbar für ihr Wohlwollen und ihre Treue, die sie ihm dauernd bewiesen hätten. Er lobte auch jedes einzelnen gutes Verhalten und die Tapferkeit, die er im Kampf in vielen schweren Gefahren gezeigt hätte; denn weder die Menge der Feinde noch die Größe der Städte, weder die unüberlegte Kühnheit noch die entfesselten Grausamkeiten der Gegner hätten sie von ihrer bewährten Tapferkeit abgeschreckt. ... Dann verteilte er Gold und Silber, silberne und goldene Gefäße, ferner kostbare Gewänder, Lehen und andere Geschenke mit königlicher Freigiebigkeit.«[42]

Ahnlich äußert sich Otto Morena. Wichtig ist in der Schilderung Rahewins, daß Lob und persönliche Auszeichung des einzelnen zum Führungsinstrumentarium des mittelalterlichen Fürsten gehörte, obwohl sich die Psychologie noch nicht als Wissenschaft etabliert hatte.

Dem Fürsten stand Großzügigkeit an, die sich im hohen Mittelalter oftmals in bodenloser Verschwendungssucht darstellen konnte.

»Der Kaiser blieb mit wenigen in Italien zurück« berichtet Rahewin. Otto Morena hat uns deren Namen überliefert. Es blieben Herzog Friedrich, der Sohn des früheren König Konrads, des Kaisers Halbruder Konrad, Otto von Wittelsbach und die Kaiserin Beatrix.

Der Kaiser, mit seinen wenigen Dienstmannen, stützte sich auf die Truppen der kaisertreuen Städte Lodi und Pavia. Er zerstörte einige Burgen am Flußufer der Adda und begann im Umfeld von Mailand die wiederinstandgesetzten Weingärten und Plantagen zu vernichten. Ein ruhmloser Kleinkrieg ohne großen militärischen Nutzen, außer den Haß der Mailänder weiter zu steigern. Sie reagierten mit der Belagerung des kaisertreuen Lodi Mitte Juli 1160. Trotz Waffenhilfe der Piacentiner mußten sie die Belagerung abbrechen.

Nun wandte sich Mailand in der letzten Juliwoche gegen die kaiserliche Festung Carcano. Friedrich Barbarossa eilte mit einem Aufgebot aus Pavia, Novara, Vercelli, Como, Sepria und der Martesana der Feste zu Hilfe. Er wurde unterstützt von dem Markgrafen von Montferrat, dem Grafen von Biandrate und wenigen seiner Deutschen. Nach anfänglichen Erfolgen mit dieser buntgewürfelten Schar, man drang bis zum Fahnenwagen der Mailänder, der berühmten Carozza, vor und tötete deren Zugochsen, ging aber schließlich die Schlacht für den Kaiser unglücklich aus. Der treue kaiserliche Hofrichter Otto Morena sagt gewunden und gequält:

»Der Kaiser andererseits sah sich mit wenigen Deutschen und nicht vielen anderen zurückgeblieben und beschloß, es sei besser, vom Kampfe abzulassen, als kämpfend überwunden zu werden, und so marschierte er mit seiner Begleitung nach Como und ließ zahlreiche Zelte und viele, die er im Kampf gefangengenommen hatte, dort zurück. Die Mailänder und Brescianer plünderten das Lager des Kaisers, gewannen viele der ihren, die gefangen gewesen waren, wieder und kehrten dann, nachdem ihnen das Feld überlassen worden war, mit übergroßer Freude und, wie es in solcher Lage zu geschehen pflegt, mit großem Geschrei in ihr Lager zurück.«[43]

Dem Kaiser brachte die Niederlage von Carcano eine realistische Erkenntnis. Ende August erließ er ein Sendschreiben an die deutschen Fürsten, im Frühjahr 1161 erneut mit ihren Aufgeboten nach Italien zu kommen, um Mailand niederzuringen und die Hoheit des Reiches durchzusetzen. Als Versammlungsort wurde Pavia, als Zeitpunkt 14 Tage nach Ostern bestimmt.

In diesem Schreiben bagatellisierte der Kaiser die Niederlage von Carcano, um panikartigen Gerüchten entgegenzutreten.

Deutsche Händel

Aus Deutschland kam die Kunde eines Verbrechens, dessen Wellenschlag den kaiserlichen Hof in Italien erreichte. Ende Juni 1160 war der Erzbischof Arnold von Mainz an seinem Bischofssitz ermordet worden. Bei dem Versuch, die Mißstände zu beheben, die sein Vorgänger Erzbischof Heinrich ihm als Erbe hinterlassen hatte, waren ihm viele Feinde entstanden.

Als dann der Kaiser seinen ersten Italienzug im Jahre 1158 ausführte, hatte der Erzbischof nach Brauch und Recht für die, die der Heerespflicht nicht Folge leisteten, eine Kriegssteuer ausgeschrieben. Das löste eine weitere Haßwelle gegen den Erzbischof aus, der er im Jahre 1160 zum Opfer fiel. Sogar ein Abt soll an dem Mord beteiligt gewesen sein.

Jetzt, da der verhaßte Erzbischof gefallen war, dämmerte es den Mainzern, daß sie ein Verbrechen begangen hatten, das sie dem Kaiser büßen mußten. So suchten sie sich unter den großen Familien einen Nachfolger, von dem sie Schutz erhoffen durften. Sie wählten Rudolf von Zähringen. Nicht nur, daß Rudolf ein Bruder des Herzogs Berthold von Zähringen war, er war auch Schwager Heinrichs des Löwen und mit dem Kaiser verwandt. Man durfte erwarten, daß der Kaiser dem Zähringer Hause, durch den Verlust des burgundischen Rektorats, einen gewissen Wiedergutmachungsbonus in Anrechnung bringen würde. Eine Fürstenversammlung unter der Leitung des Erzbischofs und Kanzlers Rainald von Dassel jedoch anullierte die Wahl und exkommunizierte die Mainzer Bürgerschaft.

Wie sehr das Verhalten des Kanzlers Rainald den ordnungspolitischen Vorstellungen des Kaisers entsprach, werden wir bald sehen.

Rudolf von Zähringen war nicht bereit, auf den wichtigsten Erzbischofsstuhl Deutschlands, den Sitz des heiligen Bonifazius, zu verzichten. Er reiste zum Kaiser nach Italien. Der aber verweigerte ihm die Investitur mit den Regalien. Genau so wurde, ohne Ansehen der Person, Christian von Buch behandelt, den die Fürstenversammlung erwählt hatte. Der Kaiser sah in dem ganzen Verfahren einen Eingriff in seine Rechte bei der Besetzung der Bistümer. Auf seinen Willen wurde dann später Konrad von Wittelsbach, der Bruder des Pfalzgrafen, auf den Stuhl von Mainz erhoben.

Das Haus Zähringen reagierte auf diese kaiserlichen Maßnahmen mit tiefer Verbitterung, die so weit ging, daß man sich zeitweilig zu einer Koalition mit dem französischen König gegen den Kaiser bereitfand.

Der Mainzer Zwischenfall zeigt wiederum deutlich Friedrichs Einstellung zu seinem Kaiserauftrag.

Sahen wir ihn in Italien, das Heer verabschiedend, als den lobenden, auszeichnenden, Lehen, Gold und Güter verschenkenden Kaiser, so erleben wir ihn im Fall der Besetzung des Mainzer Stuhles, als den eifersüchtig über die Rechte von Kaiser und Reich wachenden Fürsten. Und das mußte so sein. Dann die Macht des Kaisers, wir sahen es an früheren Beispielen, war viel mehr von innen als von außen bedroht. Es lag fast im System der Lehnsgesellschaft, die Rechte von Kaiser und Reich in einem stillen unaufhaltsamen Prozeß aufzusaugen. Ein Kaiser, der nicht peinlich über seine Rechte wachte, war dieser Machterosion unwiderruflich ausgeliefert.

Es gab aber keinen aufmerksameren Wächter der kaiserlichen Rechte als den Kanzler Rainald von Dassel, der in Deutschland als kaiserlicher Bevollmächtigter auftrat und die strengen Beschlüsse der Synode von Pavia durchführte.[44]

Alle Prälaten, die Papst Victors Anerkennung verweigerten, sollten demnach aus dem Reich vertrieben werden, jeder, der auf der Reise zu Alexander ergriffen würde, Gut und Leben verlieren.[45]

Rainald war auch der Motor, der auf einem Fürstentag zu Erfurt am 25. Juli 1160 die deutschen Fürsten zur Heeresfolge gegen Mailand im Frühjahr 1161 verpflichtete.

Heinrich dem Löwen gelang es, wiederum eine Sonderstellung zu erlangen. Im Januar 1161 war er an den kaiserlichen Hof in Pavia geeilt und hatte sich von der Heeresfolge für seine baierischen und sächsischen Kontingente vom Kaiser befreien lassen. Tatsächlich gelang es Heinrich, den Kaiser zu überzeugen, daß er seine Streitkräfte in Sachsen und Baiern selbst dringend benötigte. So verlief dieses schwierige Gespräch voller Harmonie, trotzdem der Kaiser das Heeresaufgebot Sachsens und Baierns dringend hätte brauchen können. Der Kaiser ernannte sogar den Löwen nach seinem jungen Vetter, dem Herzog Friedrich von Schwaben, zu seinem Nachfolger, falls ihn das Schicksal vor Mailand ereilen sollte.

Ein Welfe als möglicher Nachfolger des Staufer!

Wie ernst Friedrich seinen Königsauftrag, verbindender Eckstein zwischen beiden Geschlechtern zu sein, nahm, hier an dieser Maßnahme, die fast an dynastische Selbstverleugnung grenzt, wurde es offensichtlich.

Der Fall Mailands – Dramaturgie einer Erniedrigung

Im Mai 1161 war es soweit. Die Truppenverstärkungen aus Deutschland waren im kaiserlichen Lager in Pavia eingetroffen. Rainald von Dassel erschien an der Spitze von 500 kölnischen Rittern. Ferner kamen der Vetter des Kaisers, Herzog Friedrich von Schwaben, der Sohn und ein Bruder des Königs von Böhmen, Landgraf Ludwig von Thüringen und des Kaisers Halbbruder Konrad, Pfalzgraf bei Rhein.

Trotz dieser Verstärkungen war das kaiserliche Heer nicht stark genug, Mailand einzuschließen. Es fehlten ja, man bedenke, die Heeresaufgebote der großen Herzogtümer Sachsen und Baiern.

So setzte dann der Kaiser seine Politik der verbrannten Erde in größerem Ausmaß fort. Zehn Tage lange verwüsteten, verheerten, verbrannten seine Truppen das Umfeld von Mailand. Die Frühlingssaaten, die Obstgärten, die Weinberge, alles wurde in einem breiten Gürtel um die unglückselige Stadt vernichtet. Acerbus Morena, der Sohn Otto Morenas, berichtet:

»Als er schließlich von der Stadt abzog, Getreide, Weinstöcke, Bäume und Wohnplätze auch noch im Abstand von 10 bis 15 Meilen vor der Stadt zerstörend, kehrte er mit seinem ganzen Heer nach Comazzo und Corneliano Bertario zurück… und kam dann mit wenigen seiner Fürsten nach Lodi zum Konzil, das vom Herrn Papst Victor IV. dort anberaumt war, und der Herr Papst selbst kam am Samstag, dem 17. Juli nach Lodi.«[46]

Aber das Konzil von Lodi konnte den Kaiser nicht befriedigen, denn es war kein allgemeines Konzil. Nur die Bischöfe des Reichs waren vertreten, die Kirchen von Frankreich und England fehlten wiederum.

Das Konzil bestätigte nochmals pflichtgemäß die Wahl Papst Victors. Die Gegner des Papstes und des Reichs wurden exkommuniziert, an der Spitze Erzbischof Obert von Mailand in Gemeinschaft mit den Konsuln der Stadt, die Bischöfe von Piacenza und Brescia

mit den Konsuln und Ratgeber ihrer Städte. Aber auch diejenigen wurden mit dem Bann belegt, die den Tod des Mainzer Erzbischofs verschuldet und ihm zugestimmt hatten.
Von Lodi aus zog der Kaiser wieder gegen Mailand. Dort war Hungersnot, aber auch Verzweiflung ausgebrochen. In der Stadt war ein Bürgerausschuß gegründet worden, der die Preise für Lebensmittel festsetzte, um die Wucherpreise zu bekämpfen. Die Zerstörung der Umgebung Mailands war so vollständig, daß der Kaiser die eigenen Truppen abziehen mußte, da diese in der von ihm selbst geschaffenen Mondlandschaft keine Nahrung mehr fanden.
Der Terror gegen das Volk von Mailand wurde verstärkt. Die Besatzung einer Burg in der Gegend von Piacenza, es waren über 100 Mann, wurden grausam verstümmelt und getötet.
Als Friedrich Barbarossa am 7. August bei Cerro vor Mailand lagerte, bot sich eine Friedensmöglichkeit an. Mailands Bürger, vom Hunger zermürbt, die Aussichtslosigkeit ihrer Lage vor Augen, baten um eine Unterredung mit des Kaisers Halbbruder Konrad, dem Landgrafen von Thüringen, und Herzog Theobald, Bruder des Böhmenkönigs. Die Inanspuchnahme solcher Vermittlung war nicht unüblich, vor allem dann, wenn man bei dem Entscheidungsträger größere Härte vermutete als bei den um Vermittlung angerufenen Personen.
Die angesprochenen Fürsten gaben eine Zusage, und den Mailänder Konsuln wurde freies Geleit zugesagt. Als Mailänder Angebot soll vorgelegen haben: eine einmalige Buße von 10000 Mark Silber, ein jährlich zu zahlender Tribut und die Gestellung von 300 Geiseln. Ein Angebot, das Barbarossa, der mit seinem Kanzler die bedingungslose Unterwerfung forderte, nicht genügte.
Als die Mailänder Verhandlungskommission in die Gegend des Klosters Bagnole kam, wurden sie von den kölnischen Rittern des Rainald von Dassel angegriffen und gefangengenommen. Die Mailänder machten daraufhin einen Ausfall, ihre Konsuln zu retten. Es kam zu blutigen Kämpfen. Die Kölner hielten sich tapfer bis zum Abend, wo ihnen der Kaiser zu Hilfe kam.
Der Pfalzgraf Konrad bei Rhein, der Landgraf von Thüringen und der Herzog von Böhmen waren über den Bruch ihrer Zusage für

freies Geleit der Mailänder so empört, daß Acerbus Morena berichtet, sie hätten zu den Waffen gegriffen, um den Kanzler Rainald zu töten. Ja, sie versagten dem Kaiser, der sich mit Herzog Friedrich von Schwaben und anderen Fürsten zum Entsatz der hart bedrängten Kölner anschickte, für diesen Waffengang die Gefolgschaft. Dem Kaiser gelang es dann, mit einer Truppe von 150 Panzerreitern die Kölner aus der mißlichen Lage zu befreien, die Mailänder zurückzuschlagen, sie bis an die Stadtmauern zu verfolgen und dabei 80 Ritter und 260 Fußsoldaten gefangenzunehmen; der Kaiser, der in vorderster Linie kämpfte, wurde leicht verwundet und sein Pferd durchbohrt.

Der Kanzler und Erzbischof Rainald rehabilitierte sich mit der Behauptung, er und seine kölnischen Ritter hätten nichts von der Mailänder Delegation und dem zugesagten freien Geleit gewußt.

Der Vorfall erhellt wie ein Schlaglicht, auf welch dünnem, ja schwankendem Boden ein deutscher Kaiser seine Macht ausüben mußte. Daß sich die Fürsten weigerten, gemeinsam mit dem Kaiser dem bedrängten Kanzler und seinen kölnischen Reitern zu Hilfe zu kommen, war glatte Befehlsverweigerung.

Das Zeugnis des kaiserlich gesinnten Geschichtsschreibers Acerbus Morena, Kanzler Rainald und seine Kölner hätten von dem zugesagten freien Geleit nichts gewußt, erscheint unglaubwürdig. Zunächst weiß jeder, der den Ablauf solcher militärischer Aktionen kennt, daß bei Zusage freien Geleits als erstes die Vorposten benachrichtigt werden. Ferner ist zu bemerken, daß sich die Mailänder nicht an den Kaiser und seinen Kanzler wandten, sondern an des Kaisers Bruder Konrad und andere Fürsten. Demnach waren die Mailänder davon überzeugt, daß der Kaiser und sein Kanzler keinen Verhandlungsfrieden, sondern die bedingungslose Unterwerfung wollten, was dann auch schlußendlich geschah.

Wer dies nicht aus seiner Betrachtung verliert, wird verstehen, daß Rainald seinen kölnischen Reitern den Angriffsbefehl auf die Mailänder Konsuln gab, damit der weder vom Kaiser noch von ihm gewollte Verhandlungsfrieden nicht zustande kam. Somit stimmt auch das politische Kalkül der Mailänder, die die Friedensliebe der Fürsten, die wieder zurück in ihre eigenen Machtbereiche wollten, höher einschätzten als die Friedensbereitschaft des Kaisers und seines unerbittlichen Kanzlers.

Über den Bruch der Zusage freien Geleits durch Rainald empört, trachteten die Fürsten ihm nach dem Leben. Dies war nicht nur Ausdruck ihrer durch Rainalds Vertragsbruch gekränkten Ehre, sondern auch ihrer Verärgerung über das Nichterreichen ihrer politischen Ziele. Außerdem ist der Mann, der am höchsten in der Gunst des Herrschers steht, immer in besonderer Art gefährdet. All dies mögen die Gründe sein, die die Fürsten so erbitterten, daß sie Rainalds Tod wollten.

Eine solche Form von Selbstjustiz von seiten der Fürsten zeugt, zumindest zu diesem Zeitpunkt, für die Schwäche kaiserlicher Autorität.

Sieht man Rainalds Verhalten in Sachen freies Geleit im Lichte der späteren Ereignisse, so drängt sich die Erkenntnis auf, daß für den Kaiser und seinen Kanzler, oder sollten wir sagen: für den Kanzler und seinen Kaiser, die Vernichtung Mailands beschlossene Sache war und daß Rainald bereit war, dafür Wortbruch und Gewalttat in Kauf zu nehmen.

Friedrich nahm seine Kriegstaktik wieder auf. Wieder und wieder zerstörten seine Truppen das Mailänder Umland, vernichteten Saaten, Weinberge, Bäume und nahmen den Mailändern, wie der Chronist sagt, »fast alle Hoffnung auf Leben«. Der Terror gegen die Menschen steigerte sich. Die letzten Zufahrtsstraßen Mailands nach Piacenza und Brescia und alle Flußübergänge wurden abgeriegelt. Wer dabei erwischt wurde, den Mailändern Lebensmittel zu liefern, verlor die rechte Hand. Wegen dieses Tatbestandes wurden an einem einzigen Tag 25 Einwohner von Piacenza Opfer dieser grausamen Verstümmelung.

Aber immer noch war Mailand nicht gebrochen. Im Dezember 1161 griffen 500 Mailänder Ritter Lodi an, hinter dessen Mauern die Kaiserin Beatrix weilte. Sollte man den abenteuerlichen Plan gefaßt haben, die Kaiserin gefangenzunehmen, um damit die Freiheit Mailands zu erkaufen? Ein Erfolg war dieser letzten Mailänder Unternehmung nicht gegeben.

Der Kaiser antwortete, indem er fünf Mailänder Gefangenen beide Augen ausstechen ließ, einem sechsten nur eines, dafür aber die

Nase abschneiden ließ. Der einäugige Nasenlose führte diesen Jammerzug nach Mailand, um Schrecken und Panik in der Stadt zu vergrößern. Zur Angst kam der Hunger, zum Hunger der Durst. Eine späte Quelle berichtet, der Kaiser habe durch den Instinkt der Esel entdecken lassen, welche unterirdischen Wasseradern nach Mailand führten. Durch Abschneiden derselben sei Wassermangel herbeigeführt worden. Der kaiserfeindliche Erzbischof und sein Klerus waren aus der Stadt zu Papst Alexander nach Genua geflohen. Die sozialen Ordnungen lösten sich auf, Chaos breitete sich aus.

Aus dieser Verzweiflung heraus schickte man Gesandte an den Kaiser. Ihr Vorschlag lautete: »Mailand wolle alle Befestigungen der Stadt zerstören und sie nicht ohne Erlaubnis des Kaisers wieder herstellen, auf eigene Kosten eine kaiserliche Burg in der Stadt erbauen, allen Bündnissen entsagen, das Heer in der Stadt aufnehmen, 300 Geiseln auf 3 Jahre stellen, die Ernennung obrigkeitlicher Personen dem Kaiser übertragen, sich der Hoheitsrechte begeben und eine große Summe Geldes zahlen.«[48]

Damit glaubte die stolze Stadt das Äußerste an Unterwerfung angeboten zu haben. – Doch genug war nicht genug –. Es waren die kaisertreuen lombardischen Städte, die unter Mailands Macht gelitten hatten, denen diese Form der Unterwerfung nicht genügte. Vor allem einem Manne ging die Unterwerfung Mailands nicht weit genug: Rainald von Dassel! Hören wir seinen Biographen:

»Im Lager des Kaisers aber hatte Mailand einen unversöhnlichen Feind, dem selbst diese entehrenden Bedingungen nicht genügten, der nicht ruhte, bis die Trümmer der Stadt ihn die angetane Schmach vergessen ließen.«[49] Die Mailänder Unterhändler mußten mit dieser schroffen Botschaft in die Stadt zurück.

»Nach ihrer Rückkehr eröffneten die Legaten den Weisen Mailands, was sie vom Kaiser gehört hatten. Sie erwogen dies lange untereinander, knirschten mit den Zähnen und schwankten, was zu tun sei; sie fürchteten den Untergang der Stadt, wenn sie sich so völlig dem Joch des Kaisers unterwürfen, aber auch, wenn sie sich verweigerten, sich so dem Kaiser zu unterwerfen... Und da ihre Meinungen so miteinander rangen, neigten sie schließlich fast alle zu dem Urteil, dem Willen des Kaisers zu gehorchen und auf das Glück seiner Güte zu hoffen.«[50]

Die Zerstörung Mailands

Vertrauen wir uns weiter dem Bericht des Acerbus Morena an, der nicht nur Augenzeuge, sondern auch tätiger Teilhaber am Geschehen des Unterganges Mailands war:
»Am folgenden Donnerstag, am ersten des genannten März 1162, kamen die Konsuln von Mailand – nämlich Otto Visconti, Amizio de Porta Romana, Anselmus de Mandello, Gotifredus Gattonus, Ardericus Cassiba, Osa, Anselmus de Orto, Aliprandus iudex, Ardericus de Bonate – und 8 Mailänder Ritter vor den Herrn und durchlauchtigsten Kaiser Friedrich in dessen Palast zu Lodi, mit bloßen Schwertern in den Händen, und ergaben sich stellvertretend für die ganze Stadt dem Kaiser.
... Am folgenden Sonntag, dem 4. März 1162, kamen 300 Mailänder Ritter zum Kaiser in den Palast zu Lodi, darunter 36 Fähnleinträger, die die Fähnlein in die Hände des Kaisers gaben und dessen Füße küßten, und dort befand sich Meister Guintelmus, der erfindungsreichste Mailänder, auf den die Mailänder größte Hoffnung gesetzt hatten, und er übergab dem Kaiser die Schlüssel der Stadt als Zeichen für die ganze Stadt. Alle, Fähnleinträger und sonstige, schworen, daß sie fürderhin guten Glaubens und ohne Trug alle Anordnungen beachten wollten, die der Kaiser ihnen gäbe oder sein eindeutiger Gesandter, und zwar hinsichtlich ihrer Personen wie hinsichtlich der Stadt, und dort befahl der Kaiser den Konsuln von Mailand, daß sie alle jene zu kommen veranlassen sollten, die in den letzten 3 Jahren Konsuln von Mailand gewesen waren, sowie einen Teil des Fußvolks von Mailand.
Also kamen am folgenden Dienstag etwa 1000 Mann Fußvolk aus Mailand mit ihren Wagen und mit dem großen Banner und außerdem 94 anderen Wimpeln auf dem Wagen (die sogenannte »carozza«, der Fahnenwagen Mailands, Symbol der Mailänder Freiheit und Macht); diese alle übergaben sie dem Kaiser sowie 2

Tuben, die sie besaßen, zum Zeichen für das gesamte Gemeinwesen von Mailand, und alle schworen in der erwähnten Weise.
Am folgenden Mittwoch, dem 7. März 1162, löste der gütige Kaiser die Mailänder vom Bann und befahl den Konsuln, daß sie nun 114 Ritter zu ihm schicken sollten, damit er aus ihnen 40 Geiseln erhalten sollte, und zwar aus jenen 114 und den anderen, die er aus denen erwählt hatte, die schon am Sonntag gekommen waren und 286 zählten; und allen vom Fußvolk gab er Erlaubnis, nach Hause zurückzukehren, und befahl ihnen, daß sie soviel von Graben und Mauer Mailands bei dem Mailänder Tor zerstören sollten, daß er mit seinem Heer in breiter Ordnung einziehen könne.
Der Kaiser wählte dort auch 6 Lombarden und 6 Deutsche aus, die nach Mailand gehen und alle Mailänder in der erwähnten Weise schwören lassen sollten, und ich, Acerbus Morena, der Sohn Otto Morenas, war damals Podestà von Lodi und einer von den genannten Zwölfen...
Am nächsten Sonntag kamen 114 Mailänder Ritter zum Kniefall beim erhabenen Kaiser, so wie er befohlen hatte, und weitere 26, und sie schworen in der erwähnten Weise...
Am folgenden Montag, dem 19. März 1162, kam der Kaiser selbst nach Mailand mitsamt seinen Fürsten, den Cremonesen, den Pavesen, den Novaresen, den Comasken und Lodesen sowie denen aus Seprio und der Martesana, und befahl den Lodesen, die Porta Orientalis zu zerstören; den Cremonesen übertrug er die Porta Romana, den Pavesen die Porta Ticinese, den Novaresen die Porta Vercellina, den Comasken die Porta Cumacina zur Zerstörung, denen von Seprio und der Martesana dagegen die Porta Nuova. Sie gaben sich bei der Zerstörung solche Mühe, daß sie bis zum folgenden Passionssonntag so viel von den Mauern abbrachen, wie Anfangs niemand glaubte... Es blieb aber fast die ganze Umfassungsmauer der Stadt, die so gut und aus großen Steinen errichtet und mit fast 100 Türmen geschmückt war, daß, wie ich glaube, keine so gute in Italien jemals gesehen wurde...
Erhalten blieb auch der Campanile der Domkirche, wunderbar an Schönheit, von sehr großer Höhe und bewundernswerter Breite, wie niemals einer in Italien gestanden haben soll; ihn ließ der Kai-

ser nach wenigen Tagen umlegen, und er stürzte auf die Domkirche und zerstörte einen großen Teil der Kirche.«[51]
Acerbus Morena geht mit seinem kaiserlichen Herrn gnädig um. Als Podestà von Lodi, das von Mailand zerstört und gnadenlos unterdrückt wurde, sieht er das kaiserliche Strafgericht, das über Mailand hinwegrast und selbst den Dom mit seinem ragenden Campanile nicht verschont, als gerechte Strafe Gottes an.
Erzbischof Eberhard von Salzburg, der den Kaiser auf den Trümmern Mailands besuchte, fand für Mailand die alttestamentarischen Worte: »Zerstört ist Mailand, und wie es getan hatte, so hat ihm Gott getan.«[52]
Die Kölner Königschronik schildert die Erniedrigung Mailands anschaulicher:
»Vor dem Palast des Kaisers machten alle halt. Sobald nun die Mailänder den Kaiser, der auf einem hohen Throne saß, erblickten, stießen die Trompetenbläser auf dem Caroccio mit verstärkter Kraft in ihre ehernen Instrumente und bliesen so ihrem Stolze ein Grablied. Nachdem der Klang verhallt war, wurden die Trompeten dem Kaiser überreicht. Hierauf traten die Häupter der einzelnen Stadtviertel vor, bekannten ihre Schuld und übergaben der Reihe nach ihre Fahnen. Nur der Wagen, der Caroccio stand noch ...Mehrere Lagen von Eichenbalken schirmten ihn ringsum, und äußerst starke Eisenklammern gaben ihm unerschütterlichen Halt. In seiner Mitte erhob sich ein hoher, schlanker Mastbaum, der von oben bis unten mit Eisen, Riemen und Tauen ganz fest umschlungen war...
Nachdem die Mailänder alle anderen Ehrenzeichen übergeben hatten, nahte als letzter dieser Wagen, um nun ebenfalls sein Haupt zu beugen. Seine Führer senkten kunstvoll den ganzen Aufbau mit dem Mastbaum zur Erde. Auf uns, die wir uns neben dem Throne des Herrn Kaisers befanden, wirkte dies, als würde der ganze Caroccio zerstört, und wir schauten ganz erschrocken zu. Aber der herabgelassene Mastbaum fiel weder hin, noch erhob er sich eher, als bis der Kaiser die Fransen der gesenkten Standarte ergriff, das Zeichen zur Wideraufrichtung des Wagens gab und dann den unterworfenen stehen ließ.
Hierauf stürzten sich die Ritter und das Volk von Mailand alle wei-

nend um Gnade flehend zu Boden. Dann hielt einer der Konsuln eine Bittrede, nach deren Beendigung sich alle Mailänder abermals zu Boden warfen. Kreuze, die sie in den Händen trugen, dem Kaiser entgegenstreckten und unter gewaltigem Klagegeschrei um des Kreuzes willen Erbarmen erflehten. Alle Anwesenden wurden zu Tränen gerührt, einzig des Kaisers Antlitz blieb unbewegt, wie ein Fels.
Nun legte der Erzbischof von Köln (Rainald von Dassel) den Mailändern eine klar und bestimmt abgefaßte Unterwerfungsformel vor, welche diese mit einem unzweideutigen Schuldbekenntnis beantworteten...
Nachdem der Kaiser also Mailand besiegt hatte, ließ er sich selbst vom Mitleid besiegen und löste die Mailänder vom kaiserlichen Banne, um sich nicht durch den Verkehr mit Gebannten selbst zu verfehlen und auch um Gnade walten zu lassen. Die Stadtmauern, Gräben und Türme wurden jetzt allmählich zerstört, Tag für Tag gleicht die Stadt mehr einem öden Trümmerhaufen.
Außerdem erhielten die Mailänder den Befehl, jeder von ihnen sollte zu seinem Gute und Hause außerhalb der Stadt zurückkehren und seine Felder als Landmann bestellen; in der Stadt aber selbst durfte keiner mehr wohnen bleiben.«[53]
Mailand, die Blume Italiens, so sagte ein Chronist, war gefallen. Aber nicht nur, daß die Stadt unterworfen war, nicht nur, daß sie zerstört wurde – das hatte Mailand auch anderen italienischen Städten angetan –, die städtische Kommune Mailand sollte für immer ausgelöscht und in eine Agrargesellschaft verwandelt werden. Dabei waren Mailand und sein Umfeld, in der fruchtbaren Poebene gelegen, seit Jahrhunderten der Garten Oberitaliens. Nicht umsonst war der Kaiser monatelang umhergezogen und hatte mit seinem Heer die agrarische Umwelt Mailands zerstört.
Jetzt sollte das gleiche in übertragenem Sinne an Mailands Bürgern vollzogen werden. Eine hochentwickelte Gesellschaft von begabten Handwerkern, Händlern, Manufakturen und einem bereits entwickelten Bankwesen sollte eingestampft werden auf das Niveau eines bäuerlichen Gemeinwesens.
Friedrich verzichtete damit auf die reichen Erträge der Mailändischen Stadtregalien, denn eine Naturalgesellschaft, wie er sie in

dem eroberten Gebiet herzustellen versuchte, konnte niemals solche Erträge an die kaiserliche Kasse abführen, wie die einstmals so starke Stadt Mailand.

Der Fall Mailands löste eine Kettenreaktion aus. Als der Kaiser am 8. April 1162 in Pavia mit seiner Gattin zum erstenmal die Messe wieder unter der Krone feierte, denn er hatte geschworen, so lange keine Krone zu tragen, bis Mailand unterworfen sei, trafen die Ergebenheitsadressen der lombardischen Städte ein. Am 22. April unterwarf sich Brescia. Seine Abgesandten, die bloßen Schwerter in der Hand, schworen, alle Türme Brescias, die gesamte Stadtmauer und den ganzen Umfassungsgraben zu zerstören, 6000 Pfund alter Mailänder Münze und alle Gelder, die Mailand an Brescia gezahlt hatte, um den Kaiser zu bekämpfen, an diesen auszuliefern. Darüber hinaus beschwor die Stadt, alle Burgen im Bistum Brescia dem Kaiser zu übergeben, den Podestà nach dem Willen des Kaisers entgegenzunehmen, allen seinen Befehlen zu gehorchen, Heeresfolge zu einem Zug nach Rom, nach Apulien oder wohin immer der Kaiser befehle, zu leisten. Piacenza beugte sich unter ähnlichen Bedingungen, ja selbst das starke Bologna öffnete im Juni 1162 seine Tore und unterwarf sich. Friedrich stand auf dem Gipfel der Macht. Die widerspenstige Lombardei war endlich unter kaiserliche Gewalt gezwungen.

Diplomatische Künste

Wichtig war jetzt, daß die mächtige Seestadt Pisa sich erneut zum Kaiser bekannte und ihm die Hilfe ihrer Flotte zusicherte. Dazu gehörte die Verteidigung der Seeküste von der Rhônemündung bis zum Absatz des italienischen Stiefels. Die Verteidigung dieser enormen Küstenfront, die aus dem tyrrhenischen Meer ihr Stoßrichtung gegen Sizilien und im adriatischen Meer gegen Byzanz hatte, honorierte Friedrich mit Privilegien für Pisa, wie sie noch niemals ein römisch-deutscher Kaiser zuvor erteilt hatte. Er versprach nahzu Abenteuerliches. Die freie Wahl von Konsuln und viele Regalien an der Küste von Civitavecchia und Porto Venere, das sowieso Einflußgebiet der Pisaner war, blieb noch im Rahmen

des Üblichen. Bemerkenswerter schon die Zusage, den Genuesern Porto Venere vor La Spezia wegzunehmen und den Pisanern zu verleihen. Dies wird verständlich, wenn man sich erinnert, daß Genua gegenüber Kaiser und Reich immer schwankende Positionen vertreten und Papst Alexander beherbergt hatte. Den pisanisch-genuesischen Gegensatz ausnützend, versprach der Kaiser den Pisanern Waffenhilfe gegen Genua. Und nun verteilte der Kaiser – im Stile aller wirklich großen Herrscher – die Dinge, die er noch gar nicht besaß. In den noch zu erobernden Gebieten auf Sizilien und in Unteritalien wurde den Pisanern Abgabefreiheit versprochen. Es wurden ihnen die Städte Gaeta, Mazara und Trapani verliehen, zusätzlich die Besitzhälfte der Städte Salerno, Neapel, Palermo und Messina.
Handelswege zu allen wichtigen Städten Siziliens, und das Außerordentlichste, ein Drittel des sizilianischen Königsschatzes, wurden zugesagt.
Der Vertrag zwischen dem Kaiser und Pisa wurde praktisch auf ewige Zeiten geschlossen und enthielt das gegenseitige Versprechen, ohne Wissen des anderen keinerlei Absprachen und Verträge mit Genua abzuschließen.
Dieser umfassende Vertrag rief Genua auf den Plan. Wurde der kaiserlich-pisanische Vertrag Realität, so war die Stellung Genuas im Mittelmeer gefährdet, zumindesten stark reduziert. Die Hinwendung Friedrichs zu Pisa trieb Genua mit Sturmschritten ins Lager des Kaisers. Der Schluß drängt sich auf, daß Friedrichs diplomatische Fähigkeiten seine Feldherrntalente weit übertrafen.
Auch Genua versprach Hilfe gegen Sizilien und die Verteidigung des Reichsbesitzes von der Rôhnemündung bis zur Adria. Der Kaiser sagte auch hier freie Wahl der Konsuln zu und bestätigte die Regalien der Stadt. Er belehnte Genua mit dem Küstengebiet von Monaco bis Porto Venere. Den Pisanern müssen die Ohren geklungen haben, denn eben erst hatte der Kaiser dieses Porto Venere den Pisanern zugesichert. Dennoch blieb Pisa, wohl zähneknirschend, mit dem Kaiser im Bündnis, um nicht das Feld mit all seinen politischen Möglichkeiten den Genuesen alleine zu überlassen.
Gleich Pisa erhielt Genua weitreichende Zoll- und Handelsfreihei-

ten, auch wurde es mit Privilegien gegenüber Venetianern, Provençalen und Franzosen ausgestattet. Auf Sizilien wurde Genua die Stadt Syrakus zugesprochen, außerdem in jeder Stadt der Insel eine Straße mit Kirche, Warenlager, Bad und Backhaus. Vom Schatz König Wilhelms, und hier wurde der Kaiser subtil, sollte Genua nur ein Viertel und dieses nur unter Ausschluß der Edelsteine erhalten. Darüber hinaus wurden Genua Zusagen für die Balearen gemacht. Dabei ist zu bedenken, daß Genua dort erst die Araber vertreiben mußte.

Betrachtet man die Verträge des Kaisers mit den Seestädten, so drängt sich der Verdacht auf, daß er diese Vertragswerke selbst nicht ganz ernst genommen hat oder nach dem Grundsatz verfahren ist, soviel wie möglich zu versprechen; was sich davon realisieren ließe, würde die Zeit bringen.

Für ihn war es wichtig, mit Pisa und Genua die Flottenmacht gewonnen zu haben, mit der er Sizilien erobern konnte. Aber das Schicksal wollte es anders.

Ein Wort spaltet Europa

Siege und Niederlagen sind nicht nur Ereignisse, die sich auf Schlachtfeldern abspielen, ihre Wirkungen verändern das Machtgefüge der Zeit.

Schon als sich im Frühjahr 1162 der Sieg des Kaisers über Mailand abzeichnete, hatte Papst Alexander III. Genua verlassen und sich, da er in Rom nicht sicher war, nach Frankreich unter den Schutz König Ludwigs VII. begeben. Dadurch hatte Alexander zugleich Frankreich an seine Seite gezogen. Es gelang ihm auch, König Ludwig VII. mit seinem Großvasallen, König Heinrich II. von England, für den Augenblick zu versöhnen. Man muß sich vor Augen halten, daß das damalige England sowohl eine insulare wie eine kontinentale Macht war, die in der Normandie, in der Bretagne, im Poitou und in Aquitanien als Großvasall Frankreichs militärisch präsent war. Dieses »angevinische Großreich« König Heinrichs II. fühlte sich ebenfalls von dem siegreichen, expandierenden Imperium des Barbarossa bedroht.

Über alle politischen Konstellationen hinweg lebte im Abendland die Sehnsucht, das Schisma zu überwinden und wieder zur Einheit der Kirche zu gelangen. Dieser Wunsch war beiden Seiten gemeinsam.

Papst Alexander bekannte in einem Schreiben an den Erzbischof Eberhard von Salzburg, »er wünsche nichts sehnlicher als den Frieden mit dem Kaiser; werde dieser zur Einheit der katholischen Kirche zurückkehren, so sei er bereit, alles zu vergessen, was er gegen die Kirche und ihn unternommen habe.«[54]

Die Schwierigkeit bestand darin, daß jede Seite erwartete, die andere möge in die Einheit der Kirche zurückkehren. So lag der Gedanke an ein neues Konzil nahe, in dem frei von politischen Leidenschaften und Zwecken der neue, wahre Papst ermittelt werde.

Auch dem König von Frankreich lag an einer gemeinsamen Lösung. Er hatte darum seinen Schwager und Eidam, den Grafen Heinrich von Champagne, zum Kaiser gesandt, um gemeinsame Wege zu finden.

Kaiser und Graf harmonisierten so sehr, daß ein Treffen Friedrichs mit König Ludwig an der Saônebrücke bei St.-Jean-de-Losne südöstlich von Dijon vereinbart wurde. In einem aus diesem Gespräch resultierenden Vertragswerk war vorgesehen, daß auch die beiden Päpste daran teilnehmen sollten. Würde aber einer von ihnen die Zusammenkunft verweigern, so solle der als rechtmäßiger Papst gelten, der anwesend sei. Graf Heinrich von der Champagne war seiner Sache so sicher, daß er sich eidlich verpflichtete, falls die französische Seite seine Zusage nicht einhalte, mit seinen Ländern Vasall des Kaisers zu werden.

Diese Vereinbarung, die Ende Mai Anfang Juni 1162 getroffen wurde, schien dem Kaiser so wichtig, daß er seinen Zug nach Sizilien und Süditalien verschob.

Daraus wird klar, welchen Stellenwert die Überwindung des Schismas für den Kaiser, aber auch für alle anderen Beteiligten, darstellte.

Friedrich hatte in euphorischer Hoffnung alle Könige des Abendlandes eingeladen, an diesem Zusammentreffen zwischen ihm und König Ludwig teilzunehmen. Er hatte – oder war es der alles

auf die Spitze treibende Kanzler Rainald von Dassel? – in seinem Einladungsschreiben behauptet, König Ludwig habe sich bereits auf die Seite des kaiserlichen Papstes Victor gestellt.
Doch das auf den 29. August 1162 terminierte Treffen zwischen Kaiser und König fand nicht in der gewünschten Form statt. Papst Alexander hatte gegenüber König Ludwig erklärt, er werde sich niemals weltlicher Gerichtsbarkeit stellen. Damit hatte er laut dem Vertrag zwischen dem Grafen von Champagne und dem Kaiser über das künftige Konzil sein Papsttum verwirkt. Selbst König Ludwig hatte, als er von der Unverrückbarkeit des alexandrinischen Standpunktes erfuhr, ausgerufen: »Merkwürdig, daß jemand mit gutem Gewissen für seine Sache nicht eintreten will und die Untersuchung scheut!«
Hatte sich auch König Ludwig in den letzten Monaten innerlich von Alexander entfernt, denn es ist ein Unterschied, Sympathisant oder Kostherr eines Papstes zu sein, so stand doch die überwiegende Mehrheit seines Klerus, darunter sein eigener Bruder, der Erzbischof von Reims, vor allem aber der überaus mächtige Orden der Zisterzienser, getreu zu Papst Alexander.
König Ludwig erschien zwar an der Brücke von Saint-Jean-des-Losne, aber zu einem Gespräch mit dem Kaiser kam es nicht. Der Franzose entsandte drei ehrwürdige Prälaten auf die deutsche Seite. Die Würdenträger erklärten, ihr König habe erst am Tage zuvor von der Abmachung erfahren und könne den Papst Alexander nicht so schnell zum Verhandlungsort führen. Sie sagten dies, obwohl sie und der König wußten, daß Papst Alexander sich keinem weltlichen Gericht stellen würde. Der König und seine drei geistlichen Gesandten arbeiteten auf Zeitgewinn und baten um eine Verschiebung der Zusammenkunft auf den 29. September 1162. Wohl oder übel willigte der Kaiser ein. Aber was machte er mit seinem Aufgebot an geistlichen und weltlichen Fürsten, die er hier in Burgund versammelt hatte? Erschienen waren unter anderem der König Waldemar von Dänemark, der sein Königtum aus der Hand des Kaisers empfangen hatte, die Erzbischöfe von Bremen, Köln, Mainz, Magdeburg, Trier, von Aquileja, Besançon, Embrun, Lyon, Ravenna und Vienne. Zu diesen elf Erzbischöfen kamen weitere 40 Bischöfe. Von den weltlichen Herren waren zur Stelle: die Herzöge

Heinrich der Löwe, Friedrich von Schwaben und Hermann von Kärnten, der Landgraf Ludwig von Thüringen, die Markgrafen Otto von Meissen, Albrecht der Bär von Brandenburg, Wilhelm von Montferrat und Obizo Malaspina. Dies war nicht nur ein Gefolge eindrucksvoller Namen, sondern auch Präsentation militärischer Macht, direkt an den Grenzen Frankreichs, von der sich König Ludwig wohl bedroht fühlen konnte. Was sollte der Kaiser mit diesem Aufgebot großer Herren beginnen, wie sie über einen Monat lang tatenlos zusammenhalten?

So entschloß er sich, am 7. September in Dôle eine Synode, verbunden mit einem Reichstag, abzuhalten. Bedeutungsvollerweise war der 7. September 1162, der Tag der dritten Wiederkehr der Papstwahl und Ausbruch des Schismas.*

Rainald von Dassel war es, der durch seine Rabulistik mögliche Brücken zerbrach. Den Deutschen hat es gefallen, in Rainald den großen Staatsmann zu sehen. Betrachtet man die Ergebnisse seiner Politik, so ergibt sich dieser Eindruck nicht. Wohl hatte er viele Eigenschaften, die die Deutschen schätzen. Er war dem Kaiser unbeirrbar treu, aber er band ihn so in den Rahmen der eigenen Politik ein, daß man sagen darf: Er war treu den Vorstellungen und den Zielen, die er sich von Kaiser und Reich geschaffen hatte. Er hatte die Treue eines Hagen, der das Schicksal seiner Könige gestaltet und erfüllt.

Er war ein Held, der sich mit dem Schwert in der Hand jedem noch so überlegenen Feind entgegenwarf. Er wollte immer das Letzte, das Äußerste. Er war kompromißlos, eine Haltung, die oftmals mit Stärke verwechselt wird. Und so nannte er in einer deutsch, lateinisch und französisch gehaltenen Rede, damit auch ja nur kein Zweifel aufkomme, die anderen Könige Europas *Reguli*, Kleinkönige, Unterkönige von Provinzen.

Um den Eklat vollkommen zu machen, erklärte er, Rom sei eine deutsche Stadt, der Bischof von Rom – der Papst – sei darum ein deutscher Bischof, und der deutsche König könne den römischen Bischof ebenso investieren wie den Erzbischof von Köln. Die ganze

* Das Konzil bestätigte Papst Victor wiederum zum rechtmäßigen Papst und verfluchte Alexander feierlich als Eindringling und Usurpator.

römische Bischofswahl sei eine Sache des deutschen Königs und der Bischöfe des Reichs. Wenn dies so war, stellt sich die Frage, warum man sich überhaupt um die Zustimmung des englischen und französischen Königs und ihrer Episkopate bemühte.
Mit dieser Rede und der Bestätigung Papst Victors auf der Synode von Dôle war das Loch geschaffen, durch das König Ludwig aus dem Vertrag zwischen dem Grafen von Champagne und dem Kaiser schlüpfen konnte. Friedrich, der dies erkannt hatte, war gar nicht mehr zum erneuten Termin erschienen.
Helmold von Bosau, immerhin Zeitgenosse, schreibt in seiner Slawenchronik, daß zu keiner Zeit ein Zusammentreffen zwischen Kaiser und König erfolgt sei:
»König Ludwig von Frankreich indes, auf dessen Ankunft man besonders wartete, zögerte, dem Kaiser entgegenzuziehen, als er erfuhr, daß sich dieser mit großer Heeresmacht nähere. Doch aus Treue zum geleisteten Eide kam er am festgesetzten Tage, 29.8.1162, dem der Enthauptung Johannes des Täufers, an den Ort der Zusammenkunft und hielt sich von der dritten bis zur neunten Stunde mitten auf der Brücke auf. Der Kaiser aber war noch nicht angekommen. Das nahm der König von Frankreich als günstiges Zeichen, wusch seine Hände im Fluß zum Zeugnis, daß er das gegebene Wort eingelöst habe, und zog von dort noch am selben Tage nach Dijon. Der Kaiser aber kam in der Nacht an, erfuhr, daß der König von Frankreich weggezogen war, und sandte angesehene Männer hin, ihn wieder zurückrufen zu lassen. Der aber konnte durchaus nicht abkommen; er schätzte sich glücklich, daß er sein Versprechen eingelöst hatte und doch den verdächtigen Händen des Kaisers entronnen war.«[55]
Unabhängig von ihrer Richtigkeit zeigt diese historische Darstellung doch das Dunkel an Ängsten und Verdächtigungen auf, in der das Geschehen sich vollzog.
Das Finale in den wechselseitigen Mißverständnissen von Saint-Jean-de-Losne setzte der Kanzler Rainald von Dassel: Er traf sich als Vertreter des Kaisers mit dem König auf der Saônebrücke. Als König Ludwig an den Vertrag erinnerte, worin der Kaiser ihm und dem Grafen von Champagne versichert hatte, die vereinigte Geistlichkeit beider Reiche solle über den rechtmäßigen Papst entschei-

den, erwiderte Rainald: »... nie habe der Kaiser so etwas versprochen, nie werde er eine Einmischung Fremder in die Angelegenheit der Römischen Kirche, die zu seinem Reich gehöre und deren Schutzvogt er sei, dulden. Das Urteil über die Papstwahl gebühre nur den Bischöfen des Reiches.«[56]
Lachend entgegnete Ludwig, ob denn der Kaiser nicht wisse, daß der Sohn Gottes den Heiligen Petrus und damit den Nachfolgern desselben alle seine Schafe zu weiden übergeben habe? Ob er dabei etwa die Könige von Frankreich und die französischen Bischöfe ausgenommen habe?[57]
König Ludwig wendete sein Pferd und ritt davon. Unüberwindbar stand das Wort Rainalds von den »Kleinkönigen« zwischen dem Kaiser und Europas Königen. Dieses Wort war eine jener ungeschickten Überheblichkeiten, welche die Könige des Abendlandes noch fester an die Seite Papst Alexanders trieben. Rainald von Dassel hatte den gordischen Knoten mit der Schärfe seiner Sprache wie mit einem Axthieb durchschlagen. Die losen Enden des Seils, aus dem dieser Knoten gebildet war, sollten erst im Frieden von Venedig des Jahres 1177, der dem diplomatischen Talent des Kaisers und dem Friedenswillen des Papstes zu verdanken war, wieder zusammengefügt werden.
Versucht man einen Sinn im Handeln Rainald von Dassels zu finden – denn dumm war dieser Mann ja nicht, der die Gebeine der Heiligen Drei Könige nach Mailands Fall nach Köln brachte, die der Stadt den Ruhm und den Reichtum einer großen Pilgerstadt verliehen –, so bleibt nur eine Annahme: Rainald wollte einen Papst in der Stellung eines deutschen Reichsbischofs, und wenn das nicht möglich war, die Trennung der deutschen Kirche von Rom. Nur diese Unterstellung gibt der Politik des Kanzlers Rainald von Dassel einen Sinn. Wenn er scheiterte, dann nicht an den Grenzen seiner Person, sondern an der Unerreichbarkeit seiner Ziele.

1163 – Ein Jahr der Vorbereitungen

Nicht ohne Erbitterung zog der Kaiser von Burgund nach Deutschland. Ein Lichtblick war, daß die Bürgen des Vertrages, Graf Heinrich von der Champagne, die Grafen von Nevers und Flandern, sich symbolisch als Gefangene in seine Hand begaben und mit ihren Ländern nominell seine Vasallen wurden.

Damit war vor der Welt klargestellt, daß diese französischen Edelleute die Schuld am Scheitern des Vertrages ihrem eigenen König Ludwig gaben.

Das große Versöhnungskonzil war gescheitert. Papst Alexander feierte König Ludwig als den wahren Sohn der Kirche. Ihm selbst wurde Sens als Papstsitz zugewiesen und zum erstenmal lebte Alexander in zwar knappen, aber geregelten finanziellen Verhältnissen. In der Stadt des heiligen Martin, in Tours, hielt er im März 1163 ein Konzil ab, das die Einheit der französischen und englischen Kirche demonstrierte.

Der Erzbischof von Köln, Rainald von Dassel, den Alexander als seinen Erzfeind erkannt hatte, wurde mit dem Bannfluch belegt. Bereits im September 1162, kurz nach dem Scheitern der Verhandlungen von Saint-Jean-de-Losne, hatte Papst Alexander seinen deutschen Parteigänger, Erzbischof Eberhard von Salzburg, um Vermittlung beim Kaiser gebeten. Aber die konnte nicht erfolgreich sein, da beide Seiten das Ergebnis der Vermittlung in der Bestätigung ihrer eigenen Vorstellungen sahen.

Aber die alexandrinische Diplomatie blieb weiterhin aktiv. Zu den Bundesgenossen England und Frankreich versuchte Papst Alexander eine Koalition mit dem byzantinischen Kaiser zustande zu bringen. Woran dieses Bündnis scheiterte, wissen wir nicht. Wahrscheinlich an dem Anspruch Kaiser Manuels I., die Kaiserkronen Ost- und Westroms auf seinem Haupte wieder zu vereinigen. War sowohl in der päpstlichen Kurie wie an den Höfen Englands und Frankreichs so etwas wie eine gesamtabendländische Verantwortung erwachsen? Vielleicht aber hatten sich auch die Kirchen des Westens und des Ostens so weit auseinandergelebt, daß eine Einheit unter einer Kaiserkrone undenkbar war.

Friedrich, von diesen Umtrieben wissend, beschleunigte die Vor-

bereitungen zu einem dritten Italienzug. Wichtigste Voraussetzung dazu war der Frieden in Deutschland.
Im Oktober 1162 hielt der Kaiser einen Landtag in Toul in Oberlothringen. Ihm folgte am 1. November eine Synode in Trier, gleichfalls im November bestritt er einen Landtag in Ulm, und Ende November urkundete er in Konstanz. Dort wurde am 23. November, mit Billigung des Kaisers, die Ehe Heinrichs des Löwen mit Clementia von Zähringen geschieden. Der Grund, wie immer, »Scheidung wegen zu naher Verwandtschaft«, in Wirklichkeit aber war die 14jährige Ehe kinderlos geblieben, für einen Fürsten des Mittelalters ein nicht hinnehmbarer Tatbestand. Vielleicht bestand auch eine Nebenabsicht des Kaisers darin, das mit Frankreich liebäugelnde Haus Zähringen in seine Schranken zu weisen und zusätzlich eine welfisch-zähringische Entfremdung zu schaffen.
Dann stand der Kaiser vor der Aufgabe, eine antiwelfische Fürstenkoalition aufzubrechen. Zu selbstherrlich hatte der Löwe mit seinen königlichen Vollmachten in Norddeutschland regiert. Sein ungehemmter Expansionsdrang hatte ihm überall Feinde geschaffen. So hatte sich eine Gruppierung formiert, angeführt von dem Brandenburger Albrecht der Bär, dem Landgrafen von Thüringen, Bischof Udo von Naumburg und Pfalzgraf Adalbert von Sommerschenburg, um dessen Erbe es ging. Heinrich der Löwe hatte es zur Methode entwickelt, alle freiwerdenden Besitzungen unter windigen Erbansprüchen an sich zu reißen. Es handelte sich durchgehend um sächsische Gebiete, die er so seinem unmittelbaren Machtbereich einverleibte. Im Süden trat der Koalition der König von Böhmen bei, der österreichische Herzog Heinrich Jasomirgott, der den Verlust Baierns wohl noch nicht verwunden hatte, und selbst Herzog Welf VI., der mit seinem Neffen Heinrich in permanenten Spannungen lebte, hatte sich dem Bündnis angeschlossen. So war eine Koalition entstanden, die selbst Heinrich, Inhaber der beiden Herzogtümer Baiern und Sachsen, fürchten mußte.
Für den Kaiser, der die Gesamtkraft des Reiches für seine großen Ziele brauchte, bedeutete dies den Ausbruch eines großen Bürgerkrieges, der das Reich an den Rand des Abgrundes treiben mußte.
Auf einem Hoftag in Nürnberg gelang es Friedrich im August 1163 mit diplomatischer Kunst, die Einkreisung des Löwen aufzubre-

chen. Für Heinrichs Feinde im Süden war der Ansatzpunkt der gemeinsame Onkel, Herzog Heinrich Jasomirgott von Österreich, der sich wohl aus Reichsinteresse aus der Allianz zurückzog. Nachdem das süddeutsche Bündnis aufgelöst war, wagten nun auch die Partner aus dem Norden es nicht mehr, gegen den Löwen anzutreten. Friedrich, der Eckstein beider Häuser, der Welfen und der Staufer, hatte sich wieder einmal bewährt.

Friedrich hatte Rainald von Dassel als kaiserlichen Legaten mit umfassenden Vollmachten nach Italien entsandt. Er setzte die alexandrinischen Bischöfe ab und ersetzte sie durch Anhänger des kaiserlichen Papstes Victor. Rainald griff mit rücksichtsloser Härte durch, die ihn und die Deutschen in Oberitalien verhaßt machte. Namentlich auf den Städten lag seine Hand schwer, um aus ihnen das Geld für den kaiserlichen Kriegszug nach Süditalien zu pressen.

Der verlorene Frieden

Der zweite Italienzug hatte Mailand besiegt, die lombardischen Städte gebeugt, aber der Frieden im Land stellte sich unter deutscher Herrschaft nicht ein.

Der militärische Sieg hat ja nur dann einen Sinn, wenn es gelingt, das eroberte Land zu befrieden und in den eigenen Herrschaftsbereich zu integrieren. Das Gegenteil war der Fall. Die Bedrückung der Lombardei war so groß, daß Widerstand zur Notwehr wurde.

Ein Lodeser Anonymus hat die Fatalität der Lage aufgezeichnet. Dabei ist zu bedenken, daß Lodi reichstreu und kaiserfreundlich war. Hier berichtet also ein reichsfreundlicher Mann voller Kummer über die Brutalität der kaiserlichen Verwaltung:

»Die Verwalter, die der Kaiser in der Lombardei gelassen hatte, forderten hier nicht nur das Recht und die Ansprüche des Kaisers ein . . ., sondern mehr als das Siebenfache, als dem Kaiser rechtens geschuldet wurde, erpreßten sie widerrrechtlich von allen.

Und sie bedrückten so sehr die Bischöfe, Markgrafen, Grafen und städtischen Konsuln, Capitanen und fast alle anderen Lombarden, große und kleine, die sich teils aus Liebe zum Kaiser, teils aus

Furcht vor ihm nicht vor ihnen verteidigen wollten, daß die Lombarden ohne größten Nachteil für Personen und Sachen und ohne Schande es nicht ertragen konnten, vor allem die Mailänder nicht, denen sie von allen Früchten ihrer Ländereien nichts außer einem Drittel des Drittels übrigließen (das sind 11% des Gesamten), und ebenso die Cremasken, denen sie ein Drittel aller Ländereien völlig nahmen, als ob sie ihre Herren wären. Außerdem zwangen sie Adelige und Landleute, von jeder Feuerstelle, sowohl der guten und vornehmen Bürger in den Flecken und Festen wie von den Dörflern und Landleuten, drei Schillinge alter oder kaiserlicher Münze zu zahlen.

Außerdem erhoben sie von jeder Mühle, die in schiffbaren Gewässern betrieben wurde, von den Herren der Mühlen, wer sie auch seien, 24 alte Denare; von den Herren der Mühlen in anderen Gewässern nahmen sie 3 Schillinge alter Münze.

Den Fischern nahmen sie den dritten Teil aller Fische. Oder wenn jemand ohne ihren Befehl ein wildes Tier oder einen Vogel fing, und sie dies zu wissen bekamen, nahmen sie dem Fänger das Tier bzw. den Vogel ab und ließen es ihn überdies an seinem Eigentum, manchmal auch für seine Person büßen.

... Denn da die Lombarden so, wie oben gesagt wurde, und auch noch viel mehr bedrückt wurden, empfanden sie es als große Schmach und größte Schande, noch mehr als man sagen oder sich vorstellen kann; denn sie waren gewohnt, gut und reichlich und ohne irgend jemandes Herrschaft in ihrer Freiheit zu leben und zu verbleiben, und pflegten ihre Angelegenheiten nach Gutdünken und Willen zu ordnen, und sie hatten weder unter dem Kaisertum noch unter der Bedingung eines anderen in den zurückliegenden Zeiten so entschieden gestanden; und so sagten sie daher untereinander: es sei besser, vollends den Tod zu erleiden, als die Art Schimpf und Schmach.«[58]

Den Zeitgenossen, der diese alten Chroniken vernimmt, rührt Trauer an. Ist diese Unfähigkeit, ein besiegtes Land zu befrieden, Erbe aus staufischer Zeit? Wurden die Ukrainer, Litauer, Letten und Esten, die 1941 die deutschen Armeen als Befreier begrüßten, nicht mit gleichem Unverständnis, mit gleicher stupider Härte zurückgestoßen und in den Widerstand getrieben? Stauferorbe – Staufermythos als Unfähigkeit zum Brückenschlag zwi-

schen siegenden und besiegten Menschen? Fehlendes Wissen, was für den anderen noch zumutbar, noch ertragbar ist? Und wenn später Friedrich die Kunst des Friedens erlernte, so war es doch immer der Frieden unter Herrschenden und nicht der Frieden zwischen den Völkern. Den Deutschen gelang es nicht, wie die Langobarden in Italien angenommen zu sein.

Noch bevor der Kaiser zu seinem dritten Feldzug nach Italien zog, gelang es ihm, eine wichtige osteuropäische Frage zu lösen. Nachdem der Pole Boleslaw alle seine Schwüre gebrochen hatte, im Jahre 1157 nicht, wie versprochen, zu Weihnachten vor dem Kaiser in Magdeburg erschienen und sein Bruder Wladislaw verstorben war, konnte der Kaiser eine Neuordnung des polnischen Ostraumes durchsetzen. Die beiden Söhne des verstorbenen Wladislaw, die am deutschen Hof erzogen worden waren, wurden mit den Herzogtümern Breslau und Ratibor belehnt. Dies war der Beginn der Eindeutschung Schlesiens.

Der dritte Italienzug

Trotz mancherlei Probleme im Reich konnte der Kaiser es wagen, im Herbst 1163 zum dritten Italienzug anzutreten. Sein Ziel war das normannische Sizilien und Süditalien. Da bei den deutschen Fürsten die Begeisterung für süditalienische Feldzüge immer gering gewesen war – man bedenke das Klima, die damit verbundenen Seuchen und die langen, immer gefährdeten Versorgungswege, deren Verletzlichkeit bereits Karl der Große gefürchtet hatte –, begnügte sich der Kaiser mit einer kleinen Mannschaft. Er baute auf beschworene Heeresfolge der oberitalienischen Städte und ihre finanziellen Hilfsmittel, die ja von Rainald von Dassel in härtester Form beigetrieben worden waren. Die innere Sicherheit macht staunen, mit welch geringem Schutz sich der Kaiser nach Italien wagte.

In seiner Begleitung waren seine Frau Beatrix, Erzbischof Konrad von Mainz, Otto von Wittelsbach, der Patriarch Udalrich von Aquileja und der neue Reichskanzler, Christian von Buch, späterer Erzbischof von Mainz, der sich nahtlos in die Politik Rainalds stellte, der inzwischen Reichslegat für Italien war. Man preist

Christians Verhandlungsgeschick, und er wurde als Mann, der Lateinisch, Französisch, Italienisch und sogar Griechisch sprach, zu einem wesentlichen Träger kaiserlicher Politik. Von einer Rivalität zwischen Rainald und Christian ist nichts bekannt, vielmehr von grundsätzlicher Übereinstimmung der politischen Sicht.

Der Kaiser hielt einen Reichstag zu Lodi ab, zu dem die Großen Reichsitaliens geladen waren. Rainald von Dassels Arbeit in Italien wurde vom Kaiser öffentlich gerühmt, und der Einsatz der Flotten Pisas und Genuas nach Sizilien auf den 1. Mai 1164 festgelegt.

Dann erfüllte der Kaiser den Wunsch des kaisertreuen Pavia, das wieder aufgebaute Tortona zu zerstören. Sie boten dafür eine große Geldsumme. Der Kaiser gab seine Genehmigung zu diesem jämmerlichen Zerstörungswerk, in dem die Stadt mitten im Frieden dem Erdboden gleichgemacht wurde. Die schlimme Tat geschah am 24. November 1163.

Damit nicht genug. Der Kaiser kam am 3. Dezember auf dem Wege von Pavia nach Monza nach Vigentino, einem der den Mailändern zugewiesenen Dörfer. Männer und Frauen warfen sich um Gnade flehend ihm zu Füßen, da sie den härtesten Druck von seinen Beamten hatten erleiden müssen. Friedrich ritt schweigend vorbei, Rainald von Dassel zurücklassend, der den Unglücklichen befahl, am nächsten Tag in Monza zu erscheinen. Dort verfügte der Kaiser, Rainald möge das weitere in der Angelegenheit dieser Mailänder entscheiden. Rainald berief aus jedem Flecken zwölf Abgeordnete, die freudig und in der Hoffnung auf kaiserliche Milde und Gerechtigkeit kamen. Tatsächlich gelang es Rainald, aus diesen armen Menschen noch 880 Pfund Silber zu erpressen, die bis zum 26. Januar 1164 in kaiserlicher Münze zu bezahlen waren.[59]

Wenn man sich diese gnadenlose Ausbeutung Reichsitaliens und die Zerstörung Tortonas mitten im Frieden vergegenwärtigt, so fragt man sich, wie die Deutschen hoffen konnten, aus diesem gebeutelten und entwürdigten Italien die Truppen zu ziehen, mit denen sie die Eroberung Siziliens durchführen wollten? So erscheint als logische Folge deutscher Taten, daß sich Verona, Padua und Vicenza mit Unterstützung Venedigs und der finanziel-

len Hilfe des byzantinischen Kaisers Manuel zum Veroneser Städtebund zusammenschlossen mit dem Ziel, daß sie dem Kaiser nicht mehr leisten wollten, als einstmals Karl dem Großen.
Friedrich Barbarossa reagierte panikartig. Als selbst ehemals so kaisertreue Städte wie Pavia und Cremona mit Abfall drohten, machte er, um den Veroneser Bund zu isolieren, große Zugeständnisse an Treviso, Ferrara und Mantua. Die Stadt Mantua erhielt das kaiserliche Versprechen, wieder alle Rechte zu erhalten, die sie vor der Ankunft des Kaisers in Italien besessen hatte.
Da er über keine deutschen Truppen verfügte, mußte der Kaiser ausschließlich mit lombardischen Einheiten gegen Verona vorgehen. Die Veroneser verfügten aber über ein größeres und sicher auch motivierteres Heer als der Kaiser, und so mußte er sich im Juni 1164 unverrichteter Dinge zurückziehen.

Der Tod beendet das Schisma

Inzwischen war ein Ereignis eingetreten, das die Welt Friedrichs zum Guten, ja zum Besseren hätte wenden können, aber wieder wurde der Kaiser das Opfer des unerbittlichen Rainald von Dassel.
Am 20. April 1164 war Papst Victor IV. gestorben!
Der Tod hatte das Schisma beendet. Nun hätte sich der Kaiser ohne Prestigeverlust zu Alexander bekennen können, beispielhaft als der Fürst Europas, der unter persönlichen Opfern bereit war, die Einheit der Kirche wiederherzustellen, getreu dem Ausspruch des Gottfried von Viterbo (1125–1192): »Wer stirbt ist schuldig, wer lebt wird selig gepriesen.«[60]
Aber einen gab es, dessen Politik nicht auf die Einheit der Kirche, sondern ausschließlich auf die Vorherrschaft des Reiches, wenn nötig durch die Schaffung einer romfreien Reichskirche gerichtet war: Rainald von Dassel.
Erzbischof Konrad von Mainz, Bruder des Pfalzgrafen Otto von Wittelsbach, hatte den Kaiser beschworen: »Gott habe den Kaiser durch Victors Tod aus einer großen Gefahr errettet, in welche er sich nicht wieder übereilt hineinbegeben möge.«[61]

Der Kaiser sandte Eilboten an Rainald mit dem Befehl, nichts ohne sein Wissen in dieser wichtigen Sache zu tun. Friedrich hatte als Diplomat, und die Zukunft wird ihn als solchen erweisen, die Möglichkeiten erkannt, welche der Tod von Papst Victor erbringen könnte. Aber Rainald von Dassel wollte keinen Papst, der sich so lange gegen Kaiser und Reich behauptet hatte, der von Frankreich, England, Ungarn, Spanien, Schottland und den orientalischen Metropoliten anerkannt war, der durch seine menschlichen, christlichen und wissenschaftlichen Werte ein Machtfaktor aus eigener Kraft war. Ein solcher Papst paßte nicht in Rainalds Staatskonzept. Er suchte die Unterwerfung der geistlichen unter die weltliche Macht. Er trieb seine Staatsidee so hoch, daß ihm, wie Julius Ficker sagt, »das Kaisertum mehr galt als der Kaiser Friedrich«.

So brauchte Rainald einen neuen Papst, der dem Reiche, also ihm, willfährig und bereit war, sich als Waffe gegen Papst Alexander mißbrauchen zu lassen.

Am 20. April war Papst Victor in Lucca gestorben, am 22. April wurde er beerdigt und am gleichen Tage ein neuer Papst gewählt. Julius Ficker, der Biograph Rainald von Dassels, schreibt darüber: »Die Wahlhandlung widersprach allem, was Gesetz und Herkommen über die Papstwahl bestimmt hatten. Nur zwei Kardinalbischöfe, Johann von S. Martin und Guido von Crema, standen noch auf der Seite des Kaisers; da sie alleine nicht wählen konnten, wurden Rainald (der noch nicht geweihte Erzbischof von Köln), der Bischof Heinrich von Lüttich und noch einige zum Begräbnis Victors nach Lucca gekommene Bischöfe zur Wahl zugezogen; unter den anwesenden Laien war der Präfekt von Rom. Die Wahl fiel auf Heinrich von der Leyen (1145–1164), den Bischof von Lüttich... Heinrich stand in hoher Gunst beim Kaiser. Er erkannte jedoch das Gefährliche seiner künftigen Stellung, war überhaupt unzufrieden mit der Vornahme seiner Wahl und lehnte die angetragene Würde entschieden ab.[62]

Die zweite Wahl fiel auf Guido von Crema, persönlich unbedeutend, ein schwaches, williges Werkzeug in der Hand Rainalds. Er nannte sich Paschalis III. und wurde am 26. April 1164 von Heinrich von Lüttich geweiht. War schon die Wahl wider das Herkommen, so war es noch mehr diese Weihe, von der eine Quelle sagt:

»Seit den ersten Zeiten der Christenheit sei kein Papst auf so neue und ungewohnte Weise geweiht worden.«[63]

Die Wahl Paschalis' führte zu Auflösungserscheinungen der kaiserlichen Partei innerhalb der Bischöfe. Zuerst fiel Burgund ab. Als Rainald von Dassel im Sommer 1164 nach Deutschland zog, hielt er in Vienne eine Synode des burgundischen Episkopats ab. Der aber war nicht zur Anerkennung von Rainalds im Blitzverfahren gewähltem Papst bereit, man neigte eher dazu, über ihn den Bann zu sprechen, als sich in seine Obedienz zu begeben.[64] In Italien war eine ähnliche Lage entstanden. Das kaisertreue Pisa und sein Klerus lehnten jede Gemeinschaft mit dem neuen Papst ab. Daß die Städte des Veroneser Bundes den neuen Papst ausschlossen, versteht sich von selbst. Aber auch im deutschen Episkopat wurden die Brüche sichtbar. Zunächst brachte der Tod des Erzbischofs Eberhard von Salzburg den Alexanderanhängern einen schweren Verlust, obwohl Eberhard ja nicht nur Anhänger Papst Alexanders war, sondern auch loyal zum Kaiser stand. Wahrscheinlich ist es richtiger zu sagen, daß beide Seiten in ihm einen ehrlichen Makler verloren. Auch der Tod des Bischofs Hermann von Brixen war ein Verlust für die alexandrinische Partei in Deutschland. Doch die Situation der Kirchenlandschaft in Deutschland wird dadurch gekennzeichnet, daß der Tod dieser beiden herausragenden Anhänger Alexanders die alexandrinische Partei nicht schwächte. Vielmehr erzeugte die regelwidrige, provokative Wahl Paschalis' neuen Zulauf für Papst Alexander. Der Nachfolger Eberhards von Salzburg, Konrad von Österreich, bekannte sich zu Alexander und nahm es hin, daß Kaiser Friedrich ihm im September 1164 die Investitur verweigerte. Sogar Erzbischof Konrad von Mainz, der Bruder des getreuen Otto von Wittelsbach, entschied sich für Alexander. Am Anfang des Jahres 1165 wurde gesagt, der hochangesehene Erzbischof Hillin von Trier habe sich auf Alexanders Seite gestellt. Zum Glück blieb dies nur ein Gerücht. Von der alexandrinischen Partei wurde in Umlauf gesetzt, Erzbischof Wichmann von Magdeburg, auf einer Pilgerreise von Sarazenen gefangengenommen, habe das Gelübde getan, nach seiner Befreiung zu Alexander überzutreten. Hätte der hochangesehene

Mann diesen Schritt vollzogen, so wäre im deutschen Norden ein Dominoeffekt sicher gewesen.
Dennoch blieben die Einbrüche im deutschen Episkopat bedenklich. Dabei waren diejenigen, die sich zu Alexander bekannten, keineswegs kaiserfeindlich, sondern fühlten sich durch die Form der Papstwahl Paschalis in ihren religiösen Gefühlen verletzt.
Es waren nicht nur die Verhältnisse im deutschen Episkopat, die den Kaiser nach Deutschland zwangen. Auch seine weltlichen Fürsten brauchten seine friedenstiftende Hand.
Zunächst sandte Friedrich Rainald von Dassel, mit dem er sich ausgesöhnt hatte, nach Deutschland, belehnt mit der Grafschaft Seprio, aber noch reicher beschenkt mit den Gebeinen der Heiligen Drei Könige, die seine Bischofsstadt Köln vollends zum »Heiligen Köln« machten und neben dem religiösen Wert der Pilgerstadt den Reichtum der Kölner Bürger erhöhten.
Papst Alexander hatte an den Bruder des französichen Königs, Erzbischof Heinrich von Reims, am 6. Juli 1164 einen Brief geschrieben, in dem er ihn bat, Rainald, Urheber und Hauptstütze des Schismas, gefangenzunehmen, wenn er den Boden der Reimser Diözese betrete.[65]
In der Zwischenzeit hatten sich auch in Deutschland die Feinde des übermächtigen Rainald zusammengefunden. Es waren jene Fürsten, die Rainald vor Mailand wortbrüchig gemacht hatte; Pfalzgraf Konrad bei Rhein, Landgraf von Thüringen und Herzog Friedrich von Schwaben. Die starke Burg Stahleck als Einfallstor ins kölnische Stiftsland benutzend, trafen die drei Fürsten bei Andernach auf den Vertreter des Kölner Erzbischofs Rainald, den Domdechanten Philipp von Heinsberg, der ihnen mit einem überlegenen Heer entgegentrat. Zwölf Tage standen sich die Fürstenkoalition und das Kölner Heer kampflos gegenüber. Dann zogen die Fürsten ab, weil sie den Waffengang mit den Kölnern scheuten. Diese kehrten rechtzeitig zurück, um am 23. Juli den Einzug des Erzbischofs mit den heiligen Reliquien in Köln zu feiern.
Mit Jubel von Bürgerschaft und Klerus begrüßt, wurden die Reliquien der Heiligen Drei Könige im Dom des heiligen Petrus mit feierlichen Gesängen niedergelegt.[66]
So wie man fest glaubte, daß es die Gebeine des heiligen Markus

waren, die die Stadt Venedig zu Ruhm und Größe gebracht hatten, so sah man in den Gebeinen der Heiligen Drei Könige die Übertragung des Reichtums und der ruhmvollen Macht Mailands auf Köln. Will man Reliquien bewerten, so war jetzt neben dem Heiligen Grabe in Jerusalem, den Apostelgräbern in Rom und dem des heiligen Jacobus zu Compostella Köln das Pilgerziel des Mittelalters.

»Mit jener Zeit«, so sagt eine Quelle des 15. Jahrhunderts, »habe Köln begonnen zu wachsen an Ruhm und Macht, und noch höre der Zusammenfluß der Gläubigen aus den fernsten Gegenden und von den Inseln des Meeres nicht auf.«[67]

»Vom Welfenkönig Otto IV. bis ins 16. Jahrhundert hinein bezeugten die meisten deutschen Könige und Kaiser den heiligen Gebeinen persönlich ihre Ehrfurcht; glänzende Gefolge begleiteten sie, die Könige von England, Dänemark, von Portugal und Cypern, Herzöge von Lothringen und von Burgund werden unter den Wallfahrern genannt, jeder fürstliche Besuch war der Stadt eine Quelle des Reichtums.«[68]

Über die segensvolle Bedeutung Rainalds von Dassel als erstem Staatsmann Friedrich Barbarossas kann man streiten, nicht aber, daß er in seiner Wirksamkeit für Köln einer der bedeutendsten Bischöfe war.

Anfang Oktober 1164 kam Friedrich nach Deutschland. Er hatte eine schlimme Zeit in Italien hinter sich. In Mailand hatte man seinen Beamten, Robert de Rubeis, ermordet, in Bologna seinen Statthalter Bezzo erschlagen. Der kaiserliche Statthalter in Padua, Graf Papanus, hatte sich so in Weibergeschichten verstrickt, daß er die Stadt fluchtartig verlassen mußte. Arnold Barbavera, der Podestà von Piacenza, floh nach Deutschland unter Mitnahme des Schatzes der Kirche des heiligen Antonius.

Schon am 18. November 1164 hielt der Kaiser einen Reichstag zu Bamberg ab, wo er die Streitigkeiten Rainald von Dassels mit dem Kaiserbruder Konrad, Pfalzgraf bei Rhein, beilegte. Der Kaiser stellte die Versöhnung der beiden unter das Motto: »Es sei Pflicht seines Bruders und seines Kanzlers und Legaten, mit gutem Beispiel voranzugehen und Frieden zu wahren.«[69]

Doch gelang die Versöhnung zwischen Rainald und dem Pfalzgra-

fen Konrad nur unvollkommen. Bis zu Rainalds Tod im Jahre 1167 herrschte zwischen dem Kaiser und dessen Bruder Konrad eine tiefgreifende Verstimmung.
Die Fehde zwischen Herzog Welf VI. und dem Pfalzgrafen Hugo von Tübingen, die sich im Südwesten zu einem blutigen Krieg entwickelt hatte, wurde durch kaiserlichen Spruch befriedet. Ebenso mußte sich der aufsässige Graf von Arnsberg dem Kölner Erzstuhl unterwerfen und von ihm seine Lande zu Lehen nehmen. Überall war des Kaisers richterliche Entscheidung gefordert.
Auf dem Bamberger Reichstag sträubte sich der neue Salzburger Erzbischof Konrad II. im Angesicht des Kaisers, Papst Paschalis anzuerkennen. Folglich blieb ihm die Investitur durch den Kaiser versagt. Das heißt, die wirtschaftlichen Grundlagen seines Erzbistums blieben ihm vorenthalten.
Da half dem Kaiser ein Ereignis, seine Kirche und sein Reich zu einen, und Rainald von Dassel wußte mit kühnem Zugriff die Gunst der Stunde zu nutzen.

Ein Heiliger und sein Papst

Die Könige von England und Frankreich hatten als Demonstration ihrer Einigkeit auf der Synode von Tours Papst Alexander den Stratordienst geleistet.
Aber es war eine sehr begrenzte und verletzliche Einigkeit, die die beiden Könige verband. Einig waren sie nur gegen die wachsende, offen zur Schau getragene Macht des deutschen Kaisers. Ansonsten war ihr Verhältnis voller Mißtrauen, das sich daraus ergab, daß der englische König stärker war als der französische, der Engländer jedoch Vasall des Franzosen war. Das Verhältnis Frankreichs und seines Königs zu Papst Alexander war ungetrübt, das des englischen Königs vom englischen Vorteil bestimmt. Die englischen Bischöfe hatten Heinrich II. den Weg zum Thron geebnet, der Papst ihn von einem Eid entbunden, der ihn festgelegt hätte, einen Teil der väterlichen Erblande dem jüngeren Bruder zu übertragen. Während des langen Bürgerkriegs hatten die Königsrechte Einbuße erlitten, hingegen die englischen Kirchenfürsten die ih-

ren, unter dem Ruf der Zeit nach Freiheit der Kirche, erweitern können. So war es in der Gerichtsbarkeit zwischen Krone und Geistlichkeit zu groben Verwischungen gekommen, die ein König wie Heinrich II., dessen Ziel eine Straffung und Ordnung der englischen Gerichtsbarkeit war, nicht hinnehmen konnte. Die Kirche sah es als ihr göttliches Vorrecht an, ihre Diener selbst zu richten, auch wenn es sich um allgemeine Rechtsverstöße oder um Besitzstreitigkeiten handelte. So waren Hunderte Vergehen von Prälaten von den kirchlichen Gerichten nicht geahndet worden, auch wenn es sich um Mordtaten handelte. Dadurch war die Stimmung gegen die Kirche in England stark belastet.

Der englische König glaubte klug gehandelt zu haben, als er seinen Kanzler, den Archidiakon von Canterbury, Thomas Beckett, zum Erzbischof wählen ließ. Er hoffte, daß der Mann, der ihm so treu als Kanzler gedient hatte, nunmehr die Kirche im Sinne des Königs regieren würde. Aber in dem Weltpriester Thomas, der an Ritterturnieren teilnahm, der als Gesandter des Königs in Frankreich mit dem Pomp eines Fürsten brillierte, hatte sich eine innere Wandlung vollzogen. Er soll täglich auf seinen Knien 13 Bettlern die Füße gewaschen und ein Leben in mönchischer Armut geführt haben. Darüber hinaus wurde der Mann, der die Rechte der Krone vertreten hatte, der energischste Befürworter der Freiheit der Kirche. Er verlangte unter anderem, daß alle in weltliche Hände gelangten Kirchengüter zurückerstattet werden müßten.[70]

Jedoch wurden die »Constitutionen von Clarendon« ein voller Sieg des Königtums. Hier wurde der Umfang der geistlichen Gerichtsbarkeit, die Wirksamkeit des Bannes, die Anrufung Roms in Streitfällen, die Lehnspflichten der Geistlichen und andere Staatsnotwendigkeiten festgelegt. Auch Thomas Beckett unterschrieb nach anfänglichem Weigern das Vertragswerk. Der Papst aber verwarf die »Constitutionen« bis auf wenige, unbedeutende Punkte. Ja, er belegte den schwach gewordenen Erzbischof Thomas mit Strafe, die er erst erließ, als dieser sich demutsvoll schuldig bekannte.

In England entbrannte ein Kirchenkampf, der dazu führte, daß Thomas heimlich das Land verließ und nach Frankreich floh. König Ludwig stellte den Flüchtling unter seinen Schutz.

Und nun begann der Papst, der Thomas wegen mangelnder

Durchsetzung kirchlicher Rechte bestraft hatte, ein zweifelhaftes Spiel. Auf einmal war seine Stellung gegenüber dem englischen König voller Kompromißbereitschaft, ja voller Schwäche, seine Unterstützung für den Erzbischof Thomas Beckett völlig ungenügend. Es war für den Papst leichter gewesen, den Erzbischof zu strafen, als dem englischen König selbst die Stirne zu bieten. Ginge der Papst mit König Heinrich scharf ins Gericht, wie es die Wahrnehmung kirchlicher Rechte forderte, so verlöre er die Gefolgschaft Englands, dem noch dazu das halbe Frankreich gehörte. Hätte das schwache Königreich Frankreich alleine den Papst stützen können? Sicher nicht. Das Papsttum Alexanders III. wäre zusammengebrochen. Da war es im Sinne einer pragmatischen päpstlichen Politik sinnvoller, den Erzbischof Thomas nicht zu unterstützen, um sich die Gefolgschaft des englischen Königs und seines Episkopats zu erhalten, und Thomas dann, schon drei Jahre, nachdem er im Jahre 1170 im Dom von Canterbury von König Heinrichs Schergen erschlagen worden war, heilig zu sprechen. Eine unerhört kurze Zeitspanne in der Geschichte der Kanonisationen, so daß man an eine päpstliche Reuehandlung zu glauben vermag.

Der Reichstag des Jahres 1165 zu Würzburg und die Stunde des Rainald von Dassel

Der Kaiser hatte Ende Mai des Jahres 1165 zu einem Reichstag nach Würzburg geladen, um dem Zerfall des Reichsepiskopats durch einen kaiserlichen Kraftakt zu begegnen.

Der englische Kirchenkampf hatte am kaiserlichen Hofe größte Beachtung gefunden. Rainald von Dassel wurde als Legat zum englischen Hofe gesandt, den englischen König und seine Bischöfe ins Lager des Kaisers zu ziehen. Gelang dies, so mußte sich die kaiserliche Lage dramatisch verbessern. Das war auch nötig, denn die Stimmung in Würzburg war nicht gut. Von sechs deutschen Bischöfen hatten sich bereits drei für Alexander und gegen Paschalis erklärt.

Bis zum Reichstag in Würzburg hatte sich der Kaiser noch nicht

endgültig festgelegt. Es gab für ihn immer noch die Chance, beide Päpste zum Rücktritt zu zwingen und in einer großen, allgemeinen Kirchenversammlung einen neuen, von der ganzen katholischen Welt getragenen Papst zu wählen.
Ja sogar ein Papst Alexander, der die Rechte des Reiches wahrte, so wie Friedrich sie verstand, wäre in der Vorstellungswelt des Kaisers noch annehmbar gewesen. Dies bezeugt der Bericht eines Gesprächs zwischen Gerhoch von Reichesberg und dem Kaiser, das, von Gerhoch wiedergegeben, nicht nur die politischen Auffassungen Friedrichs erklärt, sondern auch dessen Fähigkeit zu bemerkenswerter Toleranz, ein Charakterzug, der in den meisten historischen Darstellungen keine Würdigung findet. Man kann also unterscheiden zwischen dem harten, bis zur Grausamkeit kämpfenden Friedrich und dem Kaiser, der in seinen Staatsauffassungen Raum für Toleranz, also für widersprechende Meinungen hatte.
Hier der Bericht Gerhochs:
»Als ich dies mehrmals insgeheim mit dem Herrn Kaiser besprach, beschwor dieser aufs bestimmteste, er wolle sehr gern mit seinem eigenen Recht vorlieb nehmen und einen römischen Papst, der ihm daran keinen Abbruch tue, demütig in der Leitung der Kirche fördern; einem Papst aber, der ihm in seinem Recht Abbruch tue, wolle er sich auf jede Weise und mit allen Kräften des Reiches entgegenstellen. Denn er sei überzeugt – so sagte der Kaiser – wahrer Nachfolger Petri – der da spricht ›Fürchtet Gott, ehret den König!‹ – und wahrer Nachahmer Christi – der da spricht ›Gebt dem Kaiser, was des Kaisers, und Gott, was Gottes ist‹ – könne niemand sein, der aus stolzer Habsucht unter dem päpstlichen Namen nicht nur im Klerus, sondern auch im Reiche herrschen wolle.
Da der Kaiser etwa dieses in deutscher Sprache sagte und an seinem Papste lobte, daß er kein Gegner des Reiches sei und sich nicht mit den Reichsfeinden verbündet habe, auch nicht selbst im Reich König sein oder herrschen wolle, da verschmähte ich diesen seinen Papst so, daß ich unter dem Beistand der Gnade Gottes sagte, nie würde ich jenem gehorchen, der von keinem Kardinalbischof geweiht, sondern von einem Fremdling eingeweiht sei und auf dessen Seite es den Leib des Herrn nicht gebe, der bekanntlich außerhalb der Kircheneinheit im Schisma nicht dargebracht werden

könne. Bei diesen Worten entstand eine solche Erregung bei den Fürsten gegen mich, daß mir einer von ihnen den Galgen androhte, ein anderer Raub meiner Güter und dergleichen Böses mehr... Der Kaiser hörte dieses alles gelassen an, spendete den Fürsten jedoch keinen boshaften Beifall, denn hätte er zugestimmt, so wäre ich in große Gefahr für Leib und Leben geraten, der ich damals unter Gottes Schutz entrann.«[71]

Jetzt aber war der Kaiser fest entschlossen, sich gegen die Anhänger Alexanders in den Reihen seiner Bischöfe zu stellen.

Kurz vor Ostern 1165, am 4. April, war Rainald von Dassel mit einer glänzenden kaiserlichen Delegation am Hof des Königs von England erschienen, der in der Normandie in Rouen residierte. Doch die Großen Englands, gleichgültig ob weltliche oder geistliche Herren, waren alexandrinisch gesinnt und weigerten sich, den Schismatiker Rainald zu begrüßen oder ihm gar den Empfangskuß zu geben. Die Mutter des Königs, die ehemalige Kaiserin Mathilde, ließ ihm bedeuten, daß sie es der Bischöfe wegen nicht wagen könne, ihn zu empfangen.[72]

Doch Rainald war ein Mann aus so hartem Stoff, daß ihn solche Mißhelligkeiten nicht von seinem Ziele abbringen konnten. Er offerierte dem englischen König einen Heiratsvorschlag. Rainald, der Brautwerber, bot an, für Herzog Heinrich den Löwen, den Vetter des Kaisers, eine Ehe einzugehen mit der ältesten Tochter des englischen Königs, Mathilde, die dann auch am 1. Februar 1168 in Minden eingesegnet wurde. Für des Kaisers Sohn, den späteren Kaiser Heinrich VI., hielt er um die Hand der dreijährigen Eleonore, des Königs zweiter Tochter, an. Dieses Verlöbnis führte allerdings durch die spätere Aussöhnung des Königs mit dem Papst nicht zur Ehe.

Eingebettet in diese Heiratspolitik war der kirchlich-politische Zweck, den Rainald bravourös erreichte. Er erschien auf dem Reichstag zu Würzburg, begleitet von zwei englischen Bischöfen, Johann Kumin von Oxford und Richard von Jucester. Beide waren von König Heinrich bevollmächtigt, falls Kaiser Friedrich es für gut befinden würde, dem Papst Alexander Treue und Gehorsam abzuschwören, da der englische König und seine Bischöfe gleichfalls dazu bereit seien.[73]

Heinrich von England versprach durch seine Bischöfe außerdem, im Herbst des gleichen Jahres mit dem Kaiser zusammenzutreffen; dann wollten er und seine Bischöfe den Obedienzeid für Papst Paschalis ablegen.

Diese Nachricht schlug in Würzburg – man verzeihe das Wort, aber es gibt den Tatbestand wieder – ein wie eine Bombe.

Der Mann des Tages war Rainald von Dassel. Hoch stand er wieder in der Gunst des Kaisers. Die Mißstimmungen bei Paschalis' Wahl waren vergessen. Der Reichstag bekannte sich zu Paschalis. Rainald nutzte die Gunst der Stunde. Vor dem Reichstag verwarf er jeden Gedanken an Versöhnung und entwarf einen kühnen Plan:

»Der Kaiser«, so verlangte er, »solle vor den versammelten Fürsten beschwören: – daß er Zeit seines Lebens weder den Schismatiker Roland (Papst Alexander) noch einen von der Partei desselben gewählten Nachfolger anerkennen wolle – daß er keinem gestatten werde, denselben anzuerkennen und keinem Anhänger desselben seine Gnade wiederschenken werde, bevor er in Anerkennung seines Irrtums zur Kircheneinheit zurückgekehrt sei – daß er dagegen die Sache Paschalis' immer fördern und ihm, als einem katholischen Papst, Gehorsam und die gebührende Ehre erweisen wolle –...

Ferner möge man beschließen: – daß dieser Schwur auch den von den Fürsten zu wählenden Nachfolger des Kaisers verpflichten solle und dieser vor der Leistung desselben nicht gekrönt werden dürfe – daß jeder geistliche und weltliche Fürst dasselbe beschwören und innerhalb 6 Wochen nach seiner Rückkehr von allen seinen Untergebenen beschwören lassen solle – daß jeder Geistliche, der den Schwur verweigere, seine kirchlichen Würden und Ämter, jeder Laie seine Allode und Lehen verliere und aus dem Reich vertrieben werden solle.«

Dieser Vorschlag Rainalds wurde zum Beschluß des Reichstags erhoben.[74]

Dieser alles übertreffende Eid war im Grunde die Nötigung des Kaisers und der ganzen Reichsversammlung durch einen einzelnen, der die Gewalt seines Willens den vielen aufzwang. Man muß unterscheiden zwischen der Zustimmung der Mehrheit unter dem Eindruck der englischen Zusagen und diesem Eid, der ein Attentat

auf die Grundlagen der damaligen Welt darstellte. Denn entweder wurde durch diesen Eid, der ja Generationen band, das Schisma permanent, das heißt, es gab künftig einen Reichspapst von des Kaisers Gnaden und einen allgemeinen Papst in Rom, oder die kaiserliche Partei siegte absolut, und der allgemeine Papst in Rom wurde zum Schattenpapst kaiserlichen Willens.
Die selbständigen Staaten Europas wollten sich einem solchen Papst nicht unterwerfen. Als die Ottonen in Rom nach ihrem Gutdünken gewaltet hatten, hatte Frankreich gedroht abzufallen und ein eigenes, französisches Papsttum vorzubereiten.[75]
Betrachtet man die Festlegung des Kaisers und der Reichsfürsten durch einen sich immer wieder von den Nachfolgern zu erneuernden Schwur, so wird klar, daß Rainald die Schwierigkeiten mit den anderen Staaten in Rechnung gestellt hatte und daß seine Überlegung auf eine Kirchenspaltung, also auf eine Reichskirche, ausgerichtet war. War es nicht schon ein Schritt zur Reichskirche, wenn auf einem Reichstag über fundamentale kirchliche Angelegenheiten beraten wurde, während noch vor wenigen Jahren zu diesem Zwecke Konzilien einberufen wurden? Der Kaiser gab sofort seine Zustimmung zu diesem Vorschlag, obwohl er selbst zugestand, daß dieser Schwur etwas bis dahin Unerhörtes war.[76]
Man darf davon ausgehen, daß der schlaue englische König das Bündnis mit Friedrich nur als Hebel in seinen eigenen Auseinandersetzungen mit Papst Alexander sah. Es ging ihm nie darum, seine Schwüre zu erfüllen, sondern seine Ziele zu erreichen.[77]
Der deutsche Episkopat tat sich schwer mit dem Würzburger Eid. Erzbischof Wichmann von Magdeburg bekundete, er werde den Schwur nur leisten, wenn sich zuvor der erwählte Erzbischof von Köln zum Bischof und Priester weihen ließe, erst dann könnten er und die anderen Bischöfe glauben, daß Rainald auch hinter dem stehe, was er verkündete. Johannes von Salisbury deckt das schier unglaubliche Verhalten des Rainald von Dassel auf, wenn er schreibt, »er sehe nicht ein, weshalb Rainald zögere, sich von seinem Papst weihen zu lassen, es sei denn, weil er den bevorstehenden Umsturz fürchte.«[78] Und es ist auch unbegreiflich, daß der entschiedenste Gegner von Papst Alexander

seinen eigenen Päpsten, Victor und Paschalis, so wenig vertraute, daß er sich von diesen nicht weihen ließ.
Als er sich auch jetzt weigerte, den längst fälligen und im Sinne eigener Glaubwürdigkeit notwendigen Schritt zu vollziehen, herschte ihn der Kaiser an:
»Es ist klar, daß du als Verräter und Betrüger auf meine Gefahr hin einen Papst gewählt hast, ohne daß ich davon wußte. Denn ohne mein Schreiben abzuwarten, in dem ich dir befahl, dich nicht mit der Wahl eines neuen Papstes zu befassen, hast du sogleich mit »Te Deum laudamus« und nach deinem Wohlgefallen mir einen neuen Papst gewählt. Du wahrlich bist der Verräter, und nicht der Erzbischof von Mainz, den du als solchen anzuklagen wagtest; und der mir doch den heilsamen Rat gab, mich nicht in eine neue Gefahr zu stürzen, da mich Gott aus der ersten befreit habe. Nun sollst auch du ohne Ausrede zuerst in die von dir gegrabene Grube fallen; und wenn sich auch alle weigern, so sollst du dich doch allein der Gefahr unterziehen, die du in deiner Bosheit anderen bereitet hast.«[79]

Man muß sich wundern, daß es nach solchen Worten noch eine Gemeinschaft zwischen dem Kaiser und Rainald gab. Der Vorfall zeigt aber auch, wie groß sein Einfluß auf den Kaiser gewesen sein muß, daß er trotz solch harter Worte seine Politik fortsetzen konnte. Dennoch muß er gespürt haben, daß er eine Grenze erreicht hatte, die nicht überschritten werden durfte. Zerknirscht leistete Rainald seinen Schwur, empfing am 29. Mai 1165 die Priesterweihe und wurde am 2. Oktober des gleichen Jahres in Köln durch seinen Suffragan, den Bischof Philipp von Osnabrück, zum Bischof geweiht. Hierbei gelang dem Taktiker und Diplomaten Rainald eine Charakterenthüllung besonderer Art, denn er bewog den Kaiser zu schwören, »er (der Kaiser) werde es nicht zulassen, daß die Erwählten, die unter Paschalis oder den von der Partei desselben gewählten Nachfolgern die Weihe empfangen hätten oder noch empfangen würden, wegen ihres Gehorsams gegen denselben ihrer Ämter und geistlichen Würden verlustig gingen.«[80]
Der große Politiker und Staatsmann Rainald, der die Grundlagen

seiner Zeit verändern wollte, enthüllte sich hier als opportunistischer Rückversicherer.
Über den Würzburger Reichstag äußerte sich der Kaiser: »Der heilige Geist habe alle eines Willens gemacht.«[81]
Aber flächendeckend scheint dieser gemeinsame Wille nicht gewesen zu sein. Erzbischof Konrad von Mainz hatte den Reichstag vor der Eidesleistung verlassen, und Erzbischof Konrad von Salzburg, Nachfolger des alexandertreuen Erzbischofs Eberhard, wie der Bischof Hermann von Brixen blieben im alexandrinischen Lager.
Nach Würzburg war die wichtigste Aufgabe des Kaisers, die dort gefaßten Beschlüsse in die Wirklichkeit umzusetzen. Erzbischof Konrad von Mainz wurde seines Amtes enthoben. Er floh zu Papst Alexander und wurde mit einem Kardinalshut belohnt. Auf den Mainzer Erzstuhl wurde jetzt Christian von Buch gesetzt. Er war ein unbedingter Verfechter kaiserlicher Politik und stand darin in keiner Weise Rainald von Dassel nach. Hatte Rainald jedoch den Ruf vorbildlicher persönlicher Lebensführung, so war um Christian von Buch der Ruch der Korruption und die nicht verheimlichte Vorliebe für schöne Frauen.
Erzbischof Konrad von Salzburg, ein Verwandter des Kaisers, wurde im Februar 1166 zu einem Reichstag nach Nürnberg gerufen. Er erhielt dort einen vierwöchentlichen Sühnetermin; als er sich weiterhin zu Alexander bekannte, wurden dem Erzbischof durch Urteil der Fürsten alle Lehen abgesprochen.
Vom Gemeindepfarrer über Äbte, Bischöfe und Erzbischöfe wurde im ganzen Reich die Anerkennung der Würzburger Beschlüsse erzwungen. Die überwiegende Mehrheit beugte sich.
Die deutschen Kirchenfürsten, die dem Kaiser gegenüber in den grundlegenden Kirchenfragen eine gewisse Selbständigkeit bewahrt hatten, waren dem Würzburger Tag ferngeblieben, wie die Erzbischöfe Hillin von Trier und Konrad von Salzburg, oder entzogen sich ihm durch Flucht wie Konrad von Mainz.
Es handelte sich bei diesem Geschehen keinen Augenblick um die Treue zum Reich, sondern darum, daß ein Schisma böswillig verlängert wurde, ein Papst, Paschalis III., gegen alle Regeln des überkommenen Rechts gewählt worden war und daß ein einzelner, Rainald von Dassel, zuerst dem Kaiser und dann dem deutschen

Klerus, entgegen dem sittlichen Empfinden aller, diesen Papst aufgezwungen hatte.

Wie tief mußte das Selbstbewußtsein der deutschen Prälaten gesunken sein, wenn kaiserlicher Machtanspruch auf nur schwachen Widerstand stieß, wenn ein großer Teil der Kirchenfürsten, sei es aus Furcht, Zwang, Eigennutz oder knechtischem Gehorsam, sich fügte, wenn der Kaiser und der, dessen Einfluß er sich ergeben hatte, es wagen konnten, das moralische Empfinden des christlichen Volkes in der Person seiner Kirchenfürsten so schlimm zu mißhandeln?

Man kann die Frage aber auch anders stellen. Wie muß es um die Autorität eines Kaisers und seines Ministers bestellt sein, wenn sie Gewalt bemühen müssen, um den Reichsepiskopat in die Gegnerschaft zum römischen Papst zu zwingen?

In der Unmöglichkeit, diese Fragen gerecht zu beantworten, liegt die Tragödie des Verhältnisses zwischen Kaiser und Papst im Mittelalter.

Hatte der Kaiser den Einfluß der Getreuen Alexanders durch seine Würzburger Eide und Beschlüsse zunächst zurückgedrängt, so war dennoch eine Bastion ungebrochen: der Orden der Zisterzienser. Mit 700 Klöstern im Abendland und Zigtausenden von Mönchen hatte Papst Alexander in ihnen ein machtvolles Instrument der Meinungsbildung. Zwar verließen Tausende Deutschland, um dem Zwangseid für Paschalis zu entgehen, ihr Wirken für Alexander aber war ungebrochen.

Der Kaiser verbrachte den Rest des Jahres mit der Durchsetzung der Würzburger Beschlüsse. Wir sehen ihn in Salzburg, von dort nach Wien reitend, wo er seinem Onkel, Herzog Heinrich Jasomirgott von Österreich, den Eid abnahm. Der junge König Stephan III. von Ungarn wurde wieder in die Tributpflicht des Reiches gebracht und mit dem König von Böhmen ein neuer Italienzug besprochen.

Dann aber eilte der Kaiser nach Aachen, um dort eine wichtige Demonstration staufischer Kaiseridee vorzunehmen.

Heilige Könige – Heilige Kaiser

Im Entstehungsprozeß der europäischen Staatenwelt steht der Nationalheilige als Symbolfigur für Staat und Herrscherhaus. Der Nationalheilige, so wollte es das Verständnis der Zeit, entstammte fast immer dem Herrschergeschlecht. Hatte einst das germanische Königtum aus dem Mythos »Das heilige Blut der Könige« seinen Königsanspruch bezogen, so übertrug jetzt der Nationalheilige sein Heiligtum auf König und Reich.
Im Jahre 1100 wurde der ermordete König Knuth von Dänemark (1080–1086) vom Papst Paschalis II. (1099–1118) kanonisiert. König Olaf II. Haraldson (1015–1030), ein rücksichtsloser Ausbreiter des Christentums, wurde Norwegens Nationalheiliger. In Ludwig dem Heiligen (1226–1270) bekam Frankreich seine geheiligte Symbolfigur. In Deutschland wurde 1146 der letzte Ottone, Kaiser Heinrich II. (1002–1024), durch Papst Eugen III. (1145–1153) zur Verehrung der Altäre erhoben und seine Frau, die Lützelburgerin Kunigunde († 1033), von Papst Innocenz III. (1198–1216) im Jahre 1200 heilig gesprochen.
Kaiser Friedrich ließ auf einem Hoftag zu Aachen am 29. Dezember 1165 sein großes Vorbild, Karl den Großen, heiligsprechen. Er selbst, seine Frau Beatrix, seine Söhne Heinrich und Friedrich und viele Große des Reiches waren anwesend.
Es war der Stolz der Staufer, daß sie durch die Mutter des Saliers Heinrich III. (1039–1056), die Kaiserin Gisela (990–1043), die einen Tropfen karolingischen Blutes in sich trug, die Anbindung an das große Herrscherhaus gefunden hatten.
Durch die Heiligsprechung Karls, die vom englischen König Heinrich II. vorgeschlagen worden war, wollte Friedrich der Welt zeigen, daß er, der Staufer, und nicht der alexandrinisch gesinnte Kapetingerkönig Frankreichs in der geistigen Nachfolge des großen Karolingers stand. Gleichzeitig wertete er durch die Heiligsprechung des ruhmreichen und unvergessenen Karl, der seinen Schatten noch immer über ganz Europa warf, Papst Paschalis III. auf. Wir hören Friedrichs Stolz auf die blutsmäßige, geistige und durch das Kaisertum geprägte Einheit mit dem Karolinger in seinem Aachener Kaiserdiplom:

»Im Glauben an die ruhmreichen Taten und an die Vortrefflichkeit des heiligen Kaisers, ermutigt durch den Wunsch unseres treuen Freundes Heinrich, König von England, haben wir mit Zustimmung und Erlaubnis des Herrn Papstes Paschalis, nach Ratschlag aller weltlichen und geistlichen Fürsten, zum Preise, zur Ehre und Heiligsprechung des Kaisers Karl zu Weihnachten in Aachen einen feierlichen Hoftag gehalten. Dort war sein heiliger Körper aus Furcht vor Feinden versteckt, aber wir haben ihn Dank göttlicher Offenbarung entdeckt. Zum Lobe und zum Ruhm Christi, zur Stärkung des Reiches, zum Heile unserer lieben Gemahlin, der Kaiserin Beatrix, und dem unserer Söhne Friedrich und Heinrich haben wir ihn am 29. Dezember 1165 in einer großen Fürstenversammlung und im Beisein zahlreicher Kleriker und viel Volkes mit Hymnen und geistlichen Lobgesängen in Frömmigkeit und Ehrfurcht erhoben und gepriesen.«[82]

Wenn die Heiligsprechung Karls von der christlichen Welt anerkannt und von Papst Alexander schweigend hingenommen wurde, so entsprach dies einer tiefen inneren Zustimmung der Menschen, einer Zustimmung, die über Jahrhunderte trug.

Am Verfahren der Konsekration jedoch waren Zweifel erlaubt. Die Genehmigung wurde von Papst Paschalis III. gegeben. Durchgeführt wurde die heilige Handlung von dem am 2. Oktober 1165 endlich zum Erzbischof geweihten Rainald von Dassel.[83]

Unmittelbar nach seiner eigenen Weihe, deren Wichtigkeit im Reichsinteresse durch das Beisein von Kaiser und Kaiserin sichtbar wird, hatte Rainald seinen Suffragan Alexander zum Bischof von Lüttich geweiht. Mit diesem gemeinsam vollzog er dann die Konsekration Karls des Großen.

So ergibt sich – bei faktenorientierter Beurteilung – der Tatbestand, daß zwei schismatische Bischöfe auf Weisung eines schismatischen Papstes einen Heiligen erhoben, der dennoch von der katholischen Welt angenommen wurde.

Die Staufer blieben ihrem heiligen Karl für immer verpflichtet. Für sie blieb er Zeichen und Symbol eines Kaisertums, das in sich die Einheit von Kirche und Reich erfüllte. Dieses Ziel wieder zu erreichen, trieb die Staufer auf die steinigen und schwindelnden Wege ihres Schicksals.

Vor dem vierten Italienzug

Der Reichstag der Heiligsprechung Karls dauerte bis in den Januar 1166. Die Stadt Aachen erhielt besondere Privilegien, darunter für die Bürger Zollfreiheit und ein neugeregeltes Münz- und Marktrecht.

Dann machte sich der Kaiser wieder auf seinen mühevollen Weg der Friedensstiftung im Reich.

Ein immer wiederkehrender Reizpunkt war des Kaisers Vetter, Heinrich der Löwe. Die Rücksichtslosigkeit seiner Machtentfaltung hatte sich mit den Jahren nicht gemindert, sondern gesteigert. Wiederum stand der Kaiser, der für seine Italienpolitik Frieden und alle Kräfte des Reiches brauchte, vor der Aufgabe, eine norddeutsche Fürstenkoalition gegen den Löwen zu zerbrechen. Friedrichs Erzkanzler für Italien und engster Ratgeber, Rainald von Dassel, hatte längst mit dem Instinkt des Machtmenschen erkannt, daß mit diesem Heinrich dem Löwen keine gemeinsame Reichspolitik zu gestalten war.

Im August 1166 trat der Kaiser vor einen norddeutschen Fürstenkonvent in Boyneburg an der Werra. Versammelt waren der Erzbischof von Magdeburg, die Bischöfe von Hildesheim und Naumburg, die Markgrafen von Brandenburg und Meißen und einige andere norddeutsche Herren. Aber der, um den es ging, Heinrich der Löwe, war nicht erschienen. Dies mußte von den anderen Fürsten als Hochmut und Anmaßung empfunden werden. Wiederum stellte sich der Kaiser, Eckstein zwischen Welfen und Staufern, getreu seinem inneren Regierungsauftrag vor den welfischen Vetter.

Im Westen des Reiches gab es ebenfalls Probleme. Der Bruder des Kaisers, Pfalzgraf Konrad bei Rhein, stand seinem nächsten und mächtigsten Nachbarn, Rainald von Dassel, dem Erzbischof von Köln, nur halbversöhnt gegenüber. Ihn hatte es verdrossen, daß der Kaiser urkundlich am 31. Mai 1166 auf dem Reichstag zu Frankfurt den Kanzler und Erzbischof ob seiner Treue mit Lob überschüttet hatte. Vor allem aber war durch die Verleihung des Spolienrechts das Kölner Erzbistum gestärkt worden. Zum Schutze der Kölner Stiftslande gegen den Pfalzgrafen Konrad richtete Rainald die Burg Rheineck wieder auf. So mußte der Kaiser den Herzog von Limburg vom kommenden Italienzug befreien, damit dieser den verbitterten Kaiserbruder und Pfalzgrafen in Schach hielt.

Auch der Frieden im Norden, den der Kaiser gestiftet hatte, war brüchig.

Noch bevor Rainald von Dassel im Oktobr 1166 wieder nach Italien zog, um die dortigen Städte und Fürsten für den künftigen Rom- und Sizilienzug in die Pflicht zu nehmen, stellte er die Weichen zum Kampf gegen Heinrich den Löwen. Er tat dies nicht nur in seiner Eigenschaft als Kölner Erzbischof und Nachbar des Welfen, sondern auch in der Folgerichtigkeit seiner Reichspolitik, die keinen königgleichen Herrscher im deutschen Norden hinnehmen konnte.

Eine wichtige Quelle überliefert uns: »Mehr als alle diese stellte jener übermächtige Rainald, des Kaisers Kanzler und Erzbischof von Köln, dem Herzog nach, persönlich zwar abwesend und in Italien, in seinen Plänen aber nach der Bekämpfung des Herzogs trachtend.« Dann versichert die gleiche Quelle, »daß der schwankende Erzbischof von Bremen von Rainald durch Briefe aufgefordert wurde, zurückzudenken an alle Unbilden des Herzogs gegen ihn; jetzt sei die Zeit gekommen, mit Hilfe der Fürsten seine frühere Stellung und die Stadt und Grafschaft Stade wiederzugewinnen.«[84]

Es ist schon grotesk, wie der Kanzler des Kaisers dessen Friedensbemühungen im Norden Deutschlands hintertrieb und zum Kriege hetzte. Trotzdem muß man zugestehen, daß das Tun Rainalds nur vordergründig gegen Kaiser und Reich gerichtet war. Vielmehr handelte Rainald aus der Erkenntnis, die Vormachtstellung Heinrichs des Löwen im Reichsinteresse brechen zu müssen. Eine Politik, der Friedrich nach Rainalds Tod in späteren Jahren folgen sollte.

Triumphierend schreibt Johannes von Salisbury kurz vor der Abreise Rainalds nach Italien: »... die Rache Gottes wüte unter den deutschen Fürsten; es hätten sich viele Fürsten gegen den Herzog von Sachsen verschworen, obwohl der Kaiser den Frieden zu erhalten suche; der Kölner Erzbischof sei auf die Seite der Gegner

getreten und habe das Bündnis gebrochen, das er mit dem Herzog geschlossen habe.«[85]
In England hatte sich die Stellung des Kaisers auch nicht verbessert. König Heinrich hatte noch immer nicht Papst Alexander abgeschworen, war doch sein Episkopat in Mehrheit alexandrinisch gesinnt. Aber das mußte der englische König doch gewußt haben, als er durch seine Legaten, Johann von Kumin und Richard von Jucester – die Thomas von Canterbury mit Bannflüchen belegte – in Würzburg schwören ließ? Der König unternahm nichts gegen den Kaiser und auch nichts gegen den Papst, vielmehr ließ er das Fallbeil des Verrats über beider Häupter in der Schwebe.

Der Papst in Rom

Papst Alexander hatte sich fast zwei Jahre in Frankreich, in Sens an der Yonne, aufgehalten. Das hatte zwar seine Bindung zum französischen König und dessen Bischöfen verstärkt, aber Rom war die Stadt des Papstes, Rom verlieh Rechtmäßigkeit und den Worten des Papstes römische Autorität.
Zur Zeit des Würzburger Reichstages war er von Sens nach Montpellier gezogen, um von dort mit mehreren Kardinälen nach Sizilien zu segeln. Mit knapper Not entging er dem Zugriff der pisanischen Flotte; Alexander als Papst in kaiserlicher Gefangenschaft, das hätte die Welt verändert! Aber er gelangte nach bestandener Gefahr glücklich nach Messina. Dort empfing ihn König Wilhelm von Sizilien und besserte seine immer noch dürftige Finanzlage auf.
Mit fünf Galeeren ließ der sizilianische König den Papst bis zur Tibermündung geleiten. Dort erlebte er einen begeisterten Empfang durch Volk, Senat und Geistlichkeit von Rom. Von Ostia aus führte man ihn am 23. November zum lateranischen Thron. Die Stimmung in Rom war umgeschlagen, man war alexandrinisch geworden.
Die Inbesitznahme des päpstlichen Stuhles gab der Diplomatie Alexanders neues Gewicht. Da fühlten sich die lombardischen Städte in ihrem unentwegten Freiheitsringen gestärkt. Von Rom

aus versuchte Alexander eine Allianz zwischen Byzanz, Sizilien, Frankreich und England zu schaffen. Mit päpstlicher Duldung hatte Kaiser Manuel mit Hilfe des byzantinischen Goldes Ancona als Stützpunkt gewonnen. Man bedenke, wie sich die Fronten verkehrt hatten. Hatte nicht Friedrich im Vertrag von Konstanz schwören müssen, die Anwesenheit byzantinischer Macht in Italien niemals zu dulden, sondern sie mit allen Kräften zu vertreiben?

Jetzt nahm der Papst in Kauf, was einstmals den Päpsten unerträglich schien. Ja er entsandte sogar eine Kardinalsdelegation nach Byzanz, die den Versuch unternehmen sollte, die Einheit der Kirche Roms mit der von Byzanz zu bewirken.

Wenn auch der Plan zerbrach, so zeigt doch diese Bereitschaft die Unerbittlichkeit beider Parteien. Man verhandelte erneut, wenn auch ohne Erfolg, um eine universale, west- und oströmische Kaiserkrone für Manuel von Byzanz.

Die Rückkehr des Papstes nach Rom bot aber nicht nur Vorteile, sondern barg auch Gefahren. Da war erstens der Wankelmut der Römer. Der Papstbiograph schreibt hellsichtig: »... die Stadt war feil, wenn sich nur ein Käufer fand.«[86]

Zweitens bot Rom dem deutschen Kaiser Zugriffsmöglichkeit, während das französische Exil Sicherheit gewährt hatte.

Letztlich schien wiederum eine Situation entstanden zu sein, die nur Waffen klären konnten.

Der vierte Italienzug von 1166–1168

Wiederum versammelte sich bei Augsburg – wahrscheinlich auf dem Lechfeld – das kaiserliche Heer. Ziel war es, Papst Alexander zu besiegen, dafür Papst Paschalis auf den römischen Stuhl zu setzen und schließlich Süditalien und Sizilien zu erobern.

Die Erwartungen des Kaisers bezüglich des deutschen Aufgebots wurden nicht erfüllt. Auf Heinrich den Löwen und seine gefürchteten sächsischen Ritter mußte er verzichten. Der Herzog von Oberlothringen deckte mit seinem Aufgebot die französische Grenze, die gleiche Aufgabe übernahm der Herzog von Limburg gegen des Kaisers Bruder Konrad. Beim Kaiser in Augsburg befanden sich die Herzöge Friedrich von Schwaben, Berthold von Zähringen und zahlreiche Grafen mit ihrem Aufgebot. Ferner die Bischöfe von Halberstadt, Verden, Naumburg, Regensburg, Prag, Speyer, Straßburg, Basel und Lüttich mit ihren Mannschaften. Zu einem böhmischen Aufgebot, das sich in Italien einen blutigen Namen erworben hatte, nahm der Kaiser anderthalbtausend Brabanzonen in Sold.[87] Eine unmenschliche Truppe, deren Kern sich aus Brabant rekrutierte und die Arnold von Lübeck schildert »als Söhne Belials, die Friedhöfe plünderten, Kirchen niederbrannten und Klöster zerstörten, Nonnen schändeten und Priester sogar während der Messe beraubten.«[88] Diese schreckliche Terrorgruppe gewann in der Kriegsführung der 60er und 70er Jahre des Jahrhunderts so schlimme Bedeutung, daß Papst Alexander III. auf dem Laterankonzil des Jahres 1179 das verdienstvolle Verbot erlassen hat, sie in Sold zu nehmen. Allerdings hat er selbst, trotz des Verbots des Laterankonzils, 20000 Brabanzonen in seinen Dienst nehmen wollen, wenn auch zum Kampf gegen Heiden und Ketzer in Spanien.[89] Grundsätzlich stellt sich die Frage, ob der Kampf gegen die Heiden jene barbarische Grausamkeit in der Kriegsführung des 11., 12. und 13. Jahrhunderts gebracht hat, der wir in dieser Zeit in Europa begegnen. Wurde hier, im Kampf gegen die Ungläubigen, eine Hemmschwelle zerstört, über deren Trümmer hinweg unsagbare Grausamkeit Europa überflutete?

Mit diesen »Söldnern des Schreckens« im Bunde, zog Barbarossa über die Alpen, Papst Alexander zu bekämpfen. In seiner persönlichen Begleitung waren seine Frau Beatrix und sein Sohn Heinrich. Der Zug ging über den Brenner, aber eingedenk schlechter Erfahrung umging man die Veroneser Klause und lagerte das Heer in der Umgebung von Brescia.

Hier wurde der Stimmungsumschwung der lombardischen Städte sichtbar. Das sonst kaiserfreundliche Bergamo begrüßte den Kaiser reserviert. Als Brescia die Gestellung von Geiseln verzögerte, begann der Kaiser die Umgebung der Stadt zu zerstören, wie damals in Mailand erprobt. Daraufhin stellte Brescia die gewünschten Geiseln und zahlte Geldbußen.

Das kaiserliche Heer, das in getrennten Abteilungen über die Alpen gezogen war, versammelte sich bei Lodi. Hier wurde Ende November ein Reichstag abgehalten, und die italienischen Fürsten, Bischöfe und Städte legten den Eid auf die Würzburger Beschlüsse ab. Alexandertreue Bischöfe wurden abgesetzt und durch kaisertreue Prälaten ersetzt. Dann beschlossen die versammelten Fürsten den Kriegszug gegen Rom zur Vertreibung oder Gefangennahme Papst Alexanders und der Einsetzung des Papstes Paschalis. Dies schien dem Kaiser das vordringlichste Ziel. Die Bekämpfung des Veroneser Bundes wurde zurückgestellt.

Auf dem Reichstag von Lodi erschienen die Lombarden mit bitterer Klage. Sie schleppten Holzkreuze zum Ausdruck ihrer Not und Bedrückung. Sie hatten in sich die Hoffnung gehegt, dem Kaiser sei das Ausmaß ihrer Ausbeutung durch die kaiserlichen Podestà nicht bekannt. Ihre Hoffnung auf Hilfe und Befreiung durch den Herrscher wurde nicht erfüllt. Denn Barbarossa brauchte Geld. Geld, um seine brabanzonischen Söldner zu bezahlen, Geld, um sein Heer nach Süden führen zu können, Geld, um den goldenen Strömen zu begegnen, die aus Byzanz und Sizilien flossen. Nicht nur Rom, die Welt war feil geworden.

Dann mußte der neu aufgebrochene Streit zwischen den Seestädten Pisa und Genua beigelegt werden, denn der Kaiser brauchte die Flottenmacht beider Städte, um Süditalien und Sizilien zu erobern. So sandte er seine beiden Sendboten, Unterhändler und Schwertarme, die streitbaren Erzbischöfe Rainald und Christian von Mainz nach Genua und Pisa.

Der Kaiser selbst verbrachte den Winter in seinem Heerlager in Brescia. Er widmete sich der Sicherung der Alpenübergänge; namentlich ging es ihm um den Weg entlang des Gardasees. Otto von Wittelsbach, dem der Kaiser die unruhige Grafschaft übertragen hatte, gab sie wieder an den Kaiser zurück. Er, der ja immer unterwegs in kaiserlichen Diensten war, konnte diesen Sicherungsauftrag nicht erfüllen. Die Belehnung des Bischofs von Trient mit der Grafschaft brachte nicht den gewünschten Erfolg. Auch der Glaube, sein kampfstarker Vetter Heinrich der Löwe könne von Baiern aus den wichtigen Nachschubweg sichern, trog. Er hatte wohl verkannt, daß Heinrich, durch norddeutsche Kämpfe und militante Osteroberungen gebunden, gar nicht in der Lage war, die

Grafschaft Garda und ihre wichtigen Nachschubwege offen zu halten.

Der Weg nach Rom

Ein harter Winter lastete auf der Lombardei, als der Kaiser schon im Januar 1167 nach Rom aufbrach. Das Heer kämpfte sich seinen Weg durch knietiefen Schnee nach Bologna. Die Stadt nahm den Kaiser freundlich auf, stellte Geiseln und zahlte 6000 Pfund in bolognesischer Währung.

Die beiden Kirchenfürsten Rainald von Dassel und Christian von Mainz hatten den Frieden zwischen den Seestädten nicht herstellen können. Aber die Pisaner verjagten ihren alexandrinisch gesinnten Erzbischof Villanus, der am 25. März 1167 die Flucht antrat[90] und verpflichteten sich mit Eidschwur, den Kaiser auf seinem Sommerzug gegen Apulien, Kalabrien und Sizilien, namentlich mit ihrer Flotte, zu unterstützen. Die beiden Erzbischöfe blieben dauernd bemüht, neue Geldmittel aufzutreiben, denn die Soldforderungen der Brabanzonen waren wie ein Faß ohne Boden.

All dies scheint den Kaiser nicht behindert zu haben. Sein Ziel war Rom, das Schisma zu beenden, die kaiserliche Macht über Rom und die Kirche auszubreiten; dann, so muß seine Hoffnung gewesen sein, mußten sich alle Probleme lösen.

So konnte es seinen Vormarsch nicht hindern, daß sich am 7. April 1167 die Städte Cremona, Bergamo, Mantua, Brescia und Ferrara und noch einige andere zusammentaten und in dem zwischen Mailand und Bergamo gelegenen Kloster Puntida einen Schwurbund schlossen, dessen Text die Not der lombardischen Städte und die Härte der kaiserlichen Faust zeigt:

»... Da es besser ist, rühmlich zu sterben ... als in Schande und Unterdrückung zu leben, so versprechen wir eidlich, daß jede Bundesstadt der anderen Hilfe leisten soll, sobald ihnen der Kaiser oder einer seiner Befehlshaber neues Unrecht zufügt, alles dieses jedoch unbeschadet der dem Kaiser geschworenen Treue.«

Aber diese letztere, um des äußeren Scheines willen hinzugesetzte Bedingung blieb Floskel. Immer mehr Städte traten dem Bunde

bei, verjagten an einem festgesetzten Tage alle Befehlshaber des Kaisers und beschlossen die Wiederherstellung Mailands.[91]
Doch der Kaiser ignorierte den Brand, der sich da in seinem Rükken entfachte. Er teilte sein Heer nach bewährtem Muster deutscher Kaiser auf dem Wege nach Rom. Er selbst zog mit dem Hauptteil entlang der Adriaküste nach Süden, während die beiden Erzbischöfe, Rainald und Christian, durch Tuszien, entlang dem Tyrrhenischen Meer nach Rom vorstoßen sollten. Indessen etablierten sich die Städte des lombardischen Bundes, unterstützt durch byzantinisches und sizilianisches Gold.
Der kaiserliche Statthalter für die Lombardei, Graf Heinrich von Diez, verunsichert über die bedrohlichen Nachrichten des Bundes, der als »der lombardische Bund« in die Geschichte einging, erhöhte den Druck.
Ende April 1167 gelang es den Streitkräften des Bundes, die Mailänder wieder in ihre zerstörte Stadt zu führen. Sofort und mit ungeheurer Energie und den Goldstrom aus Byzanz und Sizilien nutzend, begannen die Milanesen den Wiederaufbau ihrer Stadt. Die offene Flanke des Bundes war das noch immer kaisertreue Lodi. Man versprach den lodesanischen Kaufleuten Steuerfreiheit, man verpflichtete sich, um Lodi – aus Mitteln des Bundes – eine zwei Ellen breite und zwölf Ellen hohe Mauer zu ziehen. Weitere Hilfen für Lodi wurden angeboten. Auf seine Anforderung sollte jede Bundesstadt mit 1000 Kriegern Lodi zu Hilfe eilen. Unter dem Eindruck dieser Angebote, aber auch wohl aus der gesamtlombardischen Interessenlage heraus trat Lodi dem lombardischen Bund bei. Am 27. Mai 1167 folgte Piacenza; rechnet man dazu die Städte des Veroneser Bundes, dann war Oberitalien wieder vom Kaiser abgefallen.
Dafür schworen Bologna, Faenza und Imola dem Kaiser die Treue und entrichteten Bußgelder oder Steuern.
Aber es gab noch andere Erfolge. Der stürmische Rainald von Dassel hatte mit acht pisanischen Galeeren Civitavecchia erobert und die päpstliche Besatzung gefangengenommen. Er zwang die Stadt, dem Kaiser Treue zu schwören. Dann zog er mit seinem kleinen, aber schlagkräftigen Heer in die Umgebung von Rom und brachte, wie die Vita Papst Alexanders zu berichten weiß, die einzelnen

Städte durch Schrecken zum Abfall vom Papst. Das Vorhandensein kaiserlicher Truppen im Umfeld von Rom ließ die Städte und Dörfer, die der Stadt tributpflichtig waren, zu den Kaiserlichen überlaufen.

Die Römer erstellten ein Heer und bestraften die Abtrünnigen. Der besondere Haß der Römer richtete sich gegen das traditionell deutschfreundliche Tusculum. Die Römer wüteten, entgegen dem Willen Papst Alexanders, im Umfeld von Tusculum, sie zerstörten die Saaten, die Ölbäume und Weinstöcke. Graf Reino von Tusculum verbündete seine Truppen mit denen Rainald von Dassels, aber beide zusammen waren nicht stark genug, den Römern, 30 000 sollen es gewesen sein, in offener Feldschlacht entgegenzutreten. Rainald rief beim Kaiser um Hilfe. Der aber hatte sich vor Ancona festgebissen. Den Fürsten seiner Umgebung erschien es unehrenhaft, die Belagerung Anconas, Stützpunkt des byzantinischen Kaisers, aufzugeben. Es müssen aber auch hier wieder die Animositäten der deutschen Fürsten gegen den allmächtigen Günstling des Kaisers aufgebrochen sein. Anders Rainalds geistlicher Waffenbruder, Erzbischof Christian von Mainz, der ihm zu Hilfe eilte.

Die Schlacht von Tusculum 1167

Rainald hatte mit seinem kleinen Heer Schutz hinter den Mauern von Tusculum gefunden. Die Römer schlossen die Stadt ein.

Da erschien der Erzbischof Christian von Mainz mit seinem Aufgebot. Ihrer Überlegenheit vertrauend, hoben die Römer die Belagerung Tusculums auf und zogen, bereit zur offenen Feldschlacht, dem Heer Christians von Mainz entgegen.

Der Mainzer Erzbischof erkannte die römische Überzahl und verlegte sich aufs Verhandeln. Die Römer, ihrer Stärke gewiß, verspotteten die Deutschen: »... der Kaiser wäre sehr gütig, daß er ihnen seine Erzpriester sende, um ihnen die Messe zu lesen: sie wollten ihnen aber in anderem Tone etwas vorsingen.«[92]

So entbrannte am zweiten Pfingsttage, dem 29. Mai 1167, die Schlacht in der neunten Stunde in der Nähe von Tusculum am Berge Porkus und dauerte bis zum Abend. Christian von Mainz hatte der riesigen römischen Übermacht 500 Ritter und 800 Brabanzonen entgegenzustellen. Dennoch hatte er einen kleinen, auserlesenen Teil seiner Schar in einen Hinterhalt gelegt. Rainald sah von den Mauern von Tusculum die große Not der Deutschen, die in dem Heer der Römer zu versinken drohten. Da befahl er, der Mann, der nach dem Gesetz seines Lebens immer bis zum Äußersten gehen mußte, den Ausbruch. Mit seinen 300 kölnischen Rittern und der Besatzung von Tusculum brach er durch die Tore, hinein in den Feind. Er selbst trug das Banner des heiligen Petrus und stimmte den Schlachtgesang der Deutschen, »Christus qui natus« (Christus ist geboren), an. Die Deutschen stießen mit Wucht in den Rücken des römischen Heeres. Jetzt brach auch Christian von Mainz aus seinem Hinterhalt hervor, griff von der Seite den Gegner an und trennte das feindliche Heer.

Dies war der Tag, dies war die Stunde des Rainald von Dassel. Alles auf eine Karte setzend, erzwang er den Sieg. Die mitreißende Tapferkeit des Erzbischofs, der, seinen Rittern voran, auf den Feind eindrosch, und der Schrecken der Römer, denen der »furor teutonicus« noch von Friedrichs Krönungstag her in Erinnerung war, entschieden die Schlacht. Die römische Reiterei, von drei Seiten angegriffen, erkannte die wirklichen Kräfteverhältnisse nicht mehr, verließ und verriet ihr Fußvolk und verlor sich in panischer Flucht. Bis vor die Mauern von Rom verfolgten die deutschen Ritter den fliehenden Feind. Wer ihrem Schwerte entging, verfiel den Mörderhaufen der Brabanzonen.

Die Zahlen, die uns die Quellen überliefern, sind abenteuerlich. Nach einigen Angaben standen 40000 Römer im Felde.[93] Die Zahl der Gefallenen variiert von 1500 bis 12000 und im gleichen Verhältnis die Zahl der Gefangenen.[94]

Nur die Geistesgegenwart Papst Alexanders, der in dieser Stunde der Bedrohung die Verteidigung Roms übernommen hatte, rettete die Stadt vor einem Handstreich der Erzbischöfe, denen sich Truppen von Alba und Tivoli und andere Bewohner der Campagna angeschlossen hatten. Mit dieser Truppenmacht konnte Rom eingeschlossen werden. Der entschlossene Rainald von Dassel verwarf alle Friedensangebote der Römer. Er forderte die Auslieferung Papst Alexanders und seiner Kardinäle.

Erst dann war der Sieg vollkommen, war das Schisma beendet, hatten die Mühen, Kämpfe und Leiden der vielen Jahre ihren Sinn. Erst dann erstrahlte des Reiches Herrlichkeit über das Abendland. Erst dann, wenn Rom, wie er einst dem französischen König erklärt hatte, eine deutsche Stadt und der Bischof von Rom der Bischof des deutschen Kaisers war, erst dann war der Sieg erreicht, der Sinn erfüllt.

Mitte Juli 1167 traf der Kaiser vor Rom ein. Mit ihm sein Papst Paschalis und dessen gesamter Hofstaat.

Kaiser und Kanzler waren sich einig, daß der Kampf um Rom mit der Gefangennahme Papst Alexanders enden müsse. Die Gefahr um Alexander verdichtete sich. Auch mit dem Gold der Normannen war auf die Dauer nicht die Gunst des wankelmütigen Roms zu erkaufen.

Der Biograph Papst Alexanders III., Kardinal Boso, berichtet, daß in den Tagen der Kämpfe um Rom Kardinal Konrad von Wittelsbach, abgesetzter Erzbischof von Mainz, im kaiserlichen Lager erschienen sei, um einen Verhandlungsfrieden herbeizuführen.

Der Kaiser, vor seinem größten Triumph, machte einen moderaten Vorschlag: Sowohl Papst Alexander als auch Papst Paschalis sollten zurücktreten. Alsdann sollte die Gemeinschaft der Kardinäle einen neuen, allgemeinen Papst wählen. Er selbst, der Kaiser, verspreche, sich in keiner Form in die Wahlverhandlungen einzumischen. Dann machte er einen an die Adresse der Römer gerichteten, sehr subtilen Vorschlag: Würde man so verfahren, dann wolle der Kaiser sämtliche römischen Gefangenen sowie die ganze römische Beute freigeben. Hier wird der Diplomat Friedrich sichtbar, der die Papstfrage mit der Rückgabe der gefangenen Römer und der eroberten Beute verquickt. Tatsächlich zeigte dieser Appell an römischen Egoismus und römische Habgier bald die gewünschten Folgen.

»Einstimmig drangen die Römer darauf, daß Alexander diese Bedingungen annehme, ja sie behaupteten, er sei, um seine Schafe vor dem Untergang zu erlösen, verpflichtet, sich noch Härterem zu unterwerfen. Aber ungeachtet dieser Bedrängnis antworteten die Bischöfe und Kardinäle dem Kaiser: ›nur Gott könne den Papst richten, über alle menschlichen Gerichte sei er erhaben.‹ Hiermit waren die Römer um so weniger einverstanden, da ihnen Friedrich, wenn sein Vorschlag durchgehe, bestimmte Hoffnungen zur Rückgabe der Beute und Gefangenen machte. Täglich traten mehrere zu ihm über, und der Papst, der solange als irgend möglich ausgeharrt hatte, verließ endlich in aller Stille Rom und rettete sich, zum Verdruß des Kaisers, über Terracina nach Gaeta und von dort nach Benevent.«[95]

Der Papst floh in der Kutte eines Mönchs und blieb zwei Jahre lang in Benevent, im Schutz des sizilianischen Königs. Bald sollte sein Widerpart, der deutsche Kaiser, im Knechtsgewand über die Alpen nach Deutschland fliehen.

Krönung und Absturz

Einen Tag nach der Eroberung der Peterskirche, es war ein Sonntag, wurde Papst Paschalis III. feierlich inthronisiert. Dann erteilte er 15 Erzbischöfen und Bischöfen die Weihe als sichtbares Zeichen seiner päpstlichen Macht und Würde.

Am 1. August, zwei Tage später, nahm der Papst eine Festkrönung an Friedrich vor. Dann wurde Beatrix, die schon den Titel einer Kaiserin führte, von Paschalis zur Kaiserin geweiht und gekrönt.

Der Kaiser vergaß seine Getreuen nicht. Vor allem den Mann nicht, der ein Jahrzehnt lang um diesen Tag gekämpft hatte, der in seiner kompromißlosen Konsequenz auch dem Kaiser mitunter ein Ärgernis gewesen war. Hier, in der Peterskirche in Rom, feierte der Kaiser erneut die Verdienste des Kölner Erzbischofs Rainald von Dassel um das Imperium. Für seine vielen Großtaten und besonders für seinen Sieg vor Tusculum, den er mit der kölnischen Ritterschaft erstritten hatte, verlieh der Kaiser durch Urkunde dem Kölner Erzstift den Reichshof Andernach mit Zoll, Münze und Gerichtsbarkeit, ferner den Reichshof Eckenhagen mit seinen reichen Silberbergwerken.

Hatte die Flucht Papst Alexanders den Kaiser um den eigentlichen Triumph gebracht, selbst das Schisma zu beenden, so hatte sein Sieg doch die Machtverhältnisse offengelegt. Unter dem Eindruck kaiserlicher Siege und Macht stellten die Römer 400 Geiseln und schworen Kaiser und Papst Paschalis die Treue. Die pisanischen Kriegsschiffe, die in der Tibermündung eingelaufen waren, mögen die römischen Denkprozesse beschleunigt haben.

Der Kaiser und seine Getreuen, die glauben durften, die abendländische Welt nach ihrem Willen geformt zu haben, wurden nun, auf dem Gipfel des Triumphes, Opfer einer Katastrophe. Es war kein feindliches Heer, keine neue Koalition von Feinden, die dieses Ereignis auslöste, es war die Natur! In der grellen Sommerhitze des 2. August 1167 stürzte ein sintflutartiger Regen, der eine malariaähnliche Fieberwelle auslöste, das deutsche Heer in den Untergang. Im Wechsel von Wolkenbrüchen und Hitzeschauern wurden an die 25000 Menschen dahingerafft.[96] Da starben vom Fieber geschüttelt in Rom der junge Herzog von Schwaben, König Konrads Sohn und Vetter des Kaisers, der jüngere Herzog Welf, der Pfalzgraf Heinrich von Tübingen, die Grafen von Sulzbach, von Nassau, von Hallermund, von Lippe; es starben die Bischöfe von Verden, Lüttich, Regensburg, Augsburg, Speyer, Zeitz und Prag.[97]

»Da beschloß auch Rainald von Dassel seine tätige Laufbahn. Er starb am Vorabend des Festes der Himmelfahrt Mariens, am 14. August 1167, nachdem er die Sakramente der Kirche mit großer Frömmigkeit empfangen und seinen letzten Willen niedergelegt hatte.»[98]

Der Gepflogenheit der Zeit gemäß wurde sein Leichnam ausgekocht, entbeint, und dann wurden die Gebeine nach Köln gebracht, dort auf der Südseite der Marienkapelle des Domes, deren Altar Rainald durch ein Marienbildnis aus der Mailänder Beute geschmückt hatte, zur letzten Ruhe bestattet.[99a]

Die dankbaren Kölner, die er in seiner erzbischöflichen Zeit noch reicher gemacht hatte, nicht nur durch die Reliquien der Heiligen Drei Könige, sondern auch durch Zuwendungen aus seinem Privatvermögen, errichteten ihm ein prachtvolles Denkmal. Auf einem ausgehauenen Stein lag ein bronzenes Bildnis des Erzbischofs, an seinem Haupte standen vier Engel, die seine Seele zum Himmel geleiteten.[99]

Gegen Ende des 19. Jahrhunderts sollte Rainalds Grabmal zerstört und sein Bildnis als Altmetall verkauft werden. Sic transit gloria mundi.

So ist uns nur das Bildnis erhalten, wie es der Meister Nicolaus von Verdun (1184–1220) für den Schrein der »Heiligen Drei Könige« schuf. Wenn wir auch hier nicht an ein authentisches Bildnis des großen Kanzlers glauben dürfen, so teilt uns der mittelalterliche Meister doch viel über seine Idee vom Wesen des Rainald von Dassel mit. Der aus vergoldetem Silber getriebene Kopf mit juwelenbesetzter Mitra zeigt das Antlitz eines Tatmenschen: modern, kühl, das Ziel unverrückbar vor Augen. Denkt man sich das bischöfliche Ambiente weg: so könnte ein Naturwissenschaftler, ein Konzernherr, ein Staatenlenker aussehen. Und das war er ja denn auch, der Graf Rainald von Dassel, der sein Leben im Gewande des Prälaten führte. Sein Dichter, der Archipoeta, hat ihn so gesehen:

> »Du, mein Kanzlerfürst, der du aller Männer größter bist,
> Dessen Weisheit hell erstrahlt, daß sich niemand mit dir mißt,
> Du bist unsrer Kirche Glanz, wie's die Sonn' am Himmel ist.
>
> Wir besingen, loben dich, der du Kaiser Friedrichs Geist
> Mit den Strahlen deines Lichts immer zu erleuchten weißt;
> Gerne tun wir's, da man dich einen frommen Geber heißt,
>
> Stark im Adel des Geschlechts und an edler Sitten Kraft,
> Übertriffst du alle weit in der Gotteswissenschaft
> In der Menschenkünste Reich, weil wie du es niemand schafft.«[100]

Über ein Jahrzehnt hat Rainald die Reichspolitik bestimmt, in Szene gesetzt und in die Bahn seiner großen, unerbittlichen Ideen getrieben. Ja, er hatte oftmals seinen Kaiser auf steile Pfade gezwungen, die dieser selbst nie gegangen wäre. Sein Sieg war Tusculum, sein Triumph die Inthronisation Papst Paschalis' III. in Rom. Für eine Weltenstunde hatte der gewaltige Staatsmann gezeigt, daß seine Pläne Wirklichkeit werden konnten, wenn »ja, wenn man gegen den inneren Sinn einer Zeit regieren könnte«.

Rainald hätte an die Seite der Ottonen oder der Salier gehört. Im Zeitalter der Staufer jedoch begann die Geschichte der europäi-

schen Nationen, erwachten die Staaten Europas zu eigenem Bewußtsein. Ein Europa, das sich nicht mehr vom deutschen Kaiser den Papst als geistlichen Lenker der Christenheit aufzwingen ließ, sondern geistliche Mitbestimmung forderte und schließlich auch erhielt.
Die Kaiser- und Reichsidee Rainald von Dassels entsprach nicht mehr den Wirklichkeiten des europäischen Geschichtsraumes. Der Tod befreite die kaiserliche Politik aus den Denkzwängen des Rainald von Dassel, auch wenn es noch ein Jahrzehnt dauern sollte, bis Ausgleichsfähigkeit und Versöhnung Brücken über die Gräben schlugen, die doktrinäre Kompromißlosigkeit geschaffen hatte.
Doch vielleicht versöhnt der Gedanke, daß die Welt auch den Anblick des Helden braucht, der unbeirrt seinen Zielen entgegenstürmt, selbst wenn er an ihnen zerbricht, mit dem Leben und den Taten des Rainald von Dassel.

Die Flucht nach Deutschland

Der Kaiser, eben noch Triumphator, verließ mit den Resten seines Heeres Rom. Doch auch in dieser Krisensituation leistete er noch Sicherungsmaßnahmen für den Erhalt seiner Herrschaft in der ewigen Stadt. Senat und Volk von Rom schworen, daß künftig der Senat vom Kaiser eingesetzt werde mit dem Ziel, ihm die Krone des römischen Reiches zu erhalten. Dafür versprach der Kaiser die Anerkennung aller rechtmäßigen Besitzungen des römischen Volkes, mit der bemerkenswerten Begründung, daß »dieses dem Reich gehörte«. Rom bekannte sich dazu, Teil des Reiches zu sein, und erhielt dafür den Schutz all seiner Güter.
Jetzt zog der Kaiser mit den Resten seines Heeres in gesündere Gegenden. In seiner Begleitung waren seine Frau und seine beiden Söhne sowie sein Hofstaat und Papst Paschalis. Der Kaiser etablierte den Papst samt den römischen Geiseln, die die Treue Roms verbürgen sollten, in Viterbo.
Im Untergang des kaiserlichen Heeres vor Rom sahen die Zeitgenossen, namentlich die feindlich gesinnten, die Strafe Gottes. Erz-

bischof Thomas Beckett, absoluter Alexanderfreund und auf dessen Gunst angewiesen, schreibt:
»Der Herr hat Friedrich, den Hammer der Gottlosen, zermalmt.« Und in einem anderen Schreiben an Papst Alexander: »Seit Bestehen der Welt hat sich Gottes Macht nie klarer, seine Gerechtigkeit nie größer gezeigt, als er, indem er die Anstifter dieser Frevel, die Urheber dieser Verfolgung niederwarf und durch den schmählichsten Tod dahinraffte. Möchte er auch ihren Gebieter, der noch lebt, allem Volk zum Gespött machen, so daß auf ihn mit Fingern gewiesen würde.«[101]
Der Weg des Heeres war von den Gräbern seiner Toten gezeichnet. In Siena starb, nach mehreren Leidenswochen, der junge Herzog Welf.
Von Pisa aus marschierte der Kaiser, den Apennin überwindend, in die Lombardei. Bei Pontremoli, auf dem Cisa-Paß, griffen Truppen des Lombardischen Bundes das dezimierte Heer an. Auch die Kaiserin, jetzt eine junge Frau von 23 Jahren, stellte sich in die Reihe der Kämpfenden an die Seite des Kaisers. Der Übergang über den Cisa-Paß gelang nicht. Der Markgraf Obizo Malaspina führte die Kaiserlichen auf beschwerlichen Wegen durch Seitentäler nach Pavia.
Trotz aller Schicksalsschläge blieb Friedrich ungebrochen. Der kaiserliche Herr schleuderte von Pavia aus am 21. September 1167 seinen Bannfluch gegen die Städte des Lombardischen Bundes. Nur Lodi und Cremona verschonte sein Zorn, da er wußte, daß diese Städte in den Bund gezwungen worden waren. Wahrscheinlich aber hatte er auch die Absicht, dadurch den Bund der lombardischen Städte zu spalten.
Im Gegenzug erneuerten die Lombarden ihr Bündnis. Venedig, Verona, Vicenza, Padua, Treviso, Ferrara, Brescia, Bergamo, Cremona, Mailand, Piacenza, Parma, Modena und Bologna beschworen: Niemand solle mehr zahlen und leisten, als seit der Zeit Kaiser Heinrichs IV. bis zur Thronbesteigung Friedrichs gezahlt wurde. Keine Stadt beschließt einseitig Krieg oder Frieden, alle leisten sich wechselseitig Beistand und Entschädigung. Innere Streitigkeiten werden auf dem Weg der Güte und des Rechts beseitigt. Anhänger des Kaisers werden verjagt, gestraft und ihr Gut wird eingezogen.

Erwählte Vorsteher, Rectoren, leiten die gemeinsamen Angelegenheiten des gesamten Lombardenbundes.[102]

Und so geschah es denn auch!

Die kaiserlichen Bischöfe wurden vertrieben und durch alexandrinische ersetzt. Der Verfall kaiserlicher Macht in Oberitalien ging rapide vor sich.

Hingegen wurde die Hoheit des Reiches in Mittelitalien und in Rom gewahrt. Der neue Kölner Erzbischof, Philipp von Heinsberg, der von seinem Vorgänger Rainald die obligatorische Kanzlerschaft für Italien übernommen hatte, führte Papst Paschalis III. wieder nach Rom zurück.

Aber was nutzten diese respektablen Erfolge, wenn die Lombardei, ihr Reichtum, ihre Macht und zugleich der Weg nach Süden, der Hand des Kaisers entglitten waren. Zwar zeigte der Kaiser noch immer die Waffen, führte Kleinkrieg, verheerte Mailands Umland, aber als eine Streitmacht des Lombardenbundes auftauchte, mußte er sich zurückziehen. Zu einer Feldschlacht reichten seine Kräfte nicht mehr aus, die Truppen der Lombarden waren weit überlegen.

All das brachte den Kaiser zu dem Entschluß, Anfang des Jahres 1168 die Lombardei zu verlassen, solange ihm der Weg über Savoyen noch offen blieb.

Als die verbündeten Lombarden von des Kaisers Rückzug, der einer Flucht glich, erfuhren, setzten sie ihm nach. Friedrich hatte vorher von den verschiedensten, noch in seiner Hand befindlichen Burgen seine Geiseln eingesammelt. Als Druckmittel oder Verhandlungsobjekt wollte er sie nordwärts der Alpen bringen. Nun ließ der Kaiser einige dieser Geiseln auf seinem Fluchtwege aufhängen und verkündete, daß bei weiterer Verfolgung allen Geiseln dieses Schicksal widerfahren werde.

Unter solch schrecklichen Zeichen kam der Kaiser in die Nähe von Susa. Hier ließ er einen Edelmann aus Brescia, Zilio de Prando, als Verräter aufhängen. Die schlimme Kunde eilte dem Kaiser nach Susa voraus. Man öffnete ihm wohl die Tore der Stadt, jedoch hinter ihm wurden sie geschlossen. Der Kaiser war ein Gefangener. Seine Begleitung soll 30 Ritter betragen haben.

Susa forderte im Auftrag des Lombardischen Bundes die Freilassung aller Geiseln. Der Bund hatte der Stadt angedroht, sie zu vernichten, wenn die Geiseln in der Hand des Kaisers blieben. Deren Schicksal hatte der Kaiser durch die Erhängung des Zilio de Prando allzu sichtbar gemacht.

Dem Kaiser und den Seinen wurde nach Auslieferung der Geiseln freier Abzug zugesagt.

Trotz dieser Zusage fühlte der Kaiser sein Leben bedroht.

Sein Kämmerer, der kaiserliche Ritter Hartmann von Siebeneich, übernahm Rolle und Kleidung des Kaisers und legte sich in dessen Bett, derweil der Kaiser mit wenigen Männern im Knechtsgewand floh. Seine Frau, die Kaiserin Beatrix, ließ er in Susa zurück.

Seltsam dieses Verhalten. Ein Kaiser, der in die Nacht hinausflieht und seine Kaiserin in Feindesland zurückläßt. Seltsam, bei einem Mann, der der erste Ritter seiner Zeit sein wollte und wohl auch so gesehen wurde. Seltsam bei einem Manne, der ein zärtlicher Gatte war, so daß die Spötter ihn einen »vir uxoris« nannten, was man in bösartiger Auslegung als »Pantoffelhelden« bezeichnen könnte. Seltsam bei einer Frau wie Beatrix, die ja kein betuliches Muttchen, sondern eine junge, wagemutige Frau war, die wenige Tage zuvor mit ihrem Manne bei Pontremoli am Cisa-Paß sich den Weg über den Apennin erkämpft hatte. Warum konnte sie nicht mit dem Kaiser, mit ihrem Manne fliehen, jung, gesund und kämpferisch wie sie war?

Hatten sich hier die Auguren der Staatsvernunft zwischen die Liebe des kaiserlichen Paares geschoben: Die geheiligte Person des Kaisers dürfe nicht in die Hand des Feindes fallen? War die Person der Kaiserin, die vor einigen Wochen in Rom gekrönt und geweiht worden war, weniger geheiligt? Oder hatte sich die junge, mutige Kaiserin gar selbst angeboten, im feindlichen Susa zu bleiben, um durch ihre Gegenwart die Flucht des Kaisers zu decken und seine Präsenz vorzutäuschen? Die letzte Annahme liegt unserem Herzen näher, weil sie die Person des Kaisers nicht im letzten, menschlichen Bereich beschädigen würde, und auch, weil sie dem Charakter der jungen hochgemuten Fürstin am meisten entsprochen hätte. Die Geheimnisse von Susa bleiben im Dunkel dieser Nacht. Doch wird die letzte Vermutung dem Bild beider Persönlichkeiten am ehesten gerecht.

Die Bürger von Susa, und ihnen gebührt ein Ehrenplatz in der Geschichte der Menschlichkeit, vergriffen sich nicht an dem tapferen Hartmann von Siebeneich. Ja, man ließ sogar die Kaiserin, unter Führung des Herzogs Berthold von Zähringen, über den Mont Cenis nach Deutschland ziehen.
Als wenig später Streitkräfte des Lombardischen Bundes die kaiserliche Burg Biandrate eroberten, nahmen sie zehn vornehme Deutsche gefangen. Diese überstellte man der Witwe des Zilio de Prando als Wiedergutmachung für den durch kaiserliche Willkür getöteten Ehemann. Sie konnte sie töten, verknechten oder freikaufen lassen. Wie die Edeldame aus Brescia entschied, hat die Geschichte nicht überliefert.

Neuordnung des lombardischen Bündnissystems

Nach des Kaisers Rückkehr nach Deutschland zerfiel die Geschlossenheit des Lombardischen Bundes nicht.
Zum Zeichen ihrer Einigkeit erbaute man an strategisch wichtiger Stelle zwischen Piacenza und Asti die Stadt Alessandria. Der Name war Programm. Nach dem Willen des Städtebundes sollte hier Papst Alexander seinen Sitz nehmen, da ja Rom noch immer in deutschen Händen und Sitz des Papstes Paschalis war. Die Stadt erhielt starke Mauern und Wälle, und ihre neugewonnene Bürgerschaft Steuerfreiheit, was zu einem raschen Aufblühen der Stadt führte.
Papst Alexander nahm das Anerbieten der lombardischen Städte nicht an. Er fühlte sich unter normannisch-sizilianischem Schutz in Benevent sicherer als in der Lombardei, auf der, wenn auch von ferne, der Schatten des Kaisers ruhte. Wohl benützte Alexander gerne den Freiheitswillen der oberitalienischen Kommunen im Kampf gegen den Kaiser und zur Sicherung seines Pontifikats. Aber vieleicht waren auch ihm, dem Menschen, der in einer feudal-hierarchischen Welt seine Lebensprägungen empfangen hatte, der republikanische Elan der Kommunen und ihre Rivalitäten ein zu unsicherer Boden.
Um solche Bedenken auszuräumen und ihre staatsmännische

Weisheit zu demonstrieren, beriefen die Städte des Veronesischen und des Lombardischen Bundes Anfang Mai 1168 einen Bundestag nach Lodi. Hier erarbeitete die Gemeinschaft der Städte hochentwickelte Organisationsformen und Einigungsverfahren. Wohl wissend, daß der Wegfall des einigenden Kampfes gegen den Kaiser ausgeglichen werden mußte, wurde zu Lodi beschlossen, daß keine Stadt des Bundes im Gebiet einer anderen Stadt Befestigungswerke errichten dürfe, daß jeder Gläubiger seine Ansprüche nur an seinem Schuldner vollziehen und sich nicht an Dritten schadlos halten könne, wie es bei den Auseinandersetzungen der lombardischen Kommunen geschehen war. Dann wurde vereinbart, daß kein Bundesgenosse den Gebannten einer anderen Bundesstadt Zuflucht geben dürfe. Die ronkalischen Beschlüsse wurden für nichtig erklärt und damit die Oberherrschaft des Kaisers beendet. Ein großes Experiment war angelegt, ob aus dem republikanischen Städtebund die Kraft zu einem republikanischen Staat erwachsen könne...

Der Kaiser in Deutschland in den Jahren 1168–1174

Kehrte der Kaiser aus Italien als ein Geschlagener zurück? Gewiß nicht als Sieger, aber auch nicht als gebrochener Mann.

Zwar war die deutsche Herrschaft in Oberitalien dahin, doch in Mittelitalien war sie durch den Kölner Erzbischof Philipp von Heinsberg präsent und wurde weiter ausgebaut. Auch die Stellung des Papstes in Rom wurde befestigt.

Der Kaiser suchte in Deutschland, an den Stätten seiner Jugend, den Rheinlanden, im Elsaß und in seiner geliebten Pfalz Hagenau Erholung und Ruhe. Die Gicht, Schicksal des Soldaten- und Lagerlebens, plagte den jetzt 47-jährigen Mann sehr.

Doch nach kurzer Zeit sehen wir ihn wieder seines Amtes walten, Urteil sprechen, Frieden stiften.

Vor allem aber widmete er sich der Regelung seiner eigenen Probleme. So schlimm es klingen mag, die Katastrophe des deutschen Heeres vor Rom barg für den Kaiser auch Vorteile. Durch den Tod seines Vetters, Herzog Friedrichs von Schwaben, in Rom, war dem Kaiser ein großes persönliches Erbe zugefallen. König Konrad hatte seinem Sohn Friedrich, dem er die Königskrone nicht vererben konnte, das Herzogtum Schwaben mit reichen Allodgütern in Franken und Schwaben vermacht. Dieses Erbe seines Vetters Friedrich gab dem Kaiser endlich die territoriale Machtbasis, die er lange schmerzlich vermißt hatte. Daran wird ersichtlich, welche Friedensleistung der Kaiser vollbrachte, als er seinen Vetter Heinrich den Löwen mit zwei Herzogtümern begabt hatte. Denn trotz des staufischen Erbfalls war der Sachsen- und Baiernherzog eine stärkere Territorialmacht in Deutschland als der Kaiser. Eine problematische Situation.

Dann gelang dem Kaiser ein zweiter Schlag, der seine innerdeutsche Stellung verstärkte. Nach dem Tode des jungen Herzogs Welf, Folge der Malariakatastrophe des Jahres 1167 vor Rom, hatte der alte Welf VI. alle politischen Ambitionen verloren. Er verfiel aber nicht der Schwermut, sondern dem Gegenteil, dem Leichtsinn. Der Chronist schildert das so: »Er nahm alle lustigen und geldarmen Ritter auf, verschwendete große Summen für Essen und Trinken, prachtvolle Feste und Kleider und schöne Mädchen.«[1]

Hochverschuldet wandte sich der alte Herzog Welf an seinen reichen Neffen, Heinrich den Löwen, Sohn seines Bruders. Dieser aber wollte dem verschwenderischen Oheim nicht helfen. Er vergaß dabei, daß eben jener alte Herzog Welf VI., seine Ansprüche auf Baiern energisch verteidigt hatte. Schon auf dem Kreuzzug des Jahres 1147 war aufgefallen, daß Friedrich Barbarossa sich gerne in der Gesellschaft seines Onkels Herzog Welf aufhielt. Oftmals standen ihre Zelte nahe beieinander. Jetzt schien sich diese Freundschaft aus Jugendtagen für Friedrich auszuzahlen. Großzügig half er dem Onkel aus seinem finanziellen Dilemma und wurde von diesem zum Erben eingesetzt. So fielen die Mathildischen Güter und alle anderen welfischen Reichslehen in Italien, dazu aber auch die Allodialgüter Welfs VI. in Deutschland, wenn auch erst nach Jahren, an das staufische Haus. Sicher ein herber Schlag für den machtbewußten Heinrich den Löwen.

Als der Kaiser dann auch noch die Stadt Goslar mit ihren Silberbergwerken von Heinrich zurückforderte, die dieser für das noch nicht übergebene Herzogtum Baiern als zeitlichen Ausgleich erhalten hatte, trug der ländergierige Löwe schwer daran. Pflegte er doch beim Tode begüterter Untertanen deren Besitz als Erbe einzuziehen, ohne sich viel um Rechtsgrundlagen zu kümmern. Dieser Mann konnte schwer Minderungen ertragen.

Als er am 1. Februar 1168 zu Minden Mathilde, die ihm anverlobte Tochter des englischen Königs, geheiratet hatte, schwoll sein Stolz ins uferlose. Seine Machtvorstellungen offenbart das Krönungsbild aus dem »Evangeliar Heinrichs des Löwen«.

»In der unteren Bildhälfte das Herzogspaar, links der Herzog kniend, rechts neben ihm die Herzogin Mathilde, stehend. Aus einem blauen Himmelsgrund heraus krönen die Hände Christi das Paar mit goldenen Kronen. Hinter dem Herzog erscheinen seine Eltern, Herzog Heinrich der Stolze und seine Frau, Herzogin Gertrud, die Tochter Kaiser Lothars III. Hinter diesen beiden sind sichtbar die Großeltern, Kaiser Lothar und die Kaiserin Richenza. Hinter der Herzogin Mathilde folgen ihr Vater, König Heinrich II. von England, und dessen Mutter, die Kaiserin Mathilde.«

Den Welfen wohlgesonnene Beschreiber dieses Bildes sahen darin die Überreichung der symbolischen Kronen des ewigen Lebens. Wozu aber dann, so die Frage, das Arrangement kaiserlicher und königlicher Ahnen?

Nein, Heinrich der Löwe träumte nicht von himmlischen, sondern von höchst irdischen Kronen, von der Krone eines nordischen Königsreiches. Und die Königstochter Mathilde hat sicher die Träume gepflegt.

Im Grunde war Heinrich der Löwe – neben Italien und dem Papst – das Lebensproblem Kaiser Friedrichs.

Während der Kaiser in Italien seinen Kampf um seine universale Reichsidee führte, hatte sein Vetter, Heinrich der Löwe, sein nordisches Imperium aufgebaut. Er war im Norden an die dänische Grenze gestoßen und im Osten teilweise bis an die Oder. Er hatte große Siege errungen, hatte die Ostmission gefördert. Aber die Wirklichkeit gibt Helmold von Bosau in seiner Slawenchronik wieder, wenn er schreibt: »Aber auf allen Feldzügen, die Heinrich ins Slawenland unternahm, war keine Rede von Christentum, sondern nur vom Geld.«[2]

Was unter Ostmission zu jener Zeit zu verstehen ist, hat Helmold dem Wagrierfürsten Pribislaw in den Mund gelegt, der auf dem Marktplatz von Lübeck dem Bischof Gerold antwortet:

»Deine Worte, ehrwürdiger Bischof, sind Worte Gottes und dienen unserem Heil. Wie aber sollen wir, von solchen Übeln befangen, diesen Weg antreten? Damit du unsere traurige Lage begreifen kannst, höre meine Worte geduldig an; das Volk, das du vor dir siehst, ist dein Volk, und wir legen dir zu Recht unsere Not vor. Bei dir wird es dann stehen, mit uns Mitleid zu haben. Unsere (deutschen) Lehnsherren gehen nämlich mit solcher Strenge gegen uns vor, daß uns vor Steuern und härtester Knechtschaft der Tod besser als das Leben erscheint. Sieh, in diesem Jahr haben wir Bewohner dieses kleinen Winkels dem Herzog (Heinrich dem Löwen) 1000 Mark (Silber) gezahlt, ferner dem Grafen (Adolf von Schauenburg) 100 in gleicher Münze, und noch immer kommen wir nicht davon, sondern werden täglich gepreßt und bedrängt bis aufs Äußerste. Wie sollen wir uns denn diesem neuen Glauben öffnen, daß wir Kirchen bauen und die Taufe empfangen, wenn uns täglich Vertreibung droht?«[3]

Aber nicht nur auf den Slawen lag die harte Hand des Herzogs. Paul Barz, der moderne Biograph Heinrichs des Löwen, schreibt über seinen Helden mit großer Klarsicht:

»Für die konventionelle gesellschaftliche Struktur seiner Zeit ist Heinrich der Löwe eine beständige Provokation. Er provoziert selbst noch den geringsten Lehnsmann, wenn er das Lehnswesen mit seiner Ministerialenwirtschaft unterläuft... Kurz, ohne es bewußt zu wollen, ist dieser Herzog als Staatsmann der große Spielverderber im eingeschliffenen Lehnswesen der Zeit.«[4]

Dazu kommt das absolut nicht vorhandene Rechtsgefühl dieses Mannes, der wie ein Raubtier zuschlägt und dann erst Rechtsgründe für sein Handeln konstruiert. So hatte sich die Schar seiner Gegner gesammelt, allen voran Albrecht der Bär, der Landgraf von Thüringen, der Pfalzgraf von Sommerschenburg, der Bischof Hermann von Hildesheim, Markgraf Otto von Camburg, die Grafen von Dassel, Dasenburg und Oldenburg. Dazu in abwartender Position, aber gleichfalls in Gegnerschaft, die Erzbischöfe von Magdeburg und Bremen.

Aber noch war da ja die immerwährende Schutzfigur des Kaisers, der von Italien her Erzbischof Christian von Mainz und Herzog Berthold von Zähringen gesandt hatte, den offenen Krieg zu beenden und den Frieden zu erzwingen. Doch im Frühjahr 1168 wurden die Kämpfe von der Fürstenkoalition neu entfacht. So mußte der Kaiser, soeben aus Italien zurückgekehrt, als erstes Frieden in Sachsen schaffen.

Er berief auf den 5. Mai einen Reichstag nach Würzburg. Aber die sächsischen Fürsten erschienen nicht. War ihr Haß gegen den Löwen so groß, daß sie keinen Frieden aus des Kaisers Hand entgegennehmen wollten, oder, noch schlimmer, war durch Friedrichs Scheitern in Italien seine Autorität so verletzt, daß sie seinem Ruf nicht mehr folgten? Auch einer zweiten Ladung kamen sie nicht nach, sondern zogen sengend und mordend durch die Lande des Herzogs. Erst eine dritte Ladung brachte den Reichstag in Würz-

burg zusammen, der von drei Erzbischöfen, zehn Bischöfen und einigen lombardischen Prälaten, die aus ihren Bistümern vertrieben waren, besucht wurde.
Von den weltlichen Fürsten waren der getreue Otto von Wittelsbach zur Stelle, der aus dem schwäbischen Erbe bedachte und nun versöhnte Halbbruder des Kaisers, Konrad, Pfalzgraf bei Rhein, und Heinrich der Löwe. Aber diesmal waren auch seine Gegner, die sächsischen Fürsten, da.
Der Kaiser trat nicht als ein Geschlagener auf, nein, er war der Herr, der mit seiner Autorität den Reichstag bestimmte. Der zürnende Kaiser ging mit den sächsischen Fürsten ins Gericht. Sie hatten den Frieden gebrochen und somit die Schuld, daß der Kaiser nicht mit entsprechender Mannschaft den rebellischen Lombarden entgegentreten konnte. Die Aufgebote der sächsischen Fürsten, namentlich des Löwen, hatten in der Lombardei gefehlt, das Schicksal zu wenden und dem Reich Italien zu erhalten.
Der Kaiser befahl, den alten Besitzstand wieder herzustellen, so wie er vor Ausbruch der Fehde gewesen war. Alles in allem, der kaiserliche Spruch rettete Heinrich den Löwen. Er stand glänzend, scheinbar unbesiegbar da. Bei etwas Nachdenklichkeit hätte er erkennen müssen, daß sein politisches Fundament, trotz aller äußeren Machtentfaltung, die Gunst des Kaisers war.
Es wurde offensichtlich, daß dieser Würzburger Tag der Tag des Kaisers war. Sein Ansehen war wiederhergestellt. Die Fürsten beugten sich seiner Autorität und nahmen ihn als Herrn und Richter. Auch das Ausland mußte erkennen, daß der Kaiser Herr in seinem Reiche war. Die Lombardei war eine verlorene Schlacht. Nicht mehr und nicht weniger; und Friedrich blieb der bedeutendste Machtfaktor im Abendland.

Die Mühsal des Friedens

Die sechs Jahre seines Aufenthaltes in Deutschland zeigen Friedrich in unablässiger Tätigkeit, den Frieden im Reich zu sichern und die reizbaren Gemüter seiner Fürsten zu besänftigen, oder, wenn nicht anders möglich, durch kaiserliche Macht zu erzwingen.

Fast könnte man glauben, der Kaiser habe seinen großen Zielen abgeschworen und begnügte sich damit, die Bastion Deutschland auszubauen. Aber dieser Schluß wäre falsch. Friedrich hatte auf seinen Italienzügen erfahren müssen, daß seine Position dort so stark war wie der innere Frieden im Reich. Wollte er noch einmal in Italien antreten, waren Frieden und Einheit im Reich höchstes Gebot.

Vordringlichste Sorge war die Sicherung der Thronfolge. Auf einem Reichstag mit großer Besetzung wurde am 24. Juni 1169 der Kaisersohn Heinrich zum deutschen König gewählt. Krönung und Weihe des erst vierjährigen königlichen Knaben wurde am 15. August durch den Erzbischof von Köln in Aachen vollzogen. Warum der Kaiser seinen zweitgeborenen Sohn Heinrich und nicht seinen erstgeborenen Sohn Friedrich zum König erheben ließ, ist nicht geklärt. Der Vorgang ist so unverständlich, daß der große Stauferbiograph Friedrich von Raumer sich darüber hinwegsetzt und von der Annahme ausgeht, Heinrich sei der Erstgeborene. Dem widerspricht die Forderung der Tradition, dem Ältesten den Familienleitnamen zu geben, und das war in diesem Falle »Friederich«. Dieser wurde auch mit dem angestammten Herzogtum Schwaben belehnt. Das Vorziehen des zweitgeborenen Sohnes Heinrich dem erstgeborenen Friedrich wird auch weiterhin ein Geheimnis der Geschichte bleiben.

Von Bamberg aus zog der Kaiser nach Passau. Dort setzte er den Bischof Adalbero ab, der durch seinen Lebenswandel Anstoß erregt hatte. Dann zog der Unermüdliche weiter nach Salzburg, die Hochburg der Alexanderfreunde zu brechen. Der junge Erzbischof Adalbert, Sohn des Böhmenkönigs und fest an der Seite Papst Alexanders, übergab seine Stadt, um ihre Zerstörung zu verhüten. Dadurch und durch den Tod der beiden Alexandertreuen, des Erzbischofs Hillin von Trier und Gerhochs von Reichersberg, des vielleicht gedankenreichsten Theologen seiner Zeit, war die Position Alexanders in Deutschland fühlbar geschwächt.

Von Salzburg aus eilte der Kaiser am 15. August 1169 zu der Krönung seines Sohnes Heinrich zum deutschen König nach Aachen.

Im Januar 1170 griff er auf einem Hoftag in Frankfurt am Main in

die deutsche Ostpolitik ein. Er verlieh durch Privileg den wendischen Fürsten die gleichen Ehrenrechte wie den deutschen. Eine Bemühung, die deutlich macht, daß Friedrich auch um Frieden und Ausgleich im Osten bedacht war.
Im gleichen Monat ritt der sich nie schonende Kaiser von Frankfurt nach Salzburg, eine Strecke von 400 Kilometern Luftlinie. Zwar hatte der Erzbischof Adalbert ihm wenige Monate zuvor die Stadt übergeben, aber er regierte noch immer von einigen ihm ergebenen Klöstern in die Diözese hinein. Nach einer Rücksprache mit dem Salzburger Metropolitan-Kapitel erkannte der Kaiser, daß dort die Stimmung immer noch alexandrinisch war. Durch Fürstenspruch ließ er den Salzburger Erzbischof absetzen. An seiner Stelle erhob er Propst Heinrich von Berchtesgaden auf den Salzburger Stuhl, jedoch verlangte er von diesem nicht, sich gegen Alexander auszusprechen. Man sieht, der Staufer war geschmeidiger geworden und lernte die Politik als Kunst des Möglichen zu begreifen.

Die Welt um Deutschland

Die Welt um Deutschland war nicht stehengeblieben. Am 20. September 1168 war der kaiserliche Gegenpapst Paschalis III. in Rom gestorben. Seine Kardinäle hatten Johannes von Struma als Calixt III. zu ihrem Papst erhoben. Kaiser Friedrich, dem eine Beendigung des Schisma erstrebenswert war, hielt sich mit der Anerkennung des neuen Papstes zurück.
Vielmehr hatte er im Jahre 1169 den Bischof Eberhard von Bamberg, der von wirklichem Vermittlungswillen beseelt war, in Begleitung der Zisterzienseräbte von Clairvaux und Citeaux zu Papst Alexander gesandt. Die Verhandlungen waren daran gescheitert, daß der Papst den Lombardenbund in einen Frieden einbezogen haben wollte und Friedrich dies verweigert hatte. Als Bischof Eberhard auf einem Hoftag in Fulda am 13. Juni 1170 über das Scheitern der Verhandlungen mit der Kurie berichtete, schleuderte Friedrich dem Kardinal Roland – so nannte man Papst Alexander in kaiserlichen Kreisen – sein »Niemals« entgegen, so wie er es schon zu

Würzburg getan hatte. Dieser Schwur, Alexander »niemals« anzuerkennen, bedeutete einen erneuten Romzug, um durch Vernichtung Alexanders das Schisma zugunsten des Reiches zu beendigen.

Schlimm für den Kaiser, daß der Frieden in Deutschland, Voraussetzung für alle auswärtigen Operationen, wiederum durch Heinrich den Löwen gebrochen war, der in verheerender Weise in das Erzbistum Magdeburg eingefallen war. Der Kaiser eilte nach Erfurt und erzwang dort mit Erzbischof Wichmann, Albrecht dem Bär und dessen Söhnen sowie Heinrich dem Löwen am 24. Juli 1170 einen neuen Frieden.

Dann zog der Kaiser nach Frankreich. Seiner Diplomatie war es gelungen, ein Spitzengespräch zwischen ihm und König Ludwig von Frankreich zu arrangieren. Der Abt Pontius machte sich hierum verdient. Am 14. Februar 1171 fand die Begegnung an der Grenze zwischen Toul (deutsch) und Vaucouleurs (französisch) statt. Verhandelt wurde über eine deutsch-französische Eheverbindung. Zwar kam in diesem wichtigen Punkte kein Verhandlungsergebnis zustande, trotzdem mußte das Treffen für den Papst ein Alptraum sein. Hatten doch beide, König und Kaiser, demonstriert, daß sie untereinander bündnisfähig waren und nicht ohne weiteres als Fixpunkte im Kalkül kurialer Politik gelten konnten. Vielleicht ist dieses Zusammentreffen der beiden Herrscher als der Beginn des staufisch-kapetingischen Bündnisses zu sehen, das unter Kaiser Friedrich II. und König Philipp II. Augustus seinen Höhepunkt fand.

Auch die festgefahrenen Positionen zu Byzanz brach der Kaiser auf in dem Bemühen, die bisherigen Bundesgenossen Papst Alexanders an sich zu ziehen. Erzbischof Christian von Mainz, der außer anderen Sprachen auch fließend Griechisch sprach, wurde nach Byzanz zu Kaiser Manuel entsandt. Auch hier war ein Ehebund geplant. Ein Sohn des Kaisers sollte eine byzantinische Prinzessin heiraten. Verschiedene wechselseitige Gesandte verfolgten das Heiratsprojekt. Der Plan zerbrach aus Gründen, die schon in der Reichspolitik Karls des Großen eine Rolle spielten. Friedrich war nicht bereit, byzantinischen Gebietsforderungen in Italien nachzugeben.[5]

Aber diese außenpolitischen Aktivitäten waren ja nicht die einzige Aufgabe des Kaisers. Er mußte im Jahre 1172 einen Feldzug gegen den Polenherzog Mieszko III. unternehmen. Mit Unterstützung des Böhmenkönigs zwang der Kaiser den Polen wieder unter die Lehnshoheit des Reiches. Die Mithilfe des Böhmenkönigs ist eine besondere Leistung staufischer Diplomatie, wenn man bedenkt, in welchem Spannungsverhältnis sich Friedrich zu dem alexandrinisch gesinnten Erzbischof Adalbert von Salzburg befand, der ja schließlich ein Sohn des Böhmenkönigs war.

Auch Ungarn stellte sich unter seinem neuen König Stephan III. – zumindest nominell – unter die Oberherrschaft des Reiches. Dieses Verhältnis endete mit dem Tode Stephans, als sich König Bela III. wieder Byzanz näherte.

Die Zeit war voll knisternder, mitunter utopischer Regsamkeiten. Es gab Heiratspläne zwischen Byzanz und Sizilien; auch von einer deutsch-sizilianischen Heiratskombination wurde gesprochen. Alle diese Pläne zerschellten, ebenso der Versuch Kaiser Manuels, vom Papst die vereinigte Krone West- und Ostroms zu erhalten. Als Gegenleistung hatte Manuel dem Papst dafür die Herrschaft über die Ost- und Westkirche angeboten. Trotz dieser Verlockungen vergaß der kluge Papst nicht, daß es das erklärte Ziel päpstlicher Politik über Jahrhunderte gewesen war, die byzantinische Macht aus Italien herauszuhalten, so, wie es einmal im Konstanzer Vertrag (1153) von Papst Eugen III. gefordert worden war:

»Er (Friedrich) wird dem König der Griechen kein Land diesseits des Meeres überlassen und, wenn dieser einrücken sollte, ihn vertreiben.«[6]

Die Vorbereitungen zum fünften Italienzug

In dieser Zeit der Intrigen, des Schattenboxens, in dem jeder Gegner auch ein Bündnispartner sein konnte, beschloß der Kaiser, seine Ziele und seinen Willen klar auszusprechen. Der französische König war verärgert, weil der Papst dem englischen König den Mord an Thomas Beckett zu schnell und zu leicht verziehen hatte.

Die lange Abwesenheit des Kaisers in Italien zeitigte die ersten Brüche im Lombardenbund. Das sollte anders werden. Auf einem Reichstag zu Worms am 26. März 1172 warf Friedrich den Italienern und dem Kardinal Roland (Papst Alexander) vor, daß sie die Krone des römischen Reiches den Griechen übertragen wollten. Von seinen Fürsten ließ sich Friedrich einen Italienzug für das Jahr 1174 beschwören. Die Kunde gelangte nach Italien und an die Höfe Europas. Die Römer, die den kaiserlichen Papst Calixt beherbergten, übersandten dem Kaiser Erklärungen ihrer Freude und ihrer Verehrung.

Die Kölner Königschronik übermittelt eine Aussage Pisas, in der der Kaiser gerühmt wird, gegen die Verräter und Meineidigen zu Felde zu ziehen. Es heißt unter anderem: »Alle Kräfte des Kaiserreichs hat er (Friedrich) aufgeboten, verschiedene Könige, sehr zahlreiche Völker beeilt er sich zur Ahndung des ihm zugefügten Unrechts zu bestimmen, Erzbischöfe, Bischöfe, Äbte, Herzöge, Markgrafen, Pfalzgrafen, Grafen, Freie, Ministeriale und eine unbegrenzte Menge mächtiger Männer hat er das gewaltige Unternehmen gegen Italien beschwören lassen.«[7]

Der weltkluge Kölner Chronist fügt hinzu, daß es unsicher sei, ob dieses Schreiben aus Liebe zum Kaiser oder aus Furcht vor ihm geschrieben worden sei. Sowohl Furcht wie Hoffnung der Pisaner waren unbegründet. Zwei Jahre später mußte der Kaiser mit einem kleinen, nicht mit dem befürchteten gewaltigen Heer nach Italien ziehen. Seine Fürsten, um die er doch so geworben hatte, die er mit unermüdlichem Eifer zur Einigkeit und Gemeinsamkeit führen wollte, versagten sich ihm. Saß ihnen noch immer der Schrecken der römischen Fieberkatastrophe des Jahres 1167 in den Gliedern, unter deren Verlusten die Adelsfamilien des Reiches immer noch litten, oder hoffte man, in des Kaisers Abwesenheit die eigenen egoistischen Ziele besser verfolgen zu können?

8000 Krieger, das war das ganze Reichsaufgebot des Jahres 1174, und darunter waren noch die brabanzonischen Söldnerhaufen.

Christian von Mainz in Italien

Der Kaiser sandte Erzbischof Christian von Mainz als kaiserlichen Statthalter nach Italien. Christian, Erzbischof, Feldherr, sprachenkundiger Diplomat, ein Mann, den das Priestergewand nicht vom Weibe trennte, ein Vorläufer des Barockmenschen, war für diese Aufgabe glänzend geeignet.

Er durchbrach zum Zorn der Lombarden deren Sperrgürtel und erreichte Tuszien. Er stand vor der Aufgabe, die beiden Seestädte Pisa und Genua wieder zu versöhnen. Doch das war unmöglich. Zu tief saßen Haß und Rivalität in den beiden Parteien. Ende März 1172 verhängte der Erzbischof über Pisa den kaiserlichen Bann und erklärte die Stadt aller Privilegien über Sardinien verlustig. Am 23. und 26. Mai verhandelte Christian mit Genua und dem ihm verbündeten Lucca, aber auch mit deren Widersachern Pisa und Florenz. Pisa sollte aus dem Bann entlassen werden und den Besitz der sardischen Privilegien zurückerhalten. Die Pisaner und Florentiner fügten sich scheinbar, entließen die Gefangenen der Gegenseite, planten aber gleichzeitig eine neue Verschwörung mit dem Ziel, gemeinsam mit den Bürgern von S. Miniato eine oberhalb dieses Ortes gelegene Reichsburg zu überfallen und von dort aus den Kampf gegen den kaiserlichen Legaten Christian aufzunehmen.

Das war Verrat und Vertragsbruch. Konsequent ließ Christian die Vertreter von Pisa und Florenz, die noch mit ihm verhandelten, in Ketten legen. Dann verließ Christian im Dezember 1172 Tuszien und wandte sich gegen Rom.[8]

Ende 1172 wollte Christian Tusculum belagern. Dort hatte Papst Alexander Aufenthalt genommen. Ob sich der Papst zu diesem Zeitpunkt noch in Tusculum befand ist fraglich, sicher ist, daß die Bürger von Tusculum Erzbischof Christian durch reiche Geschenke an Gold und Silber bewegen konnten, die Belagerung nicht durchzuführen. Der Erzbischof wußte, daß sein Kaiser Geld für den Italienzug brauchte und nahm die Zahlungen an.

Dies ist einer der Gründe, warum dem Erzbischof Korruption und Bestechlichkeit nachgesagt wird. Natürlich war der Erzbischof ein großer Herr, der für seinen persönlichen Lebensstil viel Geld brauchte. Sicher war er kein Mann der doppelten Buchführung. Die Grenzen in Geldgeschäften werden fließend gewesen sein. Im Entscheidenden aber war der Erzbischof ein getreuer Helfer seines Kaisers und der Reichsidee, so daß die Vorwürfe in dieser engen Form nicht zutreffen.

Was dem Erzbischof Christian in Tuszien nicht gelungen war, das gelang dem deutschen Grafen Macharius, der von der Reichsburg S. Miniato aus Tuszien im Rahmen des Möglichen zu verwalten begann. Er stellte ein erträgliches Verhältnis zwischen Genua und Florenz wieder her, wobei der Wirklichkeitssinn der Florentiner den Ausschlag gab.

Christian hatte dafür andere Erfolge. Im März 1173 unterwarf er Assisi und Spoleto und drang von dort auf Ancona vor. Die Stadt war durch reiche Zahlungen der Griechen ins byzantinische Lager gewechselt. Diesen byzantinischen Brückenkopf auf italienischem Boden zu brechen erschien dem Reichslegaten Christian vordringlich. Ancona aber war ohne Flotte nicht zu nehmen.

Der erfahrene Diplomat Christian wandte sich an Anconas erklärten Feind, an Venedig. Aber Venedig war nicht nur Anconas Feind, es war auch der Feind der Griechen, der Feind Byzanz'. Und Byzanz hatte Venedig beleidigt, mehr noch, bis auf den Tod gekränkt. Kaiser Manuel hatte am 11. Mai 1171 alle Venezianer in seinem Reich festnehmen lassen. Es sollen 10000 gewesen sein. Darüber hinaus hatte er alle Privilegien, die er vorher den Venezianern so großzügig zugestanden hatte, aufgehoben und, unter dem Jubel der Genuesen und Pisaner, ihre Handelsgüter und Faktoreien beschlagnahmt. Der Groll hierüber steckte den Venezianern noch in den Knochen. Sie hatten als Antwort eine große Flotte gebaut, über 100 neue Galeeren. Doch waren ihre Operationen gegen die Küsten des griechischen Reiches nicht sonderlich erfolgreich gewesen. All dies wissend, bot der Erzbischof Christian den Venezianern ein Bündnis an, nämlich, unter Gestellung einer Flotte, gemeinsam mit ihm Ancona zu erobern. Das heißt: Ancona zu vernichten, Venedigs Rivalen am adriatischen Meer und einzigen Brückenkopf Byzanz' auf italienischer Erde.

Am 1. April 1173 wurde das Bündnis der Deutschen mit Venedig geschlossen. Damit war Venedig aus dem Lombardenbund herausgebrochen, denn der Schwur der Lombarden lautete, sich niemals mit dem Kaiser zu verbünden.
Anfang April begann die Belagerung Anconas.[9] Sie wurde ergänzt durch die Abschließung der Seeseite der Stadt durch die venezianische Flotte.
Ziel des Erzbischofs war es, nicht nur die Stadt zu besiegen, sondern auch den in der Stadt residierenden byzantinischen Gesandten mit seinen großen Geldmitteln in die Hand zu bekommen. Das jedoch mißlang. Der wendige Byzantiner durchbrach die venezianische Seesperre und entkam mitsamt seinem Golde. Die Bevölkerung Anconas leistete tapferen Widerstand, obwohl sie sich von Byzanz verlassen fühlen mußte. Der Hunger beherrschte die Stadt, Tierhäute wurden ausgekocht, um aus ihnen ein wenig Kraft zu gewinnen. Der Fall der Stadt schien eine Sache von Tagen zu sein.
Da sammelte sich, bezahlt mit griechischem Gold, ein Heer des Lombardischen Bundes und führte einen Entlastungsangriff auf Ancona. Da der Winter nahte, drehte die venezianische Flotte ab und fuhr nach Hause. Erzbischof Christian machte aus der Lage das Beste und hob, gegen einen hohen Tribut, den Ancona zahlte, die Belagerung auf.
Am 29. November 1173 erstattete der Erzbischof, auf einem Reichstag zu Worms, seinem Kaiser Bericht und lieferte die italienischen Gelder ab, die den fünften Italienzug finanzieren sollten. Dem fiskalisch denkenden Teil der deutschen Historiker ist das Fehlen einer Abrechnung des Erzbischofs ein tiefer und bleibender Kummer. Der Kaiser jedoch war mit seinem Kanzler Christian einverstanden, und er stand weiterhin bei ihm in hoher Gunst.
Sechs Jahre hatte der Kaiser in Deutschland geweilt. Karl Hampe nennt den Ertrag dieser Zeit »arm an großen Ereignissen, aber reich an stillen, nachhaltigen Erfolgen«.[10]
Die Thronfolge war gesichert, die staufische Machtposition im Reich durch Erbschaften, Tausch und kluge Erwerbungen erweitert und durch Pfalzen und Burgenbau gefestigt. Riesige Wälder

wurden in einer Art innerer Kolonisation durch Rodungsbauern, denen man Freiheit zusicherte, urbar gemacht.

Immer wieder begegnen wir in der Geschichte der Tatsache, daß die Gewährung von Freiheit unerhörte Kräfte im Menschen freisetzt. So wundert es einen, daß die Mächtigen sich so selten der Gabe der Freiheit bedienen, um große Ziele zu erreichen.

Der fünfte Italienzug

Susa und Alessandria

Mitte bis Ende September 1174 zog der Kaiser mit seinem Heer über die Alpen. Er nahm den Fluchtweg des Jahres 1168 in umgekehrter Richtung über den Mont Cenis. Sein Ziel war Susa.
Unser zeitgenössischer Chronist berichtet: »Kaiser Friedrich betrat zum fünften Male die Lombardei, am 28. September 1174, und kam mit 8000 Kriegern nach Susa und brannte die Stadt nieder.«[1]
Man traut seinen Augen nicht. Da steht »und brannte die Stadt nieder«. Aber das war doch Susa! Die Stadt, aus der er nächtens geflohen war und seine Frau, seine Kaiserin, zurückgelassen hatte. Zwar hatten die Susaner unter dem Druck des mächtigen Lombardenbundes Friedrichs italienische Geiseln einbehalten, aber sie hatten doch seine Frau, die Kaiserin Beatrix, und sein ganzes Gefolge am anderen Tage unbehelligt ziehen lassen. Es hätte in Susas Macht gestanden, die Kaiserin an den Lombardenbund auszuliefern. Welch ein Unterpfand grenzenloser Erpreßbarkeit des Kaisers in der Hand der Lombarden? All dies hatten die Bürger von Susa nicht getan. Sie durften auf kaiserliche Huld hoffen. Und nun brannte ihre Stadt. In den Flammen von Susa verbrannte die Dankbarkeit.
Der Kaiser zog nach Turin. Die Stadt, die niemals dem Lombardenbund angehört hatte, öffnete ihm die Tore und empfing ihn voller Freundlichkeit.
Dann stürmte er weiter nach Asti. Den Schrecken von Susa noch vor Augen, ergab sich die Stadt. Nach dem Sieg über Asti kehrten auch die alten Freunde von Kaiser und Reich zurück in die Treue. Der in den Lombardenbund hineingepreßte Markgraf Wilhelm von Montferrat, der Graf von Biandrate und andere italienische Adlige verstärkten das Heer des Kaisers. Das kaiserfreundliche Pavia kehrte dem Bund den Rücken. Auch Como fand zum Kaiser zurück.

Und nun hätte es, nach den Gesetzen militärischer Logik, nur ein Ziel gegeben: den Angriff auf Mailand, Haupt und Herz der verbündeten Städte. Aber der Kaiser traf eine emotionale Entscheidung: Angriff und Belagerung von Alessandria! Die Stadt, die man ihm zum Trotz gebaut hatte, die Stadt, die den Namen seines päpstlichen Gegners trug, den er seit 15 Jahren bekämpfte und dem trotzdem der größte Teil der Christenheit Gehorsam zollte. Alessandria mußte fallen! Am 27. Oktober begann die Belagerung. Der erste Sturm wurde abgeschlagen. Die Stadt wehrte sich tapfer unter ihrem Podestà Rudolfo Concesi. Der Himmel meinte es nicht gut mit dem Kaiser und seinem Heer. Herbstliche Regengüsse machten das Umfeld der Stadt zu einem Sumpf. Die Stadt, die weder Mauern noch Türme hatte und nur durch Gräben und Wälle geschützt war, wurde uneinnehmbar. Doch Friedrich brach die Belagerung nicht ab. Italienische Handwerker mußten Belagerungsgerät bauen, Schleudern und Wurfmaschinen, fahrbare Türme, um Graben und Wall zu überwinden. Hunger herrschte in der Stadt ebenso wie im kaiserlichen Lager. Kaiserliche Soldaten sollen ihre Waffen verkauft haben, um an Brot zu gelangen. Wenn auch solche Kunde nicht glaubhaft ist, weil man mit Waffen leichter Brot besorgen konnte als mit Geld, so ist dies Gerücht doch ein Gradmesser für die Schwierigkeiten des kaiserlichen Heeres. Der Kaiser aber hielt unerschütterlich aus und griff, wie wir es schon oftmals sahen, zu den Schrecken des Terrors:

»Er ließ eines Tages zwei Gefangene als Verräter und Aufrührer blenden. Den dritten, jüngeren, befragte er vorher über den Grund seiner Empörung, und dieser antwortete, ›ich kämpfte nicht gegen dich und das Reich, sondern gehorchte den Befehlen meines Herrn in der Stadt, so wie ich ihm gehorcht haben würde, wenn er in deinem Lager gewesen wäre. Auch geblendet will ich ihm noch treu sein‹. Friedrich achtete diesen edlen Sinn und ließ den Jüngling ungestraft zurückkehren.«[2]

Auch der Terror brach den Widerstandswillen der Stadt nicht. Ja, man wagte sogar Ausfälle, bei denen es gelang, kaiserliches Kriegsgerät in Brand zu stecken.

Inzwischen trat der Lombardenbund mit einem Heer auf den Plan. Der Kaiser erkannte die Gefahr, zwischen das Bundesheer und die

Stadt zu geraten. Er befahl am Freitag, dem 11. April 1175, erneut einen Generalangriff. Unterirdische Stollen waren getrieben worden und führten unter Gräben und Wällen in die Stadt. Am Karsamstagmorgen brachen die verwegensten Männer des kaiserlichen Heeres durch diese Stollen in die Stadt ein. Das ganze Heer stand in Bereitschaft anzugreifen, wenn der unterirdische Überraschungsangriff gelungen war. Aber die Alessandriner entdeckten die ersten Eindringlinge, erschlugen sie und verschlossen die Stollen, so daß die darin Eingeschlossenen elendiglich umkamen. Bei dieser Unternehmung soll Barbarossa 300 seiner kühnsten Männer verloren haben. Nun endlich brach er die Belagerung ab.

Die Friedensverhandlungen von Montebello

Mitte April 1175 standen sich die Heere des Bundes, gebildet aus den Aufgeboten von Mailand, Piacenza, Verona und Brescia, und das des Kaisers in der Ebene von Montebello gegenüber.

Die Lombarden, rechnende Kaufleute, brannten nicht auf eine kriegerische Auseinandersetzung, solange durch Verhandlungen erträgliche Bedingungen erzielt werden konnten. Sie erwarteten, um ihre Carrocci (Kriegswagen) geschart, den Angriff des Kaisers. Aber auch der war nicht von großem Angriffswillen beseelt. Diese sechs Monate vor Alessandria hatten sein Heer schwer mitgenommen, und er wollte seiner deprimierten Truppe eine neue Schlacht ersparen.

Der oft geäußerte Glaube, der Nimbus des unbesiegbaren Barbarossa habe die Lombarden vom Kampf abgehalten, kann nicht geteilt werden. Hatten die lombardischen Städte ihn doch 1168 aus Italien verjagt und hatte soeben erst der Kampf vor Alessandria die Ohnmacht des Kaisers gezeigt.

Aus gegenseitiger Kampfesunlust kam Verhandlungsbereitschaft auf. Beide Seiten hatten Männer, die vermitteln wollten.

Am 16. April 1175 trafen sich die Delegationen der Städte und des Kaisers auf einem Platz vor der Burg Montebello, der dem Markgrafen von Montferrat gehörte.

Überraschenderweise wurde man sich schnell einig. Der Städte-

bund erklärte sich bereit, sich erneut dem Kaiser zu unterwerfen. Dieser versprach den Städten den Friedenskuß und die Wiederaufnahme in die kaiserliche Gnade. Das tat keiner Seite weh.
Beide Parteien sollten jetzt jeweils drei Räte ernennen, die die abschließenden Friedensbedingungen bis Ende Mai aushandeln würden. In den Fällen, in denen keine Einigung erzielt werden konnte, sollten die Konsuln von Cremona das Schiedsamt übernehmen. Deren Spruch wollten sich dann die Parteien beugen. Der Kaiser stimmte zu, obgleich Cremona offiziell dem Lombardischen Bund angehörte. Er vertraute wohl auf die alte Rivalität zwischen Mailand und Cremona. Vielleicht hatte er auch Signale von Cremona empfangen, die eine Zuwendung zur kaiserlichen Sache erkennen ließen.
Noch war die Zeit der großen Gesten, auf die sich die Italiener, ebenso wie der Kaiser, verstanden. Am folgenden Tag vollzogen die Lombarden die Unterwerfungszeremonie. Die Banner der Städte senkten sich vor der kaiserlichen Majestät, die Waffen wurden niedergelegt. Man trug die bloßen Schwerter mit Schlingen um den Hals. Der Kaiser erteilte den Konsuln den Friedenskuß, womit er allen Städten und Personen des Lombardenbundes den Frieden gab.
Für Alessandria wurde ein Waffenstillstand bis Mitte Juni gewährt. Bis dahin sollte die Kommission der sechs Vermittler eine Lösung gefunden haben, als Teil eines gemeinsamen Friedensvertrages.
Beide Seiten mußten einem Wunschdenken verfallen sein, denn jeder erwartete, daß er nunmehr seine Positionen durchsetzen könne. Dieses Wunschdenken war so stark, daß beide Seiten ihre Streitkräfte nach Hause schickten. Barbarossa entließ vor allem die Böhmen und die teuren brabanzonischen Söldner; aber auch einige deutsche Bischöfe mit ihrem Gefolge waren unter den Heimkehrern. Für den Kaiser war dieses Verhalten um so bedenklicher, da er neue Truppen weither aus Deutschland über die Alpen heranführen mußte, die lombardischen Städte ihre Aufgebote aber in kürzester Zeit wieder ins Feld führen konnten.
Friedrich begab sich ins kaisertreue Pavia.
Schon nach wenigen Tagen legten die Lombarden ihr Friedenspapier vor. Und nun prallten die nicht diskutierten Gegensätze voller

Wucht aufeinander. Die Lombarden forderten die Anerkennung Papst Alexanders III. und seine Teilnahme an den Friedensverhandlungen. Für Alessandria forderten sie volle Gleichheit und Einbeziehung in den Friedensvertrag.
Beides wollte der Kaiser nicht. Alexander anerkennen? Niemals! Alessandria, die Stadt, ihm zu Spott und Hohn erbaut, die Stadt, die ihm getrotzt hatte, in den Frieden aufnehmen wie alle anderen Städte des Lombardenbundes? Niemals! Die Stadt mußte ausgelöscht werden, für immer und alle Zeiten.
Auf die anderen Vorschläge der Lombarden einzugehen erübrigte sich. In Kürze gesagt bedeuteten sie die Auslöschung der kaiserlichen Positionen von Roncaglia.

Nun waren die sechs Weisen von Cremona gefordert. Ihr Vorschlag lief auf die Beibehaltung des Schismas aus. Jede Seite sollte frei entscheiden, welchen Papst sie anerkennen wolle. Das Schicksal des tapferen Alessandria sah so aus: Alle Bewohner der Stadt sollten an ihre Herkunftsorte zurückgeführt werden, das bedeutete Aufgabe der Stadt. Und hier sagten die Lombarden ihr ehernes »Niemals«. Bezüglich des Verhältnisses zwischen dem Reich und den lombardischen Städten empfahlen die Cremonesen faktisch die Rückkehr zu den Beschlüssen von Roncaglia.
Der Frieden von Montebello war gescheitert, bevor er geschlossen war.
Was sollte der Kaiser nun tun? Er hatte große Teile seines Heeres entlassen. Er stützte sich auf eine deutsche Ritterschar, auf das Aufgebot italienischer Markgrafen und Grafen und auf seine treue Stadt Pavia. Der Kaiser hatte in diesem Spiel die schlechteren Karten gezogen. Aber er hatte noch einen Trumpf. War es nicht gelungen, die Lombarden vom Papst, so konnte es vielleicht gelingen, den Papst von den Lombarden zu trennen.
Spätestens im Mai 1175, also zwei Wochen nach dem gescheiterten Friedensversuch, schickte der Kaiser Gesandte nach Ferentino, östlich von Velletri, wo Alexander zur Zeit residierte.
Das war eine Änderung der kaiserlichen Politik um 180 Grad. Wo der Feldherr Friedrich wegen mangelnder Heeresmacht versagen mußte, zeigte sich nun der Diplomat, und hier ist das Feld, auf dem der Staufer seine künftigen Triumphe feiern wird. Der Papst ent-

sandte seine Legaten, darunter Kardinalbischof Hubald von Ostia, den späteren Papst Lucius III. (1181–1185).

Da Friedrich auf der Zerstörung von Alessandria bestand und die päpstlichen Gesandten auf Anerkennung Alexanders III., sie sich außerdem nicht von der Seite der lombardischen Städte trennen ließen, scheiterten die Verhandlungen.

Wichtig ist zu erkennen, wie weit die Bandbreite war, auf der der Kaiser sein diplomatisches Spiel in Zukunft trieb. Erstaunlich zu sehen, wie die alexandrinischen Kardinäle ohne jede Scheu mit Partnern verhandelten, den Erzbischöfen von Köln und Mainz, die ihr eigener Papst verflucht und gebannt hatte.

Nunmehr sandte der Kaiser den Kanzler Erzbischof Philipp von Köln nach Deutschland, erneute Heeresfolge zu fordern. Er selbst reagierte seinen Zorn ab, indem er mit seinen schwachen Streitkräften sinnlose Angriffe auf Alessandria führte, die scheitern mußten.

Der Papst belohnte das tapfere Alessandria, indem er es zum Bistum erhob. Damit hatte er zumindest die kirchenrechtliche Auflösung von Alessandria erschwert. Über das kaisertreue Como verhängte Alexander den Bann, dem Bischof von Pavia nahm er zur Strafe das Pallium, da die Stadt dem Kaiser noch immer Hilfe und Unterkunft gewährte.

Ein wichtiger politischer Erfolg war, daß der Kaiser die beiden Seestädte Pisa und Genua am 6. November 1176 einen 31jährigen Frieden beschwören ließ und so den Abfall der einen oder der anderen Stadt an den Lombardenbund verhinderte.

Der Kniefall von Chiavenna

Nachdem die Verhandlungen von Montebello gescheitert waren, nachdem der Kaiser sich nicht einmal gegen Alessandria hatte durchsetzen können, mußte er – um seine Italienpolitik, aber auch seine Idee vom Reich verwirklichen zu können – um fast jeden Preis sein Heer verstärken.

Erzbischof Philipp bemühte sich nach Kräften, neue Truppen zu gewinnen. Ja, er verpfändete aus eigenem Antrieb bischöfliche

Güter seines Kölner Erzstifts, um neue Krieger für den Kaiser zu werben. Verschiedene Fürsten, weltliche wie geistliche, beschworen die Heeresfolge, aber schlußendlich würde Philipp im Mai 1176 nicht mehr als 1000 Ritter und 1000 Mann Fußvolk zum kaiserlichen Heere nach Italien bringen. Das lag vor allem daran, daß sich der mächtigste Fürst des Reiches, Heinrich der Löwe, versagte.
Nun wußte der Kaiser, daß sich Heinrich in seinem Herzogtum Baiern befand, dem Herzogtum, das er ausschließlich dem Versöhnungswillen Friedrich Barbarossas verdankte. Der Kaiser sandte Boten an Heinrich, man möge sich in Chiavenna am Comersee auf halbem Wege treffen. Dem konnte sich der Löwe nicht entziehen.
Ende Februar 1176 kam es zu jener Szene, die Generationen von Historikern beschäftigt hat und auch weiterhin beschäftigen wird. Heinrich der Löwe trat, begleitet von seinem Truchseß Jordan von Blankenburg, vor seinen Kaiser, im Hintergrund die jetzt 33jährige Kaiserin Beatrix. Folgen wir Heinrich von Raumer, der den Kaiser sagen läßt:
»Unter allen Fürsten Deutschlands hat dich Gott durch Reichtum und Macht erhöht... Gedenke, daß ich dir nie etwas verweigert, immerdar deine Macht und Ehre beförderte und kein Feind gegen dich aufkommen ließ. Und du könntest jetzt zurücktreten, wo der Deutschen Ehre, des Kaisers Ruhm, der Preis meines ganzen Lebens auf dem Spiele steht? Ich will nicht von jenem Eide sprechen, den du dem Reich geschworen hast... Jetzt nur, in dieser Not, unterstütze mich, deinen Herrn, Vetter und Freund, noch einmal aus allen Kräften und sei überzeugt, daß du mich künftig zu jeglichem, was du verlangst, bereit und willig finden wirst.«[3]
Doch der Herzog verweigerte sich. Er kam mit dünnen, ja dümmlichen Ausreden, sein Alter mache ihn unfähig zu Feldzügen, und das sagte ein Mann von 46 Jahren!
Dann geschah das Unerhörte. Der Kaiser in seiner Not beugte das Knie vor seinem Vasallen, um seiner Bitte den letzten, äußersten Nachdruck zu verleihen. Wenn Otto von St. Blasien berichtet, daß dabei dem Kaiser die Krone vom Haupt gefallen sei und der herzogliche Truchseß Jordan dem Herzog zugerufen habe: »Herr, die Krone, die ihr zu euren Füßen gesehen habt, wird bald euer Haupt

schmücken«, so ist das wenig glaubhaft. Ebensowenig wenn er die Kaiserin zu ihrem Mann sagen läßt: »Lieber Herr, stehe auf, Gott wird die Hilfe leisten, wenn du einst dieses Tages und dieses Hochmuts gedenkest.«

Es ist nicht zu glauben, daß der Kaiser bei einem Verwandtentreffen mit seinem Vetter die Krone trug. Den Ausruf des Truchseß hätte kein Höfling vor der kaiserlichen Majestät gewagt. Auch die Kaiserin wäre nicht in dieser Form aufgetreten, denn alle Chronisten schildern uns zwar ihren großen politischen Einfluß auf Friedrich, aber auch, daß sie ihn in der diskretesten Form wahrnehm. Wohl ist des Kaisers Kniefall verständlich, denn er war ein Mann der großen, dramatischen Gesten.

Der Herzog erschrak ob des Kniefalls, er versuchte den Kaiser aufzurichten, aber zu nobler Hilfe war er nicht bereit. Engstirnig verlangte er für die Waffenhilfe die Kaiserpfalz und Reichsstadt Goslar mit ihren Silberbergwerken, die ihren Reichtum sichtbar durch über 40 Kirchen zeigte.

Jetzt drehte sich Friedrich um und ging. Er hatte den Freund gesucht, den Vetter, den er zum mächtigsten Mann im Reich gemacht hatte. An dem er immer wieder seinen Königsauftrag erfüllt hatte, Welfen und Staufer zu versöhnen, damit der Frieden im Reich gedeihen konnte.

In der feindlichen Lombardei sprach es sich herum, »der mächtigste Fürst Deutschlands, Heinrich der Löwe, sei dem Kaiser untreu und verweigere ihm den Beistand.«[4] Wen wundert es, wenn Gerüchte schwelten: »Heinrich habe für sein Verhalten lombardisches Gold genommen.«[5]

Stationen einer Entfremdung

Was in der tragischen Stunde von Chiavenna sichtbar wurde, war der Gipfel einer lange schwelenden Entfremdung zwischen Staufer und Welfen.

Seit Heinrich der Löwe am 1. Februar 1168 die englische Königstochter Mathilde geheiratet hatte, waren seine Träume mehr und mehr gewachsen. Wie schmerzlich für ihn, daß er gerade in jenem

Jahr die reiche Stadt Goslar an den Kaiser zurückgeben mußte. Er hatte sie um die Jahre 1152/53 als eine Art Pfand, eine Sicherheitsgarantie empfangen, daß der Kaiser ihn mit dem zweiten Herzogtum Baiern belehnen würde. Nun, da der Kaiser sein Versprechen erfüllt hatte, forderte er die Silberstadt Goslar mit Recht zurück. Heinrich gehorchte, aber die Luft zwischen den beiden Vettern war kälter geworden.

Heinrich der Löwe, auch daran muß man erinnern, hatte bereits am dritten und vierten Italienzug nicht teilgenommen. Als Grund nannte er seine immer rebellischen Fürsten! Aber er vergaß, daß nicht sein Schwert diese Fürsten in Schach gehalten hatte, sondern das Eingreifen des Kaisers zu seinen Gunsten.

Doch Heinrich war kein Mann solcher Einsichten. Er lebte in dem sicheren Gefühl, ein Anrecht auf alles zu haben, was er besaß – und auf mehr.

Sein gesteigertes Selbstbewußtsein wurde auf seiner Pilgerfahrt nach Jerusalem im Jahre 1172 deutlich. Mit königlicher Pracht zog der Herzog ins Morgenland. Mit Ritterschaft und Troß an die 1200 Mann. In Konstantinopel Empfang durch die Großen des byzantinischen Reiches, an ihrer Spitze der Kaiser, der Herr des ältesten Thrones der damaligen Welt. Und sie empfingen den Herzog wie einen König. Die Pracht und die Fülle einer alten Kultur überschüttete die biederen sächsischen Ritter. Und neben dem Kaiser in Purpur, Hermelin und Krone, der Herzog von Sachsen und Baiern, und er konnte sich selbst als König fühlen.

Nichts war dem byzantinischen Kaiser zuviel, um den zweitmächtigsten Mann aus Barbarossas Reich ganz nahe an sich zu ziehen. Die Kaiserin selbst beschenkte jeden Ritter mit einem Zobelpelz, von den Ehren und Schätzen, mit denen man Heinrich überhäufte, ganz zu schweigen. Erstaunt wird der Bischof Konrad von Worms, Barbarossas Legat am Hof von Byzanz – mit dem Auftrag betraut, eine Eheverbindung zwischen Friedrichs Sohn und einer byzantinischen Prinzessin zu knüpfen –, den pomphaften Aufwand für Heinrich den Löwen betrachtet haben, als sei der Herzog ein König von morgen. Was wird der Bischof von Worms nach Deutschland berichtet, und was wird Kaiser

Friedrich empfunden haben, als er von solcher Hybris erfuhr? Aber noch stand der Kaiser zum staufisch-welfischen Bündnis. Eine weitere Unterkühlung zwischen den beiden Vettern trat ein, als sich Friedrich in das Erbe seines Onkels mütterlicherseits, Herzog Welfs VI., einkaufte. Heinrich hatte vergessen, daß sein Onkel Welf VI. ihm als ersten die Erbschaft gegen Bezahlung angeboten hatte. Aber der Löwe glaubte, ohne Preis, durch einfachen Erbgang, in den Besitz der italienischen Welfengüter zu kommen. Manche Historiker haben in der Verweigerung Heinrichs bei Chiavenna den Grund zur Absetzung des Herzogs durch den Kaiser, besser durch das Fürstengericht, gesehen. Das war so nicht der Fall. Heinrich hatte bei Chiavenna nicht die Grenzen des Lehnsrechtes überschritten, wohl aber die der moralischen Verpflichtung gegenüber dem Kaiser, dem Blutsverwandten, dem Freund und dem Reich. Er hatte zuviel genommen und zuwenig gegeben.

Die Schlacht von Legnano

Während der Kaiser die Stunde der Enttäuschung bei Chiavenna durchlebte, siegte sein Feldherr und Legat, Christian von Mainz, in der Romagna. Ende des Jahres 1175 hatte er den Kampf gegen Bologna aufgenommen und die Stadt bei Castel de'Britti in offener Feldschlacht besiegt. Anfang des Jahres 1176 war Christian nach Süden gezogen. Er besiegte am 14. März 1176 die Truppen König Wilhelms II. von Sizilien unter der Führung der Grafen Roger von Andria und Tancred von Lecce bei Carsoli nordöstlich von Rom.[6]
Christian von Mainz scheint als Feldherr mehr Begabung als der Kaiser gehabt zu haben. Ein Augenzeuge schildert ihn so: »Seine wilden Brabanzonen führt er zu Pferde gegen den Feind. Über dem Panzer trägt er ein hyazinthenfarbiges Oberkleid, auf dem Kopf einen vergoldeten Helm; mit einer dreiknotigen Keule soll er im Gefecht neun Männer niedergeworfen und einmal 28 angesehenen Personen mit einem Stein die Zähne ausgeschlagen haben.«[7]
Zogen Bischöfe zu Felde, so trugen sie keine Schwerter, weil es ihnen verboten war, Menschenblut zu vergießen. Die merkwürdige Auffassung der Zeit erlaubte es ihnen aber, ihren Feinden mit einer

Keule unblutig den Schädel einzuschlagen. Doch dank dieses Mannes, mehr Krieger als Bischof, hatte sich die Position des Kaisers in Italien verbessert.

Der kaiserlichen Diplomatie war es gelungen, Tortona zu sich herüberzuziehen. Im Februar 1176 hatten die Konsuln von Tortona den Treueeid geleistet, nicht nur dem Kaiser, sondern auch seinem Sohn König Heinrich und der Kaiserin Beatrix. Außerdem stiftete der Kaiser Frieden zwischen Pavia und Tortona. Dieser Fall ist ein Beispiel dafür, daß es noch immer genügend Kräfte in Oberitalien gab, die ihre Zukunft auf den Kaiser setzten.

Inzwischen traten die deutschen Fürsten mit ihren Aufgeboten den Weg nach Süden an. Ein bemerkenswerter Zwischenfall ist verzeichnet. Erzbischof Philipp von Köln und der Graf von Flandern, die gemeinsam zogen, verwüsteten das auf ihrem Weg liegende welfische Hauskloster Weingarten. Daraus ist zu folgern, daß die Verweigerung Heinrichs des Löwen in Deutschland bekannt geworden und die Verheerung des welfischen Hausklosters ein Zeichen der allgemeinen Empörung darüber war.[8]

Im Mai 1176 erfuhr der Kaiser, daß seine deutschen Aufgebote die Alpen über den Lukmanierpaß überschritten hatten. Der Kaiser eilte ihnen bis nach Como entgegen. Dort begrüßte er die Erzbischöfe von Köln und Magdeburg, die Bischöfe von Brandenburg, Hildesheim, Osnabrück, Münster und Verden, die erwählten Bischöfe von Worms und Würzburg sowie einige Äbte. Von den weltlichen Herren waren zur Stelle:

Herzog Berthold IV. von Zähringen, Markgraf Dietrich von der Lausitz, Landgraf Ludwig III. von Thüringen, Graf Florentius von Holland und sein Bruder Otto und Graf Simon der Jüngere von Saarbrücken.

Bedenkt man, daß diese neun Kirchenfürsten und sieben weltlichen Herren nur ein Aufgebot von 1000 Rittern und 1000 Fußsoldaten über die Alpen führten, so darf man sagen, daß der Kaiser in Deutschland nicht die Unterstützung für seine Italienpolitik fand, die er als König und Kaiser hätte erwarten können.

Friedrich stand nun vor der strategischen Aufgabe, das neue Aufgebot mit seinen Kräften in Pavia und der ihm treu gebliebenen Städte sowie dem Markgrafen von Montferrat zu vereinen, ja viel-

leicht noch die Ankunft des siegreichen Christian von Mainz mit seinen Truppen abzuwarten, um dann mit ausreichender Mannschaft den Kräften des Bundes entgegenzutreten.
Gerade dies aber war es, was die lombardischen Städte verhindern mußten. Obwohl das gesamte Heer des Bundes noch nicht versammelt war, zog das Aufgebot von Lodi, Vercelli, Piacenza, Brescia und Novara unter der Führung Mailands mit kühnem Entschluß dem Kaiser entgegen. Man hoffte darauf, daß die deutsche Ritterschaft, von Marsch und Alpenübergang ermüdet, jetzt leicht zu schlagen sei. Vor allem aber wollte man die Konzentration der kaiserlichen Kräfte verhindern.
Der Kaiser, Gefangener ritterlicher Ehrvorstellungen, ging in die Falle. Er hielt es für unwürdig, dem Feind den Rücken zu zeigen. Anstatt um jeden Preis die Vereinigung seiner Heere herbeizuführen, griff er mit seinen schwachen Kräften das überlegene Heer des Lombardenbundes an, das nordwestlich von Mailand bei Legnano am Olonafluß in Stellung gegangen war. Otto von St. Blasien beziffert das Lombardenheer mit 100000 Streitern sicher als zu hoch.[9]
Dennoch war die lombardische Überlegenheit gravierend. Ein verantwortungsbewußter Feldherr hätte bei dem bestehenden Kräfteverhältnis nicht angreifen dürfen. Aber, und das entsprach staufischer Vorstellungswelt, hatte die deutsche Ritterschaft nicht schon oftmals Wunder bewirkt und gegen überlegene feindliche Kräfte gesiegt? Der Sieg Rainalds von Dassel bei Tusculum im Jahre 1167 war sicher unvergessen.
Vielleicht aber ist dem Kaiser die Situation einfach aus der Hand geglitten. Ein deutscher Vortrupp von 300 Reitern geriet an eine lombardische Vorhut von 700 Streitern. Der Kaiser mußte seiner Vorhut zu Hilfe eilen. Die deutsche Ritterschaft brach wie eine Sturmflut über die lombardischen Reiter, die in wilder Flucht ihre eigenen Linien überrannten. Die deutschen Reiter drangen, vom Kaiser angeführt, bis zu dem gegnerischen Hauptbanner durch. Die Lombarden gaben die Schlacht verloren und flohen hinter die rettenden Mauern von Mailand.
Aber bei zwei mailändischen Heeresabteilungen kam der deutsche Angriff zum Stehen. Um den mailändischen Carroccio geschart, hielten die Fußsoldaten des »Hauptbanners« und die »Schar des

Todes« den deutschen Reiterangriff auf. Ihr Anführer war Alberto Giussano, den man wegen seiner Größe und Stärke »den Riesen« nannte. Hier, in den Spießen der Mailänder, brach sich die deutsche Angriffswelle. Nachdem sich das Schlachtenglück so gewendet hatte, kehrte auch die mailändische Reiterei zurück und griff kämpfend ein. Des Kaisers Fahnenträger fiel, von einem Spieß durchbohrt.
Und dann geschah das Unglaubliche. Auch der Kaiser stürzte, wurde unter seinem Pferd begraben, und jedermann im Heere glaubte, der Kaiser sei gefallen. Da floh das deutsche Heer. Viele ertranken im Ticino, viele wurden niedergehauen. Die Namen der Gefangenen sind beeindruckend und markieren die Niederlage. Erzbischof Philipp von Köln, Herzog Berthold von Zähringen und der Graf von Flandern waren unter ihnen.
Die Lombardei jubelte! Des Kaiser Schild, seine Fahne, seine Lanze und sein Kreuz, daneben sein Gold und Silber, alles hatten sie erbeutet. Die Menschen erblickten in diesem Sieg ein Gottesurteil für Papst Alexander III.
Und der Kaiser?
Wo war der Kaiser?
Der Kaiser war verschollen.

Das Geheimnis von Legnano

Drei Tage war der Kaiser verschollen, nachdem er in der Schlacht gestürzt und unter seinem Pferd begraben worden war.
Die Überzeugung, daß der Kaiser gefallen sei, war so groß und allgemein, daß Kaiserin Beatrix zu Pavia bereits Witwenkleidung getragen hatte. Sollte ihr schon als Mittdreißigerin ein Witwendasein beschieden sein?
Doch nach drei Tagen tauchte der Kaiser, zur Freude der Seinen, wieder in Pavia auf.
Was war in diesen drei Tagen mit ihm geschehen? Keiner weiß es, keine Chronik berichtet darüber.
Die Entfernung zwischen Legnano und Pavia beträgt 40 Kilometer Luftlinie. Zwei oder drei Tagesmärsche für einen Mann mit Helm

und im Panzerhemd. Wer hat ihn verpflegt, wer ihm unauffälligere Kleidung gegeben? Die Quellen schweigen.

Aber etwas ist mit dem Kaiser geschehen. Auch wenn wir keine Nachricht haben, eines ist offensichtlich: Der Mann, der da nach drei Tagen in Pavia auftauchte, war ein Verwandelter, ein Mensch mit neuen Erkenntnissen. Der Beweis ist seine Politik. Nach Legnano stellte sie der Kaiser auf den Kopf. Der Kaiser wollte jetzt den Frieden.

Auf dem Schlachtfeld von Legnano ist ein neuer Mensch geboren worden. Ein Mensch, über den Europa staunen sollte. Ein verhandlungsbereiter Diplomat betrat die Bühne der Geschichte.

Der Kaiser wollte Frieden, denn er brauchte den Frieden. Seine Politik konnte nicht richtig sein, wenn sein Deutschland ihm 1000 Ritter nach Italien sandte.

Es war das Schisma, an dem das Reich, das Abendland und die Menschen litten. Es war das Schisma, das dem Reich die Kräfte raubte, die der Kaiser brauchte. Es war das Schisma, das den Kaiser im Reich zu unwürdigen Kompromissen zwang mit den Fürsten, mit der Reichskirche, mit Heinrich dem Löwen.

Und das Schicksal fügte es, daß in Agnani ein alter Mann zu gleichen Erkenntnissen kam. Zwar ist Papst Alexander fast von der ganzen katholischen Welt anerkannt, nur nicht vom immer noch mächtigsten Fürsten des Abendlandes, dem Kaiser, und seinem Reich.

17 Jahre hatte Alexander sein Papsttum getragen. Verfolgung und Flucht, außerhalb Roms und außerhalb Italiens; in Not und Bedrängnis und immer in verzweifelten finanziellen Verhältnissen, ist er der Fels geblieben, auf den Christi seine Kirche baute. Drei Gegenpäpsten hat er getrotzt, um der Freiheit der Kirche willen. Und um dieser Kirche willen mußte Frieden sein. Um der Christen willen, die zwischen Papst und Gegenpapst zerrieben wurden. Der alte Papst in Agnani und der Kaiser, der auf dem Schlachtfeld von Legnano verwandelt worden war, sie waren reif geworfen für den Frieden von Venedig.

Der Frieden von Venedig des Jahres 1177

Als der Kaiser in Pavia seine Lage untersuchte, stellte er fest, daß der Sturz von Legnano nicht so tief war wie befürchtet. Seine Hauptkräfte in Pavia waren ihm erhalten, ebenso die Truppen des Erzbischofs Christian; außerdem fanden immer neue Versprengte von Legnano zum Kaiser zurück.
Wohl unter Berücksichtigung dieser Tatsachen legten die Konsuln von Cremona einen neuen Friedensplan vor. Er baute im wesentlichen auf dem Vorschlag des Jahres 1175 auf, allerdings sollte der Kaiser Alessandria als freie Stadt anerkennen.
Die Mailänder, noch im Rausch des Sieges von Legnano, lehnten den Friedensvorschlag ab. Cremona, von dieser Verweigerung betroffen, wandte sich von Mailand ab und wieder dem Kaiser zu. Am 29. Juli 1176 erteilte Friedrich dem nunmehr wieder kaiserlichen Cremona besondere Privilegien.
Friedrich ließ sich durch diesen Machtzuwachs nicht mehr verführen. Er ließ über um Ausgleich bemühte Vertrauensleute, die Zisterziensermönche Abt Hugo von Bonnevaux und Bischof Pontius von Clermont, anfragen, ob bei Papst Alexander Verhandlungsbereitschaft bestehe. Der Papst antwortete freundlich.
So sandte der Kaiser Erzbischof Wichmann von Magdeburg, dessen Bereitschaft zur Aussöhnung bekannt war, den erwählten Bischof Konrad von Worms und den Pronotar Wortwin von Agnani. Zu ihnen stieß Erzbischof Christian von Mainz.
Der Friedenswille beider Seiten war stärker als die sogenannte Unvereinbarkeit der Standpunkte. So gelang der Brückenschlag, und man legte im November den aus 30 Artikeln bestehenden Vorvertrag von Agnani vor.
Als erstes mußten der Kaiser, die Kaiserin, König Heinrich und alle deutschen Fürsten Papst Alexander als katholischen und allgemeinen Papst anerkennen. Der Kaiser versprach dem Papst und der ganzen römischen Kirche den Frieden. Die Präfektur Roms, die Mathildischen Güter und alle übrigen der Kirche entfremdeten

Güter wurden der Kirche zurückgegeben. Damit war das unerbittliche »Niemals« des Kaisers, in Würzburg geschworen, getilgt. Der Papst versprach als gütiger Vater seinen ergebenen und liebsten Sohn und christlichsten Kaiser zu lieben und zu verehren. Das gleiche Liebesbekenntnis gab der Kaiser dem Papst. Man darf dies nicht gering bewerten. 17 Jahre lang waren Flüche und Bannung der Verkehrston zwischen beiden Männern gewesen, nun wurde wieder von Liebe und Verehrung gesprochen.

Der gute Wille des Papstes ist daran zu erkennen, daß er mit Gebannten, mit Kardinälen seines Gegners, verhandelte, die er selbst aus der Gemeinschaft der Kirche ausgestoßen hatte.

Zwar versprach der Kaiser in dem Dokument von Agnani, mit dem Lombardenbund, mit dem König von Sizilien sowie mit dem Kaiser von Byzanz Frieden zu schließen.

Doch besteht der Erfolg kaiserlicher Diplomatie darin, daß die anderen Mächte nicht Signatare des Vorfriedens von Agnani waren. Den lombardischen Städten wie den anderen Beteiligten muß ein Schock durch die Glieder gefahren sein, als sie feststellten, daß Kaiser und Papst durchaus in der Lage waren, auch ohne sie zu verhandeln.

Zum Vorteil der kaiserlichen Partei erklärte sich der Papst bereit, die schismatischen Erzbischöfe von Mainz und Köln anzuerkennen. Dem Erzbischof Konrad von Wittelsbach, durch den Kaiser vom Mainzer Erzstuhl verjagt und seit Jahren Getreuer des Papstes, wurde die Rückkehr nach Mainz versagt, dort blieb der kaisertreue Christian. Jedoch wurde Konrad das nächste freiwerdende deutsche Erzbistum zugesagt. Ein großes Zugeständnis des Papsttums, ein harter Schlag für Konrad, der sich beim Papst bitter beklagte.

Der kaiserliche Papst Calixt III. sollte mit einer Abtei abgefunden werden, seinen Kardinälen wurde Rückkehr in ihre früheren Stellungen zugesagt.

Während die kirchlichen Angelegenheiten bis in die Details geordnet wurden, wurde die Frage der lombardischen Städte sehr summarisch behandelt. Ja es wurde sogar gesagt, daß, falls mit den Lombarden keine Einigkeit erzielt würde, eine Kommission von kaiserlichen und päpstlichen Legaten einen Wahrspruch finden sollte. Das war Salz in den Wunden der lombardischen Städte, die so tapfer gekämpft und immer die Rechte des Papst Alexanders verteidigt hatten. So ließ der Papst eiligst den Kardinälen der Lombardei mitteilen, daß ohne die Lombarden, den König von Sizilien und den Kaiser von Byzanz kein Friedensvertrag geschlossen werde.

Auch in Frankreich war ob des künftigen Friedens zwischen Kaiser und Papst Unruhe entstanden. War König Ludwig nicht Alexanders treueste Stütze gewesen, hatte er ihm nicht Asyl gewährt und ihm durch finanzielle Unterstützung die Existenz ermöglicht? Auch hier wiegelte der Papst ab. Nein, es sei noch nichts beschlossen, alles sei im Fluß und ungewiß.

Die kaiserliche Kanzlei aber streute mit gezielten Indiskretionen die Nachricht vom baldigen Frieden mit dem Ziel, die Verbündeten des Papstes zu verunsichern, was auch gelang.

Nun begann das Tauziehen um den Verhandlungsort eines gemeinsamen Friedens. Der Kaiser schlug das kaisertreue Ravenna vor, die Lombarden Bologna. Aber davor scheuten die Deutschen zurück. Erzbischof Christian hatte dort seine blutige Handschrift hinterlassen, so daß die Deutschen um ihre Sicherheit fürchten mußten. Schließlich wurde Venedig in Vorschlag gebracht. Dort lief Papst Alexander III. am 24. März auf sizilianischen Galeeren ein.

Mißtrauisch schauten die Lombarden auf Venedig. War Venedig nicht aus dem Lombardenbund ausgetreten, hatte den Kaiser gegen Ancona unterstützt und immer egoistisch seine eigenen Ziele verfolgt? Papst Alexander schlug daraufhin Ferrara vor, wohin er sich Anfang April 1177 begab. Dort traf er mit den Erzbischöfen von Mailand und Ravenna und ihren Suffraganen zusammen. Hier empfing er auch die Rektoren und Konsuln des Städtebundes, die ihn mit Vorwürfen überschütteten. Die Lombarden fühlten sich übergangen. Sie, die den Kampf getragen hatten, wollten jetzt auch den Frieden nach ihren Vorstellungen mitgestalten.

Der Streit um den Versammlungsort ging weiter. Denn auch in Ferrara war Erzbischof Christian, und somit die Deutschen, verhaßt. Nachdem die Venezianer den Lombarden ausreichende Garantien und Geiseln gegeben hatten und auch der Kaiser zuge-

stimmt hatte, ohne Genehmigung des Papstes Venedig nicht zu betreten, kam eine Einigung zustande. Der Versammlungsort hieß Venedig.
Dorthin sandte der Kaiser die Erzbischöfe von Mainz, Magdeburg, Trier und Köln, den Bischof Konrad von Worms, den Kanzler Gottfried und einen Pronotar. Alexander ernannte sieben Kardinäle unter Führung des Kardinalbischofs von Ostia, des späteren Papstes Lucius III. Die lombardischen Städte wurden vertreten von vier Bischöfen und drei Laien. Unter ihnen der Konsul Gerhardo Pisto, der schon beim Vorfrieden von Montebello als Sprecher hervorgetreten war.
Die Verhandlungen fanden in einer Kapelle des Palazzo Ravá, wo der Papst residierte, statt. Die Probleme erkennend, empfahl der Papst, mit dem schwierigsten Teil, den lombardischen Fragen, zu beginnen. Die Verhandlungen hat uns Erzbischof Romoald von Salerno, der Legat des Königs von Sizilien, überliefert:
»Schließlich schlug der Kanzler Christian (Erzbischof von Mainz) für die Seite des Kaisers 3 getrennte Punkte vor und sagte: ›Der Kaiser erbittet von euch und fordert:

1. daß ihr ihm entweder hinsichtlich der Regalien und dessen, was ihm gehört und ihr in Händen habt, Gerechtigkeit widerfahren laßt oder

2. das Urteil, das von den Bologneser Richtern zu Roncaglia gegen euch verkündet worden ist, zur Ausführung gebracht wird oder

3. ihm das gewährt wird, was eure Vorfahren dem älteren Heinrich (Heinrich IV.) an Einkünften zu geben gewohnt waren.‹

Darauf erwiderte der Mailänder Richter Gerhardo Pisto für die Lombarden: ›Wir sind fürwahr bereit, dem Kaiser, wo immer er uns auch ruft, als dem Herrscher Recht zukommen zu lassen... Was du aber sagtest, daß zu Roncaglia von den Bologneser Richtern ein Urteil gegen uns ergangen sei, stellen wir völlig in Abrede, dies war kein Urteil, sondern ein kaiserlicher Befehl... Da du aber forderst, wir sollten dem Kaiser das an Einkünften geben, was dem älteren Heinrich von unseren Vorfahren gezahlt wurde, beantworten wir so, daß die Anordnungen ebenso wie die Satzungen des erwähnten Kaisers wegen des Alters der Zeit schon völlig das Gedächtnis ausgelöscht haben, und niemand lebt von den Unsrigen oder Eurigen, der sich wohl der Worte oder der Taten jener Zeit erinnern könnte.

. . . Wenn es indessen dem Kaiser gefiele, das, was unsere Vorfahren dem jüngeren Heinrich, Konrad und Lothar oder ihm selbst bis zum heutigen Tage an Abgaben leisteten, zu empfangen, sind wir bereit, in Frieden zu zahlen. Wenn dies für den Kaiser hart ist oder scheint, wollen wir den Frieden, wie zwischen uns und ihm durch die Cremonesen ausgehandelt und schriftlich niedergelegt wurde, unverbrüchlich halten. Er wäre damals auch vollendet worden, nur wollte der Kaiser, daß wir uns von der Kirche trennten und das Papsttum des Papstes Alexander leugneten. Ihr mögt also bei dieser Sache in eurer Verständigkeit bedenken, ob wir, da wir dem Schisma nicht zustimmen wollten, die Bedingungen unseres Friedens verschlechtern müssen.«[1]

Der Vorschlag des Gerhardo Pisto war bedeutsam. Denn damit willigte er in den Frieden von Montebello ein, wie ihn die Cremonesen im Jahre 1175 entworfen hatten. Dies war sicherlich eine vernünftige Lösung, aber seltsamerweise wurde er von der deutschen Delegation nicht angenommen. Der Kaiser vertraute auf Zeit und auf seine diplomatischen Künste. Er wollte ein besseres Ergebnis, und er bekam es.

Um die Verhandlungen wieder in Fluß zu bringen, machte der Papst einen neuen Vorschlag. Statt mit den Lombarden und dem König von Sizilien einen Frieden zu schließen, möge man mit den Lombarden einen sechsjährigen Waffenstillstand und mit Sizilien einen 15jährigen Frieden vereinbaren.

Der Kaiser hatte sich inzwischen von Ravenna nach Pomposa, nahe der venezianischen Grenze, vorgeschoben, um seine Delegation besser in der Hand zu haben.

Auf den päpstlichen Vorschlag hatte Christian von Mainz geantwortet, dieser sei so neu, daß er ihn nicht annehmen könne, ohne den Kaiser befragt zu haben. Der Kaiser lehnte diesen Vorschlag

erzürnt ab. Ja er beschuldigte seine Delegation, mehr zum Vorteil der Kirche als des Reiches zu arbeiten. Eine schwere Anschuldigung gegen die Männer, die dem Kaiser so treu gedient hatten.
Der Kaiser befahl Christian von Mainz, dem Papst zu sagen, er, Friedrich, wolle den Frieden mit der Kirche und auch einen Frieden mit den Lombarden, auf einen Waffenstillstand könne er sich nicht einlassen. Die Weigerung des Kaisers hatte Gründe. Er hatte sich dem Papst gegenüber verpflichtet, die Mathildischen Güter zurückzugeben. Das bedeutete finanzielle Verluste. Diese hoffte er durch einen Friedensvertrag mit den Lombarden auszugleichen, da ja dann die Städte wieder in ihre Zahlungsverpflichtungen eintreten würden. Ein Waffenstillstand aber bedeutete den Status quo, das heißt, die lombardischen Gelder würden nicht fließen.
Die deutsche Delegation teilte in Venedig die Ablehnung des päpstlichen Vorschlags mit. Allgemeine Verwirrung, wie sollte es nun weitergehen?
Einige Tage später desavouierte der Kaiser seine Verhandlungsdelegation. Er sandte seinen Kanzler Gottfried, den erprobten Bischof Pontius von Clermont und den Abt von Bonnevaux zum Papst. Nach langem Taktieren legten diese drei, hinter dem Rükken der offiziellen kaiserlichen Delegation, den Wunsch des Kaisers auf den Tisch. Der Kaiser wolle Frieden mit dem Papst, er würde nach dem Vorschlag des Papstes einen 15jährigen Frieden mit Sizilien und einen sechsjährigen Waffenstillstand mit den Lombarden eingehen. Dann schlug Friedrich folgende Kompensation vor, die Romoald von Salerno so aufgezeichnet hat:
»Er (der Kaiser) bat nun, ihm auf 15 Jahre, nämlich solange wie der Frieden mit Sizilien dauere, zu erlauben, die Einkünfte dieses Gebietes (der Mathildischen Güter) ohne Widerspruch zu empfangen; nach 15 Jahren wolle er, während das Besitzrecht bei ihm blieb, sogleich über dieses Gebiet mit der Kirche eine rechtliche Übereinkunft treffen, wobei er versicherte, es gehöre zum Recht des Imperiums. Der Papst aber gewährte... dem Kaiser, bis zu dem genannten Termin, die Einkünfte zu besitzen, jedoch unter der Bedingung, daß das Land nach 15 Jahren wieder in die Gewalt und den Besitz der römischen Kirche zurückkehre; nachdem die Kirche dann in Besitz gesetzt sei, werde sie, wenn der Kaiser über

das Eigentum an diesem Land verhandeln wolle, gerne Gerechtigkeit widerfahren lassen.«[2]
Damit hatte der Kaiser sicher mehr erreicht als seine Unterhändler, wenn er auch den Besitzstatus der Mathildischen Güter nicht aufbrechen konnte.
Seine schwer düpierte Delegation hatte inzwischen vom Papst die Erlaubnis erwirkt, daß der Kaiser näher ans Zentrum des Geschehens heranrücken und seinen Standort nach Chioggia, das schon auf dem Staatsgebiet der Republik Venedig lag, verlegen konnte. Das hatte zur Folge, daß sich venezianische Anhänger am Hofe des Kaisers einfanden, die ihn glauben machten, die Bürger der Republik Venedig würden sich zu seinen Gunsten erheben. Das führte zu einer allgemeinen Verunsicherung. Die Lombarden zogen sich nach Treviso zurück, die Sizilianer drohten mit Abreise.
Inzwischen konferierte Friedrich mit päpstlichen Kardinälen und verhandelte die Nennung der Mathildischen Güter aus den Vertragstexten heraus. Damit nicht genug, verzögerte er die Annahme der Verträge, baute auf Zeitgewinn, so daß er auch bei seinen Getreuesten die Geduldsgrenze überschritt.
Erzbischof Christian von Mainz trat mit den Erzbischöfen von Köln, Magdeburg, Trier und Besançon sowie den Bischöfen von Worms, Minden, Osnabrück, Straßburg und Merseburg dem Kaiser mit folgenden Worten entgegen:
»... Wir sind zwar aufgrund der Rechtsschuld, durch die wir dem Imperium fest verbunden gehalten werden, bereit, euch als dem Herrn in zeitlichen Angelegenheiten zu gehorchen und für die Regalien in unserem Besitz den herkömmlichen Dienst zu leisten. Da ihr indessen der Herr unserer Leiber, doch nicht der Seelen seid, wollen wir nicht um euretwillen unsere Seelen verlieren und Irdischen dem Himmlischen voranstellen. Daher nehme kaiserliche Klugheit zur Kenntnis, daß wir fürderhin Alexander als katholischen Papst annehmen und in den geistlichen Angelegenheiten ihm als Vater gehorchen.«[3]
Der Kaiser hatte die Grenze seiner Möglichkeiten erreicht. Die Gefolgschaft seiner Getreuen durfte und konnte er nicht verspielen. Am 21. Juli 1177 genehmigte er die Endfassung der Friedensurkunde. Am 22. Juli beschworen der Graf Heinrich von Diessen,

nach anderen Quellen Graf Dedo von Groitsch und der Kämmerer Sigibot, vor dem Papst, dem Gesandten des Königs von Sizilien und den Konsuln und Rektoren der lombardischen Städte, daß der Kaiser bei seinem Seelenheil bereit sei, sobald er nach Venedig komme, die erarbeiteten Verträge anzunehmen.

Das ist der Tag, den der Herr gemacht hat

18 Jahre hatte sich der Krieg zwischen den beiden höchsten Autoritäten des Abendlandes dahingequält. Abertausende Menschen waren in diesem Kampf erschlagen, gefoltert, vernichtet, Städte und Dörfer verheert und verbrannt worden. Unsägliches Leid hatte man sich angetan und erduldet, und nun schlossen die beiden Männer, in deren Namen dies alles geschehen war, den heißersehnten Frieden.

Venedig erstrahlte im Festglanz. Bewimpelte Galeeren schaukelten auf den Kanälen, aufgeputzte Menschen eilten durch Straßen und Grachten. Der Kaiser kam auf der Staatsgaleere des Dogen in die Stadt. Am Lido empfingen ihn die Kardinäle Hubald von Ostia, Wilhelm von Porto und Manfred von Palestrina. Sie lösten den Kaiser vom Bann. Für alle sprach des Kaisers Kanzler und Legat für Italien, der Erzbischof Christian von Mainz, die Worte:

»Daß alles es wissen: ich heiße und bin in der Tat ein Christianus und schwöre fürderhin dem Octavian von Crema und dem Johannes von Struma und deren Komplizen ab und nehme Alexander und dessen Nachfolger als katholischen Papst an.« Und alle Kirchenoberen schworen gleichermaßen.[4]

Der Doge von Venedig geleitete den Kaiser vom Schiff, und man ging in einer langen Prozession, voran Fahnen und Kreuze, zur Kirche des heiligen Markus.

Hier, zwischen den Mittelportalen der Kirche, erwartete der Papst auf einem Thron, umgeben vom Sternenkranz der Kardinäle und Bischöfe, den Kaiser. Vor dem Thron legte dieser seinen Purpurmantel ab, stieg die Stufen empor, ging auf die Knie und küßte dem Papst die Füße.

Ein welthistorischer Augenblick.

Der Papst hob den Kaiser unter Tränen auf, gab ihm den Friedenskuß und segnete ihn. Da erhob sich ein mächtiger Chor. Die Deutschen, ergriffen von Ereignis und Stunde, stimmten das »Te Deum laudamus« an.

Der Kaiser bat dann den Papst, am nächsten Tag, dem Fest des heiligen Jacob, in der Markuskirche die Messe zu lesen. Der Papst erfüllte gerne diesen Wunsch. Als er und seine Kardinäle sich in der Kleiderkammer mit den Ornaten zur heiligen Messe kleideten und von dort den Weg zum Chor gehen wollten, wartete dort der Kaiser in Demut und bereitete dem Papst wie ein einfacher Ostiarius mit einem Stab den Weg. Nach dem Ende der Messe erwies er ihm den gleichen Dienst. Als der Papst seinen Schimmel bestieg, hielt der Kaiser den Steigbügel und führte als Strator das Pferd des Papstes ein Stück am Zügel.

Am 1. August 1177 zogen der Kaiser und seine Erzbischöfe, Bischöfe und Fürsten mit großem Gefolge zum Palast des Patriarchen, in dem der Papst residierte.

Der Papst saß auf einem Thron, zu seiner Rechten der Kaiser, zu seiner Linken Bischof Romoald (unser Berichterstatter, als Vertreter des Königs von Sizilien). Der Papst hielt eine Ansprache, die nur mit geringfügigen Kürzungen wiedergegeben wird als Versuch, das Denken der Zeit nachzuempfinden. Daraus wird ersichtlich, wie falsch die Vorstellungen vom Hochmut des Papstes sind, der dem Kaiser den Fuß in den Nacken setzte. Diese Bilder des 15. und 16. Jahrhunderts, aber auch die der nationalistischen Geschichtsschreibung, werden durch die schlichte Freude, die tiefe Güte und Demut dieser Rede hinweggeschwemmt. Als Stille herrschte, begann der Papst folgendermaßen:

»Dies ist, geliebte Brüder, der Tag, den der Herr gemacht hat; frohlocken wir und freuen wir uns an ihm, da dieser unser Sohn, der erlauchte Römische Kaiser, tot war und wieder zum Leben kam, verloren war und wiedergefunden wurde. Denn nachdem der Strahl himmlischen Glanzes seinem Herzen Licht gegeben hatte, kehrte er, als die Finsternis der ganzen Falschheit verscheucht war, vom Irrtum zur Wahrheit zurück; ... Es frohlocke also der fromme Sinn der Gläubigen, denn heute erhielt der Vater seinen jüngeren Sohn zurück, gewann das Römische Imperium wieder einen römischen Kaiser... Die alte Zwietracht soll also aufhören, die Bosheit, die sich eingenistet hatte, soll ein Ende finden, ein Glaube, ein Herr, eine Kirche soll es sein. Das Schisma gehe in Einheit über, die Teilung nähere sich der Liebe. Die ganze Kirche soll zur Liebe zurückkehren, und die große Zahl der Kinder, der Gnade teilhaftig, wieder zum Schoß der Mutter kommen. Ehre sei Gott in der Höhe und Frieden auf Erden den Menschen guten Willens. Und da wir den frommen Sinn unseres Kaisers und seinen durchaus freundlichen Willen erkennen, schließen wir ihn wohlwollend als vielgeliebten Sohn in die Arme unserer Sanftmut und nehmen ihn, wie seine Gattin und seinen Sohn, mit väterlicher Zuneigung unter die katholischen Fürsten auf und bemühen uns, ihnen die schuldige Ehre zu erweisen, indem wir Gott und unsere Apostel inständig bitten, sie seiner Kirche unversehrt zu erhalten und lange Zeit als ihre Verteidiger sie zu schützen.«[5]

Diese Rede ist von Erzbischof Romoald von Salerno, einem engagierten Teilnehmer und Mitgestalter des Friedens von Venedig, aufgezeichnet. Zwar stand er nicht im kaiserlichen Lager, aber welchen Grund sollte er gehabt haben, diese Papstrede in ihrem Sinngehalt zu verändern?

Diese Ansprache ist nicht die Rede eines Triumphators, sondern die eines Vaters, der Frieden und Eintracht feiert. Sie enthüllt zugleich auch etwas von den menschlichen Qualitäten dieses Mannes, der gegen den Willen des Kaisers die anderen christlichen Staaten Europas zur Anerkennung seines Pontifikats gebracht hatte. Zwar standen auf seiner Seite die nationalen Interessen der europäischen Staatenwelt, aber einem Manne geringerer Qualität wäre diese Einigung sicher nicht geglückt.

Der Kaiser antwortete dem Papst in gleicher Größe und Würde: »Die ganze Welt möge also deutlich erkennen, daß uns – auch wenn wir im Glanz der Würde und des Ruhmes des Römischen Imperiums stehen – dennoch die römische Würde nicht die Eigentümlichkeit des Menschengeschöpfs von uns nimmt und die kaiserliche Majestät nicht die Fehler des Nichterkennens ausschließt.« Der Kaiser sagte vor dem Forum der damaligen Welt das, was heute demokratisch gewählte Politiker oftmals nicht fertigbringen, er sagte: Ich habe mich geirrt. Und weiter:

»Das Recht verschmäht nämlich die Stärke, die Gerechtigkeit läßt die Gewalt nicht zu ... Aber da die Güte Gottes uns zu unserer Besserung zeitweilig in die Irre gehen lassen wollte, doch nicht auf ewig vom Wege abzukommen zuließ, sollte die gesamte Schar der Gläubigen hier erkennen, daß wir unter Verwerfung des Irrtums jeglicher Falschheit zur Wahrheit uns wenden, von der Spaltung zur Einheit zurückkehren und dankbar zum Schoße unserer Mutter, der heiligen Römischen Kirche, kommen, den Herrn Alexander, der es gegenwärtig ist, und dessen Nachfolger zum katholischen Papst annehmen und ihm als Vater die schuldige Ehrfurcht zu erweisen verkünden.«[6]

Nun wurden Eide geleistet, Würden, Ämter und Macht gemäß der neuen Konstellation vergeben oder bestätigt.

Am 14. August berief der Papst ein Friedenskonzil in die Kirche des Hl. Markus. Nach der Messe folgte die Exkommunikation künftiger Friedensbrecher. Allen Teilnehmern, Klerikern wie Laien, wurden Kerzen gereicht. Alexander verlas selbst die Bannformel:

»Im Namen Gottes des Allmächtigen, der heiligen, allzeit jungfräulichen Maria, der heiligen Apostel Petrus und Paulus und aller Heiligen exkommunizieren wir und trennen vom Schoß der Mutter Kirche alle Personen, kirchliche wie weltliche, die den Frieden, der zwischen Kirche und Imperium nun geschlossen wurde ... in irgendeiner Weise stören oder zu verhindern wagen. Und so, wie diese Kerzen ausgelöscht werden, so sollen ihre Seelen des Lichts und der Klarheit ewiger Schau beraubt sein.«

Und als die Kerzen aus den Händen geworfen und ausgelöscht waren, stimmte der Kaiser mit lauter Stimme zusammen mit den anderen zu: »Es geschehe, es geschehe!«[7]

Der Frieden von Venedig war damit beschworen und geheiligt.

Die Welt nach Venedig

Einsicht von beiden Seiten, besiegelt durch Friedensschwüre und Bruderküsse, hatten den Frieden von Venedig geschaffen, aber die Menschen nicht verändert.

So brach in Oberitalien, jetzt, wo das einigende Element des Kampfes gegen den Kaiser weggefallen war, die alte Rivalität der lombardischen Städte wieder auf.

Die Fronten hatten sich derart verändert, daß der streitbare Christian von Mainz am 12. März 1178 dem Papst mit dem Schwert in der Hand den Einzug nach Rom erkämpfte. Neue Verträge wurden geschlossen, um die Römer an den Papst zu binden. Schließlich schworen die Senatoren Roms die Treue, versprachen, St. Peter und die Regalien dem Papst zurückzugeben und sagten ihm und seinem Klerus Schutz und Sicherheit zu. Und Rom, das wankelmütige Rom, bejubelte Alexander, als er das Osterfest am 9. April 1178 in St. Peter feierte. Viele Schismatiker eilten herbei, unterwarfen sich, und der Papst nahm sie wieder in seine Gnade auf.

Als Papst Calixt III. erkannte, daß er weder Macht noch Gefolgschaft hatte, warf er sich am 29. August in Tusculum Alexander zu Füßen und anerkannte ihn als den allein rechtmäßigen Papst. Alexander war großmütig. Er verzieh seinem Feind und gab ihm die Pfründe eines Rektors in Benevent. Ein seltenes Zeichen christlicher Milde und Güte in dieser harten Zeit. Der Papst beließ sogar den Präfekt Peter von Rom im Amt, obwohl er ein Neffe Victors IV. war, der ihm als erster Gegenpapst entgegengetreten war.

Der Höhepunkt in Alexanders Leben, nach dem Frieden von Venedig, wird wohl das Laterankonzil gewesen sein, das er am 5. März 1179 eröffnete. Ein Konzil, das in drei Sitzungstagen, am 5., 14. und am 19. oder 23. März 1179, Beschlüsse faßte, die bis in die Gegenwart wirken.

Die Angaben über die Teilnehmer schwanken zwischen 300 und 1000 und mehr. Die realistische Schätzung liegt bei 300 und weniger.

Bei dem hohen Alter des Papstes war eine Papstwahl in naher Zukunft wahrscheinlich. Darum wurde der Wahlakt neu geregelt und definiert. Wahlberechtigt waren ausschließlich die Kardinäle. Derjenige Kandidat war gewählt, der die Zweidrittelmehrheit erreichte. Das Volk von Rom und der römische Klerus waren vom Wahlakt ausgeschlossen. Hierbei fällt auf, daß Alexander mit diesem neuen Wahlmodus seine Wahl aus dem Jahre 1159 nachträglich sanktionierte. Denn auch er wurde ausschließlich von einer Mehrheit von Kardinälen gewählt. Volk und Klerus waren bei seiner Wahl nicht zugegen, sondern traten bei seinem Gegner Victor in Erscheinung. Wichtig ist, daß das Wahlverfahren, das 1179 festgelegt wurde, bis zum heutigen Tage von der katholischen Kirche befolgt wird.

Verbote gegen Wucher und Zins wurden erlassen.[8] Mit Exkommunikation wurde bedroht, wer Sarazenen Waffen, Eisen und Schiffsholz lieferte. Strenge Strafen gegen die Ketzer in Südfrankreich wurden angedroht. Ein Verbot gegen die Anwerbung von Brabanzonen wurde erlassen und der übertriebene Aufwand der Bischöfe auf Visitatonsreisen angeprangert und neu geregelt. So erfahren wir jetzt, daß ein Erzbischof sich mit einem Reisetroß von 40 bis 50 Pferden begnügen mußte. Auch Jagdhunde und Vögel, mit Ausnahme von Falken, wurden untersagt.

Die Sicherheit des Papstes in Italien basierte auf den Streitkräften und der kriegerischen Faust des Erzbischofs Christian. Eine Quelle berichtet uns, daß seine neuesten Taten noch drastischer waren.[9]

So mußte der Papst erfahren, daß er, trotz seines scheinbaren Sieges in Venedig, seine Existenz dem Kaiser und seiner Macht verdankte. Er blieb wohl nicht nur aus Opportunität, sondern aus innerer Überzeugung dem Kaiser treu. Darin bestand Friedrichs eigentlicher Sieg. So zögerte Alexander nicht, den lombardischen Städten die Exkommunikation anzudrohen, wenn sie gegen die Regeln des Waffenstillstandes von Venedig verstoßen sollten.

Am 30. August 1181 starb Papst Alexander in Civita Castellana in der Nähe von Viterbo. Er hatte sein Papsttum unter schweren Bedingungen würdevoll getragen. Vier Gegenpäpste, Victor IV., Paschalis III., Calixt III. und Innocenz III., dessen Papsttum von September 1179 bis Januar 1180 Episode blieb, ließen ihn nie resignieren. Was ihn mit Friedrich I. verbindet, ist die Fähigkeit, Kämpfe, die man nicht gewinnen kann, zu beenden.

Seit Johannes Haller ist es beliebt, Papst Alexander als einen schwachen, von vielfältigen Kräften geschobenen Papst zu sehen. Ohne in diesen Streit eintreten zu wollen, seien nur diese Fragen gestellt: Hätte ein schwacher Papst der stärksten Macht des Kontinents, dem Kaiser, 18 Jahre lang widerstehen können? Hätte ein schwacher Papst eine Koalition von Dänemark, Ungarn, Spanien, den lateinischen Patriarchaten, England und Frankreich – man bedenke das dramatische Spannungsverhältnis der beiden letzten Staaten untereinander – zusammenhalten können? Diese Fragen wird man mit »nein« beantworten müssen und zugleich erkennen, daß Alexander ein großer, dem deutschen Kaiser ebenbürtiger Regent der Kirche war.

Der Löwe wird gestellt

Nach vierjährigem Italienaufenthalt zog der Kaiser in Begleitung seiner Frau, der Kaiserin Beatrix, über den Mont Genèvre nach Burgund. Ziel war, die kaiserliche Stellung in Burgund zu festigen. So ließ er sich am Sonntag, dem 30. Juli 1178, durch Erzbischof Raimund in der Kathedrale St. Trophime zu Arles zum König von Burgund krönen. Damit wurde es der Welt sichtbar, daß die Königreiche Burgund, Italien und Deutschland unter einer Kaiserkrone vereinigt waren. Dann kehrte der Kaiser über Avignon, weiter rhôneaufwärts über Vienne, wo die Kaiserin Beatrix mit der burgundischen Krone gekrönt wurde, über Dôle und Besançon ins Elsaß, in die Heimat zurück.

Der erste Schachzug

Ein Mann mußte durch den Frieden von Venedig in ganz besonderer Weise betroffen sein. Heinrich der Löwe, der Herzog von Sachsen und Baiern.

Von Venedig aus hatte ihn bereits ein Wetterleuchten erreicht. Dort war festgelegt worden, daß nordwärts der Alpen zwei nicht durch Alexander geweihte Bischöfe ihrer Ämter verlustig gehen sollten. Dies waren, wohl nicht zufällig, die Bischöfe Gero von Halberstadt und Balduin von Bremen, zwei dem Herzog ergebene Kirchenfürsten. An Stelle Geros sollte der von Heinrich dem Löwen vertriebene Bischof Ulrich wieder den Halberstädter Bischofsstuhl einnehmen. Für einen Mann wie Heinrich bedeutete das Krieg. Er sah nur den Augenblick, sah nicht, daß hinter all dem die Hand des Kaisers die Fäden knüpfte.

Friedrich hatte es vermocht, daß der Papst die schismatischen Erzbischöfe Philipp von Köln und Christian von Mainz anerkannte und wieder in seine päpstliche Gnade aufnahm. Zwei Männer, die als Heerführer des Kaisers den Papst mit Waffen bekämpft und

bedroht hatten. Dagegen waren die beiden herzoglichen Bischöfe Gero und Balduin wirklich zwei kleine Kirchenlichter, an denen ein Exempel statuiert wurde.
Und wie durch Zufall war Erzbischof Philipp von Köln schon im April 1178 aus Italien zurück und schmiedete eine antiwelfische Koalition. Denn Heinrich, ein Mann ohne Bedenken, hatte in seiner Ländergier das Erbe der Grafen von Asseln und des Grafen Christian II. von Oldenburg an sich gerissen.
Sein Pech war, daß der mächtige Erzbischof und Kanzler Philipp von Köln mit beiden Grafenhäusern verwandt war und selbst Erbansprüche stellte. Rasch beschloß der Kölner mit dem Halberstädter Bischof ein Schutz- und Trutzbündnis, »vorbehaltlich der Liebe und Treue zum Kaiser«, und überzog die Lande Heinrichs des Löwen mit Krieg. Fürchterlich hauste sein brabanzonisches Söldnerheer, zerstörte Höxter an der Weser und drang bis Hameln vor. Dem Erzbischof Wichmann gelang eine Vermittlung, so daß Philipp den mörderischen Krieg nicht weiterführte. Herzog Heinrich honorierte das, indem er zum Schlag gegen den schwächeren Bischof Ulrich von Halberstadt ausholte. Erzbischof Wichmann gelang auch hier wieder eine Vermittlung. Der Herzog zog sein Heer ab, ließ aber durch seine Leute die Burg Hopelberg des Bischofs verbrennen. Das war ein Bruch des von Erzbischof Wichmann gestifteten Friedens.
Und nun stand am 11. November 1178 auf den Reichstag zu Speyer ein zornesroter Heinrich der Löwe vor seinem Kaiser, beschuldigte seine Feinde und klagte um sein Recht.
Zweieinhalb Jahre waren seit dem Kniefall von Chiavenna vergangen, wo ein Kaiser einen Herzog kniefällig um Hilfe angefleht hatte. Eine Hilfe, die verweigert worden war. Nun stand der gleiche Mann vor dem Kaiser und forderte sein Recht. Bislang waren es die Fürsten gewohnt, daß Friedrich den welfischen Vetter stützte. Nun aber schwieg der Kaiser. Er hörte sich die Klagen des Erzbischofs von Köln an. Des Mannes, der nach Chiavenna persönliches Vermögen und das seines Erzstiftes hingegeben hatte, um dem Kaiser Hilfe geben zu können. Der Mann, der neben Christian von Mainz des Kaisers engster Ratgeber war. Karl Wilhelm Nitzsch zieht Arnold von Lübeck heran, der den Erzbischof Phil-

ipp von Köln, den geschworenen Feind des Löwen, als den eigentlichen Urheber des Friedens von Venedig bezeichnet und eben diesen Frieden als den ersten Schritt des Kaisers gegen den Welfenherzog hinstellt.[1]

Der Kaiser entschied sich nicht. Aber schon das war eine Sensation, hatte er sich bisher doch immer vor Heinrich gestellt. Anstatt Partei zu ergreifen, berief er einen weiteren Reichstag auf Mitte Januar 1179 nach Worms ein.

Der zweite Schachzug

In Worms war Heinrich nicht mehr als Kläger, sondern als Angeklagter geladen. In der späteren Gelnhäusener Urkunde heißt es, »er habe die Kirchen Gottes und die Freiheit der Edlen dadurch schwer unterdrückt, daß er sich an ihren Besitzungen vergriff und ihre Rechte schmälerte.«[2] Im gleichen Sinne berichtet Arnold von Lübeck, daß vor allem die deutschen Bischöfe über Heinrichs Gewalttaten Klage erhoben hätten, indem sie erklärten, »es gäbe kaum noch eine Kirche, welche von ihm nicht geplündert worden sei.«[3]

Die Bedeutung des Reichstags von Worms wird ersichtlich durch die Anwesenheit der vier Erzbischöfe von Magdeburg, Bremen/Hamburg, Köln und Trier und der Bischöfe von Halberstadt, Speyer und Worms.

Heinrich der Löwe fehlte. Er ignorierte das Gericht der Fürsten und des Kaisers.

Aber ungehemmt berichteten die Kläger, die alle erschienen waren, über die Schandtaten des Herzogs. Der Staufer blieb kühl. Er rief die Fürsten auf zum Urteilsspruch, nicht er urteilte, nein, das Fürstengericht sprach Urteil über seinen Standesgenossen. Der Spruch lautete: »Reichsacht über Heinrich den Löwen.«

Der Kaiser hatte Zeit. Er setzte, gelassen und ruhig, ganz kaiserlicher Richter, den Urteilsspruch aus bis zu einem neuen Reichstag, der auf den 24. Juni 1179 in Magdeburg angesetzt wurde. Bewundernswert die kühle Ruhe, die Präzision, mit der Friedrich seinen stärksten Vasallen und innenpolitischen Gegner vernichtete. Es ist

das gleiche Schauspiel von Diplomatie, Justiz und Vollzug militärischer Macht, mit dem 390 Jahre vorher Karl der Große seinen Erzfeind Tassilo von Baiern aus der Geschichte entfernt hatte.
In Magdeburg wiederum großes Aufgebot geistlicher Herren; die Erzbischöfe von Köln, Salzburg und Magdeburg, die Bischöfe von Brandenburg, Halberstadt, Havelberg, Meißen, Münster und Osnabrück. Die Markgrafen von Brandenburg, Meißen, der Lausitz sowie andere Grafen aus sächsischen Landen. Fast alle Feinde des Löwen. Und wiederum ist der Herzog nicht erschienen. Er residierte im nahen Haldensleben und harrte der Dinge. Heinrichs Nichterscheinen mußte jetzt die automatische Verhängung der Reichsacht zur Folge haben. Der geächtete Herzog wäre danach »vogelfrei«. Er hätte ohne Strafverfolgung von jedem getötet werden können.
Heinrichs erneutes Ignorieren des Königsgerichtes wurde als Beleidigung der königlichen Majestät gesehen und war demnach ein Majestätsverbrechen. Da der Löwe Lehnsmann des Kaisers war, wuchs sein Vergehen über das Landrecht hinaus in den Verfahrensraum des Lehnsrechts. In dem landrechtlichen Verfahren waren die versammelten Fürsten unter dem Vorsitz des Königs sowohl Kläger wie Richter. In dem lehnsrechtlichen Verfahren war der König und Kaiser, als des Herzogs Lehnsherr, der Hauptkläger. So kam jetzt zu der Aussprechung der Reichsacht die Aberkennung der Lehen Heinrichs des Löwen. Jetzt trat der Markgraf Dietrich von der Lausitz auf und klagte den Herzog als Verräter gegen das Reich an. Herzog Heinrich hatte nämlich die Wenden gegen den Markgraf gehetzt. Diese waren in die Niederlausitz eingefallen und hatten, über die Oder hinweg, den Spreewald verwüstet. Der Markgraf forderte jetzt den Herzog zum Zweikampf auf, um nach germanischer Rechtsauffassung ein Gottesurteil zu erzwingen. Andere Anklagen wurden laut. Der Herzog habe im Verein mit schwäbischen Fürsten Konspiration gegen Kaiser und Reich getrieben.
Noch immer lebte Herzog Heinrich in der Fehleinschätzung seiner Lage. Immer noch glaubte er, die Karte der Verwandtschaft zwischen Welfen und Staufern ausspielen zu können, wie er es ein Leben lang getan hatte. Nach beendigtem Reichstag bat er den

Kaiser um ein persönliches Gespräch in der Nähe von Haldensleben.

Der Kaiser willigte ein, obwohl die Reichsacht über Heinrich schwebte. Niemals erschien der Staufer in diesem Prozeß als zürnender Rächer. Er war der Richter, der über den Parteien stand. Er wollte nicht in den Fürstenspruch eingreifen. Aber wenn der Herzog eine Buße von 5000 Mark Silber zahlen würde, dann könnte eine kaiserliche Vermittlung erfolgreich sein. Die Quellen sind hier nicht präzise: Ob der Kaiser den nach heutigen Bewertungen geltenden Millionenbetrag für sich haben wollte oder aber den Fürsten für das Unheil, das Heinrich angerichtet hatte, als Entschädigung anbieten wollte, läßt sich nicht ermitteln. Sieht man aber, wie der Kaiser später die Lehen Heinrichs unter seine Fürsten verteilte, so ist anzunehmen, daß er mit diesen Geldern nicht anders verfahren wäre.

Aber Heinrich wollte nicht zahlen. Hinderte ihn sein Geiz oder sah er darin ein Schuldbekenntnis? Wir wissen es nicht. Sicher ist, daß Heinrich noch immer die Bedrohlichkeit seiner Lage, ja ihre Unausweichlichkeit, nicht erkannte. So setzte sich der Herzog auf sein Pferd und ritt, wie Friedrich bei Chiavenna, schweigend davon.

Der Kaiser bewies weitere Geduld. Er berief einen dritten Reichstag nach Kayna. Ein unbedeutender Ort, der den Vorteil hatte, in Nachbarschaft zur Lausitz zu liegen, in die der Löwe die Slawen zur Bekämpfung des Markgrafen Dietrich gerufen hatte. Und dieser Markgraf Dietrich stand bereit zum Zweikampf mit dem Löwen. Der Zweikampf – das Gottesgericht – fand nicht statt.

Auch in Kayna stellte sich der Löwe nicht und ignorierte das königliche Gericht. Aber alle Gegner Heinrichs waren versammelt. Der Askanier Bernhard von Anhalt, der wie sein Vater von sächsischen Herzogswürden träumte, Erzbischof Philipp von Köln, der ein westfälisches Herzogtum aus Heinrichs des Löwen Reich reißen wollte, Erzbischof Wichmann von Magdeburg, oftmals vom Löwen bedrängt, ebenso wie Bischof Ulrich von Halberstadt, der Landgraf von Thüringen und der Markgraf Dietrich von der Lausitz.

Der Kaiser fragte diese Fürstenversammlung welfischer Feinde,

»was denn nun mit Heinrich dem Löwen, nach dieser dritten Verweigerung, geschehen solle?« Und der Chor der Welfenfeinde antwortete: »Bann und Acht – Verlust von Ämtern, Würden, Lehen – ja auch der Verlust des persönlichen Eigentums.« Der Kaiser zögerte noch immer, die Acht auszusprechen. Den nach ihm mächtigsten Fürsten des Reiches zu stürzen, mußte ein Akt unanfechtbarer Rechtlichkeit sein.

Ob der folgende Einwand von Seiten des Löwen kam oder ein Kalkül kaiserlicher Überlegungen war, wissen wir nicht. Heinrich der Löwe war seinem Ursprung nach Schwabe. Es war sein Recht, auf schwäbischem Boden und von schwäbischen Fürsten sein Urteil zu empfangen. Jedoch waren weder in Magdeburg noch in Kayna Schwaben anwesend. Und wegen eines Formfehlers wollte der Staufer sein großes Spiel gegen den Welfen nicht gefährden.

Wir haben im Laufe unserer Geschichte gesehen, daß Erlangung unanfechtbarer Rechtspositionen den Regierungsstil des Kaisers kennzeichnen. Wir denken daran, daß eine seiner ersten Maßnahmen in Italien darin bestand, durch die vier Bologneser Juristen die kaiserlichen Regalien, das heißt den Bestand an kaiserlichen Rechten, feststellen zu lassen.[4] So ist es verständlich, wenn er bei seiner größten innenpolitischen Aktion sorgsam darauf achtete, keinen Verfahrensfehler zu begehen.

Von Kayna aus, also im August 1179, berief der Kaiser einen neuen Gerichtstag für den Januar 1180 nach Würzburg ein.

Er bleibt unbeirrbar in seiner Geduld. Er erhob nicht das Schwert gegen den Löwen, er kämpfte nicht, er ließ kämpfen. Im schweigenden Einverständnis mit dem Kaiser eröffnete die antiwelfische Fürstenkoalition die Feindseligkeiten gegen den Löwen. Der aber stand noch immer in der Sonne des Sieges.

Ende Juli 1179 hatten welfische Truppen unter der Führung des Grafen Gunzelin von Schwerin und des Grafen Adolf III. von Holstein ein antiwelfisches Aufgebot besiegt. Graf Simon, ein Mann der kölnischen Partei, kam in die Gefangenschaft des Grafen Adolf von Holstein. Herzog Heinrich verlangte nun von seinen siegreichen Vasallen, daß alle Gefangenen an ihn zu übergeben seien. Es ging um die Lösegelder! Während alle dem Herzog gehorchten, widersetzte sich Graf Adolf von Holstein, denn auch für ihn bedeuteten die Lösegelder einen Teil der Finanzierung seiner Feldzüge, die er ja in Erfüllung seiner Vasallenpflicht führte. Im Zorn schieden Graf und Herzog voneinander mit dem Ergebnis, daß der Graf von Holstein ins antiwelfische Lager wechselte.

Am 23. September 1179 trat der Herzog zum Angriff auf Halberstadt an. Die Bischofsstadt mit den Häusern der Bürger, vor allem aber Kirchen und Klöster, ging in Flammen auf. Die Reliquien des Hl. Stefan konnten nur angekohlt aus den Flammen geborgen werden. Der greise Bischof Ulrich geriet in die Hand des Herzogs, der sofort erkannte, wie schädlich für ihn der Untergang Halberstadts, seiner Kirchen und Klöster war. Um gute Gesinnung zu demonstrieren, übergab er Bischof Ulrich seiner Frau Mathilde, die ihn in ehrenvoller, angenehmer Haft hielt.

Am 30. September vereinigten sich die Aufgebote der antiwelfischen Koalition zum Angriff auf Halberstadt. Sie hausten genauso schrecklich wie die welfische Soldateska, vor allem die brabanzonischen Rotten des Erzbischofs von Köln. Auch sie zerstörten Kirchen und Klöster, aber dies wurde nicht so wahrgenommen, da der Klerus, die Schreibenden, auf kaiserlicher Seite stand.

Der Löwe schlug zurück. Im November 1179 zerstörte er das magdeburgische Calbe und stieß bis nach Frohse, in der Nähe von Magdeburg, vor. Den Angriff auf die Stadt des Erzbischofs, auf Magdeburg, wagte er nicht. Als der Herzog das Weihnachtsfest in Lüneburg feierte, konnte er auf eine Reihe geglückter militärischer Aktionen schauen.

Dies trübte ihm den Blick so, daß er wiederum nicht zum Reichs- und Gerichtstag in Würzburg erschien.

Dort fällte das Fürstengericht, an dem nunmehr auch schwäbische Herren beteiligt waren, das Urteil: Wegen landrechtlicher Verstöße des Herzogs Heinrich von Sachsen und Baiern wurde nochmals die Acht erklärt und wegen lehnsrechtlicher Verstöße gegen den Kaiser, »contumax judicatus est« (gerichtlichem Ungehorsam), der Verlust aller Lehen angeordnet.

Aber immer noch ließen das Fürstengericht und selbst der Kaiser dem Herzog eine Möglichkeit zur Umkehr. Die Fürsten schlossen mit Heinrich einen Waffenstillstand bis zum 27. April 1180, dem Sonntag nach Ostern.

Cartellieri gibt den wichtigen Hinweis, »daß auch in der späteren deutschen Geschichte die Fürsten einen Standesgenossen nur ungern tief erniedrigen. Da Auflehnung gegen den obersten Lehnsherrn damals nichts Ungewöhnliches war, mochte ein jeder denken, daß auch er einmal in eine ähnliche Lage versetzt werden konnte. Untertanen wollten sie alle auf keinen Fall sein, sondern den Kaisern und Königen nur im Ehrenrang nachstehen. Dieser mit Waffengewalt vertretene Anspruch darf in der deutschen Geschichte nicht außer acht gelassen werden.«[5]

Für den 13. April 1180 berief der Kaiser nochmals einen Reichstag in die Kaiserpfalz Gelnhausen ein. Hier wurde, wie uns die Gelnhäuser-Urkunde berichtet, das »Reich« Heinrichs des Löwen zerschlagen.[6]

Der hochverdiente Erzbischof Philipp von Köln erhielt Westfalen und Engern in den Grenzen der Bistümer Köln und Paderborn. Von nun an war der Erzbischof von Köln Herzog von Westfalen. Graf Bernhard von Anhalt, der Blutsverwandte des Kaisers, wurde Herzog des restlichen Sachsens mit der Maßgabe, alle von Heinrich dem Löwen eingezogenen kirchlichen Lehen wieder an die Stammkirche zurückzugeben. Der Landgraf von Thüringen wurde auf dem Reichstag mit der – durch den Tod des Grafen von Sommerschenburg freigewordenen – sächsischen Pfalzgrafschaft belehnt.

Wenn wir jetzt den Ereignissen etwas vorauseilen, so darum, weil sie in engem Zusammenhang mit der Aufteilung der Lehen Heinrichs des Löwen stehen.

Am 16. September 1180 belehnte der Kaiser seinen getreuen Pfalzgrafen Otto von Wittelsbach mit dem Herzogtum Baiern. Damit begann die 800jährige ununterbrochene Herrschaft der Wittelsbacher in Baiern. Aber selbst diesem Getreuen verlieh der Kaiser nicht mehr die gesamte Fülle des Lehens. Er trennte die Steiermark von Baiern ab und erhob sie zum Herzogtum unter dem bisherigen Markgrafen Otto IV. Ebenfalls wurde die Markgrafschaft Istrien aus Baiern herausgelöst und der Graf von Andechs als Herzog von Kroatien, Dalmatien und Meranien eingesetzt.

Die riesigen Ländermassen des Löwen waren aufgeteilt. Und dennoch erfährt man diese Regelung ohne Befriedigung. In dieser Tei-

lung des Jahres 1180 liegt ein Grundübel deutscher Reichsgeschichte verborgen.
Es bleibt ja der Schluß, daß der Kaiser nicht stark genug war, die beiden Herzogtümer Sachsen und Baiern seinem Hause und dem Reich einzuverleiben. Dann hätte der Kaiser über ein so großes innerdeutsches Territorium verfügt, dem keiner der deutschen Fürsten hätte widerstehen können. Partikularismus und dauernde Demonstration fürstlicher Eigeninteressen hätten ein Ende gefunden, das deutsche Reich den Weg der Einheit und der Konzentration gehen können, den andere europäische Staaten beschritten. Aber die Stellung der deutschen Fürsten war so stark, daß sie gegenüber dem Kaiser den Leihezwang – die sofortige Wiederverleihung der heimgefallenen Lehen – durchsetzen konnten.
Im Unterschied dazu gelang es dem französischen König Philipp August (1179–1223), beim Tode des englischen Königs Johann Ohneland (1199–1216), am 28. Oktober des Jahres 1216, dessen französische Lehen, die Normandie und Anjou, der französischen Krone zurückzugeben.
Nicht Friedrichs Italieninteressen waren es, die letztlich das Scheitern der staufischen Kaiseridee ausmachten, sondern die partikularen Eigeninteressen der deutschen Fürsten. Ein Teil der Kräfte, mit denen sie sich innerhalb Deutschlands bekriegten, hätte ausgereicht, deutsche Reichsinteressen in Italien durchzusetzen. Damit hätte das Kaisertum über zusätzliche Mittel verfügt, die deutschen Fürsten in die Einheit des Reiches einzubinden. Daran aber war den deutschen Fürsten nicht gelegen, und so erklärt sich ihr Desinteresse an der kaiserlichen Italienpolitik. Daß die Staufer dennoch, gegen Fürsteninteressen, gegen die Interessen der europäischen Staaten, gegen die Interessen der lombardischen Städte und letztendlich gegen den Willen der Römischen Kirche, für ein Jahrhundert die alte Kaiserherrlichkeit sichtbar machten, darin liegen ihr Ruhm und ihr Glanz.

Der Löwe im »Aus«

Vorerst glaubte der Löwe noch an sein Schwert. Er belagerte Goslar, des Kaisers Stadt mitten im Welfengebiet. Zwar konnte er die Stadt nicht nehmen, aber er vermochte die Hüttenwerke und die Silberschmelzen zu zerstören. Ein Einfall des Landgrafen von Thüringen, wohl auf das Kaisers Geheiß, wurde von Heinrich zurückgeschlagen. Der Landgraf und sein Bruder gerieten in welfische Gefangenschaft. Bernhard, der neue Herzog von Sachsen, traf zu spät auf dem Schlachtfeld ein und wagte keinen Gegenangriff auf den siegreichen Heinrich.

Aber die Unausweichlichkeit seines Schicksals vollzog sich dennoch. Heinrichs Hoffnung auf Hilfe des englischen Schwiegervaters, der ein Bündnis mit Frankreich gegen den Kaiser anstrebte, verwirklichte sich nicht. Der Dänenkönig, bislang des Löwen Bundesgenosse, zog sich zurück.

Am 24. Juni 1180, ein Jahr und einen Tag nach der Ächtung von Magdeburg, traten der Kaiser und die sächsischen Fürsten auf einem Tag in Regensburg als Kläger gegen Heinrich den Löwen auf. Wiederum war dieser weder erschienen, noch hatte er einen Stellvertreter entsandt.

Nunmehr wurde durch feierlichen Fürstenspruch die Oberacht über den Herzog verhängt. Das bedeutete Ehrlosigkeit, Rechtlosigkeit, Verlust der Lehen und der Allode, des persönlichen Eigentums. Betrachtet man den Zeitraum und die vielen Umkehrmöglichkeiten, die Heinrich geboten worden waren, so kann man nicht von einem politisch-juristischen Handstreich des Staufers gegen den Welfen, sondern nur vom langsamen, unerbittlichen Gang von Recht und Gesetz sprechen.

Jetzt erst rief Friedrich zur Reichsheerfahrt auf und trat persönlich ins Kriegsgeschehen ein. Der Kaiser wußte, daß es eine schärfere Waffe gab als das Schwert: das Recht. Zwar eroberte man die welfische Burg Wolfenbüttel, und am 3. August 1180 wurde ein Welfengegner zum Bischof von Halberstadt erhoben. Doch am 15. August führte der Kaiser den tödlichen Streich auf einem Hoftag zu Werla. Ein Fürstenbeschluß, denn der Kaiser hielt sich noch immer im Hintergrund, forderte die Vasallen des Löwen auf, sich von ihm zu trennen. Drei Fristen wurden gesetzt: der 8. und 29. September sowie der 11. November. Wer sich bis dahin der kaiserlichen Majestät nicht unterworfen hatte, geriet selbst in Acht und Bann und ging seiner Lehen und Besitzungen verlustig.

Und nun erlebte der Löwe die Erosion der Macht. Arnold von Lübeck sagt uns, daß auch sächsische Ministerialen, die von der Wiege an von Heinrich dem Löwen erzogen worden waren und deren Väter ihm immer ohne Widerspruch gedient hatten, »ad imperium« übergingen.[7]

Zwar kämpfte der Löwe noch ein Jahr. Noch hielten seine Burgen stand. Aber eine nach der anderen mußte sich ergeben. Alle verließen Heinrich. Nur die Städte hielten zu ihm. Die Stadt Haldensleben mußte von Erzbischof Wichmann unter Wasser gesetzt werden, ehe sie aufgab. Lüneburg, von der Herzogin Mathilde verteidigt, sparten die Kaiserlichen aus, als Mathilde zur Kenntnis gab, Lüneburg gehöre zu ihrem Witwengut. Für den Kaiser die Möglichkeit zur noblen Geste. Er respektierte das Wittum Mathildens, der Tochter des englischen Königs und der großen Eleonore von Aquitanien. Nach langer Belagerung gab auch Lübeck auf. Vornehm holte sich die Stadt die Genehmigung des Herzogs zur Kapitulation. Bewegt vom Mut und der Würde der Lübecker, ließ der Kaiser Lübeck zu freien Reichsstadt erheben.

Die weiteren militärischen Aktionen Heinrichs des Löwen waren Verzweiflungsaktionen, denen der rechte Sinn fehlte.

So erschien denn Herzog Heinrich, von seinem alten Feind, Erzbischof Wichmann, in nobler Gesinnung geleitet, vor dem Kaiser auf dem Reichstag von Erfurt am 16. November 1181. Hier erlebte Heinrich sein Chiavenna. Vor Kaiser und Kaiserin, beide auf dem Throne, warf er sich nieder und küßte des Kaisers Fuß. Der hob den Herzog auf und gab ihm, wie es die Sitte forderte, den Friedenskuß. Friedrich soll dabei geweint haben. Das wird von manchen Historikern, auch von Arnold von Lübeck, als Heuchelei abgetan. Aber ist der Sturz eines großen Gegners nicht Grund für eigene Erschütterung, Menetekel eigenen, künftigen Schicksals?

Barbarossas Verhalten in diesem zweijährigen Prozeß ist frei von vordergründigem Racheverhalten. Waren in das ganze Verfahren nicht viele Möglichkeiten zu einer ehrenvollen Umkehr eingebaut? Man hat Friedrichs Verhalten oftmals als diabolische Taktik gewertet, geboren aus Friedrichs Wissen von Heinrichs Verhaltensweisen. Aber wer kennt selbst seinen Vetter und Kampfgenossen so genau, daß er dessen Verhalten vorausbestimmten könnte?

Das Urteil rückgängig machen konnte Friedrich nicht. Er hatte die Macht der Fürsten gebraucht, um den Löwen zu stürzen. Er hatte das Fürstengericht benötigt, um den Spruch gegen Heinrich zu fällen, so konnte er auch nichts ohne sie rückgängig machen. Er wollte dies wohl auch nicht. Denn er mußte, um des Reiches willen, Heinrichs Staat im Staate zerstören. Aber er war dennoch gnädig. Heinrich durfte seinen Hausbesitz, Braunschweig und Lüneburg mit den dazugehörigen Burgen und Gütern, behalten. Orientiert man sich an diesen Tatsachen, so ist das Verhalten des Kaisers nur als großzügig und ritterlich zu bezeichnen und entspricht dem Ideal der Zeit.

Heinrichs Acht wurde aufgehoben. Statt dessen wurde eine dreijährige Verbannung ausgesprochen, die er am Hofe seines Schwiegervaters, König Heinrichs von England, ehrenvoll verbringen konnte.

Interessant ist, welche Mächte und Kräfte sich beim Kaiser für die Begnadigung des Löwen einsetzten. Die Könige von England und Frankreich und auch der Kaiser von Byzanz wurden Fürsprecher für Heinrich. Allesamt Feinde des Reiches und des Kaisers, die nur ein Interesse hatten: eine den Kaiser paralysierende Macht im Reich zu halten und zu stützen.

Das Spannungsfeld zwischen Heinrich dem Löwen und Friedrich Barbarossa ist in der geschichtlichen Betrachtung nie zur Ruhe gekommen. Der Welfe ist nicht nach Osten gegangen um deutscher Visionen willen, sondern weil es vor den Grenzen seiner Macht lag und einziger Ausweg für seinen Expansionsdrang war. Friedrich ist nicht nach Süden gezogen, weil er ein schlechter Deutscher war, sondern weil er von dort Mittel und Mächte erhoffte, Deutschland und Deutschlands Fürsten, diese dem Eigennutz verpflichtete Adelsgesellschaft, regieren zu können.

Zwei Männer hatten ihren Weg zu gehen und ihr Schicksal zu erfüllen. Wäre Friedrich der Herzog von Sachsen und Baiern und Heinrich der Kaiser gewesen, die Geschichte wäre nicht sehr viel anders verlaufen. Denn es bestimmen nicht nur die Charaktere der Herrschenden Weg und Schicksal, sondern vielmehr noch Sachzwänge und Positionen, aus denen heraus sie antreten.

Der Frieden von Konstanz und seine gestaltende Kraft

Friedrich Barbarossa, nach dem Frieden von Venedig und dem Sturz des Löwen Europas mächtigster Fürst, war einen langen Weg gegangen. Er hatte sich aus den Fesseln einer Politik befreit, die einstmals Rainald von Dassel konzipiert, die er selbst jahrelang befolgt und die ins Nichts geführt hatte.

Hatte er einstmals, gleich ob aus Familiensinn, um der Eckstein zwischen Staufern und Welfen zu sein, oder aus Pragmatismus, seinen welfischen Vetter Heinrich durch die Verleihung des zweiten Herzogtums zum mächtigsten Fürsten Deutschlands gemacht, so stürzte er ihn, als er erkannt hatte, daß es diesem Heinrich an Loyalität zu Kaiser und Reich mangelte.

Auf den Ronkalischen Feldern erließ er seine Gesetze, die den lombardischen Städten Unfreiheit und Unterwerfung bringen sollten. Als er aber nach jahrelangen Kämpfen erkannte, daß er seine Ziele nicht durchsetzen konnte, schloß er mit ihnen nicht nur Frieden, sondern band sie an das Reich, ja er machte sie zu seinen Verbündeten.

Er hatte Mailand zum Reichsfeind erklärt, es bis auf die Grundmauern zerstört und feierte wenige Jahre später doch im friedlichen Verein mit den Mailändern die Hochzeit seines Sohnes Heinrich VI. mit der normannisch-sizilianischen Konstanze, Tochter König Rogers II. von Sizilien. Auch hier fegte er Erbfeindgedanken hinweg und verband sich mit dem ehemaligen Gegner.

Er hatte oftmals beschworen und die Großen seines Reiches zum gleichen Schwur gezwungen, nie, niemals Papst Alexander anzuerkennen. Doch als die politische Situation zwingend dazu führte, küßte er dem Papst im Frieden von Venedig die Füße.

Am 30. August 1181 starb Papst Alexander. Zum Nachfolger wählten die Kardinäle Erzbischof Hubald von Ostia, Weggefährten Alexanders und Mitarbeiter am Frieden von Venedig. Er bestieg als Lucius III. den päpstlichen Thron. Seine Stellung in Rom war schwach. Er lebte politisch nur durch des Kaisers Schwertarm und Legaten in Italien, Erzbischof Christian von Mainz. Er eilte zum Schutze des Papstes herbei, um die Römer, die das papstfreundliche Tusculum belagerten, zu verjagen. Allein der Schrecken seines Namens hatte die Römer weichen lassen. Jedoch am 25. August 1183 starb dieser gewaltige Mann, Kriegsheld, Diplomat, Erzbischof, Gelehrter mit umfassenden Sprachkenntnissen, der anläßlich einer Gesandtschaft in Griechenland die Geschichte des Presbyters Johannes übersetzt hatte, ein Liebhaber der Frauen und des Lebens, an einer Fiebererkrankung. In seinen Anfängen erbitterter Gegner der Päpste, jetzt ihr Verteidiger. Und nun ordnete Papst Lucius für Christian von Mainz für alle deutschen Stiftskirchen eine 30tägige Totenfeier an. Christian ist in seiner Person ein Beispiel der wundersamen Umkehrung der Dinge im letzten Jahrzehnt der Herrschaft Friedrich Barbarossas.

Im Jahre 1183 lief der sechsjährige Waffenstillstand mit den Lombarden aus, der in Venedig geschlossen worden war. Aber schon vorher war in den lombardischen Städten der Wunsch erwacht, Frieden mit dem Kaiser zu schließen. Vercelli und Tortona bemühten sich darum in der Hoffnung, bessere Bedingungen zu erhalten.

Auch in Alessandria lebte immer noch die Angst vor dem Zorn des Kaisers. Die Einigkeit des Lombardenbundes schien nicht mehr der sichere Schild zu sein, hinter dem Alessandria leben konnte. Darum wurde auf einem Hoftag zu Nürnberg zwischen dem Kaiser und Alessandria eine Urkunde beschworen, die vorsah, daß die Bevölkerung zunächst die Stadt räumen sollte. Dann würde ein kaiserlicher Beauftragter die Bürger zurückführen und ihnen die Stadt im Namen des Kaisers übergeben, die dann den Namen Cäsarea tragen sollte. Den Bürgern blieb die Wahl der Konsuln, dem Kaiser das Recht der Bestätigung. Dem Kaiser Friedrich und dem König Heinrich war von allen Bürgern zwischen 14 und 70 Jahren der Treueid zu leisten. So war des Kaisers Schwur erfüllt und Alessandria, die Stadt des Papstes Alexander, getilgt. Neu geschaffen, durch Wille und Gnade des Kaisers, war Cäsarea. Den Bürgern war die Stadt erhalten und der Ehre des Kaisers entsprochen.

Auf dem Hoftag zu Nürnberg sollen noch zahlreiche andere Lombarden gewesen sein. Die Gespräche waren so hoffnungsvoll, daß der Kaiser eine Gesandtschaft unter Führung des Bischofs von Asti zum lombardischen Städtebund entsandte, in seinem Namen zu verhandeln.

In Piacenza trafen sich die Vertreter des Bundes am 1. Mai 1183 und verpflichteten sich vorab, den zu schließenden Frieden 30 Jahre zu halten, die Rechte der Mitglieder des Bundes zu achten und den Weisungen der Rektoren zu folgen.[1] Die Rektoren und Konsuln der Städte verpflichteten sich, dem Kaiser 15 000 Pfund kaiserlicher Währung zu zahlen, zuzüglich 1000 Pfund für dessen Bevollmächtigten.

Dieser Vorschlag wurde in Piacenza von beiden Seiten beschworen und am 25. Juni 1183 in Konstanz ratifiziert.

Die wichtigsten Punkte des Friedensvertrages sind: Der Kaiser überläßt den Städten alle Regalien. Zweifelhafte Regalien werden durch den Ortsbischof besonders dann festgestellt, wenn sie dem Kaiser zustehen. Durch eine jährliche Zahlung von 2000 Mark Silber, oder eine geringere Summe, können sich die Städte von der Untersuchung loskaufen. Die Städte wählen ihre Konsuln selbst, die Investitur erteilt der Kaiser auf jeweils fünf Jahre. Die Konsuln sollen vor ihrem Amtsantritt dem Kaiser Treue geschworen haben. Der Kaiser verspricht, keinen unnötigen Aufenthalt in einer Stadt oder einem Bistum zu ihrem Schaden zu nehmen. Die Städte dürfen innerhalb und außerhalb Befestigungen anlegen und ihren Bund, so oft sie wollen, erneuern. Alle Mitglieder verpflichten sich auf ihren Treueid, den Kaiser bei der Verteidigung seiner Besitzungen und der Wiedergewinnung der verlorenen zu unterstützen. Beim Betreten der Lombardei soll dem Kaiser das übliche Fodrum ohne Einschränkung geleistet, sollen für seinen Hin- und Rückweg Straßen und Brücken ausgebessert und ein ausreichender Markt angeboten werden.[2]

Otto von St. Blasien berichtet uns noch eine wichtige Einzelheit, in der Friedrich seine Majestätsvorstellung offenbarte. Die Gesandten der Mailänder und alle dem Kaiser bis dahin verfeindeten Städte überreichten ihm als Zeichen ihrer Unterwerfung goldene Stadtschlüssel.[3]

Man sollte dies nicht als staufische Eitelkeit, als Theatereffekt ab-

tun. Der Mensch des Mittelalters begriff die Welt durch Zeichen und Symbole. Hier drückte sich, bei allen Konzessionen, die Friedrich machte, das Herrschaftsrecht der kaiserlichen Majestät aus.
Der Kaiser war in diesem Vertrag Gebender und Nehmender zugleich. Erstens flossen ihm als Einstand in den Friedensvertrag 15000 Pfund in kaiserlicher Währung zu. Ein Millionenbetrag, zu dem wir heute keinen Vergleich finden können. Zweitens mußte ihm aus den zweifelhaften Regalien ein bedeutender Geldgewinn entstehen.
Die Städte erhielten ihr Selbstverwaltungsrecht, der Kaiser aber die Oberherrschaft durch das Recht der Investitur der Konsuln. Den Städten wurde das Recht der Stadtbefestigung und der völligen Koalitionsfreiheit untereinander gewährt.
Der wichtigste Passus aber scheint die eidliche Verpflichtung, den Kaiser bei der Verteidigung seiner Besitzungen und der Wiedergewinnung der verlorenen zu unterstützen. Das zielte direkt auf die Mathildischen Güter. Dem Papst müssen die Ohren geklungen haben.
Aber auch in Richtung der römischen Kurie war Friedrichs Diplomatie aktiv.
Der Kaiser hatte den Erzbischof von Salzburg zum Papst nach Velletri entsandt und durch ihn im Mai 1182 einen weitreichenden Vorschlag gemacht: Verzicht des Papstes auf alle strittigen Güter, vor allem die Mathildischen. Dafür wollte der Kaiser aus all seinen Einkünften in Italien dem Papst den Zehnten und den Kardinälen nochmals den Zehnten zahlen. Das war ein bemerkenswertes Angebot. Der Kaiser hätte 20% aus allen italienischen Einkünften an die Kirche gezahlt, vom verbleibenden Rest die gesamten Verwaltungskosten einschließlich der Entlohnung seiner Ministerialen bestritten. Ihm wären sicher keine 20% des Reineinkommens geblieben. Für die Erfüllung dieses Vorschlages wollte der Kaiser alle denkbaren Bürgschaften leisten, in seinem Namen und im Namen seines Sohnes.
Für den Papst – in seinen permanenten Geldnöten – ein verlockendes, verführerisches Angebot. Gewiß war Lucius III. ein kaiserfreundlicher Papst, stützte sich doch sein Papsttum auf die Macht des Kaisers. Dennoch rang er sich, trotz aller Geldsorgen, nicht zu

einem Ja durch. Er gab dem Erzbischof Konrad eine hinhaltende Antwort. Hätte er diesen für ihn so angenehmen Vorschlag akzeptiert, so wäre die Kirche in die finanzielle Abhängigkeit vom Kaiser geraten und der hätte das erreicht, wofür er 20 Jahre erfolglos gekämpft hatte: die Herrschaft über die Kirche.

Es ist offensichtlich, daß der Diplomat Friedrich dem Feldherrn weit überlegen war.

Der Papst aber wollte keinen Bruch mit dem Kaiser, ja noch nicht einmal eine Verstimmung. Im Frühjahr 1183 entsandte er darum den mit dem Kaiser befreundeten Kardinalpriester Johann »vom Titel des heiligen Markus« zum Kaiser, um das Gespräch in Gang zu halten.

Wir hören, daß auch bei der Unterzeichnung des Konstanzer Friedens päpstliche Legaten anwesend waren. Da sie nicht aktiv in Erscheinung traten, ist anzunehmen, daß sie den Ereignissen als Beobachter folgten.

Der enge Frieden zwischen den lombardischen Städten und dem Kaiser schien selbst dem kaiserfreundlichen Lucius III. bedenklich, und der Passus über die Verpflichtung der Lombarden, dem Kaiser bei der Verteidigung und Rückgewinnung verlorener Gebiete in Italien Hilfe zu leisten, erschien wie eine Bestätigung aller römischen Sorgen.

Friedrich aber war wohlgemut. Er hoffte in einem persönlichen Gespräch seinen Finanzvorschlag dennoch zu realisieren. Er schlug, unter Betonung seiner Liebe für den Papst, eine Zusammenkunft im Juni 1184 in Verona, Brescia oder Mantua vor.[4]

Jetzt aber meinte der Kaiser, sei es an der Zeit, ein großes Fest zu feiern.

Das Rittertum

Die kaiserlichen Hoftage der Jahre 1184 und 1188 zu Mainz, das Fest »Ohnegleichen« und der Hoftag »Jesu Christi«

Hielt der Kaiser im Jahre 1184 Umschau, so konnte er feststellen: Frieden mit dem Lombarden-Bund, das heißt Zugang zu lombardischem Geld. In Rom war ein freundlich gesonnener Papst, und zum normannischen Sizilien gab es so gute Beziehungen, daß die Welt noch staunen sollte. Der Gegner Byzanz hatte durch den Tod seines Kaisers Manuel am 24. September 1180 seine außenpolitische Dynamik verloren. England und Frankreich blockierten sich in ihren Interessenlagen gegenseitig. Das Wichtigste aber: Er hatte den übermächtigen Vasallen im eigenen Land gestürzt.

So war die Schwertleite – die Aufnahme in den Ritterstand – der beiden Kaisersöhne König Heinrich und Herzog Friedrich der Anlaß, ein Fest »Ohnegleichen« zu feiern, wie es der Lobpreis zeitgenössischer Geschichtsschreiber nennt.

Auf dem Hoftag von 1184, der »Curia celebris«, sah die Welt den Kaiser und seine Söhne als die ersten Ritter des Imperiums. Eine solche Faszination hatte die Idee der Ritterschaft gewonnen, daß das ritterliche Band Kaiser, Könige, Herzöge, Grafen und Ministerialen umwand. So erleben wir auf diesem Hoftag die angesehenen Reichsministerialen Markward von Annweiler und Heinrich von Kalden als ritterliche Lehrmeister der Kaisersöhne.[1]

Was an Glanz, an Zauber beim Namen der Staufer aufleuchtet – hier, auf dem Fest »Ohnegleichen«, wurde der Mythos staufischer Ritterschaft geboren.

Der Hoftag begann am Pfingstsonntag. Sein Höhepunkt war die Festkrönung des Kaisers, der Kaiserin und ihres Sohnes König Heinrich VI. Nach der Festkrönung, diesem Gipfelpunkt der Majestätsdarstellung, fand ein Festmahl statt. Die Herzöge übten an der kaiserlichen Tafel die Hofämter aus.

Außerordentlich war die Zahl der Teilnehmer. Aus Frankreich, Burgund, Illyrien, Italien, ja aus Spanien und England war die Ritterschaft herbeigeeilt, um dieses Hochfest, diese Symbiose zwischen Kaisertum und Ritterschaft, mitzuerleben. In einer eigenen Feststadt aus prachtvollen Zelten und Hütten waren die riesigen Menschenmengen untergebracht. Am Pfingstmontag nach der Frühmesse wurde die Schwertleite der beiden Kaisersöhne vorgenommen.

Die beiden »Novi milites« demonstrierten jetzt eine der wesentlichen Rittertugenden, die Freigebigkeit. Sie verteilten große Geschenke, und der Kaiser und die Großen des Reiches eiferten ihnen nach. Ritter, Dichter, Spielleute und Kreuzfahrer wurden mit Gold und Silber, mit Rossen und wertvollen Kleidern beschenkt.[2]

Daraufhin versammelte sich die Ritterschaft zu einem glanzvollen Turnier, an dem auch der Kaiser, seine Söhne und die Fürsten teilnahmen. 20000 Ritter sollen dieses Kampfspiel bestritten haben.[3]

Diese Schätzung geht auf Gislebert de Mons zurück und ist sicher zu hoch gegriffen.

Das Großturnier wurde noch bis zum Dienstag durchgeführt, dann beendete ein Unwetter das Ritterspiel. Hütten und Zelte brachen zusammen, und auch eine hölzerne Kapelle stürzte ein. Die Kleriker sahen darin eine Warnung des Himmels ob ritterlichen Hochmuts und sündhafter, weltlicher Prachtentfaltung. So wurde denn auf Rat der Fürsten ein weiteres Turnier, das in der Pfalz von Ingelheim abgehalten werden sollte, abgesagt.[4]

Mit dem Ritterfest von Mainz hatte Deutschland sichtbar Anschluß an die ritterliche Kultur gefunden, zu deren Entwicklung Frankreich den Weg gewiesen hatte. In der Zeit vor dem Mainzer Hoffest berichten die Quellen bei ähnlichen Ereignissen nur über Fürsten, die sich um den Kaiser und König versammeln. Auf diesem Hoffest aber sind erstmals Ritter bezeugt. Mehr noch, Herzöge, Markgrafen, Landgrafen und Grafen werden zusätzlich zu ihrer Adelsstellung als »Miles«, als Ritter, genannt.

Auch die Reichsministerialen, Markward von Annweiler und Heinrich von Kalden, werden als ritterliche Prinzenerzieher er-

wähnt. Der Kaiser nennt den Ministerialen Konrad von Hagen seinen Freund. Andere, wie Werner von Bolanden und Kuno von Münzenberg, werden in den Urkunden als »Nobiles« erwähnt.
Zusammenfassend: Seit dem Mainzer Hoftag von 1184 waren Kaiser und Könige, Fürsten, Herzöge, Markgrafen, Grafen und Ministeriale verbunden in den Wertvorstellungen der Ritterschaft. Dieser Tag war die Konstituante der höfisch-ritterlichen Gesellschaft am staufischen Hof. Das Rittertum wurde die allgemein verbindliche adelige Lebensform. Selbst der mächtigste Adelige war nicht Ritter a priori; Ritterschaft mußte erworben werden, war ein Leistungsstand, zu dem ritterliche Erziehung führte.
Zu diesem Ritterfest »Ohnegleichen« gehörten die Sänger. Der Franzose Guiot des Provins und der Deutsche Heinrich von Veldecke waren die bedeutendsten Dichter, die am Fest teilnahmen und ihm Glanz verliehen. Guiot nennt den Kaiser ausdrücklich seinen Gönner, und es wird die Kaiserin, die ehemalige burgundische Prinzessin, gewesen sein, die den französischen Dichter an den deutschen Hof gezogen hat. Burgund war die Kulturbrücke, über die aus Frankreich ritterliche Kultur zum staufischen Hofe strömte. Dazu kamen die Familienverbindungen deutscher Adelshäuser, die mit vielen großen französischen Familien versippt waren. Der Vetter des Kaisers, Heinrich der Löwe, war verheiratet mit der englischen Prinzessin Mathilde, Tochter der berühmten Eleonore von Aquitanien, deren Hof zu Poitiers Glanzpunkt ritterlich-höfischen Lebens war.
Auch Kaiserin Beatrix war solch ein Kristallisationspunkt höfischer Kultur. Nach ihrer Kaiserkrönung im Jahr 1167 in Rom hatte Gautier von Arras ihr sein Werk »Illi et Galeron« gewidmet. Gautier bedauerte, daß er Beatrix erst nach ihrer Krönung kennengelernt habe, so daß die anderen Dichter, die in ihrer Nähe weilten, durch ihre Leistungen einen Vorsprung ihm gegenüber gewonnen hätten. Der kaiserliche Hofrichter Acerbus Morena stellt ausdrücklich fest, daß die Kaiserin »litterata« war. Er preist ihre Bildung, ihre Schönheit, ihre Eleganz. Es gehört zur Tragik unserer männlich fixierten Geschichtsschreibung, daß wir von solch wichtigen Frauen des Mittelalters, außer Schablonen, wenig wissen.
Es ist ein faszinierender Vorgang, wie auf dem Hoffest in Mainz die

Wertvorstellungen des Rittertums, das ja dem niedrigen Adel und den unfreien Ministerialen entstammte, die gesamte Adelswelt erfaßten und zum Maßstab der Zeit und des Lebens wurden.

Vier Jahre später zeigte das Hoffest »Jesu Christi« in Mainz den anderen Pol und damit den ganzen Spannungsbogen der ritterlichen Welt.

Dort nahm der Kaiser im Jahre 1188 das Kreuz als »Signifer«, als »Miles Christi« – als Anführer und Bannerträger der christlichen Ritterschaft des Reiches, ja des Abendlandes. Der Kreuzzugsgedanke überwölbte die gesamte christliche Ritterschaft und formte sie um zu einem Orden, der im Zeichen Christi und seines Kreuzes stand.

Dennoch lebte auch im Kreuzfahrerheer die Überzeugung, und der Kaiser äußerte sie selbst: »Sowohl für Gott als auch für die Ehre zu kämpfen.«[5]

So sangen die Sänger nicht nur von Gott, von der hohen Minne, sondern auch vom Kampf und um des Kampfes willen. Betran de Born, Vicomte d'Hautefort, bringt eine weltliche, kriegerische Poesie:

»Mich freut es, seh' ich weit und breit
Gezelt und Hütten angereiht:
Mich freut's, wenn auf den Feldern
Schon Mann und Roß zu nahem Streit
Gewappnet stehen und bereit.

Mich freut's, wenn die Plänkler nah'n
und furchtsam Mensch und Herde weicht,
Mich freut's, wenn sich auf ihrer Bahn
ein rauschend Heer von Kriegern zeigt,
es ist mir eine Augenweid',
wenn man ein festes Schloß bezwingt
Und wenn die Mauer kracht und springt.

Denn jeder gilt für einen Wicht
bevor er wacker kämpft und ficht.
Manch farb'ger Helm und Schwert und Speer
und Schilde schadhaft und zerhau'n,

und fechtend der Vasallen Heer
ist im Beginn der Schlacht zu schau'n.

Nicht solche Wonne flößt mir ein,
Schlaf, Speis und Trank
als wenn es schallt von beiden Seiten:
Drauf und hinein!

Und leerer Pferde Wiehern hallt
laut aus des Waldes Schatten,
und Hilferuf der Freunde weckt,
Und Groß und Klein schon dicht bedeckt
des Grabens dichte Matten.
Und mancher liegt dahingestreckt,
dem noch der Schaft im Busen steckt...«

(In der Übersetzung von F. Diez, 1829)

Die Lieder der französischen Troubadoure klangen über Burgund nach Deutschland hinein, vor allem in die staufischen Lande. Aber die große Überlieferung der ritterlichen Lyrik und der Ritterromane sagt nichts über Ursprung und Werden des Ritters.

Genauso wie der Ritter entzieht sich auch der Troubadour der sozialen Einordnung. Er kann Herzog sein wie Wilhelm X., der Großvater der Eleonore von Aquitanien, er kann Sohn eines Ofensetzers sein wie Bernat de Ventadour, der eben diese Eleonore in seinen Liedern feiert, er kann auch ein Kaiser sein wie Heinrich VI., dem zarteste Minnelyrik zugeschrieben wird. Wolfram von Eschenbach läßt seinen jungen Parsival einen älteren Ritter fragen: »Du nennst dich Ritter, was ist das?« Der Ältere antwortet nebulös, König Artus verleihe den Ritternamen dem, der von Ritters Art sei. Ist die Antwort auch unscharf, enthält sie dennoch die Aussage, daß man nicht als Ritter geboren wird, sondern daß dieser Titel verliehen, ja erworben wird.

Gepanzerte Reiter hatte es schon zu karolingischer Zeit gegeben, ohne daß man von Ritter und Rittertum gesprochen hatte. Die Franken hatten ihr Heer im Kampf gegen Awaren und Sarazenen zum Reiterheer entwickeln müssen, um gegen die berittenen Invasoren zu bestehen. Dies hatte zur Umformung der fränkisch-ger-

manischen Welt geführt. Nicht mehr der freie Stammesgenosse, im Kriege als Fußkämpfer, im Frieden als Bauer lebend, war das Rückgrat germanischer Heere, sondern der gepanzerte Reiter.
So wirkungsvoll die gepanzerte Reiterei war, so teuer war sie auch. Die Lex Ribuaria sagt uns, daß die Ausrüstung des Reiterkriegers mit Streitroß 45 Solidi kostete, was dem Wert einer Herde von 45 Kühen oder 15 Stuten entsprach. Eine Summe, die ein freier Bauer mit einem Hof von drei Hufen kaum aufbringen konnte. Schon Karl der Große erhöhte diese Norm auf vier Hufen, was auf Dauer auch nicht ausreichte. Man faßte die freien Bauern in Gestellungsgemeinschaften zusammen, die je einen Panzerreiter unterhalten mußten. Aber auch das konnte nicht genügen.
Im 12. und 13. Jahrhundert benötigte der Panzerreiter mindestens drei Pferde. Das Marschpferd, das Streitroß und ein Pferd oder Saumtier, das die immer schwerer werdende Rüstung einschließlich der Waffen trug. Zum Ritter gehörte der Knappe und ein weiterer Kriegsknecht, so daß wir es mit einer Formation von drei Personen und drei Pferden zu tun haben. Diese kleinste militärische Einheit nannte sich »Glewe« oder »Lanze«, nach der markantesten Angriffswaffe des Ritters.
All dies war für den germanischen Bauern eine nicht mehr zu leistende finanzielle Größenordnung.
So hatte sich das Lehnswesen entwickelt, das Feudalsystem. Max Weber definiert in Kürze so: »Der Zweck des Feudalsystems war die Schaffung von Reiterei durch Verleihung von Grundbesitz und Herrenrechten über Leute, die bereit waren, Vasallendienste zu übernehmen.«
Der Mann empfing Land zu Lehen, zur Leihe. Dafür hatte er seinem König oder jeweiligem Oberherrn bewaffneten Reiterdienst zu leisten. Je nach Größe und Erträgen der Lehen oder Benefizien, zum Beispiel bestimmter Rechte – Zoll-, Münz- oder Marktrecht –, mußte er einen oder mehrere Panzerreiter stellen. Dies konnte er erreichen, indem er sein Lehnsland unter andere aufteilte (Untervasallen) und von diesen Reiterdienst forderte. Es war ihm aber auch möglich, auf seine Diener, »Ministeriale«, zurückzugreifen, diese zu bewaffnen und zu Panzerreitern auszubilden. Das barg manchen Vorteil, denn der Lehnsherr hatte die Krieger, die in sei-

nem Hause lebten, immer zur Verfügung und unter Kontrolle. Auch konnten die unfreien Panzerreiter, am Herrenhof lebend, ihre Kampftüchtigkeit dauernd miteinander erproben. Versammelte man die Panzerreiter mehrerer Lehnsherren zur Kampfübung, so hatte man die Vorstufe späterer Turniere.
Auch aus unserer Zeit wissen wir, daß die wichtigste, am schwersten zu beherrschende Waffentechnik das höchste Ansehen genießt. Daraus entwickelt sich ein eigener, elitärer Korpsgeist. Diesen Prozeß sahen wir in den beiden letzten Weltkriegen bei den Jagdfliegern, heute bei den Astronauten. Gleichermaßen war es beim Panzerreiter des Mittelalters.
Wir dürfen folgern: Der Ritter ist die Weiterentwicklung des karolingischen Panzerreiters. Er konnte Adeliger ebenso wie unfreier Ministerialer sein. Rittertum beruhte auf Ausbildung und Leistung.
Der weitgespannte Bogen ritterlicher Ideenwelt wird bei dem Dichter Friedrich von Hausen sichtbar. Er wird uns als »Familiarius« und »Secretarius« des Kaisers vorgestellt, der den Kaiser auf seiner Heerfahrt ins Heilige Land begleitet und auf dem Kreuzzug Minnelieder dichtet.[6] In seinen Liedern bricht der Zwiespalt auf zwischen Liebe und Pflicht. Schließlich unterwirft er sich der Entscheidung Gottes:

»Es will mein Leib von meinem Herzen scheiden,
die friedlich doch vereint so lange Zeit.
Der Leib will gerne kämpfen mit den Heiden,
Vor aller Welt: Wie quält es mich so sehr,
Daß Herz und Leib sich nicht mehr folgen beide.
Viel taten meine Augen mir zu Leide,
Und nur entscheiden kann den Streit der Herr.«

Die Stellung des Dichters und Sängers im ritterlichen Heer erhellt ein Bericht des Chronisten: Als Friedrich von Hausen bei Philomenium in einem Gefecht mit den Türken im Mai 1190, einen Monat vor dem Tode seines Kaisers, fiel, wurde die Schlacht sofort abgebrochen und das Kriegsgeschrei in eine laute Klage verwandelt, als sei des Heeres bester Trost dahingeschwunden.[7]
Die beiden Hoffeste von 1184 und 1188 sind Hochfeste des Ritter-

tums und der sichtbare Eintritt einer neuen sozialen Klasse in Staat und Gesellschaft. Mit ihrer Förderung und Verbindung mit der Welt des Adels und mit der ritterlichen Gestaltung seines eigenen Lebens hat Friedrich ein Werk geschaffen und ein Beispiel gegeben, das in die Jahrhunderte strahlte und sein politisches Leben überdauerte.

Ritter und Troubadoure

»Daß sich Gelehrte bei der Frage an das mittelalterliche Rittertum unter anderem durch ihre zeitgenössischen Erfahrungen leiten lassen, ist nicht nur unvermeidlich, sondern fruchtbar; dadurch treten ständig neue Perspektiven zu den alten hinzu. Aber haltbare Antworten werden daraus erst, wenn man das eigene Vorverständnis immer wieder allen früheren und heutigen Widersachern aussetzt. Bis dahin werden wir Gelehrten jenen Artusrittern ähneln, die einsam und gepanzert den großen Märchenwald durchstreifen. Das Publikum hat hoffentlich auch daran seinen Spaß.«
Mit diesen Worten hat der Konstanzer Historiker Arno Borst das Dilemma der Forschung bloßgelegt.
Zwar haben Generationen von Knaben mit Ritterburgen gespielt, haben ihre Helden über niedergelassene Zugbrücken traben lassen, und doch wissen wir wenig über die Entstehung eines Phänomens, das der mittelalterlichen Welt Lebensinhalte und Ausdrucksformen, die bis in unsere Tage reichen, gegeben hat: das Rittertum.
Wir kennen ritterliches Denken und Handeln aus König Artus' Tafelrunde, deren Helden unerhörte Abenteuer bestanden. Der Artus-Hof wurde zum prägenden Bildnis ritterlichen Lebens. In Frankreich wurde der keltische Sagenstoff von Chrétien des Troyes, in Deutschland von Hartmann von Aue, Gottfried von Straßburg und Wolfram von Eschenbach aufgenommen.
Aus der Provence und aus Aquitanien erklangen die Lieder der Troubadoure zum Lobe der Frau, der hohen Minne, die sich im Begehren erfüllt und nicht in der niedrigen Minne, der Lust des Fleisches.

Weiterer Maßstab war ein hoher Ehrbegriff, der sich auf die gesamte Adelswelt übertrug. Der Geschichtsphilosoph Hippolyte Taine (1828–1893) sagt dazu:
»In den mittleren und unteren Schichten ist die wichtigste Triebfeder der Eigennutz. Bei einer Aristokratie ist der größte Motor der Stolz.
Doch unter allen tieferen Empfindungen des Menschen gibt es keine, die sich leichter in Redlichkeit, Gemeinsinn und Verantwortungsbewußtsein umwandeln ließe, denn ein stolzer Mensch bedarf der Achtung vor sich selbst.«

Die prägenden Kräfte

Alle prägenden Kräfte, die von außen auf das Werden des Ritters einwirkten, bedienten sich dieser Erkenntnis. Diese Kräfte waren: die Kirche – die Frauen – die Literatur.
Der Kirche war daran gelegen, diese wilden, grausamen Panzerreiter zu disziplinieren. Drei Kirchenmänner haben sich im Laufe des 12. Jahrhunderts vornehmlich damit befaßt: Bernhard von Clairvaux, Johannes von Salisbury und Stephan von Fougères.
Das »de laude novae militiae« des Bernhard von Clairvaux richtete sich an die geistlichen Ordensritter. An die »Armen Ritter vom Salomonischen Tempel«, die weiße Mäntel mit roten Kreuzen trugen, »Templer« genannt, und die »Brüder vom Hospital St. Johannis«, die schwarze Mäntel mit weißen Kreuzen trugen und »Johanniter« genannt wurden. In seinem Traktat »Vom Lobe der neuen Ritterschaft« setzte der heilige Abt von Clairvaux den Ordensrittern diese Ziele:
»Vor allem herrscht bei ihnen Zucht. Sie verachten den Gehorsam nicht. Auf Befehl des Obersten kommt man und geht man; man kleidet sich in das Gewand, das er gibt; man erwartet von keinem anderen als von ihm Kleidung und Nahrung ... Damit die himmlische Vollkommenheit erreicht wird, leben alle im gleichen Hause, ohne etwas eigenes zu besitzen ... Wenn sie nicht im Felde sind, wollen sie ihr Brot nicht essen, ohne es zu verdienen ... Niemals bleiben ein beleidigendes Wort, ein unnötiges Tun, ein unmäßiges

Lachen, ein noch so schwaches Murren ungestraft... Sie tragen die Haare kurz, denn sie wissen, daß es nach den Worten des Apostels schmachvoll ist für einen Mann, sein Haar zu pflegen. Sie kämmen sich nicht und baden selten. Daher sieht man sie vernachlässigt, struppig, schwarz vor Staub, ihre Haut ist sonnenverbrannt und fast so kupfern wie ihre Rüstung. Wenn aber die Stunde des Kampfes schlägt, panzern sie sich innerlich mit Glauben, äußerlich mit Eisen, nicht mit Vergoldungen.«

Hart stellt der große Abt das asketische Bildnis des Ordensritters gegen den prunkenden, weltlichen Ritter. Beiden aber gibt er die Rechtfertigung, das christliche Tötungsverbot zu durchbrechen.

Der heilige Bernhard interpretiert das so: »Um Christi willen den Tod erleiden oder geben ist nicht verbrecherisch, sondern verdient ungeheuren Ruhm... Natürlich sollte man die Heiden ebensowenig wie andere Menschen töten, wenn es ein anderes Mittel gäbe, ihren Einfällen zu begegnen und es ihnen zu wehren, daß sie die Gläubigen unterdrücken. Unter den gegenwärtigen Umständen aber ist es besser, sie umzubringen, als die Rute der Sünder über dem Haupt der Gerechten schweben und die Gerechten in der Gefahr zu lassen, daß auch sie Ungerechtes tun.«

Auf der Pyrenäenhalbinsel entstanden wenig später, getragen vom Geiste der Reconquista, die Ritterorden von »Evora«, von »Calatrava«, von »Santiago« und von »Alcantara«.[8]

Während Bernhards »de laude« sich ausschließlich an den Ordens-, sprich den Mönchsritter wendet, gehen die Forderungen des Johannes von Salisbury und des Stephan von Fougères an den weltlichen Ritter, der in einer festen Bindung zu Kirche und Altar steht.

Auf dem Altar wird das Schwert des Ritters geweiht, er leistet einen Eid und verpflichtet sich, die Kirche zu verteidigen, den Unglauben zu bekämpfen, die Geistlichkeit zu verehren, die Armen und Schwachen vor Unrecht zu bewahren, das Land zu befrieden, auf die Einhaltung des Gottesfriedens zu achten und notfalls für diese Ziele Blut und Leben hinzugeben. Für Johannes stand an erster Stelle der Dienst des Ritters für Christus und Kirche und an zweiter der Dienst für die Welt.

Stephan von Fougères sah dies nicht viel anders. Er hat jedoch eine Streitfrage aufgebracht mit seiner Behauptung, der Ritter müsse

als Freier geboren sein, und das hieß zu jener Zeit – als Mitglied der Adelsgesellschaft. Dadurch ist große Verwirrung gestiftet worden. Denn gerade aus den Reihen der Ministerialen rekrutierte sich ein großer Teil der Ritterschaft.
Wenden wir uns der zweiten Formungskraft des Ritterideals zu: den Frauen.
Sidney Painter nennt die Motivation der Frau, das Ritterbild zu formen und zu veredeln, mit zwingender Kürze: »Sie mußte mit ihm leben.«[9]
Ja, sie, die Frau, mußte mit ihm leben, mit diesem Ritter, diesem eisenbewehrten Schlagtot, für den die Frau fast nur ein Ding war, das kämpferische Söhne gebären, eine reiche Mitgift einbringen und die Lust des Mannes zu befriedigen hatte. Da auch die Kirche in der Ehe das kleinere Übel sah, die grobe Unzucht zu vermeiden, konnte die Stellung der Frau nicht angesehen sein.
War die Erfindung der höfischen Liebe ein Ausweg der Frau zur Verbesserung ihrer Lebensverhältnisse, so griffen die Troubadoure diese Idee auf und formten sie im Lied. Oder vollzog sich dieser Prozeß umgekehrt? Waren es die Troubadoure, die zuerst das Lied der hohen Minne sangen, und erkannten die Frauen nun ihre Chance, in diesem neuen Klima ihre Stellung in dieser waffenklirrenden, rücksichtslosen Männergesellschaft zu verbessern? Wir wissen es nicht.
Südlich der Pyrenäen stand die sarazenische Dichtkunst in hoher Blüte. Über das südwestliche Frankreich drang das hohe Lied zum Lob der Frau über Burgund nach Deutschland und wurde aufgenommen.
Die Frau, eben noch ein Zweckmittel zur Zeugung, Arbeit und Lustbefriedigung, wurde zur »Domina«, zur »Herrin«. Nicht die Erfüllung der Lust war der Sinn der hohen Minne, sondern ein Begehren, das sich nicht erfüllen wollte. Der Weg zur Liebe war wichtiger als das Ziel. Zwar kämpfte der Ritter um Ruhm und Ehre, aber nicht um seinetwillen, sondern um der Herrin zu dienen. Wenn er die Schwachen beschützte, das Böse bekämpfte, Abenteuer und Ehre suchte, so legte er den Ruhm, den er errang, der Herrin zu Füßen. Im Turnier trug er die Farben der hohen Frau; unter ihren Augen zu siegen war sein Glück. Dem Ritter der höfischen Liebe ha-

ben die Frauen die Inspiration gegeben und die Troubadoure Maß und Poesie ihrer Lieder.

In Blaye, in der Girondemündung, stehen die Reste einer mittelalterlichen Burg. Dort lebte, für die Zeit von 1125 bis 1148 bezeugt, der Ritter von Blaye. Er war der Troubadour, der die hohe Minne der Nichterfüllung auf einen heute nicht mehr vorstellbaren Gipfel trieb. Tag und Nacht saß er auf seiner Bergfeste, schaute über die strömenden Wasser der Gironde in die Richtung, in der er seine Angebetete, eine Gräfin von Tripolis, vermutete. Jahr um Jahr blickte er in die Ferne und schuf in seinen Träumen das Bildnis der geliebten, nie gesehenen Frau. Als er seinen Tod nahen fühlte, bestieg er ein Schiff, das ihn einmal, ein einziges Mal, zum Zielpunkt seines Lebens bringen sollte. In Tripolis angekommen, nahm er Herberge und ließ die Gräfin von seiner Ankunft unterrichten. Diese eilte herbei, aber nur, um einen Sterbenden in die Arme zu schließen. Die Gräfin, erschüttert über die Tiefe und Reinheit dieser Liebe, nahm den Schleier.

Gleichzeitig mit der Entdeckung der Frau begann, getragen von der neuen Einstellung zum weiblichen Mitmenschen, die Marienverehrung. Zu den männlichen Gottheiten, Gottvater, Gottsohn und Gott-Heiliger-Geist, trat die Jungfrau Maria. Zwar nicht als Göttin, aber doch als Himmelskönigin. Ihr leidenschaftlichster Sänger wurde der heilige Bernhard von Clairvaux.[10]

In heiliger Verzückung erlebte er eine Marienerscheinung mit einer »Lactatio« (Milchspende). In der Marienverehrung erhielt die Kirche die ersehnte weibliche Komponente. Wie in der hohen Minne ist die Marienverehrung nicht auf Erfüllung, sondern auf Hingabe angelegt. Die Kirche, die ja für den Priester die Braut ist, erhielt in der heiligen Jungfrau ein begriffliches Identifikationsbild.

Aber da gab es ja noch einen anderen Ritter als den waffenführenden Mönch der Ritterorden, als den romantischen Ritter, geboren aus den Liedern der Troubadoure und den Träumen der Frauen: den weltlichen Ritter, sei er adelig oder aus dem Stande der Ministerialen, den Mann, der die Pflichten des Tages erfüllte, der zum Heerzug antrat und den Zielen seines Königs und Kaisers diente.

Dieser Ritter trat als Page mit sieben Jahren in den Dienst eines

Herrn. Mit 14 wurde er Knappe. Er trug die Waffen seines ritterlichen Herrn und nahm auch schon an Gefechten teil. Hatte er das 18., in anderen Fällen das 21. Lebensjahr erreicht, wurde er zum Ritter geschlagen. Das geschah durch einen Backenstreich oder durch einen Schlag mit der Breite des Schwertes auf die Schulter. Diese Zeremonie konnte durch den Ritter, der den Jüngeren ausgebildet hatte, durch einen Fürsten oder durch den König vollzogen werden. Es gab die einfache weltliche Ordination, aber auch die kirchliche Zeremonie. Anschließend wurden Feste gefeiert und Turniere abgehalten. All dies war sehr teuer. So war der Ritterschlag auf dem Schlachtfeld die beliebteste Form der Einsetzung in die Ritterschaft, weil sie auch die preiswerteste war.

Priester, Sänger und Frauen hatten das Rittertum veredelt und vergeistigt, so daß daraus eine ethische Gemeinschaft erwuchs. Deren Ziele waren so hochgesteckt, daß Grafen, Fürsten und Könige Ritterschaft zu erwerben suchten.

Das Rittertum ist neuen Waffengattungen erlegen. Doch einige Tugenden dieser Epoche haben sich bis in unsere Tage erhalten. Höflichkeit – »Cortesia« auf italienisch, »Courtoisie« auf französisch –, das ist die Lebensform, die man am Hofe, am »Court«, lebte. Edelmut, Großzügigkeit, Beschützen der Armen und Schwachen sind Tugenden, die sich bis in unsere Tage, zumindest als Wertvorstellungen, erhalten haben.

Die Motivation des geistlichen Ritters war die Verteidigung des Glaubens, eine »Imitatio« Christi mit dem Schwerte. Die des romantischen Ritters war die hohe Minne und der Wille, Ruhm zu erwerben zur Ehre der holden Herrin.

Der weltliche Ritter? Auch er verteidigte den Glauben, auch er träumte von Minne, aber nicht ausschließlich. Für ihn sind Ehre, Stolz und Dienst die großen Antriebsaggregate, und die Treue zum Herrn. Er ist ein zuverlässiger Soldat, ein Meister des Kriegshandwerks. Aus der Summe ritterlicher Tugenden entwickelte er einen Ehrenkodex, aus dem sich später die Kriegskonventionen herausbilden.

In der Übersteigerung seiner Tugenden wird der Ritter zum Narren seiner Ehre. Man braucht nicht die liebenswerte Gestalt eines Don Quijote zu bemühen, die Miguel de Cervantes mit satirischer

Feder gezeichnet hat. Das reale Leben der Ritterschaft gibt genügend belegte Beispiele. König Johann von Böhmen (1310–1346) ließ es sich nicht nehmen, als Verbündeter des französischen Königs an der Schlacht von Crecy (1346) gegen die Engländer persönlich teilzunehmen. Obwohl seit Jahren erblindet, befahl ihm seine Ritterehre, den Waffengang nicht zu versäumen, bei dem der blinde König auch prompt erschlagen wurde. In dieser unerbittlichen Ritterschlacht fielen, ihrer Ehre verpflichtet, elf Fürsten, 80 Barone und 1200 Ritter. König Johann der Gute von Frankreich (1350–1364) verlor die Schlacht von Poitiers (1356), weil er sich weigerte, die Überlegenheit seines Heeres zu nutzen, und auf Einhaltung ritterlicher Regeln bestand.

Der Krieg, ein großes Turnier, ein schimmerndes Waffenfest?

Zum Rittertum gehört die Nichtanerkennung, die Überwindung der Realität. Ritterschaft ist die Utopie einer Welt, die nie sein wird, die man aber dennoch unablässig anstrebt. Die Idee eines sich immer wieder überwindenden, über sich selbst hinauswachsenden Menschen wird gestützt von den Säulen des Glaubens, der Ehre, der Treue und der Zucht. Wenn bei Murten (1476) Chateau Guyon, Feldherr Karls des Kühnen, die Ritter des schon geschlagenen und fliehenden Heeres um sich scharte, wenn inmitten des Chaos einer verlorenen Schlacht sich der Adel Burgunds schweigend nach Ländern und Geschlechterverbänden formierte und sich dann mit dem Schlachtruf »Ritterschaft« in die Spieße der Schweizer Carrés stürzte, dann manifestiert sich hier die Überwindung der Realität.

Zugegeben, die Beispiele sind aus dem Sommer und dem Herbst des Rittertums. In ihnen lebte nicht die kraftvolle Frische des Frühlings wie im Fest »Ohnegleichen« von 1184 oder dem Hoftag »Jesu Christi« von 1188 zu Mainz.

Die ausführliche Darstellung der Idee der Ritterschaft geschah, weil dies wohl das exemplarischste soziologische Phänomen der Stauferzeit ist:

Die Geburt einer neuen Klasse.

Wie sehr sich diese Klasse in der Ideenwelt ihrer Zeit etablierte, zeigt eine Untersuchung von Joachim Bumke. Das Wort Ritter findet sich in allen von ihm untersuchten Dichtungen bis zur Mitte des 12. Jahrhunderts nur 28mal. Bis zum Jahre 1180 begegnet uns der Ritter schon in 150 Erwähnungen, und bis zum Jahre 1250 – also der Stauferzeit – findet Bumke den Ritterbegriff rund 6000 Mal in der Literatur der Zeit.[11]

Der Ritter – seine Rüstung und seine Waffen

Der wichtigste materielle Gegenstand, der zur Ausbildung des Rittertums führte, ist klein und scheinbar unbedeutend. Seine Wichtigkeit demonstriert sich an der Gedenksäule des Marc Aurel (161–180), dem Reiterstandbild des Kaisers auf dem Kapitol in Rom. Grüßend hat der Herrscher die Hand erhoben, seine Beine und Füße aber baumeln ohne Halt ins Bodenlose. Dem kaiserlichen Reiter fehlen zum festen Sitz, zum Halt der Füße, die Steigbügel.

Der Steigbügel, eine Erfindung sarmatischer Reitervölker, wurde in Zusammenarbeit von Schmied und Sattler hergestellt. Er erst gab dem Reiter auf dem schwankenden Pferderücken den Halt, den Feind mit in die Schulter eingelegter Lanze durch einen gezielten Stoß aus dem Sattel zu werfen. Der Steigbügel ermöglichte erst den sinnvollen Gebrauch der Sporen, die ohne den durch den Steigbügel gehaltenen Fuß gar nicht hätten verwendet werden können. Die Entwicklung des Steigbügels gab dem Reiter die Möglichkeit, den sicheren Sitz zu finden, um Stoß-, Schlag-, Stich- oder Hiebwaffen einzusetzen.

Besuchen wir alte Burgen oder Schlösser, so wird uns ein falsches Bild vom mittelalterlichen Ritter vermittelt. Da stehen auf hölzernen Stativen gravitätisch die Rüstungen alter Rittersleute. Eiserne Topfhelme mit spitzem Visier und Halsberge, schwere geschmiedete Stückpanzer, aus dem sich später der Küraß entwickelte, Hals- und Beinschienen, dazu eiserne Schuhe. Alles zusammen verwandelte den Menschen in eine eiserne Festung.

Nein, so sah der Ritter des 11., 12. und 13. Jahrhunderts nicht aus. Erst im 14. und 15. Jahrhundert steckte man den Krieger in solch eiserne Konservendosen, und da ging dann auch die Ritterzeit schon ihrem Ende entgegen. Dazu trug sicher auch diese Überrüstung bei, die den Ritter zu Unbeweglichkeit verdammte, so daß er, vom

Pferd gerissen, unbeweglich war und jämmerlich erschlagen werden konnte.

Der Ritter der Stauferzeit, also der Ritter des 12. und 13. Jahrhunderts, trug einen Topfhelm mit Nasen- und Halsschutz, darunter eine lederne Haube oder einen Eisenhut, dann ein Kettenpanzerhemd und zum Schutz der Haut ein Filz- oder Lederkleid, dazu auf der Brust vielleicht einen eisernen Plattenschutz, Handschuhe aus Kettengeflecht und Bein- und Armschienen aus Leder. Zum weiteren Schutz kam ein kleiner, dreieckiger Schild, meist aus Holz mit Lederüberzug.

Die klassischen Waffen des Ritters waren die drei Meter lange Lanze als Stoß- und Stichwaffe, das Schwert als Schlag-, Hieb- und ebenfalls Stichwaffe und die Keule in den verschiedensten Varianten, als einfache Schlagkeule, Morgenstern oder Streitaxt.

Diesen mit Topfhelm, Schuppen- oder Kettenpanzerhemd geschützten Kämpfer finden wir denn auch in den zeitgenössischen Abbildungen, sei es im Teppich von Bayeux oder in den Miniaturen der Heidelberger Liederhandschrift.

Dies sind die Ritterdarstellungen, die der Wirklichkeit der Stauferzeit entsprechen.

Der sechste Italienzug

Am 11. September 1184 trat der Kaiser, der im Raume Regensburg sein Gefolge versammelt hatte, zum sechsten Italienzug an. Der große Wandel drückt sich darin aus, daß er es wagen konnte, ohne Heer nach Italien zu ziehen. In Mailand, das er so hart und bis zum Äußersten bekämpft hatte, wurde ein feierlicher Reichstag abgehalten. Das kaisertreue Cremona empfing ihn mit Jubel. Am 12. Oktober traf der Kaiser in Verona ein, von Papst Lucius III. seit langem erwartet.

Zunächst einigten sich Kaiser und Papst nach guter diplomatischer Manier über die Probleme, bei denen sowieso Einmütigkeit herrschte. So wurde auf den 4. November 1184 eine Synode in den Dom von Verona einberufen. Der Papst verkündete ein Dekret gegen die Ketzer. Katharer, Waldenser, Apostoliker wurden nicht nur mit dem Kirchenbann bedroht, sondern die Kirchenoberen aufgerufen, mindestens einmal im Jahr die Wohnungen der Verdächtigen nach Anzeichen eventueller Häresie zu untersuchen. Dies war wohl ein erster Schritt in Richtung Inquisition. Zur Bekräftigung reckte der Kaiser seine Hand in alle vier Himmelsrichtungen und warf seinen Handschuh zu Boden.

In Verona erschien der Patriarch Heraklius von Jerusalem. In seiner Begleitung waren der Meister des Tempels, Arnold von Toroge, und der des Spitals, Roger von Moulins.[1] In bewegenden Worten klagten sie und baten um Hilfe für die bedrängte Christenheit im Orient. Der Erzbischof von Ravenna hielt im Dom von Verona eine flammende Predigt im Beisein von Kaiser und Papst. Kam es auch nicht zu konkreten Beschlüssen, so war man sich doch einig, den Christen im Morgenland Beistand zu leisten. Der Kaiser erklärte sich bereit, nach seiner Rückkehr mit den deutschen Fürsten über einen Kreuzzug zu verhandeln.

Noch in einer anderen Angelegenheit zeigte der Kaiser Verhandlungsbereitschaft. Eine englische Gesandtschaft war im Auftrage König Heinrichs II. von England erschienen, die den Papst um

Vermittlung anrief, um eine Heimkehr Heinrichs des Löwen aus der Verbannung zu bewirken. Wahrscheinlich war diese Gesandtschaft auf Anraten des Erzbischofs Philipp von Köln zustande gekommen, der kurz vorher als Gesandter des Kaisers in England gewesen war. Freundlich nahm der Kaiser die Vermittlung des Papstes an und gestattete Heinrich dem Löwen die Rückkehr. Ende September 1185 kam der Sachsenherzog nach Deutschland zurück und nahm in Braunschweig Aufenthalt. Eine hochherzige Haltung des Kaisers gegenüber dem Vetter, der seine Machtträume noch immer nicht ausgeträumt hatte.[2]

Damit schienen die Gemeinsamkeiten zwischen Kaiser und Papst aufgebraucht.

Da ging es um die Lage der Priester, die in der Zeit der Kirchenspaltung von schismatischen Bischöfen die Weihe erhalten hatten, was vor allem den deutschen Klerus betraf. Ausdrücklich war im Frieden von Venedig festgelegt worden, daß sie alle in Würde und Amt bestätigt werden sollten. Im Gegensatz dazu hatte das dritte Laterankonzil des Jahres 1179 befunden, daß alle Weihen ungültig seien, die von schismatischen Päpsten oder Bischöfen erteilt worden waren. Im Grunde ein Bruch des Friedens von Venedig, und das zu einer Zeit, da sich der Papst nur durch Hilfe kaiserlicher Waffen in Rom und Italien halten konnte. Lucius aber wollte keine generelle Behandlung dieser für viele Menschen so wichtigen Frage, erklärte sich aber bereit, nach schriftlicher Vorlage von Fall zu Fall zu entscheiden.[3] Aber schon am nächsten Tage wechselte er die Meinung und stellte die Behauptung auf, im Frieden von Venedig hätten nur die Erzbischöfe Philipp von Köln und Christian von Mainz Dispens erhalten, für die übrigen Kleriker müsse ein Konzil entscheiden.

Auch in der Frage des Trierer Erzstuhles stellte sich der Papst plötzlich gegen die kaiserlichen Vorstellungen. Am 25. Mai 1183 war Erzbischof Arnulf von Trier gestorben. Die Domherren und Prälaten wählten als Nachfolger Rudolf von Wied. Doch der ehrgeizige Archidiakon Folmar hatte mit Hilfe der niederen Geistlichkeit und des Volkes nach der Wahl Rudolfs den erzbischöflichen Stuhl okkupiert. Die Wähler Rudolfs, unter ihnen des Kaisers Bruder Konrad, riefen den Kaiser um Entscheidung an. Auf dem Kon-

stanzer Reichstag von 1183 prüfte dieser den Fall und investierte den gewählten Rudolf von Wied. Nun verlangte der Kaiser hier in Verona die Zustimmung des Papstes zu Rudolf. Doch dieser versagte sich und arbeitete auf Zeitgewinn.
Am tiefsten aber war der Kaiser darüber betroffen, daß der Papst den Wunsch, seinen Sohn Heinrich zum Mitkaiser zu krönen, nicht erfüllte. Der Papst zog sich hinter die Schutzbehauptung zurück, es könne nicht gleichzeitig zwei Kaiser geben. Dabei bot die Geschichte gegenteilige Beispiele mit Ludwig dem Frommen (813), Lothar I. (823), Lambert von Spoleto (892) und Otto II. (867) als Mitkaiser ihrer Väter.
Möglich ist, daß hinter der Ablehnung des Papstes die Sorge deutscher Fürsten steckte, es könne sich so ein Erbkaisertum einschleichen.
Aber wahrscheinlich war eine andere Wunde aufgebrochen, die in den Beziehungen zwischen Kaiser und Papst seit Jahrhunderten eine wichtige Rolle spielte: die Umklammerung des Kirchenstaates. Auf einem Hoftag zu Augsburg, am 29. Oktober 1184, hatten König Heinrich VI. und die Gesandten des König Wilhelms von Sizilien die Ehe mit Konstanze, der Tante des sizilianischen Königs, beschworen. Zwar war Prinzessin Konstanze elf Jahre älter als Heinrich VI., aber sie stand, falls König Wilhelm II., ihr Neffe, und seine Frau kinderlos starben, in direkter Thronfolge. Wilhelm II. war ein Mann von 30 Jahren und seine Gattin erst 19 Jahre alt, eine Thronfolge der Konstanze war also eher unwahrscheinlich.
Doch da brach sie wieder hervor, die uralte Angst der Päpste, zwischen einer Nord- und Südfront aufgerieben zu werden. Die Angst, die Papst Stephan III. (752–757) die Franken nach Italien hatte rufen lassen, um der langobardischen Umklammerung von Norden und Süden entgegenzutreten. Deutsche Herrschaft in Süditalien und Sizilien, dazu deutsche Vorherrschaft in der Lombardei und in Mittelitalien, das war eine Zwangsvorstellung, die selbst einen so friedliebenden Papst wie Lucius III. verstören mußte.
Dazu kam, daß das Heiratsgut der sizilianisch-normannischen Konstanze die Stellung von Kaiser und König ungemein verstärkte.

Bei der Betrachtung dieser grundsätzlichen geopolitischen Kontroverse verblassen die scharfsinnigen Gedankenkonstruktionen von Johannes Haller, der die staufisch-normannische Ehe als eine Stiftung Papst Lucius' III. ansieht.[4]

Ein verängstigter Papst – ein verärgerter Kaiser, sie konnten in keinem der gegensätzlichen Punkte einen Ausgleich erzielen. Auch die Fragen der Mathildischen Güter und der Grafschaft Bertinoro blieben ungelöst, allerdings befanden sie sich in kaiserlicher Hand.

Barbarossa verließ Verona. Er zog durch Oberitalien, um Recht zu sprechen und Klerus, Adel, aber auch die Städte an sich zu binden.

In dieser Zeit wird ihn wohl die Nachricht ereilt haben, daß seine Frau, die Kaiserin Beatrix, in der Kaiserpfalz Gelnhausen im Alter von 38 Jahren gestorben war. Sie hatte ihm fünf Söhne und zwei Töchter geschenkt. Jenseits von Fürstenlob und höfischer Schmeichelei darf man diese Ehe »glücklich« nennen. Immer stand die Kaiserin an der Seite ihres Mannes. In Waffen am Cisapaß und als treue Gefährtin in der schweren Stunde von Chiavenna. Sie war mit ihm in seine Feldzüge gezogen und war in Wahrheit »Genossin seiner Macht«, wie es in einer alten Kaiserurkunde heißt. Sie war die Frau, die den staufischen Hof mit dem Flair ihrer Schönheit, ihrer Bildung und mit burgundischem Glanz erhöhte.

Der Kaiser feierte Weihnachten in Brescia. Dann stellte er die oberitalienische Welt auf den Kopf. Er zeigte den staunenden Zeitgenossen den weiten Fächer seiner diplomatischen Möglichkeiten. Am 11. Februar 1185 schloß Friedrich, auch im Namen seines Sohnes König Heinrich, ein Schutz- und Trutzbündnis mit Mailand. Dieses Bündnis war wohl bei seinem Besuch im Herbst 1184 vorbereitet worden. Der Kaiser überließ Mailand den Besitz der Regalien für die Stadt und das gesamte Erzbistum. Dafür zahlte Mailand 300 Pfund in kaiserlicher Münze und versprach, ihm bei der Wiedererlangung seiner italienischen Güter Hilfe zu geben und ihn gegen alle Städte zu stützen, die den Frieden von Konstanz brächen.

Der Frieden und das Bündnis mit Mailand führten fast automatisch zu einer Entfremdung mit dem einstmals so kaisertreuen Cremona. Denn dessen Reichstreue hatte sich ja wesentlich auf die

Gegnerschaft zu Mailand, dem Erzrivalen in Oberitalien, begründet. Als gar der Kaiser im Mai 1185 die Genehmigung gab, das durch Cremona zerstörte, im Bündnis mit Mailand stehende Crema wiederaufzubauen, trat die neue Gegnerschaft offen zutage. In Lodi griffen die Cremonesen eine Delegation aus Crema vor des Kaisers Augen mit den Schwertern an und machten das offensichtlich, was bislang unterschwellig das Verhältnis zwischen Cremona und dem Kaiser vergiftet hatte.

Es war der Frieden mit Mailand, der Cremona von der Seite des Kaisers trieb. Aber auch beim Kaiser zeigte sich lange verborgener Groll. War nicht auch Cremona in der Stunde höchster Gefahr dem Lombardischen Bund beigetreten? Hatte es nicht den Wiederaufbau von Mailand betrieben, Lodi und Parma zum Abfall bewogen und die Gründung Alessandrias mitgetragen und sogar kaiserliche Besitzungen aus den Mathildischen Gütern an sich gerissen? Und ist es nicht leichter, die Gegnerschaft seiner Feinde zu ertragen als Wankelmut und Verrat seiner Freunde? All das brach auf, als jetzt der Kaiser im Juli 1185 über Cremona die Reichsacht und ein Bußgeld von 300000 Mark verhängte.

Ein Jahr später, im Mai 1186, vollstreckte er das Urteil der Reichsacht, und es dünkt wie ein Wunder, wenn der Kaiser an der Spitze eines Heeres, gebildet aus den Truppen von Mailand, Crema, Piacenza und Alessandria, Cremona zur Unterwerfung zwang. Am 8. Juni 1186 kapitulierte die Stadt, schwor Mailand, Piacenza, Crema und Alessandria den Frieden, leistete dem Kaiser und seinem Sohne König Heinrich den Treueid und zahlte hohe Bußen an die kaiserliche Kasse.

Am 25. November 1185 starb Papst Lucius III. in Verona. Sicher war er ein auf Frieden bedachter Mann gewesen. Allein die Stärke der kaiserlichen Stellung hatte ihn in Zwiespalt und Ablehnung getrieben.

Was Friedrichs Schwert nicht vermocht hatte, war seiner Diplomatie gelungen: Der Papst war isoliert. Alle Verbündeten des Papsttums, die im Jahre 1168 den Kaiser als Flüchtling über die Alpen getrieben hatten, standen heute auf seiner Seite. Der Lombardenbund, an der Spitze das mächtige Mailand, einst Kernstück päpstlicher Koalitionen gegen den Kaiser, und König Wilhelm von Sizi-

lien, der nach dem Tode Kaiser Manuels von Byzanz wieder eine aggressive Politik gegen Ostrom führte und, gestützt auf ein staufisch-normannisches Ehebündnis, Rückendeckung beim Kaiser suchte, der Ober- und Mittelitalien jetzt fest in der Hand hielt.[5]
Papst Lucius III. als alter, kranker Mann hatte sich dieser Machtentfaltung nicht widersetzen können. Er muß den Tod als Erlösung aus dem Zwiespalt seiner Situation empfunden haben.
Das Kardinalskollegium handelte schnell. Noch an Lucius' Todestag wurde sein Nachfolger, Erzbischof Humbert von Mailand, als Papst Urban III. einstimmig gewählt. Er war eindeutig ein kaiserfeindlicher Mann, dessen Familie bei den Kämpfen und der Zerstörung Mailands schweren Schaden genommen hatte. Er versicherte am Anfang seines Pontifikats dem Kaiser, daß er sich in der Trierer Frage gegen Folmar und für den kaiserlichen Kandidaten Rudolf entscheiden würde. Er sollte sein Wort brechen.

Die Mailänder Hochzeit

Die Hochzeit des Kaisersohnes mit der sizilianischen Konstanze in Mailand im Januar des Jahres 1186 ist der Auftakt der sichtbaren Entfremdung zwischen Kaiser und Papst.
Viele deutsche Fürsten und Prälaten, aber auch weltliche und geistliche Größen aus Italien waren nach Mailand gekommen, die staufisch-normannische Hochzeit zu feiern. Der Dom des heiligen Ambrosius war festlich geschmückt, und die Stadt hatte eigens eine Festhalle errichtet.
Man begann mit einer Festkrönung. Der Erzbischof von Vienne und Kanzler von Burgund krönte den Kaiser, der Patriarch von Aquileja König Heinrich und der Erzbischof von Mainz die Königin Konstanze. So waren durch diese Erzbischöfe alle Reichsteile, Deutschland, Italien und Burgund, symbolhaft zu einer Einheit zusammengefügt.
Die Historiker streiten darüber, ob durch die Festkrönung König Heinrich zum König von Italien erhoben wurde, ebenso darüber, ob Heinrich Mitkaiser wurde. Das ist aber nicht wesentlich. Der Kaiser hatte durch diese Festkrönung den Sohn an sich gezogen

und der Welt seinen Nachfolger vorgestellt. Viel wichtiger war das ungebrochene Verhältnis zwischen Vater und Sohn. Der Sohn sah sich als Vollstrecker des gemeinsamen Herrscherwillens unter der fördernden Hand des Vaters.

Außer der ungeheuren Summe von 40 000 Mark, die bereits gezahlt waren, wurde jetzt der Brautschatz der Konstanze auf 150 Maultieren nach Deutschland gebracht.

Papst Urban, bei der Hochzeit noch Erzbischof von Mailand, nahm an dem Festgeschehen nicht teil. Sei es, daß er nicht teilnehmen wollte, sei es, daß er sich beiseitegeschoben fühlte. Er reagierte auf das Ereignis, indem er die lombardischen Städte aufforderte, nicht an des Kaisers Straffeldzug gegen Cremona teilzunehmen. Aber die Städte ignorierten die päpstliche Aufforderung und standen zum Kaiser. Die Zeiten hatten sich entschieden geändert.

Dann griff der Papst zu einer listigen und, wie er annehmen durfte, scharfen Waffe. Er versuchte die deutschen Bischöfe vom Kaiser zu trennen, indem er dem Kaiser das Regalien- und Spolienrecht bestritt. Dieses Gewohnheitsrecht, das ebenso in Frankreich wie in England in Geltung war, ermächtigte den König, die Einkünfte aus den Bistümern, beim Tode eines Bischofs bis zur Neubesetzung, für sich einzuziehen. Das gleiche galt für die Spolien, das heißt für die beweglichen Güter des verstorbenen Prälaten.

Das Regalien- und Spolienrecht bedeutete für den König und Kaiser eine wichtige Einnahme, für die Bischöfe aber eine Last. Die deutschen Bischöfe mußten aus ihrem Eigeninteresse heraus die Aufhebung dieser Rechte begrüßen. Aber auch hier kam es anders. Die deutschen Bischöfe stellten sich hinter ihren König und Kaiser.

Der Papst griff zur nächsten Maßnahme. Er suspendierte die Bischöfe, die sich an der Mailänder Krönung beteiligt hatten. Auch diese Waffe blieb stumpf.

Jetzt brach Papst Urban das dem Kaiser gegebene Wort – oder war es ein Eid? Obwohl Rudolf von Wied vom Kaiser bereits mit den Regalien investiert worden war, entschied der Papst sich jetzt für Folmar und konsekrierte ihn am 1. Juni 1186 zum Erzbischof von Trier.

Der Kaiser sah darin die Kriegserklärung des Papstes an das Reich.

Er gab seinem Sohn den Befehl, den Kirchenstaat zu besetzen. Außerdem umstellte König Heinrich Verona, so daß der Papst zwar kein Gefangener, doch in seiner Bewegungsfreiheit behindert war.

Friedrich übertrug seinem Sohne alle Regierungsvollmachten für Italien und zog im Juli 1186 über Varese, Bellinzona, Biasca und den Lukmanierpaß über die Alpen.

Dieser sechste Italienzug war von allen der erfolgreichste. Mit den lombardischen Städten, an der Spitze Mailand, war man im Bunde, Cremona war besiegt und wieder in die Gefolgschaft gezwungen, Ober-, Mittelitalien und den Kirchenstaat hatte Friedrich in der Hand, mit dem normannischen Sizilien war er verschwägert, und Byzanz war eliminiert – der Kaiser konnte zufrieden sein.

Dafür war in Deutschland wieder ein Unruheherd aufgebrochen.

Die letzen Jahre

Verletzungen

Auf dem Fest »Ohnegleichen«, dem Hoftag zu Mainz des Jahres 1184, war eine Wunde menschlicher Eitelkeit aufgebrochen. Abt Konrad II. von Fulda hatte sich beim Kaiser beschwert, daß auf seinem Platz zur Linken des Kaisers sich Erzbischof Philipp von Köln niedergelassen hatte. Tatsächlich gebührte dem Abt von alters her dieser Ehrenplatz. Der Kaiser hatte daraufhin den Erzbischof gebeten, dem Abt den Platz an seiner Linken zu überlassen. Der Erzbischof hatte sich sofort erhoben, aber nicht nur um den begehrten Platz, sondern um mit seinen kölnischen Rittern und Vasallen das Fest zu verlassen. Der Erzbischof von Köln und Herzog von Westfalen war schwer gekränkt gewesen. Er hatte auf seine unbezweifelbaren Verdienste um Kaiser und Reich verwiesen.
König Heinrich hatte die Lage entschärft, indem er dem Erzbischof nachgelaufen und um den Hals gefallen ist. Er und der Kaiser hatten dem gekränkten Prälaten versichert, daß es nie ihre Absicht gewesen wäre, ihn zu kränken oder zu verletzen. Abt Konrad hatte nachgeben müssen und der Erzbischof von Köln den Platz zur Linken des Kaisers bekommen.
Doch hinter verletzter Eitelkeit und menschlicher Schwäche verbarg sich mehr. Fühlte sich vormals Rainald von Dassel als Kanzler, Schwertarm und Beamter des Kaisers, so lebte Erzbischof Philipp in dem Gefühl, mächtigster Territorialfürst des Reiches zu sein. Und diesem Territorialfürsten mißfielen Dinge und Entwicklungen an der Westgrenze des Reiches.
Der Kaiser hatte beschlossen, aus den Grafschaften Hennegau, Namur, La Roche und Luxemburg eine Markgrafschaft unter Führung des Grafen Balduin V. von Hennegau zu bilden. Hatte er damit ein Gegengewicht gegen den übermächtigen Erzbischof von Köln und Herzog von Westfalen oder gegenüber Frankreich

eine Machtkonzentration an der Westgrenze des Reiches schaffen wollen? Wahrscheinlich schloß das eine das andere nicht aus.
Der empfindliche Kölner Erzbischof aber hatte Anstoß an der sich neu bildenden Macht im Westen genommen. Zum Ausgleich hatte der Kaiser den Erzbischof an den englischen Hof gesandt, wo über eine Heirat Richard Löwenherz' mit einer Kaisertochter verhandelt werden sollte. Ein höchst ehrenvoller Auftrag.
Der Erzbischof war in London wie ein Herrscher empfangen und geehrt worden. Sicher war dort ein Kontakt mit dem damals noch verbannten Heinrich dem Löwen zustande gekommen. War dort, im Gespräch mit dem gestürzten Löwen, die Kluft zwischen Philipp von Köln und dem Kaiser vergrößert worden? Wir wissen nur, daß auf Anraten des Erzbischofs eine englische Delegation an Papst Lucius in Verona herangetreten ist mit der Bitte, der Papst möge beim Kaiser die Heimkehr des Löwen bewirken.
Im Streit um den Trierer Erzstuhl sehen wir nun staunend, wie der Erzbischof, einmal des Kaisers treuester Mann im Kampf gegen Papst Alexander, sich dem neuen Papst zuneigte und sich mit dem kaiserfeindlichen Erzbischof Folmar verbündete.
Ende November 1186 berief der Kaiser einen Reichstag in seine Pfalz Gelnhausen. Ziel war es, der päpstlichen Politik – dem Versuch, Kaiser und Episkopat zu trennen – entgegenzutreten, aber auch die Machenschaften Philipps von Köln offenzulegen. So kam denn eine hochkarätige Versammlung von Kirchenfürsten zusammen. Wir sehen fünf von den sechs deutschen Metropoliten, die Erzbischöfe von Mainz, Köln, Bremen, Magdeburg und Salzburg, dazu die Bischöfe von Würzburg, Verden, Regensburg, Passau, Brixen, Freising, Gurk, Hildesheim, Meißen, Lübeck, Merseburg, Münster und Naumburg.
Natürlich waren auch weltliche Fürsten anwesend. Hier aber ging es hauptsächlich um Belange, die die Bischöfe betrafen. Dem Papst, und das ist das Entscheidende dieses Gelnhausener Tages, gelang es nicht, trotz der Waffe des Regalien- und Spolienrechts, die Bischöfe von der Seite des Kaisers zu trennen. Erzbischof Wichmann und seine Suffragane schrieben Anfang Dezember 1186 an Papst Urban, »daß sie in innerster Seele die Zwietracht zwischen Kaiserreich und Kirche bedauerten. Dann berührten sie das päpst-

liche Verhalten im Falle Cremonas und beriefen sich auf seine von ihnen eingesehenen Briefe (in denen der Papst die lombardischen Städte aufgerufen hatte, dem Kaiser keine Heeresfolge gegen Cremona zu leisten) sowie auf sein durch Zeugen erhärtetes Versprechen, Folmar niemals zu weihen – das er gebrochen hatte. Auch hätte Urban nach seiner Wahl zum Papst das Erzbistum Mailand nicht behalten dürfen... Die Bischöfe baten den Papst in aller Ergebenheit, die erwähnten Mißstände abzustellen. Der Kaiser sei immer bereit, wegen der Vorhaltungen der Kirche einem gerichtlichen Verfahren, einer freundschaftlichen Verständigung oder einem Schiedsgericht zuzustimmen. Es würden deshalb der Probst Wortwin, der Speyerer Domscholaster Andreas und der Magister Ludolf aus Magdeburg abgesandt, denen der Papst Glauben schenken mochte.«[1]

Die Bischöfe und Fürsten erklärten sich für ihren Kaiser, mit Ausnahme des Erzbischofs Philipp von Köln. Dieser versuchte nochmals mit der Frage des kaiserlichen Regalien- und Spolienrechts die Front der Bischöfe aufzubrechen. Er erklärte die Wahrnehmung des kaiserlichen Regalien- und Spolienrechts nicht für widerrechtlich, aber für unziemlich, weil dadurch die Bistümer zu große materielle Verluste erleiden würden. Doch auch dieser Stoß ging ins Leere. Der Kölner Erzbischof war isoliert.

Erzbischof Philipp antwortete, indem er am Palmsonntag, dem 22. März 1187, eine Provinzialsynode einberief, eine Machtdemonstration, auf der er 4000 kölnische Ritter paradieren ließ. Aber ein rechter Erfolg war Philipps Unternehmungen nicht beschieden.

Der Kaiser reagierte mit überlegener Diplomatie. Er schloß am 17. Mai 1187 mit König Philipp August von Frankreich (1180–1223) einen Vertrag, in dem der Franzose die Machtkonzentration des Grafen Balduin von Hennegau duldete, dem kaiserfeindlichen Erzbischof Folmar kein Exil in Frankreich gewährte, wofür ihm der Kaiser Beistand gegen seinen Erzfeind und Großvasallen Heinrich II. von England zusagte.

Mit dieser Stabilisierung der deutschen Westgrenze war dem Erzbischof der Boden entzogen. Zwar leistete er noch hinhaltenden Widerstand und ignorierte zwei Ladungen zu Reichstagen, doch

schließlich stellte er sich einer dritten Ladung des Kaisers nach Nürnberg am 2. Februar 1188 zu einem Fürstengericht.
Die Forderung des Kaisers, sich auf Gnade und Ungnade zu unterwerfen, lehnte der stolze Kirchenfürst ab.
Der Kaiser, eingedenk der Verdienste seines ehemaligen Mitkämpfers gegen Papst Alexander III., räumte ihm großzügig eine Bedenkzeit bis zu dem im März vorgesehenen Reichstag in Mainz ein. Auf diesem Reichstag, dem erwähnten Hoftag »Jesu Christi«, beugte sich der Erzbischof. Er unterwarf sich einem dreifachen Reinigungseid. Je einen Eid für das Nichterscheinen auf den Reichstagen zu Worms und Straßburg und einen dritten Eid, weil er die Kölner Juden zu Zahlungen gezwungen hatte, die, unter dem Schutz des Kaisers stehend, nur diesem abgabepflichtig waren.
Der Erzbischof und sein Kölner Erzstift zahlten dem Kaiser 2000 Mark und an den Hof, das heißt wohl an die Kanzlei, einen Betrag von 200 Mark.
Der letzte Brandherd in Deutschland war erloschen.

Der Tod Urbans III. und die Kreuzzugspäpste Gregor VIII. und Clemens III.

Unerwartet war Papst Urban III. am 27. Oktober 1187 in Ferrara gestorben. Folglich mußte es ihm gelungen sein, die Abriegelung Veronas durch Heinrich VI. zu durchbrechen. Die Stadt Rom hatte Urban nie als Papst betreten.
Er starb, bevor er den Bannfluch gegen Kaiser Friedrich schleudern konnte.
Hatten die Kardinäle bei der Wahl Urbans III. einen Papst gewählt, dem Kaiser Widerpart zu leisten, so verfielen sie jetzt in das andere Extrem durch die Wahl Alberto Morras, der als Papst Gregor VIII. in die Geschichte einging. Von ihm erhoffte sich die Kurie eine Verbesserung des Verhältnisses zwischen Kirche und Reich.
Grund dazu war gegeben. Des Kaisers Sohn hielt Ober- und Mittelitalien fest in der Hand. Das neue staufisch-kapetingische Bündnis hatte Friedrichs Stellung weiterhin verstärkt, so daß sein Ansehen in Europa so groß wie nie zuvor war.

Aus dem Heiligen Lande war die Kunde gekommen, daß Jerusalem am 2. Oktober 1187 gefallen war und das lateinisch-fränkische Heer am 5. Juli bei Hittin am See Genezareth eine vernichtende Niederlage erlitten hatte.
Wir können heute die Erschütterung nicht nachempfinden, die diese Nachricht in der Christenheit auslöste. Das Grab des Heilands wieder in den Händen der Ungläubigen, ein Gedanke, tief wie ein Höllensturz!
Es ist das Verdienst Papst Gregors VIII., die Christenheit nicht in Kleinmut versinken zu lassen, sondern zur Begeisterung entflammt zu haben. In der Anzeige seiner Thronbesteigung bat er den deutschen Episkopat, auf den Kaiser einzuwirken, selbst das Kreuz zu nehmen.[2]
Als Zeichen seines ernsten Willens, die Einheit zwischen Kirche und Reich zu festigen, begrüßte er König Heinrich VI. mit dem inhaltsschweren Titel eines erwählten römischen Kaisers.
Sofort honorierte der Kaiser das päpstliche Verhalten. Er befahl seinem Sohn, den Papst sicher nach Rom zu führen, und übernahm persönlich die Reisekosten der Kurie. Bereits auf dem Weg dorthin starb dieser Papst, auf den das Abendland so große Hoffnungen gesetzt hatte, am 17. Dezember 1187 in Pisa. Dort war er noch bemüht gewesen, Pisa mit Genua zu versöhnen, um beide Seestädte mit ihren Flotten für den Kreuzzug zu gewinnen.
Die Kardinäle handelten schnell. Aus ihrer Mitte wählten sie bereits am 19. Dezember Papst Clemens III. (1187–1191) aus der stadtrömischen Familie der Scolari. Die Anwesenheit des römischen Stadtpräfekten und eines angesehenen Senators, beide Anhänger der kaiserlichen Partei, mag die Wahl beeinflußt haben. Vor allem war sie darauf ausgerichtet, Frieden zwischen dem Papst und seiner Stadt Rom zu stiften. Dies gelang auch. Am 1. Februar 1188 zog Clemens III. in Rom ein, und am 31. Mai unterwarf sich die Stadt dem Papst, übergab ihm alle Hoheitsrechte und behielt dafür die Selbstverwaltung unter einem frei gewählten Senat.
Papst Clemens III. versicherte, daß er bereit sei, König Heinrich zum Kaiser zu krönen. Er entsandte dazu zwei Kardinäle nach Straßburg, wo Anfang April ein feierlicher Vertrag zwischen Kaiser und Papst den Frieden zwischen Reich und Kirche sicherte.

Auch in der Frage des Trierer Erzstuhles entsprach der Papst den Vorstellungen des Kaisers. Er setzte Erzbischof Folmar ab und bestätigte eine Neuwahl, die auf den Kanzler des Kaisers fiel. Von 1190–1212 regierte er als Erzbischof Johann I. das Trierer Erzbistum.
Dem Papst wurde der Kirchenstaat zurückgegeben, jedoch unter Wahrung der Oberhoheit des Kaisers, was hingenommen wurde. Es war jetzt wichtiger, die Christenheit zum Kreuzzug zu vereinen als auf Rechtsstandpunkten zu beharren.
Der deutsche Kaiser war zum Kreuzzug bereit. Als Führer der christlichen Ritterschaft das Heilige Grab zu befreien war eine Aufgabe, die dem Selbstverständnis des Kaisers entsprach und die vom ganzen Abendland akzeptiert wurde.
Papst Clemens lag daran, die großen europäischen Staaten in den Kreuzzug einzubinden. Dem stand aber die Feindschaft zwischen Frankreich und England im Wege. Jeder der Könige belauerte den anderen. Keiner wagte aus Furcht vor dem anderen sein Reich zu verlassen. So trat der Papst dazwischen und gebot Frieden. Unter dem Eindruck des Kreuzzugspredigers Kardinal Heinrich von Albano, früherer Abt von Clairvaux und in der Nachfolge des heiligen Bernhard stehend, sowie des Erzbischofs von Tyros, schlossen König Heinrich von England und Philipp August von Frankreich Ende Januar 1188 Frieden und nahmen das Kreuz.
Wirklichkeit wurden die englisch-französischen Kreuzzugspläne erst nach dem Tode König Heinrichs II. am 6. Juli 1188. Sein Sohn und Nachfolger, König Richard Löwenherz, übernahm die väterliche Kreuzzugsverpflichtung voller Begeisterung. Man beschloß, den Seeweg zu nehmen, der schneller als der von den Deutschen genommene Landweg war. Anfang Juni 1190 erfolgte der Aufbruch der englisch-französischen Heere, wobei der Gedanke mitschwang, den Deutschen nicht allein den Ruhm zu überlassen, das Heilige Grab befreit zu haben.

Der Hoftag »Jesu Christi«

In der Zeit zwischen dem Kreuzzugsgedanken und seiner Verwirklichung feierte der Kaiser seinen Hoftag »Jesu Christi« am 27. März 1188.
Nach der Unterwerfung und dem dreifachen Reinigungseid Erzbischof Philipps richtete sich die ganze Aufmerksamkeit auf den Kreuzzug. Um die Bedeutung der Stunde sichtbar zu machen, hatte der Papst seinen Thronsitz freigelassen, damit Christus symbolisch den Vorsitz führe. Der Kardinallegat Heinrich von Albano verlas eine bewegende Bulle des verstorbenen Papstes Gregor, die allerdings ins Deutsche übersetzt werden mußte. Dies übernahm Bischof Gottfried von Würzburg. In beschwörender Beredsamkeit bewegte er seine Zuhörer zur Kreuzesnahme. Die ergriffenen Menschen vergossen Tränen der Hingabe und Begeisterung.
Friedrichs Sohn Herzog Friedrich von Schwaben hatte schon das Kreuz genommen und mit ihm die Blüte der ritterlichen Jugend.
Der Kaiser selbst, tief angerührt, fragte die Versammlung, ob er das Kreuz jetzt nehmen solle oder wegen der Sorgen und Aufgaben im Reich erst im nächsten Jahr. Aber der Hoftag rief einmütig »nicht aufschieben«.[3] *So nahm denn der Kaiser – vor den Augen der Menschen – das Kreuz aus den Händen des Kardinallegaten und begründete für immer den Mythos, »Streiter Christi und Märtyrer des Herrn« zu sein.* Aber es war kein Jüngling, der aus einer Emotion heraus der Stimme Gottes folgte. Es war ein Mann, ein Hausvater, der sein Reich bestellte. König Heinrich wurde während der Kreuzzugsfahrt des Vaters die Regierung des Imperiums übertragen. Der Kaiser ritt durch das Reich, friedenstiftend und vorsorgende Gesetze erlassend. Seine Sorge galt auch Heinrich dem Löwen, der während seiner Abwesenheit gefährlich werden konnte.[4]
Friedrich stellte ihn vor die Wahl, auf seine – des Kaisers – Kosten am Kreuzzug teilzunehmen oder wiederum mit seinem 14jährigen Sohn Heinrich in die Verbannung zu gehen. Der Löwe entschied sich für erneute Verbannung nach England.
Der Kaiser stellte durch ein Gesetz die deutschen Juden unter seinen besonderen Schutz. Noch waren die Judenpogrome anläßlich

des zweiten Kreuzzuges in frischer Erinnerung, wo man zu der simplen Formel gefunden hatte, zuerst die Feinde Christi im eigenen Lande totzuschlagen, bevor man sich auf den Kreuzzug gegen ferne Heiden mache. Friedrichs Gesetz von 1188 besagte:
»Wer einen Juden anrührt und verwundet, dem wird eine Hand abgehauen, wer einen Juden umbringt, der wird auch selber umgebracht.«[5]
Ende 1188 verkündete der Kaiser ein umfassendes Reichsfriedensgesetz. Dann ließ er sich die Sorge um die Reinhaltung des Ritterstandes angelegen sein, wonach die Söhne von Priestern, Diakonen und Bauern den Rittergürtel nicht anlegen durften, und falls sie es schon getan hatten, durch den Landrichter aus der Ritterschaft ausgestoßen werden sollten.
Die Verordnung zeigt, daß die Kirche mit ihren Zölibatsgesetzen noch immer nicht durchgedrungen war, denn sonst wäre eine solche Anordnung gegen Priestersöhne überflüssig gewesen.
Der Kaiser hatte, eingedenk des Desasters beim zweiten Kreuzzug, genaue Planungen getroffen. Der Kardinal Konrad von Mainz wurde nach Ungarn und Bulgarien gesandt, um den Zug vorzubereiten. Auf dem Reichstag zu Nürnberg brachte der Kardinal gute Nachrichten aus Ungarn. König Bela III. hatte den Durchzug gestattet und stellte Lebensmittel und Pferdefutter zu festen Preisen bereit. Auch der serbische Großfürst hatte in ähnlichem Sinne Botschaft nach Nürnberg gegeben.
Sorge bereitete die oströmische Gesandtschaft, deren Logothet Johannes Dukas offen erklärte, Basileus Isaak sehe in dem Kreuzzug des Kaisers einen Vorwand, einen Gewaltstreich gegen Ostrom zu führen. Schließlich gelang es den Deutschen, durch einen Vertrag die byzantinischen Sorgen auszuräumen. Daraufhin verpflichtete sich die byzantinische Gesandtschaft, dem Kreuzfahrerheer sicheres Geleit und ausreichende Verpflegung für Mensch und Tier zu geben und die Überfahrt nach Kleinasien zu gewähren.
Auch aus Ikonium wurden dem Kaiser Sicherheitsgarantien übermittelt. Inwieweit der alte Sultan von Ikonium, Kilidj Arslan II., diese Zusagen würde einhalten können, war ungewiß, da seine zahlreichen Söhne den alten Mann bereits beiseitegeschoben hatten und eine eigene Politik verfolgten.

An Saladin, in dem man den gefährlichsten Feind des christlichen Glaubens erblickte, hatte der Kaiser den Grafen von Diez als kaiserlichen Gesandten geschickt.[6] Der Graf sollte, entsprechend der ritterlichen Auffassung Friedrichs, Saladin eine Kriegserklärung mit den Forderungen des Kaisers überreichen. Die Antwort Saladins ist nicht bekannt.

In Hagenau hatte der Kaiser im Mai 1189 noch einmal seine fünf Söhne um sich versammelt. Heinrich ward das Reich anvertraut, der älteste Sohn, Herzog Friedrich von Schwaben, würde den Vater als Stellvertreter auf dem Kreuzzug begleiten. Dem dritten Sohn, Otto, war – laut Urkunde von Mitte April – 1189 das mütterliche Erbe Burgund zur Regentschaft übertragen worden, er nannte sich Pfalzgraf von Burgund, blieb aber seinem Bruder, König Heinrich, unterstellt. Der vierte Sohn des Kaisers, Konrad, auch Herzog von Rothenburg genannt, war mit Berengaria, der Tochter König Alfons von Kastilien, verlobt und durfte auf die kastilische Krone hoffen. König Alfons hatte versprochen, von Weihnachten 1188 an innerhalb von zwei Jahren seine Tochter in das Land des Kaisers zu entsenden und ihr eine Mitgift von 42000 Goldstücken mitzugeben. Konrad dürfte im Juli 1189 am Hofe seines künftigen Schwiegervaters erschienen sein und wurde von ihm zum Ritter geschlagen. Die Ehe kam dann doch nicht zustande. Papst Cölestin (1191–1198) verbot sie wegen zu naher Verwandtschaft. Wahrscheinlich aber erschien ihm der neue Machtzuwachs des staufischen Hauses zu bedenklich. Des Kaisers jüngster Sohn Philipp war zunächst für den geistlichen Stand bestimmt und besaß im Jahre 1189 die Reichspropstei Aachen. Als König Philipp (1198–1208), ermordet von Otto von Wittelsbach, fand er seinen tragischen Platz in der Geschichte.

Der Kaiser hatte sein Haus bestellt. Er war nun frei für seine letzte, größte Aufgabe, Bannerträger Christi zu sein. Eine Aufgabe, die ihn in die Unsterblichkeit führte.

Der dritte Kreuzzug

Im April hatte sich das deutsche Kreuzfahrerheer bei Regensburg versammelt. Anfang Mai 1189 war der Kaiser eingetroffen. Der größte Teil des Heeres war nach Wien vorausmarschiert. Der Kaiser mit seinem Sohn Friedrich nahm ein Schiff und fuhr donauabwärts nach Wien.

Über die Größe des kaiserlichen Heeres gibt es die abenteuerlichsten Angaben. Verschiedene Chronisten sprechen von 70000 Streitern, arabische Angaben sogar von 100000 Kreuzfahrern. Diese Angaben sind absolut unrealistisch, hatte doch der Kaiser selbst für eine Selektierung gesorgt, als er befahl, daß nur Ritter teilnehmen dürften, die in Waffen geübt waren und für sich und ihre Leute Finanzmittel für zwei Jahre nachweisen konnten. Ritter, die solche Bedingungen erfüllen konnten, gab es nicht in beliebiger Menge. Noch im Lager in Wien hatte der Kaiser 500 Männer zurückgeschickt, die seinen Anforderungen nicht entsprachen. Karl Jordan nennt die Zahl von 3000 Rittern.[7] Zählen wir zu jedem Ritter einen Knappen und Kriegsknecht, dazu die nötigen Handwerker und Nachschubkräfte, so kommt man leichter auf ein Heer von 12000–15000 Mann. Ein solches Heer zu ernähren, dazu Futter für viele tausend Pferde aufzutreiben, war in damaliger Zeit, vor allem über weite Distanzen, ein schwieriges Problem. 100000 Menschen mit den dazugehörigen Pferden zu verproviantieren mußte schier unmöglich sein.

Eine vieldiskutierte Frage: Warum wählte Friedrich den schwierigen Landweg? Die Antwort, er wollte den »Karlsweg« ziehen, den Karl bei seiner legendären Pilgerfahrt nach Jerusalem benutzt hatte, klingt zu romantisch. Daß der Landweg sicherer gewesen wäre, widerlegen nicht nur die kommenden Ereignisse, sondern hatten schon Friedrichs eigene Erfahrungen auf dem zweiten Kreuzzug gezeigt. Daß der Schiffsraum nicht ausreichte, ist unwahrscheinlich, standen doch die Flotten Siziliens, Pisas und Genuas zur Verfügung. Die Antwort ist einfach und schlicht. Die Deutschen waren nun einmal kein Seefahrervolk und zogen die bekannten Gefahren des Landweges den unbekannten der Seefahrt vor.

Schon am 27. Mai 1189 hatte der Kaiser Ungarn erreicht und lagerte bei Preßburg. Hier feierte er am 28. Mai das Pfingstfest und veranstaltete ein Turnier. Außerdem erließ er ein strenges Lagergesetz mit drakonischen Strafen für Verstöße gegen die Manneszucht. König Bela und seine Gemahlin, Margarete von Frankreich, empfingen den Kaiser am 4. Juni 1189 in ihrer Hauptstadt Gran. Als Gastgeschenk erhielt Friedrich von ihnen ein kostbares Zelt mit einem Ruhebett. Um die Verbindung des Reiches nach Osten zu festigen, verlobte der Kaiser seinen Sohn, Friedrich von Schwaben, mit einer Tochter des ungarischen Königspaares.

Nach Überschreiten der gefährlichen Flußübergänge von Drau und Save erreichte das Heer am 29. Juni Belgrad.[8]

Der Kreuzzug des Kaisers ist gut dokumentiert. Wir erfahren, daß dem Heer nach Überquerung der Morawa Schwierigkeiten erwuchsen. Aus der Tiefe der Wälder erfolgten Partisanenangriffe. Wer den Anschluß an seine Abteilung verlor, verfiel diesen grausamen Feinden. Ein deutscher Ritter war ein wertvoller Fang. Trug er doch für zwei Jahre das Verpflegungsgeld bei sich. Ein Aachener Ritter, der den Anschluß an seine Truppe verloren hatte, wurde, lebendig gepfählt, von seinen Kameraden aufgefunden.

Der Kaiser erreichte gegen Ende Juli Nisch. Hier vollzog sich ein weitreichendes Politikum. Der serbische Großfürst Stephan Nemanja und sein Bruder, ebenso der Bulgarenfürst Asan, boten dem Kaiser ein Bündnis gegen Byzanz an. Byzanz reagierte sofort. Auf dem Weitermarsch nach Sofia griffen oströmische Krieger aus verdeckten Stellungen mit vergifteten Pfeilen das Kreuzfahrerheer an. Verbarrikadierte Pässe mußten überwunden werden, und als das Heer Sofia erreichte, war die Enttäuschung groß. Die Stadt war von Einwohnern und allen Vorräten geräumt.[9]

Die einzige Freude dieser Tage war, daß unter Führung des Bischofs Peter von Toul ein Aufgebot lothringischer Ritter zum kaiserlichen Heer stieß und so die Verluste der Vergangenheit ausglich.

Nach Überwindung der Trajanspforte – der Paß mußte mit Feuer und Schwert erkämpft werden – erreichten die Kreuzfahrer am 24. August Philippopel und damit die reiche thrazische Ebene, die dem Heer die besten Versorgungsmöglichkeiten bot.

Von nun an kann man von einem offenen Krieg zwischen dem byzantinischen Basileus Isaak und Kaiser Friedrich sprechen. Auf Seiten der Byzantiner herrschte vollkommene Konfusion. Seinem Statthalter Nicetas befahl der griechische Kaiser einmal, Philippopel zu befestigen, dann, die Stadt zu zerstören, damit sie dem Feind, den Deutschen, nicht als Stützpunkt dienen konnte.

Am 25. August 1189 erreichte den Kaiser endlich ein Brief des Basileus.[10]

Er teilte Kaiser Friedrich mit, »daß er einer Mitteilung der Könige von Frankreich und England entnommen habe, Kaiser Friedrich sei in Griechenland eingedrungen, um erst die Griechen auszurotten und dann das Reich seinem Sohne, dem Herzog von Schwaben, zu übergeben. Auch erscheine die Freundschaft des Kaisers mit dem Großfürsten von Serbien verdächtig. Wenn der Kaiser hingegen ihn, den Basileus, sich Geiseln aus dem deutschen Heere auswählen ließe, so werde er den früher (in Nürnberg) versprochenen Markt liefern und auch Schiffe für die Überfahrt über den Hellespont stellen. Dann verlangte der Basileus noch vom Kaiser die Hälfte des Landes, das das deutsche Heer den Sarazenen abringen werde.«

Im deutschen Heer wurde bekannt, daß Basileus Isaak im Juni 1189 mit Saladin einen Vertrag geschlossen habe, indem er mit diesem gemeinsame Sache machte.[11] Dazu kam die Nachricht, der oströmische Kaiser habe die deutsche Gesandtschaft, die der Kaiser im Frühjahr unter der Führung des Bischofs Hermann von Münster an den byzantinischen Hof entsandt hatte, gefangengesetzt. Die Empörung im deutschen Heer wallte auf.

Die deutschen und deutschfreundlichen Chronisten der Zeit nennen das Verhalten der Griechen verräterisch. Diese Beurteilung ist von rührender Naivität. In ihrer Befangenheit ist ihnen nicht aufgefallen, daß das deutsche Kreuzfahrerheer die Machtverhältnisse auf dem Balkan und im vorderen Orient in drastischer Weise verschob. Immer wieder hatte sich Ostrom gegen die Aggressionen der Bulgaren, Serben und anderer Balkanvölker wehren müssen, um seine Herrschaft zu erhalten. Die Zusammenkunft des Kaisers in Nisch mit den Fürsten der Bulgaren und Serben mußte für den byzantinischen Kaiser ein Alarmsignal sein. Ein schwerbewaffnetes deutsches Ritterheer in Griechenland, das sich dann noch im Laufe latenter Kampfhandlungen bis nach Adrianopel vorschob, war in den Augen Byzanz' eine schwere Bedrohung. Aber auch der Übergriff der Deutschen ins Heilige Land störte die Kreise byzantinischer Außenpolitik.

Endlich, nach langen Verhandlungen, nach Freilassung der deutschen Gesandtschaft und trotz der immer vorhandenen Möglichkeit, daß sich Kaiser Friedrich mit Bulgaren und Serben gegen Byzanz verbündete, kam es zu einer gütlichen Regelung. Zudem war die innere Stellung des griechischen Kaisers nicht so gefestigt, daß er sich auf einen Kampf im eigenen Land hätte einlassen können. Auch muß ihm ein kluger Kopf klargemacht haben, der einfachste Weg, die gefährlichen Deutschen aus dem Land zu bekommen, bestehe darin, ihnen Schiffe und Verpflegung für ihren Übergang nach Kleinasien zu geben.

Ansbert, ein Kleriker aus der Umgebung der kaiserlichen Kanzlei, nennt als Beginn der Überfahrt von der Halbinsel Gallipoli Gründonnerstag, den 22. März 1190. Am Mittwoch nach Ostern, dem 28. März 1190 war der Übergang über die Meerenge vollzogen. Vor zehn Monaten, im Mai 1189, war der Kaiser in Deutschland aufgebrochen, und nun setzte er den Fuß auf den Erdteil, der ihm zum Schicksal werden sollte.

Der Weg in die Unsterblichkeit

Bevor die Kreuzfahrer ihren Marsch durch Kleinasien begannen, wurde das Gepäck von den Planwagen auf Maultiere umgeladen und erfüllte der Kaiser noch eine Ehrenschuld und sandte den größten Teil der griechischen Geiseln heim.

Was jetzt begann, war ein Leidensweg ohnegleichen. Über steinige Wege, durch verkarstetes Gelände bahnte sich das Heer seinen Weg nach Philadelphia, wo der Kaiser die letzten oströmischen Geiseln entließ. Schon Ende April wurde die Verpflegung knapp, und die Krieger hielten sich an den Saaten schadlos. Das führte zu Zusammenstößen mit der Bevölkerung. Doch war die Kampfkraft der Deutschen noch immer ungebrochen, wie uns der griechische Historiker Niketas Choniates kurz, aber eindringlich so schildert:

»Als sie (die Feinde) erkannten, daß sie gleichsam an eherne Standbilder und unverwundbare Giganten geraten waren, schauten sie nur noch, daß sie davonkamen.«[12]

Über schwindelnde Gebirgspfade, denen viele Pferde zum Opfer fielen, ereichte man am 24. April Laodicea. Ein bedeutungsvoller Ort. Denn hier war vor 43 Jahren eine deutsche Heeresabteilung des zweiten Kreuzzuges von den Türken vernichtend geschlagen worden.

Man befand sich jetzt an der Ostgrenze des byzantinischen Reiches, und vor dem Heer lag das Reich der Seldschuken unter Sultan Kilidj Arslan. Da man dessen Gesandte bei sich hatte, fühlte man sich sicher. Dennoch wurde das Heer bald von nomadisierenden Beduinen angegriffen, wilden, beutegierigen Steppenkriegern, die sich der Autorität des Sultans entzogen. So versicherten wenigstens dessen Gesandte. Dies schien nicht unglaubhaft, denn man darf sich diese kleinasiatischen Reiche nicht als festgeordnete Herrschaftsgebiete vorstellen. Vor allem spielte der Sohn des Sultans, Kutb al-Din, der mit einer Tochter Saladins verheiratet war, eine nicht durchschaubare Rolle.

Anfang Mai sollte das Heer den Paß von Myriokephalon überwinden. Da man Nachricht hatte, daß der Paß von den Türken (Seldschuken) besetzt war, beschloß der Kaiser, in einem Umgehungsmanöver einen Gebirgskamm zu überschreiten, um nach Nordwesten zu gelangen. Hier geriet das Heer in einen Hinterhalt. Unter einem Hagel von Pfeilen und Steinen brachen die Formationen teilweise auseinander. Herzog Friedrich mußte seinen bedrängten Vater freikämpfen, dabei verlor er selbst zwei Zähne.

Unter all den leidvollen Erlebnissen der letzten Tage war diese Gebirgsüberschreitung eine der schlimmsten Erfahrungen, die das Heer bislang erlebt hatte. Der Verlust von Gepäck, Lebensmitteln und Pferden brachte dem Heer Hungersnot; noch schlimmer quälte der Durst. Die Männer aßen das Fleisch ihrer verendeten Pferde und tranken deren Blut.

In der Nacht verließen jetzt die seldschukischen Gesandten das

Heer und schleppten den Ritter Gottfried von Wiesenbach mit sich fort.[13]

Nun war es offensichtlich, daß der Sultan oder zumindest seine Söhne den Kaiser verraten hatten.

Am 8. Mai erreichte man Philomenium. Hier griffen die Seldschuken gegen Abend das Lager an. Die »Epistola de expeditone sacra« berichtet, trotz ihrer Not hätten die Kreuzfahrer 6000 Türken erschlagen. »Die Berge hallten wider vom Geschrei der Klagenden, und nur die Nacht trennte uns voneinander.«

Am 13. Mai feierte man Pfingsten. Ansbert gibt folgendes Stimmungsbild:

»In aller Morgenfrühe wurde die Messe gehört und dann wieder durch die Türken hindurchmarschiert. Das Festmahl bestand aus gekochten Rinder- und Pferdehäuten. Nur den Reicheren wurde Pferdefleisch an Menge und Gewicht zugestanden. Mehl, wenn es solches noch gab, wurde wie Gold versteckt und gehütet.« Schließlich, betont Ansbert, »war man trotz aller Widrigkeiten tüchtig und standhaft und in gehobener Stimmung kampfbereit.«[14]

Am 14. Mai 1190 kam es endlich zu der ersehnten Feldschlacht. Die Söhne des Sultans, angeführt von ihrem Bruder Kutb al-Din, stellten sich mit einem riesigen Heer zum Kampf. Die Zahl von 300000 türkisch-seldschukischen Kriegern gehört in das Reich der Phantasie – wie auch die Zahl von 40000 Reitern, von denen die »Epistola de expeditione sacra« spricht. Wir müssen uns also mit der Annahme begnügen, daß die Schar von 600 deutschen Reitern, auf die die deutsche Ritterschaft zusammengeschmolzen sein soll, einer fast unüberwindlichen Übermacht gegenüberstand.

Dennoch griffen die deutschen Ritter den Feind an. Graf Ludwig von Helfenstein beschwört feierlich, daß ein schneeweißer Ritter auf weißem Pferd die Deutschen zum Siege geführt habe. Und nun geschah noch ein Wunder: »... die Türken behaupten, sie hätten bei den Deutschen einige Schlachtreihen in weißen Gewändern und auf weißen Pferden gesehen.«[15] Recht haben sie! Denn wenn man schon besiegt wird, dann besser von »Himmlischen Heerscharen« als von Sterblichen.

Aber auch dieser Sieg brachte keine Befreiung für das deutsche Heer. Die Qual ging weiter, Hunger, Durst, Verzweiflung, unend-

liche Last im sonnendurchglühten Panzerhemd. Die Menschen legten Hand an ihr Leben, weil dieses Leben unerträglich wurde.
Ein Gesandter des Kutb al-Din bot Wasser, Verpflegung und freien Durchzug gegen 300 Zentner Gold. Der Kaiser lehnte ab und vertraute auf Gott.
Langsam marschierte das Heer auf Ikonium zu. Langsam, weil es Kranke und Sterbende mit sich führte, langsam, um die Kraft der letzten Pferde zu schonen.
Am 17. Mai verbesserte sich die Lage. Man erreichte den wasser- und wildreichen Tierpark von Ikonium. Hier fand das Heer Erholung.
Aber vor ihnen lag das zinnenbewehrte Ikonium, eine Stadt von solcher Macht und Herrlichkeit, daß sie mit Köln verglichen wurde.
Der Kaiser teilte sein kleines Heer zum Angriff ein. Er selbst behauptete das Lager, das dauernd von seldschukischen Streiftruppen angegriffen wurde. Sein Sohn Friedrich setzte sich mit der anderen Hälfte des Heeres in Bewegung, die Reiterei kann nicht mehr als 250 Ritter betragen haben, und griff Ikonium an. Ja... griff an!
Halb verhungert und verdurstet, in Wüstensand und sengender Sonne verbrannt, weit über den Rand der eigenen Kräfte hinaus, griffen die letzten Kreuzfahrer an. In mörderischem Kampf, angeführt von Friedrich dem Schwaben, drangen sie in die Stadt ein und eroberten sie, so berichten die Chronisten.
Der Sultan und sein Sohn hatten sich in die Stadtburg geflüchtet. Kaiser und Herzog, in der Erkenntnis, daß auch ihre vereinten Kräfte zu schwach waren, die Burg zu erobern, nahmen das Friedensangebot des Sultans an.
Dem Kaiser wurden Markt und freier Weiterzug gewährt, dazu kam die riesige Beute, die den Deutschen anheimgefallen war. Darunter befand sich die Mitgift der Tochter Saladins, die mit dem Sohn des Sultans verheiratet war. Nun konnte auch der Bestand an Pferden und Maultieren aufgefrischt werden.
Der Kaiser räumte die Stadt, weil der Gestank der Erschlagenen die Luft verpestete, und zog sich wieder in den wasserreichen Tiergarten vor der Stadt zurück. Er gönnte seinem braven Heer einige

Tage der notwendigen Erholung und marschierte dann, nachdem der Sultan ihm Geiseln gestellt hatte, in Richtung Küste. Sein Ziel war Seleucia.[16]

Um das Meer zu erreichen, galt es, das Taurusgebirge zu überwinden. Ein neuer Weg der Leiden stand bevor. Nur durch härteste Zucht konnte der Kaiser, ein Mann, der auf das 70. Lebensjahr zuschritt, sein Heer zusammenhalten. Selbst seine Gegner bescheinigen ihm, »daß er jeden Frevel und jede Unzucht an den Geringeren, jeden Mißbrauch der anvertrauten Gewalt von den Vornehmen unnachsichtig bestrafte.«[17] So wand sich das Heer auf abschüssigen Saumpfaden durch die Karstlandschaften des Taurusgebirges. Noch immer bedroht von seldschukischen Plänklern und vom Absturz der Pferde und Saumtiere, das heißt vom Verlust des so lebensnotwendigen Gepäcks. Schlimmer als der Aufstieg war der Abstieg ins Tal des Flußlaufes des Saleph (heute Gök-su, im Mittelalter Kalykadnus). Einige Bischöfe waren so geschwächt, daß sie von ihren Knappen in die Schlucht hinabgetragen werden mußten.[18]

Am 10. Juni 1190 trennte sich der Kaiser vom Hauptteil seines Heeres, um, von kleiner Eskorte begleitet, schneller ins armenisch-christliche Seleucia zu gelangen. Aber an einigen Stellen war der Uferweg zwischen Felsen und Fluß so eng, daß man vom Pferde steigen mußte und nur vorwärts kriechen konnte. Das war dem noch immer temperamentvollen und nach vorne drängenden Kaiser zu langsam, er durchschwamm mit seinem Pferd den Saleph, erreichte das rechte Ufer und nahm dort eine Mahlzeit zu sich. Und nun geben die Quellen verschiedene Auskunft. Die einen berichten, der Kaiser sei bereits beim ersten Durchschwimmen, die anderen, er sei erst beim Baden nach der Mahlzeit im Flusse ertrunken.[19]

Die Nachricht vom Tode des Kaisers war für das Kreuzfahrerheer eine elementare Erschütterung. War das Heer bis jetzt eine leidende, aber dennoch kämpfende Männergemeinschaft gewesen, ein Orden, bereit, das Heilige Grab zu befreien, so legte sich jetzt eine Wolke von Trauer, von Hoffnungslosigkeit und Schwermut über die Männer. *Die Flamme, die sie getrieben, der Glaube, der sie getragen hatte, all dies war mit dem Tode des Kaisers erloschen, einzig sein*

Mythos strahlte durch die Jahrhunderte. In Seleucia feierte das Heer eine mehrtägige Totenfeier. Nach germanischer Sitte wurde Herzog Friedrich zum Führer des Heeres erhoben. Er hatte sich in den vergangenen Kämpfen als ein tapferer und besonnener Führer gezeigt. Allein es gelang ihm nicht, die heilige Glut zu entfachen, mit der der Kaiser die Seinen geführt hatte.

Saladin, der feindliche Feldherr, sah im Tode des Kaisers ein befreiendes Wunder für die islamische Welt.

Schon in Seleucia und Tarsos verließen einige Fürsten mit ihren Vasallen das Heer. Sie versuchten den Rückweg in die Heimat.

Der Leichnam des Kaisers wurde entsprechend dem Brauch der Zeit in Essig gelegt. Herzog Friedrich von Schwaben zog sich mit seinem verminderten Heer nach Antiochia, der Hauptstadt des Fürstentums Antiochien, zurück. Hier stellte man fest, daß der Leichnam – fast war es ein Gleichnis – trotz des Essigbades zerfallen war. Das Fleisch des Kaisers wurde in der Kathedrale von Antiochia beigesetzt, die Knochen nahm man mit in der Hoffnung, ihnen in Jerusalem oder in der Heimat ein würdiges Grab geben zu können. Sie sind bis heute verschollen.

Von Antiochia aus zog Friedrich von Schwaben mit den Resten seiner Kreuzfahrer nach Akkon. Dort starb er am 20. Januar 1191 an einer epidemischen Krankheit.

Die Trümmer des deutschen Heeres, das unter seinem Kaiser ausgezogen war, das Heilige Grab zu befreien, zerstreuten sich, gingen unter oder verloren sich in der Geschichte der Belagerung von Akkon.

In Summa

Das ist die Lebensgeschichte Kaiser Friedrichs I. von Hohenstaufen, genannt »Friedrich Barbarossa«.

Bei seiner Geburt im Jahre 1122 stand das Wormser Konkordat Pate. Dieses Konkordat und seine Minderung deutscher Kaisermacht zurückzudrängen, das war der Kampf seines Lebens.

Er war Gesetzgeber und Gesetzesbrecher, wie es das Wohl des Reiches gerade erforderte. Er erließ die großen Landfriedensgesetze von 1152 und 1186 und brach doch immer wieder um seiner Ziele willen den Frieden.

Unter die Privilegien, die er vergab, ließ er die Worte setzen: »Salva per omnium imperiali iustitia«, vorbehaltlich der Rechte des Reiches. Das war für die Inhaber der Privilegien, gleich ob adelige Einzelperson oder Städte, ein immer schwankender Rechtsgrund.

Er eroberte und zerstörte Mailand und machte es dennoch später zu seinem Verbündeten.

Mit Papst Alexander kämpfte er 18 Jahre lang um die Vormachtstellung in der Christenheit und schloß doch mit ihm im Jahre 1177 den Frieden von Venedig.

Er versuchte, die königliche Stellung in Deutschland auszubauen, schuf aber durch die Gründung des Herzogtums Österreich und der damit verbundenen Verleihung des »Privilegium minus« den ersten deutschen Territorialstaat.

Ihn, der auf seinem Hoffest in Mainz im Jahre 1184 das Rittertum investierte und sich zu seinen Tugenden der Milde und des Maßhaltens bekannte, ihn sehen wir in Italien mit vernichtender Grausamkeit walten, so daß man sich fragt, wie man ihn die Mutter der Rittertugenden nennen konnte, und nicht den Vater des Schrekkens.

Es ist ein Leben der Widersprüche. Wer sie nicht nachvollziehen kann, der prüfe sich selbst in der eigenen Brust.

Man hat Friedrich vorgeworfen, er habe die Positionen der Jugend im Alter ins Gegenteil verkehrt. Aber wie soll und kann ein Herr-

scher, der fast 40 Jahre regierte, am Ende der Gleiche sein wie am Anfang?
Es war ja auch nicht der junge Barbarossa, der in den Kyffhäuser einzog, sondern der »Alte«, ein Messias auf Abruf.
Es war der alte Barbarossa, ein Mann von 55 Jahren, der in den dunklen Stunden von Legnano im Jahre 1176 sein Leben und die Politik seines Reiches grundlegend änderte.
Der alte Barbarossa war es, der das Kreuz nahm und dessen Recht zur geistigen Führung der europäischen Ritterschaft von keiner Macht des Abendlandes angezweifelt wurde.
Er wurde in den Sagen und Mythen seines Volkes zum Hoffnungsträger, zum Endkaiser, und er war, nach Karl dem Großen, die zweite überwältigende Kaisergestalt.
Das Urteil der Historiker über Friedrich Barbarossa ist – nach Religion, Nationalität und geistigem Standort – verschieden.
Der Rankeschüler Heinrich von Sybel (1817–1895) verdammte die Italienpolitik der deutschen Kaiser und vertrat eine selbstgenügsame, auf Deutschland und Ostkolonisation beschränkte Politik, wie sie sich in Heinrich dem Löwen darstellte.
Sybels Widerpart, Julius von Ficker, verteidigte aus universalgroßdeutscher Sicht die Italienpolitik der deutschen Kaiser.
In unserer Zeit nennt der österreichische Historiker und zeitweilige Chefdramaturg des Wiener Burgtheaters, Friedrich Heer, Friedrichs Politik »reaktionär«.
Man muß sich fragen, ob es dienlich ist, mittelalterliche Verhaltensweisen mit modernen Etiketten zu behaften? Wenn ja, dann wäre die ganze Politik der mittelalterlichen Kaiser als reaktionär abzutun. Denn sie alle wollten, im Rahmen ihrer Einsichten und Mittel, die umfassende Kaisermacht wiederbegründen, deren sittlicher Kern die »Pax romana« war. Deren Inhalt wiederum war, daß der Kaiser die allgemeine Wohlfahrt herstellte und daß im Gebiet seiner Macht die Gesittung in der Kulturwelt durch ethische und rechtliche Normen gesichert war.
Die Menschheit hat nicht so viele große Staatsgedanken, daß man an der Idee des Kaisertums achtlos vorbeischreiten dürfte.
Und all die großen Herrscher, sie, die das Werk des Augustus (*63 v. Chr. † 14 n. Chr.) fortsetzten, waren sie Reaktionäre? Oder

waren sie, Konstantin der Große, Justinian I., Karl der Große und Otto der Große, nicht Erneuerer? War nicht die »Renovatio imperii« ihr Ziel? Sollten wir nicht diesen Rang auch Friedrich Barbarossa zubilligen?

Und wenn die Kaiserkrone so unattraktiv gewesen wäre, warum haben sich dann die französischen Könige mehrfach erfolglos darum bemüht, diese höchste weltliche Würde des Abendlandes zu erwerben?

Es war die Kaiserkrone, die den deutschen Königen Vorrang vor den deutschen Fürsten verlieh. Und es waren die Einkünfte aus Italien, die ihnen die Mittel gaben, sich im Reich zu behaupten.

Sollten wir uns nicht mit unserer Geschichte versöhnen, das heißt auch den Kampf zwischen Kirche und Reich, zwischen Kaiser und Papst, als notwendig bejahen? Ist er doch schließlich eine der Quellen europäischer Freiheit. Dieser Kampf der Universalgewalten verhinderte einen Cäsaropapismus in Europa. Bei einem Sieg der einen oder der anderen Seite hätte sich ein alles erdrückender Bleimantel der Macht über das Abendland gelegt.

Auch im westlichen Europa wäre unter einer weltlich-geistlichen wie geistlich-weltlichen Machthypertrophie der Freiheitswillen, und das ist ein Teil dessen, was das Abendland ausmacht, dahingesiecht, so wie es in Byzanz geschah. Byzanz ging nicht unter durch Venedigs Tücke oder der Türken Macht, sondern weil weltlich-geistliche Übermacht die Menschen in unterwürfige Ohnmacht getrieben hatte. So unterwarfen sie sich jedem, der den byzantinischen Thron okkupiert hatte. Ihr Mittel war nicht mehr der sinnlos gewordene offene Kampf, sondern Verrat und Hinterhalt. Von 88 byzantinischen Kaisern seit Konstantin dem Großen, Mit- und Gegenkaiser nicht eingerechnet, wurden mindestens 43 gewaltsam gestürzt, ermordet, geblendet, verstümmelt oder ins Kloster gejagt.

Der Kampf zwischen Kaiser und Papst verhinderte die Herausbildung eines solch despotisch-vernichtenden Gesamtwillens. Durch Friedrich flossen alle geistigen Ströme seines Jahrhunderts.

Er vernahm Petrus Abælard (1079–1142) und sein Donnerwort »Universalia sunt regalia« – die Ideen sind Wirklichkeit – und seinen zweiten Kernsatz, der lautete: »Man vermag nicht zu glauben, was man nicht versteht.« Gegen den Rationalisten Abälard warf der Mystiker Bernhard von Clairvaux seine allumfassende Gottesliebe, wenn er rief: »Der Grund, Gott zu lieben, ist Gott! Das Maß? Ihn ohne Maß zu lieben.«

Friedrich vernahm noch die Stimme des gewaltigen Abtes von Clairvaux auf dem Reichstag zu Speyer am 27. Dezember 1147, als er durch seine Überzeugungskraft König Konrad und die Großen des Reiches, darunter Friedrich selbst, bewog, das Kreuz zu nehmen.

Das 12. Jahrhundert entdeckte die Schätze griechisch-arabischer Kultur. Aristoteles wurde für die lateinische Welt wiedergefunden. Das Werk des Ptolomäus fand in Salerno seinen Übersetzer. Die arabischen Zahlen mit Algebra und Dezimalsystem fanden Eingang in Europa, auch wenn ihre allgemeine Anwendung noch auf sich warten ließ.

Rittertum, Troubadoure, hohe Minne und Marienverehrung veränderten die geistige Welt.

Die vier großen Dichter Walter von der Vogelweide, Hartmann von Aue, Wolfram von Eschenbach und Gottfried von Straßburg waren Zeitgenossen Friedrichs.

Zwar war Paris im 12. Jahrhundert die Hohe Schule des Abendlandes, an der ein Otto von Freising ebenso studiert hatte wie ein Rainald von Dassel, aber durch seine Gesetze von Roncaglia hatte Friedrich seinen Kaiserschutz über Scholaren und Professoren ausgebreitet und die akademischen Freiheiten begründet.[1]

In ihren Kaiserpfalzen setzten sich Barbarossa und die ihm nachfolgenden Staufer ein Denkmal. Ihre Pfalzlandschaft erstreckte sich vom Trifels, dem Hort der Reichskleinodien, über Kaiserslautern, Gelnhausen, Wimpfen, Hagenau, Nürnberg, Eger bis hin zum Castel del Monte.

»Die staufische Epoche war eine Glanzzeit des adeligen Profanbaus. Die Pfalzen sind als Bauaufgabe mit dem Ende des staufischen Kaisertums erloschen«, urteilt Willibald Sauerländer.[2]

Aus der Fülle der staufischen Skultpuren, an der Wende der Spätromanik zur frühen Gotik, vermitteln der Bamberger Reiter, das Bildnis des adeligen Menschen schlechthin, und die Naumburger Stifterfiguren die Ausdruckskraft der Epoche.

Die Dome von Worms, Limburg, Bamberg und Naumburg wuchsen in staufischer Zeit. Der Adel staufischer Baugesinnung drückt sich am reinsten aus in der die Rheinfront beherrschenden Kirche Groß-St.-Martin in Köln (Bauzeit 1150–1172). Die Fülle staufischer Baukunst an Nieder-, Mittel- und Oberrhein, in Westfalen und im Norden Deutschlands kann hier nicht wiedergegeben werden. Aber auch da begegnen wir der gleichen Erscheinung wie im Pfalzenbau. Mit dem Ende der Stauferzeit um 1250 erlosch die spätromanisch-staufische Architektur. Die Abteikirche in Werden an der Ruhr, die um 1275 fertiggestellt wurde, ist eine letzte Ausnahme.

Architektur, wie jegliche Kunst, ist Umsetzung von Lebensgefühlen und Lebensinhalten. Mit dem Untergang dieser Werte – hier die staufische Kaiseridee mit ihren römisch-imperialen Zielen – starb auch die Architektur, die aus diesem Geist geschaffen wurde.

Der Kaiser, der im Saleph versank, ist eine der denkwürdigsten Gestalten der deutschen Geschichte.

Floh er auch als Geschlagener aus Italien, sein Ansehen im Reich minderte dies nicht, trübte nie sein Bild im Abendland. Von ihm ging ein Glanz aus, der die Widrigkeiten des Tages überstrahlte. Es war so, wie Otto von Freising schrieb, daß durch ihn »auf die Zeit des Weinens die Zeit des Lachens gekommen war.«[3]

In einer schwankenden, sich immer verändernden Welt blieb er im Ansturm der Ideen und Mächte ein Fels der Beständigkeit. So errang er den hohen Ruhm, der in der Geschichte selten ist. Hoffnungsträger seines Volkes durch die Jahrhunderte zu sein, aber auch jeder Mißdeutung preisgegeben.

Anhang

Zeitstenogramm

819 Die Welfin Judith heiratet Kaiser Ludwig den Frommen: erstes sichtbares Auftreten des Welfengeschlechts.

987 Ein Vorfahre der Staufer mit dem Leitnamen Friedrich bekundet.

1027 Riesgraf Friedrich, Pfalzgraf in Schwaben.

1053 Sein Sohn, bekannt als Friedrich von Büren, heiratete um 1044 die im Elsaß begüterte Hildegard von Egisheim, die Stammutter der Hohenstaufen.

1077 Der Sohn des Friedrich von Büren und der Hildegard von Egisheim, Friedrich der Alte, geb. um 1045, teilt als treuer Vasall Kaiser Heinrichs IV. die schweren Stunden des Bußgangs von Canossa.

1079 Zum Dank für seine Treue erhält Friedrich das Herzogtum Schwaben und die Kaisertochter Agnes zur Frau. Damit ist die Ansippung der Staufer an das salische Herrscherhaus vollzogen.

1085 Um diese Zeit erbaut Friedrich I. von Schwaben die Stammburg Hohenstaufen, die dem Geschlecht den Namen gibt.

1105 Der Sohn Friedrichs I. von Schwaben und der Kaisertochter Agnes, Herzog Friedrich II., heiratet Judith, die Tochter des welfischen Herzogs Heinrich des Schwarzen von Baiern, wohl um 1120. Sie ist die Erbin des welfischen Besitzes in Schwaben.

1122? **Der Sohn des Staufers Friedrich II. und der Welfin Judith, »Friedrich Barbarossa«, um 1122 geboren.** Das Wormser Konkordat zwischen Papst Calixtus II. und König Heinrich V. beendet den seit 1075 schwelenden Investiturstreit. Der Kaiser verzichtet auf die Investitur, belehnt aber die geistlichen Fürsten mit dem weltlichen Besitz. So behält er weiter den bestimmenden Einfluß auf die Besetzung der Bistümer.

1125 Der letzte Salierkaiser, Heinrich V., stirbt. Durch Einfluß des welfischen Hauses wird Lothar von Supplinburg, unter Umgehung der Staufer, zum König gewählt. Zum Dank verheiratet Lothar III. seine Tochter Gertrud an den Welfen Heinrich den Stolzen. Beginn des welfisch-staufischen Gegensatzes.

1126 Der Welfe Herzog Heinrich der Schwarze stirbt, sein Sohn Herzog Heinrich der Stolze erhält als Schwiegersohn Kaiser Lothars III. ab 1137 als zweites Herzogtum Sachsen.

1129 Heinrich der Löwe als Sohn der Kaisertochter Gertrud und Herzog Heinrichs des Stolzen von Baiern und Sachsen auf der Ravensburg geboren.

1137 Kaiser Lothar III. stirbt. In Frankreich besteigt Ludwig VII. (der junge König) den Thron. Er heiratet Eleonore von Aquitanien, die nach der Scheidung im Jahre 1152 König Heinrich II. von England heiratet. Sie bringt ihre Erbgüter Aquitanien und das Poitou ein. So entsteht in der Verbindung mit England das angevinische Großreich.

1138 Der erste Staufer, Konrad III., wird zum König gewählt. Dieser erklärt den Besitz zweier Herzogtümer – Baiern und Sachsen – für unzulässig. Über Heinrich den Stolzen, der sich dem widersetzt, wird die Reichsacht verhängt.

1138 Dadurch werden beide Herzogtümer frei. Sachsen fällt bis 1142 an Albrecht den Bären, Baiern an den Babenberger Leopold IV. Mgf. von Österreich, den Halbbruder des Königs.

1139 Heinrich der Stolze stirbt in Quedlinburg. Unter der Vormundschaft der Kaiserinwitwe Richenza wird sein Sohn, der zehnjährige Heinrich der Löwe, sein Nachfolger. Der Bruder Heinrichs des Stolzen, Welf VI., kämpft für das Welfenhaus weiter um den Besitz Baierns, bis im Jahre 1141 König Konrad III. Welf VI. in der Schlacht bei Weinsberg besiegt.

1141 Die Kaiserinwitwe Richenza stirbt. Nach dem Tode Leopolds IV. von Österreich wird dessen Bruder Heinrich Jasomirgott von König Konrad III. zum Herzog von Baiern ernannt.

1142 Frieden in Frankfurt. Dem jungen Heinrich dem Löwen wird Sachsen als Herzogtum zuerkannt. Seine Mutter Gertrud heiratet im Rahmen der Reichs- und Familienpolitik den Babenberger Heinrich Jasomirgott, den neuen Herzog von Baiern.

1143 Die Familienpolitik König Konrads III. geht nicht auf. Die neuvermählte Herzogin von Baiern stirbt.

1147 **Friedrich Barbarossa begleitet seinen Onkel, König Konrad III., auf den zweiten Kreuzzug.** Kreuzzugsprediger: Bernhard von Clairvaux. Friedrich Barbarossa wird in der Nachfolge seines Vaters Herzog von Schwaben. Heinrich der Löwe beteiligt sich am Wendenkreuzzug. Er heiratet im gleichen Jahr Clementine von Zähringen und fordert das Herzogtum Baiern zurück. **1147 oder 1148 Ehe Friedrichs mit Adele von Vohburg.**

1152 König Konrad III. stirbt. **Einstimmige Wahl und Krönung Friedrich Barbarossas in Aachen.**

1153 **Der Vertrag von Konstanz regelt das Verhältnis zwischen Friedrich Barbarossa und Papst Eugen III.** Der Kaiser verspricht dem Papst Schutz gegen Byzanz und die Römer. Der Papst verpflichtet sich, Friedrich zum Kaiser zu krönen und die deutsche Kirche von kaiserfeindlichen Kräften zu befreien. **Scheidung der Ehe Friedrichs mit Adele von Vohburg** durch den päpstlichen Legaten zu Konstanz. Tod Bernhard von Clairvaux', des ersten Zisterzienser-Abtes, Kreuzzugspredigers und mächtigsten Kirchenmannes seiner Zeit.

1154 (Okt.) **Friedrich Barbarossa bricht zum ersten Italienzug auf.** Heinrich der Löwe begleitet ihn aufgrund der Zusage des Königs auf dem Reichstag zu Goslar (1154), dem Welfen auch das Herzogtum Baiern zu verleihen. (Dezember) Auf dem Reichstag auf den Ronkalischen Feldern ordnet und stärkt Friedrich seine Stellung in Italien. Er begrenzt die Freiheit der lombardischen Städte. Papst Anastasius IV. stirbt. Einen Tag später wird Hadrian IV., der einzige Engländer auf dem Papstthron, zum Nachfolger gewählt.

1155 Im April nach zweimonatiger Belagerung Einnahme von Tortona und Krönung Friedrich Barbarossas zum König der Lombarden. Die erste Begegnung zwischen Friedrich und Papst Hadrian endet zunächst mit einem Zerwürfnis wegen des Strator- (Steigbügel-)dienstes. Dann am **18. Juni Kaiserkrönung Friedrichs** durch Papst Hadrian IV. Kampf mit rebellierenden Römern, bei dem sich Heinrich der Löwe besonders auszeichnet. Arnold von Brescia, Gegner der weltlichen Macht der Kirche, wird in Rom aufgehängt und sein Leichnam verbrannt. Schnelle Rückkehr nach Deutschland. Kampf an der Klause von Verona. Im Oktober bereits Reichstag in Regensburg.

1156 Im Mai wird Rainald von Dassel Reichskanzler. Im Juni Entscheidung des Kaisers über das Herzogtum Baiern. Der Babenberger Heinrich II. Jasomirgott wird zum Herzog von Österreich erhoben und mit besonderen Privilegien ausgestattet. Beginn des erblichen Territorialfürstentums in Deutschland. Heinrich der Löwe erhält das territorial geminderte Baiern als zweites Herzogtum. Der Papst verbündet sich mit dem normannischen Sizilien. Ein Bündnis, das gegen das Reich und die Grundlagen des Vertrages von Konstanz gerichtet ist. **Im Juni heiratet Barbarossa in Würzburg die Burgunderprinzessin Beatrix.** Auf einem Reichstag im September feierliche Belehnung Heinrichs des Löwen und Heinrichs II. Jasomirgott mit den Herzogtümern Baiern und Österreich.

1157 Auf einem Feldzug im Aug./Sept. wird Polen wieder unter die Lehnshoheit des Kaisers gezwungen. Auf einem Reichstag im Oktober zu Besançon wird in einem Schreiben des Papstes das Wort »beneficium« von Rainald von Dassel als »Lehen« übersetzt, was zum Zerwürfnis des Kaisers und der Fürsten mit den päpstlichen Legaten führt.

1158 Auf dem Reichstag zu Augsburg wird das Wort »beneficium« vom Papst als »Wohltat« und nicht als »Lehen« interpretiert. Von Augsburg aus **zieht Friedrich zum zweiten Italienzug**, der bis 1162 dauern wird. Am 6. August Beginn der Belagerung Mailands. Am 7. September ergibt sich die Stadt bedingungslos. Andere lombardische Städte folgen diesem Beispiel. Im November beschließt der Reichstag auf den Ronkalischen Feldern die »Constitutio de regalibus«. Damit werden die grundherrlichen, politischen und fiskalischen Rechte des Kaisers in Italien wiederhergestellt: Münz-, Zoll-, Bergwerk-, Fischerei- und Judenregal. Heinrich der Löwe erzwingt in Deutschland, daß München zum Knotenpunkt des süddeutschen Salzhandels wird. Damit greift er tief in die Rechte des Bischofs von Freising ein.

1159 Auf geheime Zusagen des Papstes gestützt, verweigert Mailand im Februar die Anerkennung der Ronkalischen Beschlüsse. Reichskanzler Rainald von Dassel flieht unter Lebensgefahr aus der Stadt. Der Kaiser verkündet im April die Reichsacht über Mailand und ruft das Heer zurück. Im Juni beginnt die sieben Monate dauernde Belagerung Cremas. Am 1. September stirbt Papst Hadrian IV. Am 7. September Ausbruch des alexandrinischen Schismas. Alexander III. erhält in der Wahl die meisten Stimmen, aber Victor IV. wird zum Papst proklamiert. Er ist der Papst der kaiserlichen Partei.

1160 Im Januar Fall Cremas. Kaiserliches Strafgericht über die Stadt. Im Februar Konzil zu Padua, um den rechtmäßigen Papst zu ermitteln. Alexander, obwohl geladen, erscheint nicht. So wird Victor als rechtmäßiger Papst anerkannt. Gegenkonzil Alexanders III. zu Toulouse. Dort wird Alexander als rechtens gewählt anerkannt, da er als erster gewählt worden war.

1161 Im August erneute Belagerung Mailands.

1162 Im Monat März Eroberung und Zerstörung Mailands. Im Sommer beendet der Kaiser den Italienzug und die Vorbereitungen zum geplanten Normannenzug nach Sizilien. Er zieht nach Burgund und versucht dort mit König Ludwig VII. von Frankreich die Papstfrage einverständlich zu regeln. Doch Frankreich bleibt alexandrinisch. Erfolglos kehrt der Kaiser im Herbst nach Deutschland zurück.

1163 Im Herbst **erneuter Aufbruch, um den Feldzug gegen die Normannen in Sizilien** vorzubereiten. Das bisher zu Polen gehörende Schlesien erhält eigene Herzöge aus dem Geschlecht der Piasten.

1164 Am 20. April stirbt Papst Victor IV. Rainald von Dassel vertut die Chance, das Schisma zu beenden, und läßt aus eigener Machtvollkommenheit, ohne Wissen und Willen des Kaisers, einen neuen Papst, Paschalis III., von einem völlig inkompetenten Wahlgremium küren. Im November Rückkehr des Kaisers nach Deutschland. England und Frankreich stehen in der Papstfrage auf der Seite Alexanders, bis ein Zerwürfnis zwischen dem König von England und dem Erzbischof von Canterbury den König an die Seite Papst Paschalis' III. treibt. Rainald von Dassel überführt die Gebeine der Heiligen Drei Könige von Mailand nach Köln, wo sie um 1200 im goldenen Schrein des Nicolaus von Verdun ihre letzte Ruhestätte finden. Tätigkeit des »Archipoeta« genannten Dichters beim Erzbischof von Köln.

1165 Anfang des Jahres reist Rainald von Dassel an den englischen Hof, um dort die offizielle Anerkennung Papst Paschalis' III. zu bewirken. Auf dem Reichstag zu Würzburg kann Rainald berichten, daß England auf der Seite Papst Paschalis' III. steht und der englische König bereit ist, das neue Bündnis durch die Verheiratung seiner beiden Töchter mit Heinrich dem Löwen und dem ältesten Sohn des Kaisers, Friedrich, zu besiegeln. Auf Drängen Rainalds von Dassel schwören der Kaiser und seine Großen, »niemals« Alexander noch einen seiner Nachfolger anzuerkennen. Heinrich VI., Sohn Kaiser Friedrichs I., geboren. Röm.-dt. Kaiser von 1190–1197. Geburt Philipp Augusts, König von Frankreich von 1180–1223. Heiligsprechung Karls des Großen in Aachen. Im Sommer kehrt Papst Alexander III. aus dem französischen Exil nach Rom zurück. Der Kaiser beschließt einen erneuten Romzug.

1166 **Vierter Italienzug des Kaisers** im Oktober ohne Heinrich den Löwen. Fürstenverschwörung gegen Heinrich den Löwen in Sachsen.

1167 Im Mai belagert der Kaiser Ancona. Rainald von Dassel und Christian von Mainz siegen bei Tusculum. Am 24. Juni Eroberung Roms. Dem Papst Alexander gelingt die Flucht. Am 1. August Festkrönung Friedrichs und seiner Frau Beatrix durch Papst Paschalis III. in St. Peter. Anfang August Ausbruch einer fieberhaften Seuche, der Tausende Deutsche zum Opfer fallen, darunter Rainald von Dassel und der Vetter des Kaisers, Herzog Friedrich von Rothenburg. Der bisher glückliche Feldzug endet in einem Desaster. Gründung des lombardischen Städtebundes. Aufstand in der Lombardei.

1168 Im März flieht der Kaiser durch das im Aufstand befindliche Italien verkleidet nach Deutschland. Nach diesem vierten, katastrophalen Italienzug bleibt er sechs Jahre in Deutschland.

1168 Er stellt sich im sächsischen Fürstenstreit machtvoll auf die Seite Heinrichs des Löwen. Der, auf dem Gipfel seiner Macht, heiratet nun die englische Königstochter Mathilde. Friedrich fördert den Burgenbau, Städtegründungen und den Ausbau seiner Beamtenschaft. Unter dem Eindruck der lombardischen Städte und ihrer Finanzpolitik betreibt er den Übergang von der Natural- zur Geldwirtschaft. Außerdem baut er seine Hausmacht durch Erbgang, Tausch und Gebietserweiterung aus. Papst Paschalis III. stirbt. Sein Nachfolger und Gegenpapst zu Papst Alexander III. wird Calixtus III., den der Kaiser zunächst nicht anerkennt.

1169 So hält sich der Kaiser die Möglichkeit offen, mit Papst Alexander in Benevent in Verhandlungen einzutreten. Diese scheitern, weil der Papst nicht ohne die Lombarden verhandeln will. Zur Sicherung der Nachfolge läßt Friedrich seinen dreijährigen zweitgeborenen Sohn Heinrich einstimmig von den Fürsten des Reichs zum König wählen und zwei Monate später in Aachen krönen.

1170 Auf einem Hoftag in Fulda erneuert der Kaiser seinen Würzburger Schwur, niemals Papst Alexander anzuerkennen. Der Versuch eines Ehebündnisses zwischen dem Reich und dem byzantinischen Kaiserhaus mißlingt, weil Barbarossa nicht bereit ist, in Süditalien dem byzantinischen Reich territoriale Zugeständnisse zu machen. Thomas Beckett, Erzbischof von Canterbury, als Gegner König Heinrichs II. von England ermordet.

1171 Erzbischof Christian von Mainz wird als Legat des Kaisers nach Oberitalien entsandt, um die beschädigte Reichsgewalt wiederherzustellen. Es gelingt ihm, Venedig aus dem lombardischen Städtebund zu lösen und eine Schiedsrichterfunktion einzunehmen.

1172 Heinrich der Löwe pilgert nach Palästina und wird vom byzantinischen Kaiser Manuel in Byzanz mit königgleichen Ehren empfangen.

1173 Heinrich der Löwe gründet in Braunschweig den neuen Dom. Barbarossa gelingt es durch Geldzahlung, von Welf VI. als Erbe der welfischen Besitzungen in Süddeutschland und in Italien eingesetzt zu werden. Beginn einer Entfremdung zwischen den Vettern Friedrich und Heinrich.

1174 Im September **zieht Friedrich zum fünften Male nach Italien,** ohne von Heinrich dem Löwen oder anderen Reichsfürsten begleitet zu werden. Otto von Braunschweig, Sohn Heinrichs des Löwen und der Mathilde, geboren. Später röm.-dt. Kaiser Otto IV.

1174/75 Belagerung von Alessandria.

1175 (April) Da der Kaiser seinen Rechtsstandpunkt in der Regalienfrage aufgibt, unterwerfen sich die lombardischen Städte und treten in Friedensverhandlungen ein, die aber an den Einzelfragen scheitern. Daraufhin brechen im Herbst erneut die Kämpfe in Oberitalien aus. Der Kaiser fordert für sein kleines Heer Verstärkungen aus Deutschland an.

1176 Im Frühjahr Zusammentreffen zwischen Friedrich Barbarossa und Heinrich dem Löwen in **Chiavenna** am Comer-

See. Friedrich bittet um militärische Hilfe. Heinrich verlangt als Preis Goslar mit seinen Silberbergwerken. Friedrich, der Heinrich so oft beigestanden hat, lehnt dieses Ansinnen enttäuscht ab. Im Mai muß Friedrich mit einem zu kleinen Heer in die Schlacht von Legnano ziehen und wird von den lombardischen Städten besiegt. Erneute Verhandlungen zwischen Kaiser und Papst. **Versöhnung und Anerkennung Papst Alexanders III.** als alleinigen, rechtmäßigen Papst durch den Kaiser.

1177 Am 24. Juli **Friede von Venedig**. Versöhnungskuß zwischen Kaiser und Papst. Friedrich leistet dem Papst Stratordienst. Langjährige Waffenstillstandsverträge mit dem normannischen Sizilien und den lombardischen Städten.

1178 Im Sommer verläßt der Kaiser mit seinem Heer Italien und wird in Arles **zum König von Burgund gekrönt**. Im Oktober ist Friedrich wieder nach vier italienischen Jahren in Deutschland. Auf einem Reichstag zu Speyer wird im November ein Verfahren gegen den als Kläger auftretenden Heinrich den Löwen eingeleitet.

1179 Der für Januar auf den Reichstag zu Worms geladene Heinrich der Löwe erscheint nicht. Im Juni Hoftag zu Magdeburg. Der wiederum nicht erschienene Löwe wird wegen Landfriedensbruch geächtet. Der Kaiser wandelt jetzt das bisherige Landrechtsverfahren in ein Lehnsrechtsverfahren um, wegen Mißachtung der kaiserlichen Majestät.

1180 auf dem Reichstag zu Würzburg im Januar verfällt Heinrich der Löwe der Reichsacht. Das Lehnsgericht der Reichsfürsten erkennt ihm beide Herzogtümer ab. Auf einem Reichstag im April zu Gelnhausen wird das Herzogtum Sachsen aufgeteilt. Westfalen fällt als selbständiges Herzogtum an den Erzbischof von Köln. Entsprechende Maßnahmen auf Reichstagen zu Regensburg und Altenburg. Damit beginnt in dem verkleinerten Baiern die 700jährige Herrschaft der Wittelsbacher. Der Reichskrieg gegen Heinrich den Löwen wird ausgerufen und hat den Abfall der sächsischen Fürsten von ihm zur Folge.

1181 Auf dem Reichstag zu Erfurt werden Heinrich dem Löwen seine Stammgüter Braunschweig und Lüneburg zurückgegeben, nicht aber die Reichslehen. Er wird zu dreijährigem Exil verbannt. Am 30. August stirbt Papst Alexander III., der Sieger des Schismas. Sein Nachfolger wird Papst Lucius III. Der Papst erhält das alleinige Vorrecht der Heiligsprechung.

1182 Im Juli geht Heinrich der Löwe ins Exil, an den Hof seines englischen Schwiegervaters König Heinrichs II. Im gleichen Jahr Pilgerfahrt nach St.-Jago-de-Compostella. Im Jahre 1185 kehrt Heinrich als Herzog von Braunschweig nach Sachsen zurück. Trotz mancherlei Ambitionen gelangt er nicht mehr zur Macht und stirbt im Jahre 1195 im Alter von 66 Jahren.

1183 Im Friedensvertrag von Konstanz am 25. Juni zwischen dem Kaiser und dem lombardischen Städtebund erkennt der Kaiser die städtische Selbstverwaltung an; die Regalien werden den Städten gegen Bezahlung zurückgegeben, worauf diese die Oberherrschaft des Kaisers anerkennen.

1184 Zu Pfinsten großes **Hoffest zu Mainz**. Schwertleite und Ritterschlag der beiden Kaisersöhne. Glanzvolle Selbstdarstellung staufischer Kaiserherrlichkeit. Im September **sechster und letzter Italienzug** des Kaisers als Versuch, sich mit Papst Lucius III. über die umstrittenen Gebietsansprüche des Reiches in Italien zu einigen. Während der Kaiser in Verona verhandelt, sprengt die Nachricht der Verlobung des Kaisersohnes Heinrich VI. mit der 30jährigen Konstanze, Tochter des verstorbenen Königs Roger von Sizilien, die Konferenz. Das Treffen zwischen Kaiser und Papst bleibt ergebnislos, doch Friedrich verpflichtet sich zu einem Kreuzzug.

1185 Kaiser Friedrich versöhnt sich mit Mailand. Im November stirbt Papst Lucius III. Auf ihn folgt der kaiserfeindliche Erzbischof Humbert von Mailand als Papst Urban III.

1186 Heinrich VI. und Konstanze von Sizilien heiraten in Mailand. Die Anwartschaft des Barbarossa-Sohnes Heinrich

VI. auf die Krone Siziliens ist im Bereich des politisch Möglichen. Im Juni beendet Barbarossa seinen Italienzug und kehrt nach Deutschland zurück.

1187 Das Drei-Päpste-Jahr! Am 20. Oktober stirbt Papst Urban III., ihm folgt im Tode Papst Gregor VIII. am 17. Dezember; sein Nachfolger Clemens III. wird bereits am 19. Dezember zur päpstlichen Würde erhoben. Im Oktober erobert Sultan Saladin von Ägypten Akkon, Jerusalem und das Heilige Grab. Dies ist der Anlaß zum dritten Kreuzzug.

1188 Auf dem **Hoftag »Jesu Christi«** am 27. März nimmt der 66jährige Kaiser das Kreuz als Führer der christlichen Ritterschaft, um das Heilige Grab zu befreien.

1189 Am 11. Mai **Aufbruch des deutschen Kreuzfahrerheeres** von Regensburg. Im November stirbt König Wilhelm II. von Sizilien kinderlos. Damit sind Heinrichs VI. Thronansprüche auf Sizilien relevant geworden. Tod König Heinrichs von England. Sein Sohn, Richard Löwenherz, wird König und tritt in das Kreuzzugsversprechen seines Vaters ein. Auch Frankreichs König Philipp August ist zum Kreuzzug bereit.

1190 **Friedrich Barbarossa ertrinkt am 10. Juni in Kleinasien im Flusse Saleph.** Der deutsche Kreuzzug bricht zusammen. In Sizilien werden Heinrichs VI. legitime Thronansprüche übergangen. Tancred von Lecce, ein illegitimer Nachkomme Tancreds, des Sohnes König Rogers II., wird zum König gewählt.

1191 Im Januar zieht Heinrich VI. nach Italien, die Kaiserkrone zu erwerben. Am 25. März stirbt Papst Clemens III., am 15. 4. krönt der neue Papst Cölestin III. Heinrich und seine Frau Konstanze zu Kaisern. Nun zieht Heinrich VI. nach Süden, die Herrschaft im Königreich Sizilien zu erlangen. Die Belagerung Neapels wird durch eine fieberhafte Seuche im deutschen Heer beendet. Auch Heinrich VI. erkrankt. Kaiserin Konstanze wird durch Tancred gefangengenommen.

1192 Die Ermordung Bischof Albrechts von Lüttich ist Anlaß zum Ausbruch einer Fürstenverschwörung unter maßgeblicher Beteiligung Heinrichs des Löwen, die nach der Gefangenschaft des englischen Königs Richard Löwenherz bei seiner Rückkehr vom dritten Kreuzzug zusammenbricht. Die Millionensumme Lösegeld, die Heinrich VI. für die Auslieferung Richard Löwenherz' erhielt, erhöht die Macht des Kaisers so, daß die innerdeutsche Fürstenopposition gegen ihn erlischt.

1193 Der älteste Sohn Heinrichs des Löwen, ebenfalls ein Heinrich, heiratet heimlich Agnes, die Tochter des Pfalzgrafen Konrad bei Rhein, des Halbbruders Friedrich Barbarossas.

1194 Versöhnung Kaiser Heinrichs mit Heinrich dem Löwen in Tilleda. Der Sohn des Löwen wird mit der Pfalzgrafschaft bei Rhein, als Nachfolger seines söhnelosen Schwiegervaters Konrad, belehnt. Im Februar wird nach Eintreffen der riesigen englischen Lösegeldsumme Richard Löwenherz entlassen. Ebenfalls im Februar stirbt »König« Tancred von Lecce. Der Weg zur sizilianischen Königskrone für Kaiser Heinrich VI. ist frei. Am 25. Dezember wird Heinrich VI. in Palermo zum König von Sizilien gekrönt. Ein Tag später wird ihm sein Sohn, der spätere Kaiser Friedrich II., in Jesi geboren. Noch im Dezember hält Heinrich VI., unter Vorgabe einer Verschwörung gegen ihn, unter den Edlen Siziliens ein schauerliches Blutgericht ab. Selbst die Familie seiner Frau, der Kaiserin Konstanze, bleibt nicht verschont.

1195 Um seine Macht zu festigen, hält Heinrich VI. einen Hoftag zu Bari ab. In die höchsten Führungspositionen werden Deutsche berufen, die Kaiserin Konstanze als Regentin eingesetzt. Im Juli kehrt Heinrich nach Deutschland zurück. Er will die Erbnachfolge regeln und den versprochenen Kreuzzug vorbereiten. Im Dezember schlägt er den Fürsten vor, ihre Reichslehen in Erblande umzuwandeln. Im Gegenzug verlangt er von ihnen, einem staufischen Erbkönigtum zuzustimmen. Zunächst sagen die Fürsten zu, ziehen ein Jahr später ihre Zusage zurück. Das Recht der Königswahl erscheint ihnen machtpolitisch wichtiger als die Erblichkeit ihrer Lehen. Am 6. August stirbt in Braunschweig Heinrich der Löwe, der große Widersacher der Staufer.

1196 Im Dezember wählen die Reichsfürsten den Sohn Heinrichs VI., Friedrich, zum deutschen König. Es beginnt die Blütezeit des Bürgertums in den flandrischen und den italienischen Städten. Besonders Gent und Brügge, aber auch Venedig, Pisa und Genua blühen auf.

1197 Das deutsche Kreuzfahrerheer ist schon zum Zug nach Palästina aufgebrochen, da verzögert ein Aufstand in Sizilien den Aufbruch des Kaisers. Er verstirbt plötzlich am 28. 9. 1197 in Messina.

Anmerkungen

Der Mythos

1 Gustav Freytag: Bilder aus der deutschen Vergangenheit, Bd. 1, S. 391, Berlin 1927
2 Otto Fris.: Gesta Frederici I., Brief Kaiser Friedrichs I. an Otto, Darmstadt 1986
3 Ebenda, Brief Friedrichs an Otto
4 Ebenda, Prologus
5 W. Stach: Politische Dichtung im Zeitalter Friedrichs I. Der Lingurinus im Widerstreit mit Otto und Rahewin, in: Neue Jahrbücher für deutsche Wissenschaft 13, 1937 S. 386
6 Otto Morena und seiner Fortsetzer Buch über die Taten Kaiser Friedrichs, z. J. 1162, Darmstadt 1967
7 Dietrich von Nieheim: Viridarium imperatorum et regum Romanorum, hrsg. v. Alphons Lhotsky und Karl Pivec, MG., Staatsschriften des späten Mittelalters, Stuttgart 1956

9 Philippus Melanchthon: De imperatore Friderico Barbarossa Declamatio, in: Corpus Reformatorum Bd. 11, Halle 1843
10 Ders.: Corpus Catholicorum Bd. 16 S. 74, München 1930

13 Melanchthon, Declamatio
14 Ebenda
15 Martin Luthers Werke Bd. 54, Weimar 1928, S. 310–345

16 Klaus Schreiner: Friedrich Barbarossa, Herr der Welt, Zeuge der Wahrheit, die Verkörperung nationaler Macht und Herrlichkeit, in Katalog: Die Zeit der Staufer, Bd. 5, Stuttgart 1977
17 Johann Gottlieb Fichte: Reden an die deutsche Nation, Hamburg 1956
18 Haynau, Freiherr Julius Jakob, von 1786–1853, österreichischer General, berüchtigt durch die blutige Unterdrückung der Revolutionen von 1848/49 in Oberitalien und in Ungarn.
19 Theodor Fontane: Von Dreißig bis Achtzig. Sein Leben in Briefen, hrsg. von Hans-Heinrich Reuter, München 1975
20 Georg Friedrich Wilhelm Hegel: Die Positivität der christlichen Religion, Ges. Werk Bd. 1, Frankfurt 1971
21 Johann Nepomuk Sepp: Meerfahrt nach Tyrus zur Ausgrabung der Kathedrale mit Barbarossas Grab, Bd. 19, Leipzig 1879
22 Ders.: Jerusalem und das Heilige Land. Pilgerbuch nach Palästina, Syrien und Ägypten, Bd. 2, Schaffhausen 1863
23 Ders.: Meerfahrt nach Tyrus

24 Karl Hoeber: Der deutsche Kaisergedanke im Weltkrieg, in: Der Weltkrieg, S. 65, o. J.
25 Ernst Reventlow: Kaiser Wilhelm II. und die Byzantiner, München 1906
26 Arno Borst: Reden über die Staufer, Ullstein Sachbuch, Frankfurt 1981, S. 169
27 Klaus Schreiner: Friedrich Barbarossa, in Katalog: Die Zeit der Staufer, Bd. 5, Stuttgart 1977
28 Werner Sombart: Händler und Helden, Patriotische Besinnungen, München/Leipzig 1915
29 Gustav Roethe: Deutsche Treue in Dichtung und Sage, in: Deutsche Reden, Leipzig 1927
30 Ders.: Deutsche Dichter des 18. und 19. Jahrhunderts und ihre Politik, in: Deutsche Reden, Leipzig 1927
31 Hans Naumann: Deutsche Nation in Gefahr, Stuttgart 1932
32 Hermann Jordan: Wie kam es? Die letzten 6 Jahre deutscher Politik in ihren inneren Zusammenhängen, in: Grundfragen deutscher Politik in Einzelschriften, Heft 10, Berlin 1920
33 Gustav Roethe: Deutsche Treue in Dichtung und Sage, Berlin 1924
34 Karl Jordan: Die Gestalt Heinrichs des Löwen in der deutschen Geschichtsschreibung in: Germanien, Monatshefte für Germanenkunde, Heft 1, 1941
35 Othmar Spann: Der wahre Staat, Vorlesung über Abbruch und Neubau der Gesellschaft, Jena 1938
36 Peter Richard Rohden: Die Idee des Reiches in der europäischen Geschichte, Oldenburg 1943

Das Geschlecht der Staufer

1 Zur Genealogie der Staufer: Hans Martin Decker-Hauf: Das staufische Haus, in Katalog: Die Zeit der Staufer, Bd. 3, 1977
2 Otto Fris.: Gesta Fred. I. Bd. 8, Darmstadt 1966

Die Anfänge Kaiser Friedrichs I.

1 Wibaldi, Ep. 375 (Jaffé, Bibl.I,505 und M. G. Constt. I,193)
2 M. G. Constt. I, Nr. 137, Übersetzt von J. Bühler in: Geschichte in Quellen, Mittelalter, München
3 Otto Fris.: Gesta Fred. II. 2)
4 M. G. Constt. I, Nr. 140, Übersetzt v. W. Lautemann, S. 194 ff.
5 Otto Fris.: Gesta Fred. II. 3.
6 H. Simonsfeld: Jahrbücher des Deutschen Reiches unter Friedrich I., Ndr. Berlin 1967, S. 80
7 Saxo Grammaticus Gest. Danorum, M. G. SS. XXIX, 91
8 Otto Fris.: Gesta Fred. II.
9 Otto Fris.: Gesta Fred. II.6.
10 Ebenda: II.8.
11 Ebenda: II.9.
12 J. Haller: Das Papsttum, Bd. 3, Hamburg 1965, S. 84
13 Chron. Montis. Sereni 1 c.
14 Otto Fris.: Gesta Fred. II.7.
15 Simonsfeld, S. 100

16 Wibaldi: Ep. 396 (Jaffé, Bibl. I, 529)
17 Ders.: Ep. 404 (Jaffé, Bibl. I. 502)
18 Scheid, Origines Guelficae, III. 440.
19 H. Heimpel: Friedrich Barbarossa und die Wende der staufischen Zeit, in: Friedrich Barbarossa, hrsg. v. G. Wolf, Darmstadt 1975
20 Otto Morena z. J. 1153, Darmstadt 1986
21 Simonsfeld, z. J. 1153
22 Ebenda
23 Wibaldi: Ep. 410 (Jaffé, Bibl. I, 458)

Der erste Romzug und die Erlangung der Kaiserkrone

1 A. Doren: Italienische Wirtschaftsgeschichte I, 1934, S. 122 ff.
2 Otto Fris. Gesta Fred. II.14
3 Giuseppe Lepori: Das Tessin, Genf 1966, S. 164
4 Otto Fris. Gesta Fred. II.14.
5 Ebenda: II.13
6 M. G. Constt. I, Nr. 149, S. 208 f., W. Lautemann
7 Otto Morena z. J. 1154
8 Otto Fris.: Gesta Fred. II.20.
9 Otto Morena z. Jahr 1155
10 Otto Fris.: Gesta Fred. II.25
11 Ebenda: II. 26/27
12 Otto Morena z. Jahre 1155
13 Boso, l. c. 325 – Duchesne II, 390
14 Gregorovius, Geschichte der Stadt Rom im Mittelalter, IV. 5, 498
15 Boso, l. c. Watterich II, 327 – Duchesne II, 391, aber auch bei Simonsfeld: Jahrbücher des Deutschen Reichs, Bd. 1 Ndr. 1967, S. 329
16 Stratordienst = Marschalldienst, vom ahd. maraskalk = Pferdeknecht
17 Otto Fris.: Gesta Fred. II.32
18 Confessio, ein Vorraum, direkt am Grabe des heiligen Petrus
19 Gesta. Fred. Ep. Frederici
20 Simonsfeld z. J. 1155, S. 339
21 Helmoldi chron. slav. 81–82
22 Otto Fris.: Gesta Fred. II.30
23 Ebenda: II.38
24 Gesta Fred. Ep. Frederici
25 Helmoldi, chron. slav. 80
26 Otto Fris.: Gesta Fred. II.42

Der Kaiser in Deutschland

1 Ann. S. Disibodi. MG. SS. XVII.,29.
2 Otto Fris.: Gesta Fred. II.47
3 Simonsfeld: Jahrbücher, z. J. 1155
4 Chron. Reg. Colon. Rec. II.
5 Acerbus Morena z. J. 1162
6 Simonsfeld, z. J. 1156, Giesebrecht: Kaiserzeit V. 90
7 Simonsfeld, z. J. 1156, S. 433, Otto Fris. G. Fr. II.48

8 Acerbus Morena z. J. 1162
9 Rahewin: Gesta Fred. IV.86.
10 Otto Fris.: Gesta Fred. II.57.
11 MG. Connstt. I Nr. 159, S. 220, W. Lautemann
12 Otto Fris.: Gesta Fred. II.58.
13 (Thomas Becket, Kanzler und seit 1162 Erzbischof von Canterbury, ermordet 29. 12. 1170), Rahewin; Gesta. Fred. III.8.

Das Jahrzehnt des Rainald von Dassel

1 Allg. Realencyclopädie oder Conversationslexicon für das kath. Deutschland, III. Bd. Regensburg 1847, S. 263
2 Daniel Rops: Bernhard von Clairvaux und seine Söhne, Heidelberg 1967
3 Acerbus Morena z. J. 1162
4 Rahewin« Gesta Fred. III.10.
5 Ebenda: III.11.
6 Ebenda: III.12.
7 Ebenda: III.12.
8 Ebenda: III.13.
9 A. Hauck: Kirchengeschichte Deutschlands, Bd. 4, Leipzig 1925, S. 227
10 Rahewin: Gesta Fred. III.19.
11 Hier zu: N. Höing, in Arch. f. Dipl. 1,2, 1956/57
12 Rahewin: Gesta Fred. III.20.
13 MG. Constt. II, S. 404
14 Rahewin: Gesta Fred. III.16.
15 Ebenda: III.23.
16 Ebenda: III.32.
17 Ebenda: III.47.
18 Ebenda: III.50.
19 Ebenda: IV.2–3.
20 Ebenda: IV.5.
21 W. Deich: Das Goslaer Reichsvogteigeld, Hist. Studienheft 421, Lübeck
22 M. G. Connstt. II., S. 411
23 G. Fasoli: Friedrich Barbarossa und die lombardischen Städte, in: Friedrich Barbarossa, hrsg. v. G. Wolf, Darmstadt 1975
24 Rahewin: Gesta Fred. V. 34,35.
25 Schreiben Hadrians in: Hahn. monum. I, 122, auch bei Raumer, Geschichte der Hohenstaufen u. ihrer Zeit, Reutlingen 1829
26 Otto Morena z. J. 1159, Chron. reg. Colon. zu 1159, Radevic 1.2.c21, Vincent. Prag. 62., Otto S. Blasio c.19 u. v. a.
27 Faschinen = Reisigbündel, die geschleuderte Felsbrocken abfedern sollten.
28 H. v. Gottberg: Männer, Waffen, Strategien, Reutlingen 1981
29 Rahewin, Gesta Fred. IV.55.
30 Otto Morena z. J. 1159
31 Rahewin, Gesta Fred. IV. 56.57.
32 Otto Morena z. J. 1160
33 Rahewin, Gesta Fred. IV.72.
34 Zitat nach F. v. Raumer: Geschichte der Hohenstaufen
35 Alexanders Schreiben bei Caffari 273. Gesta Pontif., 448, und bei F. v. Raumer

36 Ursperg. chron. 303, Zitat nach F. v. Raumer
37 Rahewin: Gesta Fred. IV.63, aber auch W. Holtzmann NA.48 (1930), S. 384 ff., der die Einflußnahme Ottos v. Wittelsbach auf die Papstwahl feststellt
38 Rahewin; Gesta Fred. IV.74
39 P. Classen: Gerhoch von Reichersberg, Wiesbaden 1960, S. 196
40 Rahewin: Gesta Fred. IV.81.
41 H. Kochems: Die Cochemser, 1981, S. 201
42 Rahewin: Gesta Fred. IV.85
43 Otto Morena z. J. 1160
44 Imperatoris maiestatis legatus – Seibertz Urkundenbuch 1, Nr. 53
45 J. von Ficker: Rainald v. Dassel, Köln 1850, ferner: Vita Alex. III. Muratorit scr. 3a, 451, Chron. Mont. Sereni ad. a. 1159
46 Acerbus Morena z. J. 1161
47 Antichita Langob. Milan. II, S.34–38
48 F. v. Raumer, Die Hohenstaufen, Bd. 4, S. 119, Acerbus Morena z. J. 1162
49 J. von Ficker, § 18
50 Acerbus Morena z. J. 1162
51 Ebenda
52 Reisebericht Eberhards bei: Tennagel 406, Nr. 53
53 Chron. reg. Colon. 1161/1162 in: Geschichte i. Quellen, Bd. 2, übersetzt von J. Bühler
54 Hauck: Kirchengeschichte Bd. 4, S. 239
55 Helmoldi chron. Slav. 91
56 Hist. Vizeliacensis monst. Du. Chesne scr. 4,426., Vita II. Alex. III. I. c. 453, v. Ficker: Rainald von Dassel § 20
57 J. von Ficker
58 Lodeser Anonymus 1164/1165
59 J. von Ficker, § 22
60 Gottfried von Viterbo, getilgte Stelle S. 314, 351 ff.
61 F. v. Raumer, S. 158
62 Chron. Alberici, mon. trium. fontium ad a. D. 1164, Leibnitz acc. hist. 2, 343, J. v. Ficker, § 25
63 Chron. Reichensp. ad. 1164, zitiert nach J. v. Ficker
64 Vergl. den anonymen Brief von Thomas v. Canterbury bei Watterich II. S. 538, zitiert nach Hauck: Kirchengeschichte
65 Ep. Alexandri cit., zitiert nach J. v. Ficker
66 Godefr. Mon. ad. 1154
67 Magn. chron. Belg. 205
68 Crombach I. c 776–853, Gelenius de admir. Coloniae magnit 244
69 Zitiert nach F. v. Raumer, S. 165/66
70 Ebenda: S. 166
71 P. Classen: Gerhoch v. Reichersberg, Wiesbaden 1960, S. 276
72 Ep. Rotrodi cit., zitiert nach J. v. Ficker § 35
73 Robertus de Monte ad. a. 1165, Vita Thomae Cantuar. 1.2.c.20, zitiert nach J. v. Ficker
74 Chron. Reichensp. ad. a. 1165, Vita II. Alex. III. 455 und andere, zitiert nach J. v. Ficker
75 Gförer: Kirchengeschichte § B, 1457 ff.
76 Ep. Fred. imp. ad Henric. Trecemsem, MG.4.135

77 Hauck: Kirchengeschichte, 4. Teil, S. 276
78 Ep. Johann. Saresb. de elect. Romani pontif. Bibl. max. Ludg. 23, 425
79 J. v. Ficker, § 39
80 Ebenda
81 Lünig, Reichsarchiv Org. guelf. III.482
82 Ernst W. Wies: Karl der Große, Kaiser und Heiliger, München 1986, S. 15/16
83 Erich Meuthen: Karl der Große – Barbarossa – Aachen. Zur Interpretation des Karlsprivilegs für Aachen, in: Braunfels, Wolfgang/Schramm, Percy Ernst: Karl der Große, Bd. 4 Das Nachleben, S. 54ff., Godefr. Mon. ad. a 1165
84 Helmoldi, chron. Slav 1.2. c.7, ferner: Chron. Stederburg. ad. a. 1167, Leibniz, scr.r.Br.1.
85 Ep. Johann. Seresb. ad. Thomas Cant. Bouquet. 16, 559.
86 Vita II. Alex. III. 457.
87 Vincenz von Prag, MG. SS. 17. S. 683
88 Arnoldi Chron. Slav. II.c.11, MG.SS.21, S. 133
89 H. Grundmann: Rotten und Brabanzonen, DA. f. d. Gesch. 4 d. MA. Weimar 1942
90 Breviar. Pisan. hist. 179
91 Memor. Regiens. 1075, Alex. vita 457 u. a.
92 zitiert nach F. v. Raumer, S. 179/80
93 Chrongr. Saxo
94 Chron. Pisan. 180, Cron. fossa nova 873, Helmoldi Chron. Slav. II.106
95 Roumuald. chron. Gobilin 60., Tiraboschi Medna III. Urk. 434 u. a.
96 Lodeser Anonymus ad. 1167, Robertus de Monde ad. a. 1167.
97 Lodeser Anonymus ad. 1167, Otto de S. Blasio c.20., Vita II. Alex. III., Helmoldi chron. Slav. 106., Monch. Weing. 792 Hist. calam. eccl. Salzb. 212.
98 Godefr. Mon. ad. a. 1167
99 Kölner Domblatt 1843 N. 46
100 K. Langosch: Hymnen und Vagantenlieder, Darmstadt 1158
101 nach Gottfried von Viterbo
102 F. v. Raumer, Bd. 2, S. 183

Der Kaiser in Deutschland

1 Aventini annal.VI.5,5
2 Helmoldi chron. Slav. 68. S. 241
3 Ebenda: 84. S. 291
4 P. Barz: Heinrich der Löwe, Berg. Gladbach 1987, S. 213
5 E. W. Wies: Karl der Große, S. 234ff.
6 A. Cartellieri: Das Zeitalter Barbarossas, Aalen 1972, S. 13
7 Chron. Reg. Colon S. 121
8 Regg. Mainz 2.S.35, zitiert nach: Cartellieri
9 Ebenda
10 K. Hampe: Deutsche Kaisergestalten, Darmstadt 1963, S. 184

Der fünfte Italienzug

1 Narratio de Longobardia obpressione 1167
2 Vita Alex. 466
3 Zitiert nach F. v. Raumer, S. 209/210

4 Otto S. Blasio, c.23., Ursperg. chron. 310, Burchard vita Arnold. Lubec. 15. u.v.a.
5 Avent. annal. VI., 6, 10.
6 Regg. Mainz 2, Nr. 132, 133, S. 40, zitiert nach Cartellieri S. 336
7 Regg. Mainz, Nr. 129, S. 39
8 Hist. Welforum S. 92, Regg. Köln 2, Nr. 1060
9 Otto S. Blasio c.23.

Der Frieden von Venedig des Jahres 1177

1 Romoaldi Archiepiscopi Salernitani Chronico, Darmstadt 1986, S. 327
2 Romoaldi Salernitani: S. 331
3 Ebenda: S. 345
4 Ebenda: S. 347
5 Ebenda: S. 351
6 Ebenda: S. 353
7 Ebenda: S. 369
8 F. Schneider: Finanzgeschichte, S. 14
9 Jaffé 2, S. 429, 431

Der Löwe wird gestellt

1 Karl Wilhelm Nitzsch: Geschichte des deutschen Volkes, Nachdr. 1959, Stuttgart, S. 310
2 Cartellieri, S. 373
3 Nitzsch, S. 310
4 Gesta Fred. IV.c.6.
5 Cartellieri, S. 380
6 M. G. Constt. I, Nr. 279
7 Arnold v. Lübeck, 2. Kap. 17

Der Frieden von Konstanz und seine Wirkungen

1 Vignati, S. 372
2 Cartellieri, S. 403
3 Otto S. Blasio, c.27
4 M. G. Constt. I, Nr. 296

Das Rittertum

1 K. Bosl: Die Reichsministerialität der Salier und Staufer, Schriften der MGH.10, 1., 1950, S. 28
2 La Chronique des Gislebert de Mons, hrsg. von L. Vanderkindere, Receuil des Textes pour servir à l'Historie de Belgique, (1904) S. 156
3 W. V. Giesebrecht: Geschichte der deutschen Kaiserzeit, Bd. 6, hrsg. v. B. Simson, 1895, S. 68
4 Chron. Gisleb. d. Mons, S. 160, Otto S. Blasio chron. SS. rer. Germ. (1912) S. 38, hrsg. von A. Hofmeister

Das Rittertum

5 Arnoldi chron. slav. S. 128
6 Chron Gisleb. d. Mons. c. 185, S. 272
7 A. Salzer: Geschichte der deutschen Literatur, Bd. 1, S. 290, München 1912
8 H. Wolfhart: Die Welt der Ritterorden, Wien 1978
9 S. Painter: Die Ideen des Rittertums, in: Das Rittertum im Mittelalter, hrsg. v. A. Borst, Darmstadt 1976
10 LThK. S. 240
11 Joachim Bumke: Studien zum Ritterbegriff des 11. und 12. Jahrhunderts

Der sechste Italienzug Kaiser Friedrichs I.

1 Delaville, Le Roulse Hospitaliers, S. 92, 408
2 Cartellieri, S. 413
3 A. Hauck, Bd. 4, S. 317, Haller, Heinrich VI., S. 398
4 J. Haller, Heinrich VI., S. 53ff.
5 Gebhardt: Handbuch der deutschen Geschichte, Bd. 4., S. 157

Die letzten Jahre

1 M. G. Constt. I., Nr. 315, aber auch Cartellieri, S. 439
2 J. Haller: Papsttum, Bd. 3, S. 198
3 Cartellieri, S. 621
4 Arnold v. Lübeck, 4.c.7
5 H. Hiller: Friedrich Barbarossa und seine Zeit, S. 398
6 Kölner Königschronik, S. 140
7 Karl Jordan: Friedrich Barbarossa
8 Ansbert, S. 27. Hist.per.S.131, nach Cartellieri, S. 686
9 Ansbert. S. 36. Hist.per.S.138, nach Cartellieri, S. 689
10 Ansbert, S. 39. Hist.per.S.138, nach Cartellieri, S. 690
11 Cartellieri, S. 691
12 Niketas Choniates, Zweites Buch, S. 3ff.
13 Ansbert S. 77. Hist.per.157, nach Cartellieri, S. 708
14 Ansbert S. 80. Hist.per.160, nach Cartellieri, S. 709
15 Epistola de... expeditione sacra, S. 381, Darmstadt 1986
16 Enz.Islam. 2, S. 184
17 Schreiben eines moslemischen Befehlshabers an Saladin, bei Bohadin, S. 121
18 Enz.Islam 4, S. 228, nach Cartellieri, S. 713
19 Siehe: Fred.exped. asiatica S. 526, Radulph.Mediol.1195.

In Summa

1 H. Grundmann: Über die Welt des Mittelalters, in: Summa Historica, hrsg. v. Golo Mann u. a., S. 417
2 W. Sauerländer: Die bildende Kunst der Stauferzeit, in Katalog: Die Zeit der Staufer, Bd. 3, S. 212, 1977
3 Otto Fris. Gesta Fred. Prologus 3

Bemerkungen zu den Literaturhinweisen

Dem Leser, der sich selbst sein Stauferbild aus den Quellen erarbeiten will, bieten sich die Quellenwerke aus der Freiherr-vom-Stein-Gedächtnisausgabe in deutsch und lateinisch an. Sie werden im Literaturverzeichnis unter den Positionen 1 bis 5, weitere Quellen unter den Nummern 6 bis 11 aufgeführt.
Besonderen Rang nehmen hier ein: Bischof Otto von Freising und Rahewin: »Die Taten Friedrichs oder richtiger Chronica«, sowie: »Italienische Quellen über die Taten Friedrichs I. in Italien und der Brief über den Kreuzzug Kaiser Friedrichs I.« Otto Morenas und seiner Fortsetzer Buch über die Taten Kaiser Friedrichs I.
Ungewohnten Detailreichtum bietet die 1829 von Friedrich von Raumer erschienene »Geschichte der Hohenstaufen und ihrer Zeit«.
Noch immer wichtig: Wilhelm von Giesebrechts »Geschichte der deutschen Kaiserzeit« (1929/30).
Knappe, doch grundsätzlich genaue Darstellung des Themas bringt Karl Jordan: »Friedrich Barbarossa. Kaiser des christlichen Abendlandes« (1959).
Die umfassendste zeitgenössische Information bietet der 1977 erschienene fünfbändige Katalog der Stuttgarter Staufer-Ausstellung: »Die Zeit der Staufer«.
Von vielen Fachgelehrten werden hier die Problemkreise der Zeit dem Leser in überwältigender Fülle und Form dargeboten.
Viel Freude bei der Suche nach einem eigenen Geschichtsbild, wozu auch dieses Buch hoffentlich einen Beitrag leisten kann, wünscht allen Beflissenen
Ernst Wilhelm Wies

Literaturhinweise

Quellen:

Ausgewählte Quellen zur deutschen Geschichte des Mittelalters, Freiherr-vom-Stein-Gedächtnisausgabe:

1. Bischof Otto von Freising und Rahewin, »Die Taten Friedrichs oder richtiger: Chronica, übersetzt von Adolf Schmidt, hrsg. von Franz-Josef Schmale, Darmstadt 1980
2. Italienische Quellen über die Taten Kaiser Friedrichs I. in Italien und der Brief über den Kreuzzug Kaiser Friedrichs I., Otto Morenas und seiner Fortsetzer Buch über die Taten Kaiser Friedrichs, eines unbekannten Mailänder Bürgers Erzählung über die Unterdrückung und Unterwerfung der Lombardei, aus Oberts Genueser Annalen, aus der Chronik des Erzbischofs Romuald von Salerno, Brief über den Kreuzzug Kaiser Friedrichs I., übersetzt von Franz-Josef Schmale, Darmstadt 1986
3. Slawenchronik des Helmold von Bosau, neu übertragen und erläutert von Heinz Stoob, Darmstadt 1973
4. Lebensbeschreibungen einiger Bischöfe des 10. und 12. Jahrhunderts: Leben des hl. Ulrich von Augsburg, verfaßt von Gerhard, Leben des hl. Bruno, Erzbischofs von Köln, verfaßt von Ruotger, Leben des hl. Bernward, Bischofs von Hildesheim, verfaßt von Thangmar (?), Leben Bischof Bennos II. von Osnabrück, verfaßt von Norbert, Leben des hl. Norbert, Erzbischofs von Magdeburg – Taten Erzbischofs Alberos von Trier, verfaßt von Balderich, übersetzt von Hatto Kallfelz, Darmstadt 1986
5. Quellen zur Geschichte des deutschen Bauernstandes im Mittelalter, gesammelt und herausgegeben von Günther Franz, Darmstadt 1974
6. Simonsfeld Henry: Jahrbücher des Deutschen Reiches unter Friedrich I., erster Band: 1152–1158, Neudruck 1967 Berlin
7. Chronica regia Coloniensis. MG SS, Kölner Königschronik, übersetzt von Carl Platner, Berlin 1867
8. Arnoldi Chronica Slavorum, Slawenchronik des Arnold von Lübeck, in der Übersetzung von J. K. M. Laurent, 1853
9. die Chronik des Propstes Burchard von Ursberg, hrsg. von Oswald Holder Egger und Bernhard von Simson, Leipzig 1916
10. Lautemann, W./Schlenke, M.: Geschichte in Quellen, Bd. II: Mittelalter, München 1970
11. Wattenbach, Wilhelm/Schmale, Franz-Josef: Deutschlands Geschichtsquellen im Mittelalter. Vom Tode Kaiser Heinrichs V. bis zum Ende des Interregnums, Darmstadt 1976

Geschichts-, Nachschlage- und Sammelwerke:

12. Boockmann, Hartmut: Stauferzeit und spätes Mittelalter, in: Das Reich und die Deutschen. Deutsche Geschichte in zehn Bänden, Berlin 1987
13. Cartellieri, Alexander: Das Zeitalter Friedrich Barbarossas, in: Weltgeschichte als Machtgeschichte, 5 Bände Aalen 1972

14. Gebhardt, Bruno: Handbuch der deutschen Geschichte, Bd. 4 und 5, München 1973
15. Schieder, Theodor, (Hrsg.): Handbuch der europäischen Geschichte, Bd. 2, Stuttgart 1987
16. Fleckenstein/Fuhrmann/Leuschner: Deutsche Geschichte, Bd. 1, Göttingen 1985
17. Giesebrecht, Wilhelm von: Geschichte der deutschen Kaiserzeit, 6 Bde, Meersburg 1929/30
18. Petri, Franz/Droege, Georg (Hrsg.): Rheinische Geschichte, Bd. 1, 3, Düsseldorf 1983
19. Mann, Golo/Nitschke, August (Hrsg.): Propyläen Weltgeschichte, Bd. 5, Gütersloh 1979
20. Nitzsch, Karl Wilhelm: Geschichte des deutschen Volkes bis zum Augsburger Religionsfrieden, Hrsg. Bruno Opalka, Stuttgart 1959
21. Pleticha, Heinrich (Hrsg.): Deutsche Geschichte, Bd. 2, 3, Gütersloh 1982
22. Huch, Ricarda: Römisches Reich deutscher Nation, Berlin 1934
23. Dürrenmatt, Peter: Schweizer Geschichte, Zürich 1963
24. Tichy, Franz: Italien, 1985
25. Hauck, Albert: Kirchengeschichte Deutschlands, Dritter und Vierter Teil, Leipzig 1906
26. Haller, Johannes: Das Papsttum. Idee und Wirklichkeit, Bd. 3, Hamburg 1965
27. Schuchert, August: Kirchengeschichte, Bd. 1, 2. Kempen-Ndrh. 1956
28. Kupisch, Karl: Kirchengeschichte, Bd. 2, Stuttgart 1974
29. Höfer, Josef/Rahner, Karl: Lexikon für Theologie und Kirche, Freiburg 1959
30. Osman, Nabil: Kleines Lexikon deutscher Wörter arabischer Herkunft, München, 1982
31. »Die Zeit der Staufer«, Katalog Stuttgart 1977 Bd. III
    1. Schreiner, Klaus: Die Staufer als Herzöge von Schwaben
    2. Löwe, Heinz: Die Staufer als Könige und Kaiser
    3. Neu, Elisabeth: Münzen und Geld in der Stauferzeit
    4. Gamber, Ortwin: Die Bewaffnung der Stauferzeit
    5. Tüchle, Hermann: Die Kirche und die Christenheit
    6. Kubach, Hans Erich: Die Kirchenbaukunst der Stauferzeit in Deutschland
    7. Eggers, Hans: Deutsche Dichtung der Stauferzeit
    8. Sauerländer, Willibald: Die bildende Kunst in der Stauferzeit
    9. Nitschke, August: Die Naturerkenntnis im Zeitalter der Staufer.
    10. Eickhoff, Ekkehard: Die Bedeutung der Kreuzzüge für den deutschen Raum
    11. Schreiner, Klaus: Die Staufer in Sage, Legende und Prophetie
    12. Borst, Arno: Die Staufer in der Geschichtsschreibung
    13. Migge, Walter: Die Staufer in der Literatur seit dem 18. Jahrhundert
    14. Löcher, Karl: Die Staufer in der bildenden Kunst
    15. Schreiner, Klaus/Hofacker, Hans-Georg: Spätmittelalterliche und neuzeitliche Stauferüberlieferungen in Schwaben und Württemberg
    16. Brune, Thomas/Baumunk, Bode: Wege der Popularisierung
    17. Decker-Hauf, Hansmartin: Das Staufische Haus
32. Borst, Arno (Hrsg.): Das Rittertum im Mittelalter, Darmstadt 1976

1. Huizinga, Johan: Die politische und militärische Bedeutung des Rittergedankens am Ausgang des Mittelalters (1921)
2. Painter, Sidney: Die Ideen des Rittertums (1935)
3. Erdmann, Carl: Fortbildung des populären Kreuzzugsgedankens (1935)
4. Sandberger, Dietrich: Die Aufnahme in den Ritterstand in England (1937)
5. Otto, Eberhard: Von der Abschließung des Ritterstandes (1940)
6. Ganshof, François Louis: Was ist das Rittertum? (1947)
7. Brunner, Otto: Die ritterlich-höfische Kultur (1949)
8. Kuhn, Hugo: Soziale Realität und dichterische Fiktion am Beispiel der höfischen Ritterdichtung Deutschlands (1952)
9. Fasoli, Gina: Grundzüge einer Geschichte des Rittertums (1958)
10. Borst, Arno: Das Rittertum im Hochmittelalter. Idee und Wirklichkeit (1959)
11. Mor, Carlo Guido: Das Rittertum (1964)
12. Bumke, Joachim: Der adelige Ritter (1964)
13. Köhler, Erich: Die Rolle des niedrigen Rittertums bei der Entstehung der Trobadorlyrik (1966)
14. Wohlfeil, Rainer: Ritter – Söldnerführer – Offizier. Versuch eines Vergleiches (1966)
15. Duby, Georges: Die Ursprünge des Rittertums (1968)
16. Winter, Johanna Maria van: Die mittelalterliche Ritterschaft als »classe sociale« (1971)
17. Fleckenstein, Josef: Zur Bedeutung der großen Mainzer Hoftage von 1184 und 1188 (1972)
18. Johrendt, Johann: Milites und Militia im 11. Jahrhundert in Deutschland (Originalbeitrag)

33. Meuthen, Erich: Karl der Große – Barbarossa – Aachen. Zur Interpretation des Karlsprivilegs für Aachen, in: Braunfels, Wolfgang/Schramm, Percy Ernst: Karl der Große, Bd. 4: Das Nachleben. 1967
34. Wolf, Gunther (Hrgs.): Friedrich Barbarossa, Darmstadt 1975
    1. Heimpel, Hermann: Kaiser Friedrich Barbarossa und die Wende der staufischen Zeit (1942)
    2. Grundmann, Herbert: Rezension von Peter Rassows »Honor Imperii« (1941)
    3. Appelt, Heinrich: Die Vorbehalte kaiserlicher Rechte in den Diplomen Friedrich Barbarossas (1960)
    4. Ders.: Friedrich Barbarossa und das römische Recht (1961/62)
    5. Ders.: Friedrich Barbarossa und die italienischen Kommunen (1964)
    6. Kempf S. J., Friedrich: Der »favor apostolicus« bei der Wahl Friedrich Barbarossas und im deutschen Thronstreit 1198–1208 (1965)
    7. Schmale, Franz-Josef: Lothar III. und Friedrich I. als Kaiser und Könige (1965)
    8. Fasoli, Gina: Friedrich Barbarossa und die lombardischen Städte (1965)
    9. Mayer, Hans Eberhard: Staufische Weltherrschaft? Zum Brief Heinrichs II. an Friedrich Barbarossa von 1157 (1967)
    10. Appelt, Heinrich: Die Kaiseridee Friedrich Babarossas (1967)
    11. Grebe, Werner: Studien zur geistigen Welt Rainalds von Dassel (1969)
    12. Wolf, Gunther: Der »Honor Imperii« als Spannungsfeld von lex und sacramentum im Hochmittelalter (1969)

13. Herkenrath, Rainer Maria: Regnum und Imperium in den Diplomen der ersten Regierungsjahre Friedrichs I. (1969)
14. Wolf, Gunther: Imperator und Cäsar. Zu den Anfängen des Erbreichsgedankens (Originalbeitrag 1973)

Das Thema umfassende und begleitende Literatur:

35. Abel, W.: Geschichte der deutschen Landwirtschaft, 1978
36. Barraclough, Geoffrey: Friedrich Barbarossa und das 12. Jahrhundert, in: Geschichte in einer sich wandelnden Welt, Göttingen 1957
37. Barz, Paul: Heinrich der Löwe. Ein Welfe bewegt die Geschichte, Bonn 1977
38. Bloch, Marc: Die Feudalgesellschaft, Berlin–Wien 1982
39. Beuys, Barbara: Familienleben in Deutschland. Neue Bilder aus der deutschen Vergangenheit, Reinbeck 1980
40. Boockmann, Hartmut: Einführung in die Geschichte des Mittelalters, 1985
41. Bosl, Karl: Die Reichsministerialität der Salier und Staufer, Bd. 2, Stuttgart 1950/51
42. Ders.: Europa im Aufbruch. Herrschaft – Gesellschaft – Kultur vom 10. bis zum 14. Jahrhundert, 1980.
43. Ders.: Frühformen der Gesellschaft im mittelalterlichen Europa, München 1964
44. Borst, Arno: Lebensformen des Mittelalters, Berlin 1973
45. Bühler, Johannes: Die Kultur des Mittelalters, Stuttgart 1948
46. Ders.: Klosterleben im Mittelalter, Frankfurt 1989
47. Bumke, Joachim: Höfische Kultur, Bd. 1, 2, München 1986
48. Ders.: Studien zum Ritterbegriff im 12. und 13. Jahrhundert, Heidelberg 1964
49. Classen, Peter: Gerhoch von Reichersberg, Wiesbaden 1960
50. Cipolla, Carlo M.: Wirtschaftsgeschichte und Weltbevölkerung, München 1972
51. Duby, Georges: Die drei Ordnungen. Das Weltbild des Feudalismus, Frankfurt 1981
52. Ders.: Krieger und Bauern. Die Entwicklung von Wirtschaft und Gesellschaft im frühen Mittelalter, Frankfurt 1981
53. Ders.: Ritter, Frau und Priester. Die Ehe im feudalen Frankreich, Frankfurt 1988
54. Engels, Odilo: Die Staufer, Stuttgart 1972
55. Engelsing, Rolf: Sozial- und Wirtschaftsgeschichte Deutschlands, 1976
56. Ennen, Edith: Frauen im Mittelalter, München 1985
57. Ficker, Julius von: Rainald von Dassel. Reichskanzler und Erzbischof von Köln 1156–1167, Köln 1850
58. Freytag, Gustav: Bilder aus der deutschen Vergangenheit, Bd. 1: Das Mittelalter, Berlin 1927
59. Ganshof, François Louis: Was ist das Lehnswesen, Darmstadt 1983
60. Gimpel, Jean: Die industrielle Revolution des Mittelalters, Zürich–München 1980
61. Glaser, Horst (Hrsg.): Deutsche Literatur. Eine Sozialgeschichte, Bd. 1, Hamburg 1988
62. Goetz, Hans-Werner: Leben im Mittelalter. Vom 7. bis zum 13. Jahrhundert, München 1986

63. LeGoff, Jacques: Das Hochmittelalter = Fischers Weltgeschichte Bd. 11, Frankfurt 1965
64. Gottberg, Hans von: Männer, Waffen, Strategien. Das große Buch der Soldaten, Reutlingen 1981
65. Grundmann, Herbert: Rotten und Brabanzonen. Söldnerheere im 12. Jahrhundert, = Deutsches Archiv f. d. Geschichte des Mittelalters, Weimar 1942
66. Gurjewitsch, Aaron J.: Das Weltbild des mittelalterlichen Menschen, München 1986
67. Haller, Johannes: Epochen der Deutschen Geschichte, Essen, Neuauflage der im Jahre 1950 erschienenen Originalausgabe
68. Ders.: Das altdeutsche Kaisertum, Stuttgart/Berlin/Leipzig 1926
69. Hampe, Karl: Das Hochmittelalter, Karlsruhe 1963
70. Ders.: Deutsche Kaisergeschichte in der Zeit der Salier und Staufer, Darmstadt 1979
71. Ders.: Herrschergestalten des Deutschen Mittelalters, Darmstadt 1967
72. Heer, Friedrich: Die Tragödie des Heiligen Reiches, Stuttgart 1952
73. Ders.: Mittelalter 1100–1350, Zürich 1961
74. Hiller, Helmut: Friedrich Barbarossa und seine Zeit, München 1977
75. Ders.: Heinrich der Löwe. Herzog und Rebell, München 1978
76. Für Holtzmann, Robert: Festschrift für Kritische Beiträge zur Geschichte des Mittelalters, Berlin 1933: Rundnagel, Erich: Die Ehescheidung Friedrich Barbarossas, Güterbock, Ferdinand: Über Otto von St. Blasien, Burchard von Ursberg und eine unbekannte Welfenquelle mit Ausblick auf die Chiavennafrage.
77. Horst, Eberhard: Friedrich der Staufer. Eine Biographie, Düsseldorf 1975
78. Huizinga, Johan: Herbst des Mittelalters, Stuttgart 1975
79. Jordan, Karl: Friedrich Barbarossa. Kaiser des christlichen Abendlandes, Göttingen/Frankfurt/Berlin 1959
80. Ders.: Heinrich der Löwe. Eine Biographie, München 1979
81. Kantorowicz, Ernst: Kaiser Friedrich II., Neudruck der Ausgabe von 1927/31, Düsseldorf/München 1963
82. Kern, Fritz: Gottesgnadentum und Widerstandsrecht im frühen Mittelalter, Darmstadt 1980
83. Ders.: Recht und Verfassung im Mittelalter, Darmstadt 1976
84. Kochems, Heinz: Die Cochemser. Ein Stück europäischer Geschichte, München 1981
85. Kowalski, Wolfgang: Beiträge zur Geschichte der hohenstaufischen Königinnen und Kaiserinnen, Dissertation Königsberg 1913
86. Kuhn, Hugo: Dichtung und Welt im Mittelalter, Stuttgart 1969
87. Langosch, Karl: Hymnen und Vagantenlieder, Darmstadt 1958
88. Maschke, Erich: Das Geschlecht der Staufer, Ndr. Aalen 1970
89. Mitteis, Heinrich: Der Staat des hohen Mittelalters, Ndr. Köln/Wien 1980
90. Ders.: Die deutsche Königswahl, Ndr. Darmstadt 1987
91. Mühlberger, Josef: Lebensweg und Schicksal staufischer Frauen, Esslingen 1977
92. Norwich, John Julius: Die Normannen in Sizilien 1130–1194, Wiesbaden 1973
93. Otten, Dieter: Die Welt der Industrie, Hamburg 1986
94. Pernoud, Regine: Die Kreuzzüge in Augenzeugenberichten, München 1971
95. Rassow, Peter: Honor imperii. Die neue Politik Friedrich Barbarossas 1152–1159, Darmstadt 1961

96. Raumer, Friedrich von: Geschichte der Hohenstaufen und ihrer Zeit, Viertes Buch, Reutlingen 1829
97. Reuter, Hans-Heinrich (Hrsg.): Theodor Fontane. Sein Leben in Briefen. Von Dreißig bis Achtzig, München 1975
98. Runciman, Steven: Geschichte der Kreuzzüge, München 1978
99. Salzer, Anselm: Illustrierte Geschicht der Deutschen Literatur von den ältesten Zeiten bis zur Gegenwart, Bd. 1, München 1912
100. Sauerländer, Willibald: Die Skulptur des Mittelalters, Frankfurt/Berlin 1963
101. Schramm, Percy Ernst: Kaiser, Rom und Renovatio, Darmstadt 1984
102. Schramm, Percy Ernst/Mütherich, Florentine: Denkmale der deutschen Könige und Kaiser, Bd. 1: Von Karl dem Großen bis Friedrich II., München 1962
103. Sedlmayer, Michael: Geschichte Italiens, Stuttgart 1962
104. Steinen, Wollfgang von den: Canossa, Darmstadt 1969
105. Stengel, Edmund: Zum Prozeß Heinrichs des Löwen, = Deutsches Archiv f. d. Geschichte des Mittelalters, Weimar 1942
106. Winter, Johanna van: Rittertum. Ideal und Wirklichkeit, München 1969
107. Wolfhardt, Heinz: Die Welt der Ritterorden, Wien 1978.

Personenregister

A.	= Abt	Ks.	= Kaiser
B.	= Bischof	Ksn.	= Kaiserin
Br.	= Bruder	Mgf.	= Markgraf
Eb.	= Erzbischof	Pgf.	= Pfalzgraf
Gem.	= Gemahl/Gemahlin	S.	= Sohn
Gf.	= Graf	Schw.	= Schwester
Geschr.	= Geschichtsschreiber	T.	= Tochter
Hg.	= Herzog	V.	= Vater
Kg.	= König	M.	= Mutter
Kard.	= Kardinal	bez.	= bezeugt

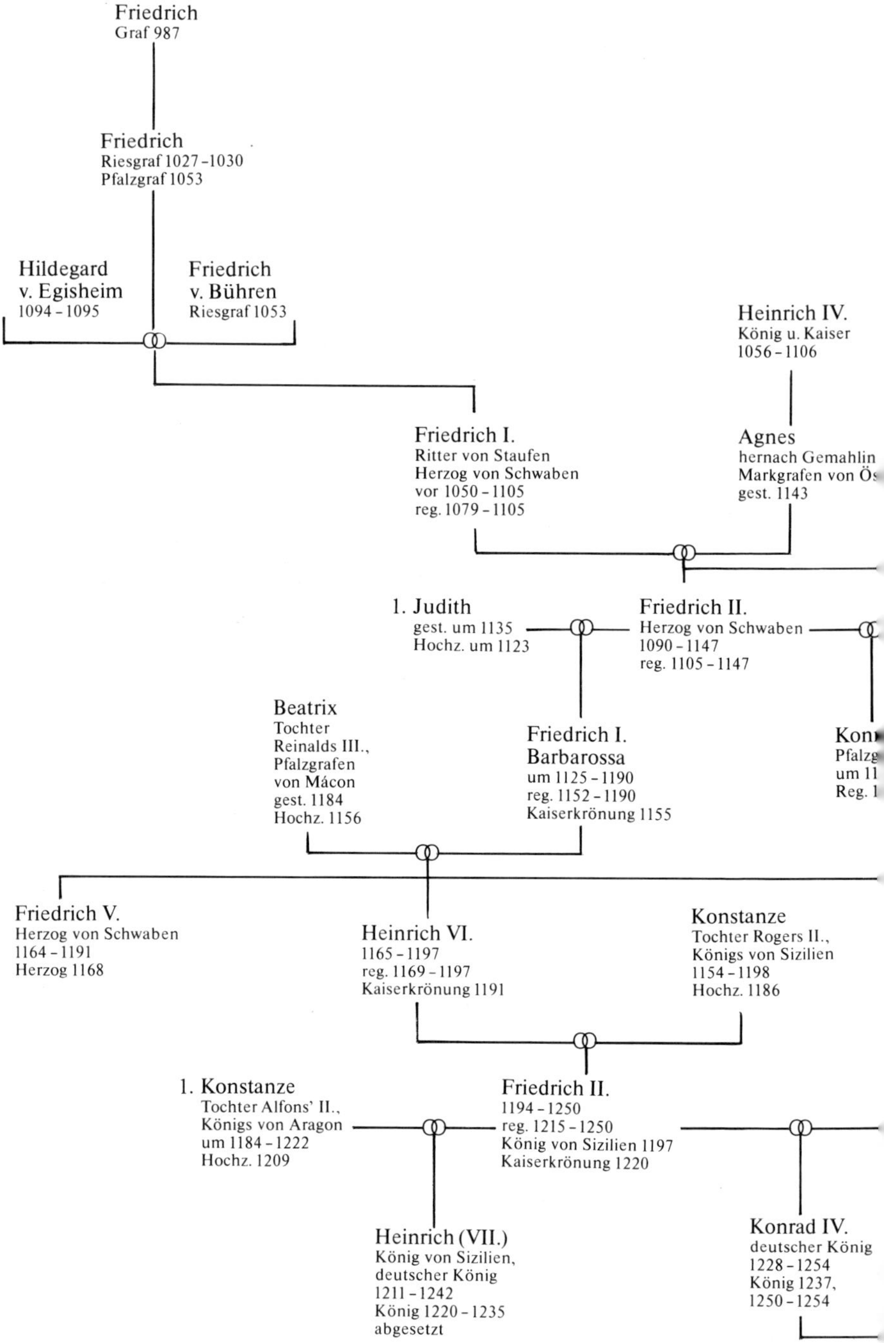

Friedrich
Graf 987
Friedrich
Riesgraf 1027-1030
Pfalzgraf 1053
Hildegard
v. Egisheim
1094-1095
Friedrich
v. Bühren
Riesgraf 1053
Heinrich IV.
König u. Kaiser
1056-1106
Friedrich I.
Ritter von Staufen
Herzog von Schwaben
vor 1050-1105
reg. 1079-1105
Agnes
hernach Gemahlin
Markgrafen von Ö
gest. 1143
1. Judith
gest. um 1135
Hochz. um 1123
Friedrich II.
Herzog von Schwaben
1090-1147
reg. 1105-1147
Beatrix
Tochter
Reinalds III.,
Pfalzgrafen
von Mácon
gest. 1184
Hochz. 1156
Friedrich I.
Barbarossa
um 1125-1190
reg. 1152-1190
Kaiserkrönung 1155
Kon
Pfalzg
um 11
Reg. 1
Friedrich V.
Herzog von Schwaben
1164-1191
Herzog 1168
Heinrich VI.
1165-1197
reg. 1169-1197
Kaiserkrönung 1191
Konstanze
Tochter Rogers II.,
Königs von Sizilien
1154-1198
Hochz. 1186
1. Konstanze
Tochter Alfons' II.,
Königs von Aragon
um 1184-1222
Hochz. 1209
Friedrich II.
1194-1250
reg. 1215-1250
König von Sizilien 1197
Kaiserkrönung 1220
Heinrich (VII.)
König von Sizilien,
deutscher König
1211-1242
König 1220-1235
abgesetzt
Konrad IV.
deutscher König
1228-1254
König 1237,
1250-1254